U0875076

汽车维修标准化

STANDARDIZTION
FOR MOTOR VEHICLES MAINTENANCE AND REPAIR

交通运输部公路科学研究院
刘元鹏　李　斌　编著

人民交通出版社股份有限公司
北　京

内 容 提 要

本书根据我国汽车维修业的实际需要，介绍了汽车维修管理制度和汽车维修标准体系以及标准化知识；以汽车维修标准体系中的常用标准为基础，将标准与维修工作相结合，研究了标准化在汽车维修管理、生产、检测诊断、质量控制、规范服务以及信息化建设等方面的应用，并提出汽车维修标准化的需求与方向。

本书可作为汽车维修管理、维修企业、维修质量检验、维修诊断设备生产企业、标准化管理部门等技术人员的工具书，也可作为汽车维修技术与标准应用的培训教材和参考用书。

图书在版编目(CIP)数据

汽车维修标准化 / 刘元鹏，李斌编著. — 北京 ：人民交通出版社股份有限公司，2021.8

ISBN 978-7-114-17328-8

Ⅰ.①汽… Ⅱ.①刘…②李… Ⅲ.①汽车—车辆修理—标准化—中国 Ⅳ.①U472.4

中国版本图书馆 CIP 数据核字(2021)第 094558 号

Qiche Weixiu Biaozhunhua

书　　名：**汽车维修标准化**
著 作 者：刘元鹏　李　斌
策划编辑：邵　江　陈跃峰
责任编辑：陈力维　刘楚馨
责任校对：孙国靖　卢　弦
责任印制：张　凯
出版发行：人民交通出版社股份有限公司
地　　址：(100011)北京市朝阳区安定门外外馆斜街 3 号
网　　址：http://www.ccpcl.com.cn
销售电话：(010)59757973
总 经 销：人民交通出版社股份有限公司发行部
经　　销：各地新华书店
印　　刷：北京交通印务有限公司
开　　本：787 × 1092　1/16
印　　张：20
字　　数：462 千
版　　次：2021 年 8 月　第 1 版
印　　次：2021 年 8 月　第 2 次印刷
书　　号：ISBN 978-7-114-17328-8
定　　价：68.00 元
(有印刷、装订质量问题的图书由本公司负责调换)

《汽车维修标准化》

编 写 组

主　编:刘元鹏　李　斌

编　者:张学利　王　平　仝晓平　于开成

许书权　张　旸　高昌平　李有坤

序

Preface

汽车不是一次性消费品，从经济角度、资源利用、环境保护以及使用安全等方面来说，都离不开检测维修等保障措施。

汽车与公众和社会的密切联系也一定程度地表现在汽车维修方面，我国汽车维修业的发展与壮大本身就证明了行业的重要性。

汽车运用与维修技术研究，是我院的传统优势专业之一，多年来，我院先后承担完成了汽车使用与技术管理、汽车维修与检测诊断技术、汽车维修标准化和相关领域的科研等汽车运用各方面研究工作。回顾我国汽车维修业的发展历程，我院完成的科研成果为我国汽车维修行业的发展和技术进步奠定了扎实的技术基础。

自2000年开始，我院承担了全国汽车维修标准化技术委员会秘书处工作，在国家标准化管理委员会、交通运输部科技司和运输服务司的领导下，以服务政府、服务行业、服务民生为己任，经过多年的研究与实践，建立了完整的汽车维修标准体系，在服务、支撑和引领行业发展方面发挥了较强的指导作用。

交通运输是国民经济的基础性、先导性、战略性产业和重要服务性行业，加强和改进标准化工作是实现交通运输高质量发展的战略选择，为持续提升行业治理体系和治理能力现代化水平提供技术支撑和基础保障作用。

为促进汽车维修标准的应用，更好地为行业做好服务，全国汽车维修标准化技术委员会主持研究、编著了《汽车维修标准化》一书，该书紧紧围绕汽车维修行业的需求，详细阐述了标准化在维修管理、维修生产、维修技术等方面的应用及必备知识，有理论，有实践，指导性强。

我相信，该书会成为汽车维修从业人员提高技术业务素质的良师益友，也能提升维修业标准化、规范化水平，助力汽车维修行业高质量发展。

交通运输部公路科学研究院　党委书记
中国汽车保修设备行业协会　会长

2021年3月18日

前言

Preface

汽车维修是指以维持或者恢复汽车技术状况和正常功能,延长汽车使用寿命为作业任务所进行的维护、修理以及维修救援等相关经营活动。

汽车维修无疑需要技术,同时更需要标准化作为支撑,标准化不仅仅运用于汽车制造业,也同样适用于汽车维修业。

标准能够规范质量水平、引领技术发展,适用、有效的标准,能够更好地为生产、贸易、科研和消费等服务,汽车维修标准化有利于保障汽车的技术性能,降低汽车使用消耗,减少汽车对环境的污染。

交通运输部高度重视行业标准化工作,指导全国汽车维修标准化技术委员会研究建立了汽车维修标准体系,涵盖了汽车维修的基础、管理、维修工艺、检测方法、维修检测设备等领域,并在实践中不断完善,在规范汽车维修市场秩序、提升维修质量和服务水平、维护消费者合法权益等方面发挥了技术支撑作用。

为促进汽车维修标准的贯彻实施,本书根据我国汽车维修业的需求,介绍了我国汽车维修管理制度和标准体系以及标准化知识;结合维修业实际,以汽车维修标准体系中的常用标准为基础,研究了标准化在汽车维修管理、维修生产、检测诊断、维修质量控制、规范服务以及维修信息化建设等方面的应用,并提出汽车维修标准化的需求与方向,便于广大读者学习标准、理解标准、使用标准。

本书在编写过程中,得到了交通运输部科技司和运输服务司、中国汽车保修设备行业协会、中国汽车维修行业协会的帮助和支持,也参阅了相关标准以及标准起草人、行业专家的宝贵资料和文献,在此一并表示感谢!

汽车维修管理与技术标准较多,加之维修标准体系也面临修订与调整,在标准实际使用中,应以最新标准版本为准。

由于作者水平有限,书中难免存在疏漏和不妥之处,敬请广大读者批评指正!

作　者

2021 年 2 月 26 日

目录

Contents

第一章

汽车维修标准体系建设

汽车在使用过程中，随着行驶里程的增加，车辆技术状况会不断发生变化，使用性能也会逐渐衰退。为维持或者恢复汽车技术状况和正常功能，需要定期地检查、诊断汽车技术状况，进行必要的维护或修理。

汽车维修关系到道路交通安全，关系到环境保护，关乎百姓生命财产，也是重要的民生服务业。随着汽车制造、交通运输行业社会化程度越来越高、技术要求越来越严、分工越来越细，需要研究建立适合我国国情的汽车维修标准体系，充分发挥标准化在规范汽车维修市场秩序、提升产品质量和安全水平、提高产业竞争力等方面的技术支撑作用，促进维修行业高质量发展。

第一节　我国汽车维修业的发展历程

我国汽车维修业是伴随着我国汽车工业和道路运输业的发展而发展的。从计划经济到市场经济，经历了快速发展、多元化发展、法治化发展、转型发展、事中事后监管的过程，特别是自20世纪80年代中期汽车维修业从汽车运输业中分离出来之后，已逐步形成了在国民经济和社会中有一定影响的独立行业。

一、初步形成我国汽车维修制度

1951年，交通部召开了全国汽车运输技术工作会议，制定了《汽车运输企业暂行技术标准与定额》，于1952年7月下发到全国各运输企业试行，初步形成了车辆技术管理制度。1954年7月29日，交通部颁布了《汽车运输企业技术标准与技术经济定额》（简称“红皮书”），在全国各运输企业中实施，其中规定：汽车的技术保养分为3级，即例行保养、一级保养、二级保养；汽车的修理分为3类，即小修、中修和大修。当时的“红皮书”对保证运输车辆具有良好的技术状况起到了重要作用。之后，我国不仅形成了一批有一定生产规模的从属于大型汽车运输企业的修理厂（或车间），还出现了一些专业化的汽车修理厂。

二、修订“红皮书”，推进汽车维修技术进步

1963年，交通部召开了全国汽车维修专题会议，对实施了近10年的“红皮书”进行讨论、

研究和修改，并于同年12月颁布实施了新的“红皮书”《汽车运输企业技术管理制度》(图1-1)和《汽车运输技术规程》，以适应当时国民经济贯彻“调整、巩固、充实、提高”的八字方针以及汽车运输业迅速发展的需要。1965年，交通部根据汽车运输的实际需要，又颁布了《汽车运用规程》和《汽车修理规程》，将汽车保养分为4级，即例行保养、一级保养、二级保养、三级保养。各级保养的重点作业项目是：例行保养以清洁、检查、补给为中心；一级保养以紧固、润滑为中心；二级保养以检查、调整为中心；三级保养以部分总成解体，消除故障隐患为中心。汽车修理分为4类，即汽车大修、总成大修、汽车小修和零部件修理，取消了汽车的中修。

图1-1　1963年交通部颁布新的“红皮书”

1956年，交通部公路科学研究所(现交通运输部公路科学研究院)成立，汽车性能与保修研究是其主专业之一。1960年，按交通部的工作部署，汽车保修研究主要的任务：一是在汽车保修制度和汽车使用寿命等汽车维修和技术管理方面进行基础性研究，为国家制定相关政策、法规、标准等提供科学依据。二是结合生产实际，研究开发汽车保修机具与设备，如：发动机修理气门研磨机、车轮动平衡试验机、汽缸体维修测量“三度”检验仪、发动机故障检验仪等9种保修机工具，以实现汽车保修机械化、检验仪表化(简称“两化”)为目标，以提高劳动生产率和维修质量，推动汽车维修行业的技术进步。

“红皮书”是汽车运输业车辆技术管理的核心内容，是国家和交通部制定相关法规的重要科学依据。交通部几次组织修订“红皮书”保修制度的依据都是交通部公路科学研究所的多项相关研究成果。例如，1963年新的“红皮书”确定的“三级维护”制度和维护周期，其根据就是交通部公路科学研究所对汽车主要总成和关键零部件磨损规律、整车技术故障规律等研究成果。

汽车使用寿命是改革开放后的一个新命题，交通部公路科学研究所首次提出了技术使用寿命、经济使用寿命和合理使用寿命的新概念，提出科学编制调查统计方案和选用相应的计算方法。为国家制定新的汽车更新政策和交通部制定车辆更新、报废法规提供了科学依据,合理使用寿命期限被国家汽车更新政策正式采用。

汽车检测诊断技术是汽车维修行业实现从传统的拆解修理方式向视情修理方式转变的关键技术,其技术含量高、难度大。多年来,交通部公路科学研究所一直把该技术作为重点研究课题,克难攻关,取得了多项研究成果,使我国的汽车检测诊断技术,特别是汽车不解体检测技术有了突破性进展。在国内首先提出了建立汽车检测站和汽车诊断站的构想,并进行了大量的实践,制定了相应的技术规范和技术标准。

1977—1986 年,交通部公路科学研究所承担了“汽车不解体检验设备”国家重大科研项目,先后研制出 15 种检测设备,如:发动机转速表、汽缸漏气量检验仪、加载反力式汽车制动检验台、汽车前照灯测试仪、汽车侧滑试验台、汽油流量计等,这些设备的推广应用,提高了检测精度,扩大了车型适用范围,产品可靠性和使用方便性均得到了改善,并投入了小批量生产,研究项目具国内先进水平,有的填补了我国汽车保修设备的空白,为汽车不解体检验的产品配套和完善创造了条件,促进了汽车保修制度改革和行业技术进步,1985 年该项研究成果获国家科技进步奖三等奖。

三、建立新的汽车维修制度

改革开放以来,道路运输环境改善,营运车辆数量增加,汽车运输业态和维修组织、方式发生了明显变化,尤其是营运车辆自身的技术和质量大幅提高,原有汽车维修制度已不适用。交通部下达了修订“红皮书”的研究任务。交通部公路科学研究所承担了交通部“汽车维修制度改革方案和制订新的维修制度的研究”和“东风 EQ140 汽车技术故障规律试验研究”课题。经多年的研究试验,提出“三级维护”变为“两级维护”的改革方案。该成果对维修市场调节、行业管理改革起到了推动作用,对制订和实行新的汽车维修制度提供了科学依据。

1990 年 3 月,交通部发布了《汽车运输业车辆技术管理规定》(交通部令 1990 年第 13 号),采纳了交通部公路科学研究所的研究成果,这是我国汽车维修历史上第一次把汽车检测诊断技术的应用列入管理条款;同时,对原汽车保修制度的指导原则进行了重大改革,即把“定期保养、计划修理”改为“定期检测、强制维护、视情修理”。取消了大拆大卸的三级保养制,改为两级维护制。还规定车辆必须按国家和行业有关标准规定的行驶里程或间隔时间,进行规定的检测和维护作业,以达到规定的技术条件。为便于维修企业实施汽车维护制度,交通部公路科学研究所完成了交通部科技项目“汽车检测诊断设备在汽车维修生产中的应用”研究,并形成交通运输行业标准《汽车维护工艺规范》(JT/T 201—1995),自 1995 年 7 月 1 日在全国交通运输行业实施。2001 年,交通部对该规范进行修订并颁布实施了国家标准《汽车维护、检测、诊断技术规范》(GB/T 18344—2001),扩大了车型适用范围,将检测诊断纳入维护工艺考核,对进一步加快维修制度改革,促进行业技术进步起到了积极作用。

为做好检测诊断技术在汽车维修生产中的应用和成果转化,1992 年交通部公路科学研究所被批准为“国家级科技成果重点推广计划”项目“汽车检测诊断新技术”的技术依托单位(证书见图 1-2),通过 6 年的技术推广,该技术在全国 30 个省、区、市 2000 多个单位得到推广应用,并推动了全国汽车综合性能检测站的建设。该项目成果获交通部科技进步奖二等奖。

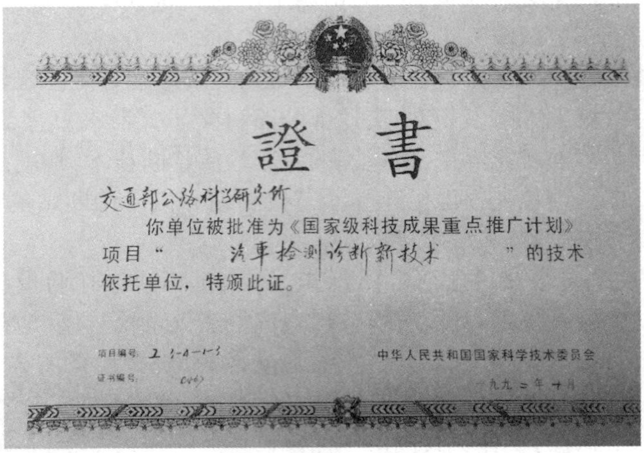
證書

交通部公路科学研究所

你单位被批准为《国家级科技成果重点推广计划》项目“汽车检测诊断新技术”的技术依托单位，特颁此证。

项目编号：

证书编号：

中华人民共和国国家科学技术委员会

图 1-2 “汽车检测诊断新技术”技术依托单位证书

随着我国汽车保有量的快速增长，道路状况不断改善，对车辆安全性要求越来越高，同时对汽车排放要求日益严格，交通运输部对《汽车维护、检测、诊断技术规范》（GB/T 18344—2001）进行了修订，并于 2016 年颁布了《汽车维护检测、诊断技术规范》（GB/T 18344—2016），增加了道路运输车辆一级维护、二级维护推荐周期，对一、二级维护作业项目进行了调整、修改，并强化了二级维护竣工检验记录等。

四、汽车维修业进入法治化、标准化轨道

2001 年，中国正式加入世界贸易组织，随着中国汽车工业的生产规模与市场规模迅速扩大，机动车维修市场发生深刻变革，社会维修企业增长迅速，合资、独资、私营、个体各种经济形式并存，维修市场化趋势日益明显，维修经营业态不断丰富，呈现出三位/四位一体（3S/4S）特约维修店、连锁维修企业、综合类维修企业互为补充、自主发展的市场格局，行业整体素质明显提高。为更好地加强道路运输市场管理，引导道路运输发展，2004 年，国务院颁布《中华人民共和国道路运输条例》，2005 年交通部颁发《机动车维修管理规定》（交通部 2005 年第 7 号令），从经营许可、维修经营、质量管理、监管检查、法律责任等方面，对机动车维修市场管理做出规定，各级道路运输管理机构依法实施机动车维修市场管理。

2001—2004 年，交通部公路科学研究所承担了交通部西部科技项目“在用汽车维修、检测诊断系列标准研究”。该项目属于汽车维修行业的技术基础性研究领域，涉及维修行业管理、维修工艺规范、维修质量、汽车性能检测、检测设备等方面标准。该项研究成果总体上达到国际先进水平，荣获 2005 年度中国公路学会科学技术奖二等奖。

2005 年，全国汽车维修标准化技术委员会（交通部公路科学研究所为承担单位）首次建立了汽车维修标准体系，形成了基础和通用标准，专用修理技术标准，维护、修理、检测设备标准三层体系结构。

汽车维修标准体系经多年的不断完善，目前，体系构成分为五个层次，涵盖了汽车维修的基础、管理、维修工艺、检测方法、维修检测设备等领域，形成了较为完整的汽车维修标准体系，

先后制定、修订的《汽车维修业开业条件》《营运车辆综合性能要求和检验方法》《汽车维护、检测、诊断技术规范》《机动车维修服务规范》以及《汽车底盘测功机》《滚筒反力式汽车制动检验台》维修检测设备产品等一系列影响面广、指导性强的标准规范，有力地引导了行业发展方向，规范了市场经营行为，保障了消费者合法权益。

2006 年，交通部印发了《机动车维修企业质量信誉考核办法》，明确了质量信誉等级标准、考核程序、监督管理等一系列要求，全面开展机动车维修企业质量信誉考核工作，成为各地交通运输部门加强事中事后监管的重要手段。多年来，企业参评的积极性不断提升，诚信企业比例逐年提高。

2007—2011 年，交通运输部公路科学研究所主持“西部地区汽车维修企业维修质量控制关键技术及评价体系研究”。该项目开展了汽车维修质量控制关键技术、事故汽车受损等级划分及修复技术、汽车维修质量评价技术、道路运输车辆燃油消耗量检测技术等研究，建立了一套完整的维修质量控制及评价体系，填补了行业空白，并创新开展了汽车维修诊断工艺、汽车维修质量评价指标和评价方法的研究，形成了科学合理、内容全面、可操作性强的维修质量控制关键技术、管理政策和技术标准。

五、转型发展，提升维修服务质量

汽车维修业从单纯的道路运输车辆维修保障行业发展为面向全社会的民生服务业，进入了一个全新的发展时期。为适应道路运输车辆技术管理和汽车维修行业的发展需要，2012 年起交通运输部公路科学研究院参加了交通运输部组织的对《汽车运输业车辆技术管理规定》（交通部令 1990 年第 13 号）的修订工作，按照“创新、协调、绿色、开放、共享”的发展理念，坚持“综合交通、智慧交通、绿色交通、平安交通”目标导向，着力解决行业发展中的难点热点问题，不断满足道路运输行业转型升级、提质增效的需要。2016 年，交通运输部颁布《道路运输车辆技术管理规定》（交通运输部令 2016 年第 1 号），明确道路运输经营者是车辆技术管理的主体责任，负责对车辆实行“择优选配、正确使用、周期维护、视情修理、定期检测、适时更新”的全过程管理，并取消了二级维护“上线检测”，每年为道路运输车辆节省二级维护检测费 300 多亿元。

随着经济体制改革的深入推进，财税、价格、劳动和社会保障、信用体系建设等一系列重大改革措施的陆续出台，为机动车维修业的发展提供了良好的政策环境和难得的历史机遇，为塑造一个全新的现代汽车维修市场体系，2014 年交通运输部会同国家发改委等九部门印发了《关于促进汽车维修业转型升级　提升服务质量的指导意见》（简称“《指导意见》”），《指导意见》以科学发展为主题，以转变行业发展方式、提升行业服务能力和治理体系为主线，着力推进汽车维修业健康、可持续发展，不断提升服务经济社会发展的能力和水平。

为有效落实《指导意见》，交通运输部公路科学研究院完成了交通运输行业标准《汽车维修电子健康档案系统》（JT/T 1132.1 ~ 4—2017）和《机动车维修费用结算清单》（JT/T 1133—2017）的编制工作，以建立全国汽车维修电子数据档案，用信息化手段建立健全汽车维修大数据系统，为提升维修行业管理效率和服务品质提供有力支撑。

为进一步履行保护大气臭氧层的国际义务，交通运输部公路科学研究院还承担了联合国环境规划署蒙特利尔多边基金项目“汽车维修行业制冷剂回收减排政策措施研究”（MP/CPR/

04/130)。该项目为交通运输行业维修领域第一个联合国环境规划署蒙特利尔多边基金项目,主要研究汽车维修行业制冷剂回收减排政策措施,研究提出了政策措施建议和汽车空调制冷剂回收利用技术路线。还制定了2项制冷剂减排控制标准:《汽车空调制冷剂回收、净化、加注工艺规范》(JT/T 774—2010)和《汽车空调制冷剂回收、净化、加注设备》(JT/T 783—2010),推动了维修企业实施汽车空调制冷剂减排与控制标准化工作。

为实施汽车维修技术信息公开制度,交通运输部制定发布了《汽车维修技术信息公开管理办法》,明确汽车生产企业维修技术信息公开的项目和方法,交通运输部还会同有关部门适时对汽车生产企业技术信息公开情况进行督查。这项制度的出台,从根本上打破了汽车生产企业对于汽车后市场的人为分割和技术壁垒,各类维修企业均有机会获得原厂技术支持,夯实了行业发展的技术基础。

六、"放管服",加强事中事后监管

在深化"放管服"改革中,2017年9月22日,国务院发布《关于取消一批行政许可事项的决定》,其中包含了"机动车维修经营许可",要求建立健全机动车维修"经营备案"制度,加强事中事后监管,维修企业应严格按照维修标准开展维修业务。

为贯彻国务院"放管服"改革精神,2019年交通运输部又对《机动车维修管理规定》(交通运输部令2016年第37号)进行了修改,以交通运输部令2019年第20号发布,将维修企业"经营许可"修改为"经营备案",增加《机动车维修经营备案表》。道路运输管理机构应当依法履行对维修经营者的监管职责,对维修经营者是否依法备案或者备案事项是否属实进行监督检查。还增加了建立机动车维修企业信用档案和建立机动车维修经营者和从业人员黑名单制度,并将"汽车维修电子健康档案系统"维修电子数据记录纳入信用档案考核内容,推进汽车维修行业诚信体系建设。

忆往昔,风雨兼程。据统计,我国汽车维修行业经过多年的发展,到2020年底,全国共有机动车维修业户42万家、从业人员近300万人,完成年维修量3.5亿辆次,年产值达5000亿元以上。多种经济成分并存、多种经营业态模式互为补充、服务供给充足、社会保障有力的汽车维修市场体系已基本形成,较好地适应了经济社会发展要求,满足了广大人民群众多层次、多样化、多品牌、多车型的消费需求。汽车维修业实现了自身快速发展的同时,也成为汽车后市场的引擎,拉动了汽车配件、保险、职业教育等上下游产业的发展,有力支撑了我国社会经济的发展和科技进步,为建设"交通强国"提供了有力保障。

第二节　我国标准化管理与政策

标准是对重复性事物和概念所做的统一规定,以科学、技术和实践经验的综合成果为基础,按照规定的程序经协商一致,由主管机构批准,以特定形式发布,为各种活动或其结果提供规则、指南或特性,供共同使用和重复使用的一种规范性文件,在农业、工业、服务业以及社会事业等领域需要统一的技术要求。

标准化是标准在经济、技术、科学及管理等社会实践中,对重复性事物和概念通过制定、发

布和实施标准达到统一，在一定范围内获得最佳秩序、促进共同效益而开展的制定并应用标准的活动。标准化工作的任务是制定标准、组织实施标准以及对标准的制定、实施进行监督。

为加强标准化工作，提升产品和服务质量，促进科学技术进步，保障人身健康和生命财产安全，维护国家安全、生态环境安全，提高经济社会发展水平，2018 年 1 月 1 日起施行的《中华人民共和国标准化法》对标准的制定、标准的实施、监督管理、法律责任进行了规定。

一、标准的种类

1. 按标准级别分

标准分为五级：国家标准、行业标准、地方标准和团体标准、企业标准。

(1)国家标准：国家标准是国务院标准化行政主管部门制定颁布的全国统一的标准，国家标准的代号为“GB ××××”(强制性)、“GB/T ××××”(推荐性)。

(2)行业标准：是由国家行业行政主管部门制定颁布的，如交通运输行业标准代号为“JT/T ××××”。

(3)地方标准：为满足地方自然条件、风俗习惯等特殊技术要求，可以制定地方标准，地方标准的代号为“DB/T ××××”。

地方标准由省、自治区、直辖市人民政府标准化行政主管部门报国务院标准化行政主管部门备案，由国务院标准化行政主管部门通报国务院有关行政主管部门。

(4)团体标准：由学会、协会、商会、联合会、产业技术联盟等社会团体，为协调相关市场主体共同满足市场和创新需要而制定的，由本团体成员约定采用或者按照本团体的规定供社会自愿采用，团体标准编号为“T/××××”。

制定团体标准，应当遵循开放、透明、公平的原则，保证各参与主体获取相关信息，反映各参与主体的共同需求，并应当组织对标准相关事项进行调查分析、实验、论证。

(5)企业标准：由企业制定的标准，在本企业范围内使用，为提高产品质量或服务质量，企业可制定严于国家标准或行业标准的企业标准。企业执行自行制定的企业标准的，还应当公开产品、服务的功能指标和产品的性能指标。

2. 按标准性质分

国家标准分为强制性标准、推荐性标准。行业标准、地方标准是推荐性标准。

对保障人身健康和生命财产安全、国家安全、生态环境安全以及满足经济社会管理基本需要的技术要求，应当制定强制性国家标准。

对满足基础通用、与强制性国家标准配套、对各有关行业起引领作用等需要的技术要求，可以制定推荐性国家标准。

所谓的强制性标准必须执行，同时，国家鼓励采用推荐性标准。

对没有推荐性国家标准、需要在全国某个行业范围内统一的技术要求，可以制定行业标准。

推荐性国家标准、行业标准、地方标准、团体标准、企业标准的技术要求不得低于强制性国家标准的相关技术要求。

我国实行团体标准、企业标准自我声明公开和监督制度。企业应当公开其执行的强制性标准、推荐性标准、团体标准或者企业标准的编号和名称；国家鼓励团体标准、企业标准通过标准信息公共服务平台向社会公开。

二、标准化文件

依据《标准化工作导则　第1部分：标准化文件的结构和起草规则》(GB/T 1.1—2020)，我国的标准化文件包括标准、标准化指导性技术文件，以及文件的某个部分等类别。标准化文件是指通过标准化活动，按照规定的程序经协商一致制定，为各种活动或其结果提供规则、指南或特性，提供共同所有和重复使用的文件。

按照不同的属性可以将标准划分为不同的类别。

1. 按照标准化对象划分

(1)产品标准：规定产品需要满足的技术要求，以保证其适用性的标准。

按照具体的标准化对象，通常将产品标准进一步分为原材料标准、零部件/元器件标准、制成品标准和系统标准等。其中，系统标准指规定系统需要满足的要求以保证其适用性的标准。

(2)过程标准：规定过程需要满足的要求以保证其适用性的标准。

(3)服务标准：规定服务过程需要满足的要求以保证其适用性的标准。

2. 按照标准化功能划分

(1)术语标准：界定特定领域或学科中使用的概念的指称及其定义的标准。

(2)符号标准：界定特定领域或学科中使用的符号的表现形式及其含义或名称的标准。

(3)分类标准：基于诸如来源、构成、性能或用途等相似特性对产品、过程或服务进行有规律的划分、排列或者确立分类体系的标准。

(4)试验标准：在适合指定目的的精密度范围内和给定环境下，全面描述试验活动以及得出结论方式的标准。

(5)规范标准：为产品、过程或服务规定需要满足的要求并且描述用于判定该要求是否得到满足的证实方法的标准。

(6)规程标准：为活动的过程规定明确的程序并且描述用于判定该程序是否得到履行的追溯/证实方法的标准。

(7)指南标准：以适当的背景知识提供某主题的普遍性、原则性、方向性的指导，或者同时给出相关建议或信息的标准。

三、我国标准化管理规定与要求

1. 推荐性国家标准立项评估

为加强推荐性国家标准立项管理，提高标准的科学性、系统性和协调性，从源头上确保标准质量，国家标准化管理委员会发布了《推荐性国家标准立项评估办法(试行)》(自2016年3月8日实施)，对推荐性国家标准评估的项目类型、评估内容、程序和要求做出了明确的规定。

1)项目类型

根据标准化对象和重要程度,推荐性国家标准项目分为重大项目、基础通用项目和一般性项目。

(1)重大项目。

①列入国家产业政策、规划、专项等国家重点支持发展的标准项目。

②重大科技成果转化、引导产业创新发展等方面关键核心技术标准项目。

③与强制性国家标准配套的标准项目。

④拟主导制定国际标准的标准项目。

⑤社会广泛关注的热点标准项目。

⑥具有显著社会效益和经济效益的标准项目。

(2)基础通用项目。

①基础术语、图形符号、统计方法、分类编码等标准项目。

②通用方法、通用技术和通用管理(含社会管理和公共服务)标准项目。

③跨行业跨领域使用、量大面广的基础件、原材料、设备等产品标准项目。

(3)一般性项目。

其他需要在全国范围内统一的标准项目。

2)评估内容

推荐性国家标准立项评估的主要内容包括本批次申报项目的总体情况和每个项目情况。

(1)总体情况。

①所在领域标准体系现状及缺失标准情况。

②所在领域对口国际标准的转化情况。

③申报单位国家标准计划执行情况、项目完成率,技术委员会日常工作等保障项目实施的基础情况。

④本批申报项目总数、领域及项目类型分布等情况。

(2)每个项目情况。

①项目的必要性、可行性、适用范围,拟要解决的主要问题等。

②项目的先进性、创新性和产业化情况。

③项目与国际标准的一致性程度,同步制定为国际标准的可行性。

④项目与现行法律法规、强制性国家标准及相关标准协调配套情况。

⑤项目的类型建议、理由及经费预算的合理性。

⑥项目的预期作用和效益。

⑦项目标委会全体委员表决情况。

⑧修订项目需说明拟修订的主要技术内容。

3)评估方法

推荐性国家标准立项评估由国家标准化管理委员会国家标准技术审评中心(简称“审评中心”)负责具体实施,项目预审通过后,再组织专家进行评估。

(1)立项评估工作组织。

国家标准技术审评中心,按项目专业领域分组,并组织相关领域专家评估。

(2)评估方式。

随时申报,定期评估。审评中心组织专家评估会对申报项目进行评估。评估要点如下。

①立项拟解决的主要问题。

②项目必要性/可行性。

③项目先进性、创新性。

④项目的预期效果。

⑤项目通用性/适用范围。

⑥该项目协调性和配套性。

(3)评估程序。

审评中心对项目建议书、标准草案等申报材料的规范性、完整性和重复申报等情况进行初核。不符合要求的,指出问题并退回申报单位;符合要求的,提交专家评估会评估。

(4)评估形式。

评估会专家每组不少于5人,制定项目申报单位指派人员参加答辩,介绍项目情况,回答专家评估组的质询。修订、采标项目原则上无须答辩。

4)申报制定项目常见的质量问题

(1)标准体系散乱,框架不清晰。

(2)一般性产品标准,不属于国家标准制定范围。

(3)制定国家标准时机不成熟。

(4)项目划分过细,需要标准整合。

(5)标准化对象不明确。

(6)项目内容不属于该国家标准工作范围或与相关单位的工作范围交叉。

(7)与现行国家标准、国家标准计划内容重复,或需协调行业标准转化为国家标准的必要性不充分。

(8)专用产品,建议制定行业标准。

2. 强制性国家标准管理规定

为加强强制性国家标准管理,规范强制性国家标准的制定、实施和监督,根据《中华人民共和国标准化法》,2020年1月6日,国家市场监督管理总局发布《强制性国家标准管理办法》(国家市场监督管理总局令第25号)。规定了强制性国家标准的制定(包括项目提出、立项、组织起草、征求意见、技术审查、对外通报、编号、批准发布)、组织实施以及监督工作。主要规定如下。

(1)对保障人身健康和生命财产安全、国家安全、生态环境安全以及满足经济社会管理基本需要的技术要求,应当制定强制性国家标准。

(2)制定强制性国家标准应当坚持通用性原则,优先制定适用于跨领域跨专业的产品、过程或者服务的标准。

(3)制定强制性国家标准应当在科学技术研究成果和社会实践经验的基础上,深入调查论证,保证标准的科学性、规范性、时效性。

(4)制定强制性国家标准应当结合国情采用国际标准。

(5)制定强制性国家标准应当公开、透明,按照便捷有效的原则采取多种方式,广泛听取各方意见。

(6)强制性国家标准应当有明确的标准实施监督管理部门,并能够依据法律、行政法规、部门规章的规定对违反强制性国家标准的行为予以处理。

(7) 国务院有关行政主管部门依据职责向国务院标准化行政主管部门提出强制性国家标准项目。

国务院有关行政主管部门提出强制性国家标准项目时,应当报送项目申报书和标准立项草案。项目申报书应当包括下列内容:

①制定强制性国家标准的必要性、可行性。

②主要技术要求。

③国内相关强制性标准和配套推荐性标准制定情况。

④国际标准化组织、其他国家或者地区相关法律法规和标准制定情况。

⑤强制性国家标准的实施监督管理部门以及对违反强制性国家标准行为进行处理的有关法律、行政法规、部门规章依据。

⑥强制性国家标准所涉及的产品、过程或者服务目录。

⑦征求国务院有关部门意见的情况。

⑧经费预算以及进度安排。

⑨需要申报的其他事项。

(8)起草强制性国家标准编制说明应当包括下列内容:

①工作简况,包括任务来源、起草人员及其所在单位、起草过程等。

②编制原则、强制性国家标准主要技术要求的依据(包括验证报告、统计数据等)及理由。

③与有关法律、行政法规和其他强制性标准的关系,配套推荐性标准的制定情况。

④与国际标准化组织、其他国家或者地区有关法律法规和标准的比对分析。

⑤重大分歧意见的处理过程、处理意见及其依据。

⑥对强制性国家标准自发布日期至实施日期之间的过渡期的建议及理由,包括实施强制性国家标准所需要的技术改造、成本投入、老旧产品退出市场时间等。

⑦与实施强制性国家标准有关的政策措施,包括实施监督管理部门以及对违反强制性国家标准的行为进行处理的有关法律、行政法规、部门规章依据等。

⑧是否需要对外通报的建议及理由。

⑨废止现行有关标准的建议。

⑩涉及专利的有关说明。

⑪强制性国家标准所涉及的产品、过程或者服务目录。

⑫其他应当予以说明的事项。

(9)技术审查应当采取会议形式,重点审查技术要求的科学性、合理性、适用性、规范性,与相关政策要求的符合性,以及与其他强制性标准的协调性。

(10)组织起草部门根据技术审查意见决定报送批准发布的,应当形成报批稿,送国务院标准化行政主管部门统一编号。

组织起草部门应当提供下列材料,并对强制性国家标准报批稿的内容负责。

①报送公文(报送公文应当包括过渡期的建议)。

②强制性国家标准报批稿。

③编制说明。

④征求意见汇总处理表。

⑤审查会议纪要。

⑥需要报送的其他材料。

3.行业标准管理要求

为适应我国经济社会高质量发展的需求，根据《中华人民共和国标准化法》和国务院印发的《深化标准化工作改革方案》要求，加快建立协调配套、简化高效的标准体系，充分发挥行业标准的技术支撑作用，2020年4月，国家标准化管理委员会发布《关于进一步加强行业标准管理的指导意见》（国标委发〔2020〕18号），主要内容如下。

1）明晰行业标准的范围

行业标准是对没有国家标准而又需要在全国某个行业范围内统一的技术要求所制定的标准，是国务院有关行政主管部门（简称"行业主管部门"）组织制定的公益类标准。行业标准的范围应限定在行业主管部门职责范围内，重点围绕本行业领域重要产品、工程技术、服务和行业管理需求制定行业标准。跨部门、跨行业的技术要求应按规定申报制定国家标准。

2）优化行业标准供给结构

贯彻落实"放管服"改革总体要求，推动行业标准更多聚焦支撑行业主管部门履行行政管理提供公共服务的公益属性，逐步清理和缩减不适应改革要求的行业标准数量和规模，为市场自主制定的标准留出发展空间。

3）加强行业标准制修订管理

加强行业标准立项评估，完善意见征求机制，把好行业标准准入关。增强行业标准起草组的代表性、专业性，加强关键技术指标的调查论证、比对分析、试验验证。行业标准征求意见范围应具有广泛性，覆盖标准利益相关方。注重发挥标准化技术委员会或标准审查专家组的作用，提升标准审查结论的科学性、公正性。

4）注重行业标准的协调性

建立完善行业标准协调机制，充分发挥标准化主管部门对行业标准的统筹协调作用，加快完善统一的标准信息公共服务平台，增强行业标准与国家标准之间、行业标准之间的信息交流，强化行业标准制修订工作信息的公开透明。

5）规范行业标准备案管理

健全行业标准备案工作机制，切实履行行业标准备案职责，确保"应备尽备"。充分应用信息化手段，推行行业标准备案"无纸化"，实行"即报即备""即备即公开"。建立行业标准备案信息维护更新机制，确保备案信息的准确性、时效性。

6）推动行业标准公开

坚持行业标准"公开为常态、不公开为例外"。加强行业标准出版与公开的紧密衔接，增强行业标准公开信息的准确性、时效性。

加强行业标准信息公开平台建设，提升社会公众获取标准公开信息的便捷性。2020年起新发布的行业标准文本依法全部公开，推进存量行业标准文本向社会公开。

7)强化行业标准实施与监督

行业主管部门根据法律法规和本部门职责负责行业标准的组织实施与监督工作。加大行业政策制定对行业标准的引用力度,以行业标准规范行业管理。建立行业标准实施评估机制,开展行业标准实施情况统计分析。围绕行业管理需要,适时开展行业标准实施情况监督检查。

8)加强行业标准复审修订

建立健全行业标准复审工作机制,落实行业标准复审主体责任。加快建立行业标准实施信息反馈机制,加强行业标准实施评估与复审工作的衔接,根据科学技术和行业发展需求及时修订标准,有效解决行业标准老化滞后问题。

9)规范使用行业标准代号

健全行业标准代号管理机制,严格行业标准代号申请、变更、使用等程序和要求。严格控制新增行业标准代号,确需新增或调整的,按程序审批。严格行业标准代号使用,确保在标准、文件和出版物中准确使用标准化主管部门批准的标准代号。

4. 交通运输标准化管理

党的十九大做出了我国经济进入高质量发展阶段的战略判断,提出了建设交通强国、质量强国的战略目标,对交通运输标准化工作提出更高要求。为规范交通运输标准化工作,提升产品和服务质量,促进交通运输行业高质量发展,全面提高交通运输标准化管理水平,依据《中华人民共和国标准化法》,2019 年 5 月交通运输部发布《交通运输标准化管理办法》(交通运输部令 2019 年第 12 号),明确交通运输标准化工作的基本原则、管理职责,以及标准体系规划、标准制定、实施、监督等方面的要求。主要内容如下。

交通运输标准包括国家标准、行业标准、地方标准、团体标准和企业标准。国家标准分为强制性标准、推荐性标准,行业标准、地方标准是推荐性标准。

鼓励组织和参与制定国际标准,持续推进交通运输标准的外文翻译和出版工作,加强与世界各国在交通运输标准方面的交流与合作。

1)标准化规划

(1)交通运输标准化规划应当符合国家标准化体系建设规划、交通运输行业规划,充分考虑新技术、新业态发展趋势,经交通运输部标准化管理委员会审核后,由交通运输部发布。

(2)交通运输标准体系应当依据交通运输标准化规划制定,由交通运输部发布。

综合交通运输标准体系应当经交通运输部标准化管理委员会审核后,由交通运输部发布。

标准体系实行动态管理,根据需要及时进行调整。

(3)交通运输标准化年度计划应当依据标准体系并结合行业发展需要制定,由交通运输部发布。

2)标准制定

标准制定应有利于科学合理利用资源,推广科学技术成果,增强产品的安全性、通用性、可替换性,提高经济效益、社会效益、生态效益,做到技术上先进、经济上合理。

(1)拟定交通运输国家标准的项目,应当按照有关规定报国务院标准化行政主管部门立项;拟制定交通运输行业标准的项目,由交通运输部立项。

(2)交通运输领域国家或者行业推荐性标准的起草、技术审查工作,应当由专业标准化技术委员会(简称“标委会”)承担;强制性标准的起草、技术审查工作,可以委托标委会承担。

标委会由生产者、经营者、使用者、消费者以及有关行政主管部门、科研院所、检验检测机构、社会团体等相关方组成。

(3)拟定交通运输标准,应采取多种方式征求行业内外有关部门、协会、企业以及相关生产、使用、管理、科研和检测等单位的意见。

(4)根据意见征集情况,标委会或者专家组对标准征求意见稿及时进行审核、修改完善,形成标准送审稿,并按照标准审查有关规定对标准送审稿及时进行技术审查。

技术审查可以采用会议审查、书面审查或者网络电子投票审查方式。强制性标准应当采用会议审查。对技术、经济和社会意义重大以及涉及面广、分歧意见多的推荐性标准,原则上应当采用会议审查。

(5)交通运输领域国家标准、行业标准按照国务院标准化行政主管部门制定的编号规则进行编号。

(6)交通运输领域国家标准、行业标准发布后,县级以上人民政府交通运输主管部门、相关标委会应当积极组织开展标准宣传实施等工作,传播标准化理念,推广标准化经验,推动全行业运用标准化方式组织生产、经营、管理和服务。

3)标准实施与监督

(1)交通运输领域强制性标准应当严格执行。鼓励积极采用交通运输领域推荐性标准。不符合交通运输领域强制性标准的产品、服务,不得生产、销售、进口或者提供。

(2)交通运输领域强制性标准应当免费向社会公开。推动交通运输领域推荐性标准免费向社会公开。鼓励团体标准、企业标准通过标准信息公开服务平台向社会公开。

(3)县级以上人民政府交通运输主管部门应当依据法定职责,对交通运输标准实施情况进行监督检查,强制性标准实施情况应当作为监督检查的重点。

(4)交通运输部应当建立交通运输标准实施信息反馈和评估机制,根据技术进步情况和行业发展需要适时进行实施效果评估,并对其制定的标准进行复审。复审结果应当作为修订、废止相关标准的依据。复审周期一般不超过5年。

第三节 汽车维修标准体系

交通标准化是交通运输行业发展的技术性基础工作,是实现科学管理的重要手段,是促进技术进步、提高经济效益的有力保障,在服务、支撑和引领行业发展方面具有重要意义。

标准化是一项政策性和技术性比较强的工作,汽车维修标准体系建设是维修标准化的重要组成部分,也是维修行业管理和质量控制的基本要求,对于规范市场秩序、保障维修质量、服务质量和提高维修技术水平等具有较强的指导作用。

一、汽车维修的功能与作用

1.恢复车辆性能,延长车辆使用寿命

汽车在使用一段时间后,各个摩擦副会有磨损,润滑油及其他工作介质会变质、失效或滴漏,零件表面会积存污垢,连接件会松弛,金属零件会发生锈蚀、疲劳或变形,橡胶和塑料等非金属制品会老化或受损伤等。这些问题都会使汽车技术状况变坏,工作性能降低。因此,适时地对在用汽车进行相应的故障诊断、维修作业,可以消除故障隐患和预防汽车技术状况恶化,防止小隐患变成大故障,确保车辆的安全性,以及合理的使用经济性与使用寿命。

2. 保障道路运输生产安全

道路运输在综合运输体系和国民经济体系中发挥着越来越重要的作用,营运车辆以其所具有的方便、快捷等优势而成为道路运输的主力军。在道路运输迅速发展的同时,我国的道路运输安全状况却不容乐观。

实践证明,实施营运车辆维修制度是营运车辆安全管理的一种有效手段,在保障人民群众人身、财产安全方面作用明显,通过加强营运车辆技术管理,借助一些设备和工具,对营运车辆技术性能进行检测与维修,有助于及时发现营运车辆制动、转向、灯光等系统中存在的问题,通过及时维护和修理,使营运车辆的技术状况维持在一个良好的水平,有助于减少乃至杜绝营运车辆在运输途中发生故障或因此而引发的交通事故,达到确保安全的目的。

3. 提高节能减排效果,推动检测/维护(I/M)制度的实施

汽车排放污染物超标是汽车故障的一种现象或是其性能指标恶化的一种表征,通过对其进行定期检测和全面的清洁、润滑、调整、紧固及检查等维修作业,才能消除其引起排放超标的内在原因,使其恢复和保证正常的排放水平。

通过在用汽车检测与维护,能够有效控制汽车排气污染物。既不改变汽车原有的结构参数和技术装备,也不增加装置和车主的经济负担,易于为广大车主用户和汽车设计制造部门所接受。实践证明,执行在用汽车的检测/维护(I/M)制度,是目前合理、经济、有效的汽车排放污染物治理途径。

4. 促进维修行业技术进步

汽车维修行业的发展与汽车工业发展相辅相成,汽车技术的深入发展,要求汽车维修与检测技术不断进步。传统的人工经验检查诊断已经不能满足日益高科技化的汽车以及汽车检测诊断项目和标准的要求,以机械、电子、液压一体化系统诊断为核心的不解体故障检测诊断技术,通过专用仪器设备检测进行定量分析,改变了传统的凭经验判断故障、以机械修理为重点的手工操作历史。

同时,随着汽车检测、维修的智能化、多功能化趋势,尤其是车载自检(自诊断)系统、车外诊断智能化的发展也将进一步促进计算机技术、光、机、电一体化等高新技术在汽车维修中的应用。

二、汽车维修用标准分类

按照标准内容,通常把汽车维修标准分为技术标准、管理标准和工作标准三大类。

1)技术标准

技术标准是对标准化领域中需要协调统一的技术事项所制定的标准。包括基础标准、产品标准、方法标准,以及安全、卫生与环境保护标准等。

(1)基础标准,是指在一定范围内作为其他标准的基础并具有广泛指导意义的标准。包括:《标准化工作导则　第1部分:标准化文件的结构和起草规则》(GB/T 1.1)、《标准编写规则》(GB/T 20001)等;通用技术语言标准,如《汽车维修术语》(GB/T 5624),以及量和单位标准、数值与数据标准等。

(2)产品标准,是指对产品功能、规格、质量和检验方法所做的技术要求。如维修设备产品标准《汽车喷烤漆房》(JT/T 324)、《四轮定位仪》(GB/T 33570)以及汽车用化学品《机动车发动机冷却液》(GB 29743)。

(3)方法标准,是指产品性能、质量方面的检测、试验方法为对象而制定的标准。其内容包括检测或试验的类别、检测规则、抽样、取样测定、操作、精度要求等方面的规定,还包括所用仪器、设备、检测和试验条件、方法,步骤、数据分析、结果计算、评定、合格标准、复检规则等。如《汽车维护、检测、诊断技术规范》(GB/T 18344)、《汽车空调制冷剂回收、净化、加注工艺规范》(JT/T 774)。

(4)安全、卫生与环境保护标准,是以保护人和物的安全、保护人类的健康、保护环境为目的而制定的标准。这类标准是国家强制性标准,必须执行的。如《机动车运行安全技术条件》(GB 7258)、《汽油车污染物排放限值及测量方法(双怠速法及简易工况法)》(GB 18285)、《柴油车污染物排放限值及测量方法(自由加速法及加载减速法)》(GB 3847)。

2)管理标准

管理标准是对标准化领域中需要协调统一的管理事项、程序等所制定的标准。包括管理基础标准、技术管理标准、经济管理标准、行政管理标准、生产经营管理标准等。如《汽车维修业开业条件》(GB/T 16739)、《机动车维修费用结算清单》(JT/T 1133)。

3)工作(服务)标准

工作(服务)标准是为实现工作(活动)过程的协调,提高工作质量和工作效率,对每个职能和岗位的工作制定的标准,包括工作的责任、权利、范围、质量要求、程序、效果、检查方法、考核办法等。如《交通运输标准制定、修订程序和要求》(JT/T 18)、《机动车维修服务规范》(JT/T 816)。

三、汽车维修标准制修订程序与要求

全国汽车维修标准化技术委员会(简称“维修标委会”)是由国家标准化管理委员会批准的专业标准化技术委员会,负责归口管理汽车维修行业的国家标准、交通运输行业的标准,秘书处工作由交通运输部公路科学研究院承担。

专业标准化技术委员会是制修订国家标准和行业标准的一种重要组织形式,是在一定专业领域内从事国家标准、行业标准起草和技术审查等标准化工作的非法人技术组织,按《全国专业标准化技术委员会管理办法》(2017年10月30日国家市场监督管理总局令第191号公布,根据2020年10月23日国家市场监督管理总局令第31号修订)开展工作和运行管理。

1.汽车维修标准化主要环节

1)确定标准名称

标准名称由三个尽可能短的独立要素构成,即引导要素、主体要素和补充要素。

引导要素(可选要素):表示标准隶属的专业技术领域或类别,即标准化对象所属的技术领域范围。

主体要素(必备要素):表示在特定的专业技术领域内所研究的主题,即标准化的对象。

补充要素(可选要素):表示标准化对象具体的技术特征。

构成标准名称的三要素,是按从一般到具体(或者说是从宏观到微观)排列的。各要素间既相互独立和补充,而内容又不重复和交叉。

2)制定标准

制定标准是指标准制定部门对需要制定标准的项目编制计划,以及组织草拟、审批、编号、发布的活动。这是标准化工作任务之一,也是标准化活动的起点。

制定标准应当在科学技术研究成果和社会实践经验的基础上,深入调查论证,广泛征求意见,保证标准的科学性、规范性、时效性,提高标准质量。

3)标准备案

标准备案是指一项标准在其发布后,负责制定标准的部门或单位,将该项标准文本及有关材料,报送标准化行政主管部门及有关行政主管部门存案以备查考的活动。

4)标准的实施

标准的实施是指有组织、有计划、有措施地贯彻执行标准的活动,是标准制定部门、使用部门或企业将标准规定的内容贯彻到管理、生产、经营、服务等领域中去的过程。这是标准化工作的任务之一,也是标准化工作的目的。

5)标准复审

标准复审是指对使用一定时期后的标准,由其制定部门根据我国科学技术的发展和经济建设的需要,对标准的技术内容和指标水平所进行的适时重新审核,以确认标准有效性的活动。经过复审,对不适应经济社会发展需要和技术进步的应当及时修订或者废止。对现行标准进行复审的周期一般不超过5年。标准复审结论分为:

(1)继续有效:不需要修改的标准。

(2)修订:需做修改的标准,提出修订计划建议。

(3)废止:已无存在必要的标准,并给出废止理由及废止后的影响分析。拟废止的交通运输行业标准由交通运输主管部门对社会公示后,予以公告。

6)标准修订

经复审后的标准,若标准的主要技术内容需要做较大修改才能适应当前生产、使用的需要和科学技术发展需要的,则应作为修订项目。标准修订的程序按制定标准的程序执行。修订后的标准顺序号不变,年号改为重新修订发布时的年号。

7)标准实施监督

标准实施监督是国家行政机关对标准贯彻执行情况进行督促、检查、处理的工作。也是政府标准化行政主管部门和其他有关行政主管部门主导和管理标准化工作的重要职责和工作任务之一,其目的是促进标准的贯彻,监督标准贯彻执行的效果,考核标准的先进性和合理性。通过标准实施的监督,随时发现标准中存在的问题,为进一步修订标准提供科学依据。

2. 标准制修订程序

为规范交通运输标准制修订管理,2020年4月,交通运输部发布了交通运输行业标准《交通运输标准制定、修订程序和要求》(JT/T 18—2020),汽车维修标准制修订程序也应按照该标准要求执行,基本要求如下。

1)基本程序

交通运输标准 制定各阶段及阶段任务如下。

(1)预阶段:开展标准计划项目建议的研究,形成标准草案,提出标准计划项目建议。对标准项目的必要性、可行性及先进性等充分描述,形成"标准制定、修订项目建议书"。

(2)立项阶段:审查和协调标准计划项目建议,形成标准计划项目。立项评估重点考虑标准项目的必要性、可行性及先进性,标准草案的规范性、完整性以及技术内容的合理性等。

(3)起草阶段:完善标准草案,形成标准征求意见稿。

(4)征求意见阶段:发送标准征求意见稿,形成征求意见汇总处理表和标准送审稿。征求行政主管部门、企业、社会团体、消费者和教育、科研机构等多方意见,以及标委会全体委员意见。强制性国家标准的征求意见期限一般不少于60天,推荐性标准的征求意见期限一般不少于30天。

(5)审查阶段:开展标准审查,形成审查意见和结论,完成标准报批稿。提交的送审文件和材料有:

①标准审查申请公文。

②标准送审稿。

③标准送审稿编制说明。

④标准征求意见汇总处理表。

⑤标准中规范性引用的标准或文件的封面及相关页。

⑥采用国际标准、国外先进标准的原文复印件及其译文。

强制性国家标准的审查人员应不少于15人,审查人员应由行政主管部门、企业、社会团体、消费者和教育或科研机构等有代表性的部门和单位代表组成。推荐性标准应按相关规定提交本专业标委会的全体委员进行审查。

(6)批准阶段:审核标准报批稿,形成标准出版稿,批准发布。标准报批材料清单包括:

①标准报批文。

②标准报批稿。

③报批稿编制说明。

④送审稿及编制说明。

⑤标准中规范性引用的标准或文件的封面及相关页。

⑥征求意见稿及编制说明。

⑦意见汇总处理表。

⑧审查会议纪要或函审结论。

⑨采用国际或国外先进标准的原文(复印件)和译文。

⑩强制性标准通报表(中、英文)。

⑪涉及专利标准材料。

⑫国家标准申报单。

⑬标准签署单。

⑭项目计划(复印件)。

(7)出版阶段:印刷标准出版物。

(8)复审阶段:提出复审结论(继续有效或修订或废止)。

(9)废止阶段:公告废止标准。

2)标准的制修订要求

(1)与现行国家法律法规、相关的国家标准和行业标准相协调。

(2)标准的编写符合《标准化工作导则　第1部分:标准化文件的结构和起草规则》(GB/T 1.1)及相关规定。

(3)标准编制说明的编写符合国家标准或交通运输行业标准的规定。

(4)采用国际标准符合《标准化工作指南》(GB/T 20000)的规定。

(5)涉及专利的处置和特殊程序符合《标准制定的特殊程序》(GB/T 20003)及相关规定。

(6)采用快速程序制定标准,其程序和要求符合快速程序制定标准的相关管理规定。

3)标准计划实施

专业标委会负责组织实施标准计划项目,标准第一起草单位具体负责实施标准计划项目。

4)标准计划项目调整

标准计划项目在执行过程中出现标准名称、范围和主要技术内容的调整、第一起草单位调整、延期调整、撤销调整情况时,应由标准第一起草单位填写标准计划项目调整申请表,经专业标委会审查同意后,报交通运输部标准化主管部门审批。未经批准调整的标准计划项目,按原计划执行。

5)标准修改单

标准出版后,修改的技术内容一般不超过两项时可采用标准修改单的方式进行修改。

四、汽车维修标准体系结构与内容

为更好地贯彻和落实国务院《深化标准化工作改革方案》提出的"加强技术标准体系建设"任务,围绕国务院办公厅《关于进一步促进道路运输行业健康稳定发展的通知》提出的构建"更安全、更高效、更便捷"的道路运输服务体系的工作目标,通过系统研究分析我国汽车维修领域的发展现状和汽车维修业转型升级、提升服务质量行业需求,遵循"目标明确、全面成套、层次恰当、划分清楚"的原则,维修标委会按照国家标准《标准体系构建原则和要求》(GB/T 13016—2016)、交通运输部《加强和改进交通运输标准化工作的意见》的有关要求,研究建立了我国汽车维修标准体系,并根据汽车维修行业发展适时更新和完善。目前,我国汽车维修标准体系构成分为五个层次。

第一层为基础标准、第二层为服务标准、第三层为技术标准、第四层为产品标准和第五层为相关标准,汽车维修标准体系结构如图1-3所示。

截至2020年12月,由维修标委会归口、已发布的现行汽车维修国家标准34项,交通运输行业标准60项,共94项,涵盖了汽车维修的基础、管理、维修工艺、检测方法、维修检测设备等领域,形成了较为完整的汽车维修标准体系。汽车维修类交通运输行业标准的制修订应符合《交通运输标准制定、修订程序和要求》(JT/T 18—2020)的规定和要求。

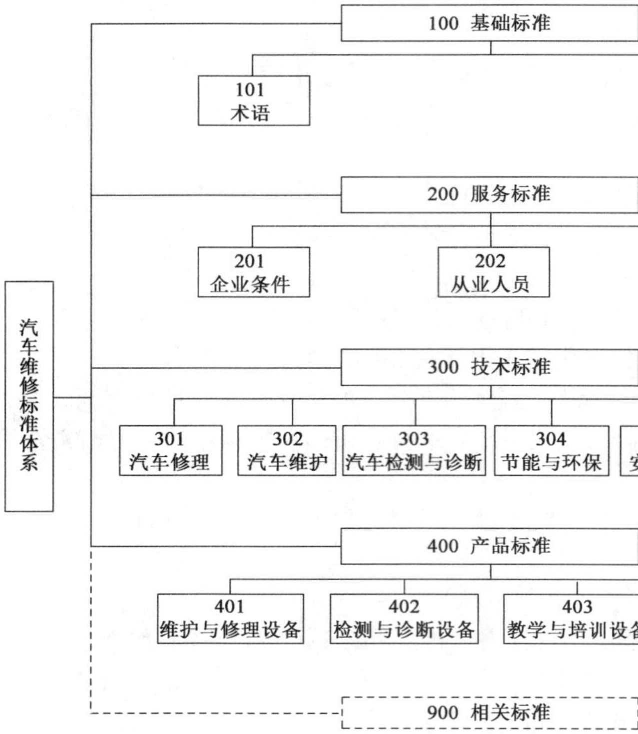

图 1-3 汽车维修标准体系结构

1. 基础标准(100)

基础标准包括术语、分类和编码规则等汽车维修行业基础通用性标准。如:《汽车维修术语》(GB/T 5624—2019)。

2. 服务标准(200)

服务标准包括企业条件、从业人员、服务质量三个方面。

(1)企业条件:汽车维修业开业条件、摩托车维修业开业条件和综合性能检验检测机构的要求等。如:

①《汽车维修业开业条件 第1部分:汽车整车维修企业》(GB/T 16739.1—2014)、《汽车维修业开业条件 第2部分:汽车综合小修及专项维修业户》(GB/T 16739.2—2014)。

②《汽车综合性能检验机构能力的通用要求》(GB/T 17993—2017)。

③《摩托车维修业开业条件》(GB/T 18189—2008)。

(2)从业人员:从业人员技术水平要求和资格条件的标准。如:

①《机动车维修从业人员从业资格条件》(GB/T 21338—2008)。

②《机动车维修技术人员从业资格培训技术要求》(JT/T 698—2007)。

(3)服务质量:维修业服务规范和考核评价方法、指标体系等标准。如:

①《汽车修理质量检查评定方法》(GB/T 15746—2011)。

②《机动车维修服务规范》(JT/T 816—2021)。

③《汽车售后服务客户满意度评价方法》(JT/T 900—2014)。

④《汽车维修救援服务规范》(JT/T 1372—2021)。

3. 技术标准(300)

技术标准包括汽车修理、汽车维护、汽车检测与诊断、节能与环保、安全应急、信息化六个方面。

(1)汽车修理:汽车维修竣工要求和修理技术条件等标准。主要有:

①《汽车大修竣工出厂技术条件　第1部分:载客汽车》(GB/T 3798.1—2005)。

②《汽车大修竣工出厂技术条件　第2部分:载货汽车》(GB/T 3798.2—2005)。

③《商用汽车发动机大修竣工出厂技术条件　第1部分:汽油发动机》(GB/T 3799.1—2005)。

④《商用汽车发动机大修竣工出厂技术条件　第2部分:柴油发动机》(GB/T 3799.2—2005)。

⑤《大客车车身修理技术条件》(GB/T 5336—2005)。

⑥《汽车制动系统修理竣工技术规范》(GB/T 18274—2017)。

⑦《汽车发动机电子控制系统修理技术要求》(GB/T 19910—2005)。

⑧《汽车自动变速器维修通用技术条件》(JT/T 720—2008)。

⑨《汽车空调制冷剂回收、净化、加注工艺规范》(JT/T 774—2010)。

⑩《事故汽车修复技术规范》(JT/T 795—2011)。

(2)汽车维护:汽车的日常检查和各级维护技术规范等标准。主要有:

①《汽车维护、检测、诊断技术规范》(GB/T 18344—2016)。

②《压缩天然气汽车维护技术规范》(GB/T 27876—2011)。

③《液化石油气汽车维护技术规范》(GB/T 27877—2011)。

④《公共汽车维护技术规范》(GB/T 35260—2017)。

⑤《纯电动汽车日常检查方法》(JT/T 1011—2015)。

⑥《纯电动汽车维护、检测、诊断技术规范》(JT/T 1344—2020)。

(3)汽车检测与诊断:汽车检测与试验方法等标准。主要有:

①《汽车动力性台架试验方法和评价指标》(GB/T 18276—2017)。

②《汽车转向系统不解体检验方法》(JT/T 1165—2017)。

(4)节能与环保:新能源汽车应用、维修能耗控制、汽车维修废弃物处理以及维修节能评价等方面的标准。如:

①《使用乙醇汽油车辆性能技术要求》(GB/T 25351—2010)。

②《汽车喷烤漆房能源消耗量限值及能源效率等级》(JT/T 938—2014)。

(5)安全应急:安全评价、安全规程和安全生产建设要求等标准。如:

①《在用汽车喷烤漆房安全评价规范》(JT/T 937—2014)。

②《交通运输企业安全生产标准化建设基本规范　第6部分:机动车维修企业》(JT/T 1180.6—2018)。

(6)信息化:汽车维修行业的统计、数据分析及信息化应用等标准。主要有:

①《汽车检验机构计算机控制系统技术规范》(JT/T 478—2017)。

②《汽车维修行业计算机管理信息系统技术规范》(JT/T 640—2005)。

③《汽车维修电子健康档案系统　第 1 部分:总体技术要求》(JT/T 1132.1—2017)。

④《汽车维修电子健康档案系统　第 2 部分:数据采集技术要求》(JT/T 1132.2—2017)。

⑤《汽车维修电子健康档案系统　第 3 部分:数据元》(JT/T 1132.3—2017)。

⑥《汽车维修电子健康档案系统　第 4 部分:数据交换与共享》(JT/T 1132.3—2017)。

⑦《机动车维修费用结算清单》(JT/T 1133—2017)。

4. 产品标准(400)

产品标准包含维护与修理设备、检测与诊断设备、教学与培训设备及汽车用化学品四个方面。

(1)维护与修理设备:汽车维护和修理相关的维修作业设备标准。主要应用于维修企业生产过程作业,主要有:

①《汽车举升机》(JT/T 155—2021)。

②《汽车喷烤漆房》(JT/T 324—2008)。

③《轮胎拆装机》(JT/T 635—2005)。

④《汽车车体校正机》(JT/T 639—2005)。

⑤《汽车空调制冷剂回收、净化、加注设备》(JT/T 783—2010)。

(2)检测与诊断设备:汽车检测和诊断相关的设备标准。主要应用于汽车检验检测机构和维修企业竣工质量检验,主要有:

①《滚筒式汽车车速表检验台》(GB/T 13563—2007)。

②《滚筒反力式汽车制动检验台》(GB/T 13564—2005)。

③《平板式制动检验台》(GB/T 28529—2012)。

④《机动车排气分析仪　第 1 部分:点燃式机动车排气分析仪》(JT/T 386.1—2017)。

⑤《机动车排气分析仪　第 2 部分:压燃式机动车排气分析仪》(JT/T 386.2—2020)。

⑥《汽车底盘测功机》(JT/T 445—2021)。

⑦《四轮定位仪》(GB/T 33570—2017)。

⑧《汽车侧滑检验台》(JT/T 507—2021)。

⑨《机动车前照灯检测仪》(JT/T 508—2015)。

⑩《汽车故障电脑诊断仪》(JT/T 632—2018)。

⑪《汽车外廓尺寸检测仪》(JT/T 1012—2015)。

⑫《汽车悬架装置检测台》(JT/T 448—2021)。

⑬《汽车悬架转向系间隙检查仪》(JT/T 633—2005)。

⑭《机动车检测用轴(轮)重仪》(JT/T 1279—2019)。

(3)教学与培训设备:汽车维修教学及维修培训、实训设备类的标准。主要应用于职业教育和专业培训机构,主要有:

①《汽车维修培训设备　第 1 部分:发动机实训台》(JT/T 1070.1—2016)。

②《汽车维修培训设备　第2部分:自动变速器实训台》(JT/T 1070.2—2016)。

③《汽车维修培训设备　第3部分:防抱死制动系统实训台》(JT/T 1070.3—2016)。

(4)汽车用化学品:汽车清洁、维护用化学品类的标准。主要有:

①《电喷汽车喷油嘴清洗液》(GB/T 23435—2009)。

②《汽车风窗玻璃清洗液》(GB/T 23436—2009)。

③《机动车发动机冷却液》(GB 29743—2013)。

④《机动车发动机润滑系清洗液》(GB/T 31026—2014)。

⑤《机动车发动机冷却系统内部清洗剂》(GB/T 31027—2014)。

⑥《重负荷机动车发动机冷却液用补充添加剂》(JT/T 1303—2019)。

⑦《发动机冷却液气穴腐蚀特性试验用铝制离心泵技术条件》(JT/T 1304—2019)。

5.相关标准(900)

汽车维修行业经常使用到的相关标准,由其他相关的专业技术标委会归口管理。主要有机动车运行安全技术条件、机油换油指标、汽车污染物排放检测、维修企业环境保护、道路运输车辆燃料消耗量检测评价方法等标准。如:

①《机动车运行安全技术条件》(GB 7258—2017)。

②《柴油车污染物排放限值及测量方法(自由加速法及加载减速法)》(GB 3847—2018)。

③《汽油车污染物排放限值及测量方法(双怠速法及简易工况法)》(GB 18285—2018)。

④《柴油机油换油指标》(GB/T 7607—2010)。

⑤《汽油机油换油指标》(GB/T 8028—2010)。

⑥《汽车维修业水污染物排放标准》(GB 26877—2011)。

⑦《道路运输车辆燃料消耗量检测评价方法》(GB/T 18566—2011)。

上述各种标准所涉及的内容广泛而具体,与汽车维修质量检测与评定的工作更紧密、更具有指导性,是汽车维修质量检测与评定工作的操作依据。

现代汽车维修业是具有高新技术含量的服务性行业,维修标准化既与原有汽车产品本身的技术标准有关,又与制造技术、检测技术、系统工程、计算机等行业技术状况及其标准密切相关。在汽车维修质量检测与评定的标准中会大量采用或直接引用相关领域的标准。

第四节　国外汽车维修制度与标准

一、国际标准中与汽车维修、检测有关的内容

国际道路车辆标准化工作主要由国际标准化组织道路车辆技术委员会(ISO/TC 22)主持进行,其主要工作范围是:研究有关道路车辆(包括汽车、半挂车、挂车、汽车列车、铰接车辆、摩托车及轻便摩托车等车辆与设备)的互换性和安全性,特别是车辆有关术语和评定车辆性能的试验程序(包括仪器特征)的标准化问题。涉及汽车维修、检测方面的标准主要有:

(1)《道路车辆　摩托车诊断系统　词汇:适用范围和应用领域》(ISO 4092)。

该标准可以视为车辆诊断检测标准的引用和制定的重要依据之一,即标准的制定要建立

在统一的基础——基本名词术语和定义上，其他标准都直接引用该标准。与检测诊断相关的定义、术语包括诊断、监测、检测、诊断技术规程、测试等。

(2)《道路车辆诊断系统　图示符号:适用范围和应用领域》(ISO 7639)。

该标准为诊断测试规定了详细的图识，主要包括:

①控制、指示标识及描述。

②用于屏幕显示和变化显示系统。

③连接和其他公共输入和输出。

(3)《压燃式内燃机　稳态烟度检测设备:烟度计》(ISO 10054)。

该标准规定了压燃式发动机处于稳定工作状态时，根据滤纸变黑的原理，用仪器测量出废气烟灰浓度的特性。

(4)《道路车辆　诊断系统:点火系统测试设备》(ISO 7342)。

该标准规定了车辆用内燃机点火系统检测设备的应用领域及使用方法，适用于具有可拆卸内置式传感器的车辆诊断系统。引用标准主要有:

①《内燃机　点火技术》(ISO 2542)。

②《道路车辆　点火线圈和点火次级高压电连接》(ISO 3553)。

③《道路车辆　摩托车诊断系统:术语和定义》(ISO 4092)。

④《点火系统　第一部分:词汇》(ISO 6518/1)。

(5)《道路车辆——电器系统的测试诊断》(ISO 8093)。

该标准规定了诊断工具，其主要应用于道路车辆的电气系统，包括与电子控制模块、电子控制相连的输入传感器、输出执行机构和指示器。

(6)《前照灯灯光定位检测设备》(ISO 0604)。

该标准规定了检测设备的尺寸标准、机械标准和光学质量要求。

(7)《往复压燃式发动机的废气光吸收系数和不透光度测定仪器》(ISO 11614)。

该标准规定了仪器的一般技术条件和安装要求，注明这些仪器以烟度计为代表，未强行规定测定仪器的统一名称，允许仪器具备不同的功能。

(8)《道路车辆　诊断系统:数字信息交换》(ISO 9141)。

该标准描述了建立数字信息交换的要求，主要涉及汽车电子控制单元(ECU)和与之相适应的诊断检测装置之间的信息交换。设立这项交换的目的是使检查、测试、诊断和调整车辆、系统及电子控制装置更加方便。

(9)《道路车辆　检测系统　第二部分:美国加利福尼亚大气资源局(CARB)对数字信息交换的要求》(ISO 9141—2)。

该标准详细描述了设立数字信息交换的要求，信息交换是指汽车上的电子控制装置(ECU)的信息与SAE OBD Ⅱ扫描工具之间的信息交换。引用标准主要有:

①《道路车辆　传导耦合产生的电子故障:第一部分》(ISO 7637—1:1990)。

②《道路车辆　诊断系统:数字信息交换的要求》(ISO 9141:1989)。

③《诊断连接器》(SAE J1962)。

④《OBD Ⅱ扫描工具》(SAE J1978)。

⑤《E/E 诊断测试码》(SAE J1979)。

⑥《诊断故障代码的格式及信息》(SAE J2012)。

(10)《车辆与OBD Ⅱ扫描工具通信的检验》(ISO 9141—3)。

为了检验车辆的OBD Ⅱ扫描工具是否能按照ISO 9141—2中的要求交换信息，该标准推荐了相应的测试方法、测试步骤以及具体技术参数。引用标准主要有：

①《道路车辆　诊断系统：数字信息交换的要求》(ISO 9141:1989)。

②《道路车辆　诊断系统：第二部分》(ISO 9141—2:1994)。

③美国加利福尼亚大气资源局(CARB)对数字信息交换的要求。

④《道路车辆　排放检测：车辆与其外部装置间的信息交流(第五部分)：排放检测与维修》(ISO 15031—5)。

⑤《检测连接器》(SAE J1962:1995)。

⑥《OBD Ⅱ扫描工具》(SAE J1978:1994)。

(11)《道路车辆　诊断系统：诊断服务规范》(ISO 14229:1998(E))。

该标准要求诊断程序支持以下的诊断过程：将诊断测试装置嵌入车辆电子控制单元(例如：电子燃油喷射、自动变速器、ABS系统等)的一系列传感器，对车辆进行诊断操作。

二、美国汽车维修制度与标准

美国《联邦管理条例》第102—34条款相当于美国联邦政府规定的在用汽车标准，其规定为：机动车应建立一个定期的维护计划，实施定期检查和维护。

美国的汽车维修制度采用计划预防维修制度。将维修工作分为五级，其中维护工作三级(A、B、C)，相当于日常、一级、二级维护；修理分为二级(D、E)，美国军队和大型运输企业均采用这种制度。定期、计划预防维护制度为维持美国汽车的完好技术状况和工作能力，提供了有力的保障。

近年来，美国汽车的维护周期更加延长，维护作业内容进一步简化，如：

(1)商用汽车每隔1个月、3个月和12个月须对车辆有关安全结构和装置的维修部位分别实施内容不同的预防性维护，类似于三级维护制度。

(2)对其他自用汽车，也规定每隔6个月和12个月分别实施不同内容的预防性维护。

美国的汽车维修检测标准和法规主要包括：美国联邦机动车安全标准FMVSS(运输篇)的第396部分(检查、修理和维护)、各州汽车维修检测标准和法规、美国第107次国会会议H. R. 2735法案、相关的美国汽车工程师学会(SAE)标准。

FMVSS(运输篇)中除第396部分外的其他标准、SAE标准，主要与汽车及相关零部件的生产、制造有关，对汽车维修检测标准的技术指标制定有参考作用。

(1)FMVSS(运输篇)的第396部分——检查、修理和维护，主要包括适用范围；检查、维护和修理；润滑；严禁不安全操作；机动车操作检查；驾驶员车辆检查报告；驾驶员检查；制造厂驾驶——牵引交车操作、检查等几个方面。但标准的内容比较简洁，都是原则性规定，不涉及具体的维修检测项目过程和技术参数。

(2)美国各州维修检测标准中的适用范围和技术参数有很大不同，主要原因是各州的经济、人口、地域面积及汽车保有量等社会环境不同，对经济发展、环境保护要求的程度不一致。如加利福尼亚州的相关汽车标准和法规最为严格。

(3)为保护汽车消费者,其在本国享有对车辆诊断、服务及维修的权利,根据美国第107次国会会议H. R. 2735文件,制定了汽车所有者享有的车辆维修权利法案。该法案要求:

①由联邦贸易委员会制定和执行法规,来确保汽车消费者在车辆诊断、维修中享有知情权。

②为了确保所有汽车消费者的安全,要求维修者提供所有对车辆及时、可信赖的和消费者能够承受的诊断、服务与维修行为的相关信息。

③保障维修业在汽车诊断、维修服务中的良性竞争。

三、德国汽车维修、检测标准

德国的汽车维修以定期维护、预防故障为主。除汽车维修外,具有一定规模的维修企业兼营整车销售、配件供应、技术咨询、旧车交易、事故汽车维修等业务。汽车维修厂基本以维护和小修为主,而且多为换件修理,有综合类修理厂、特约维修厂和专业维修点。

(1)最高层次

德国汽车检测和维修标准的最高层次是《道路交通执行条例》(StVZO)是汽车维修和汽车检测的标准以及维修检测规则、规范、细则和条例的基础,其作用类似于我国的《机动车安全运行技术条件》(GB 7258)。

(2)第二层次。

主要是等效引用ISO标准,对汽车维修的有关概念、内容和工时定额等维修基础条件进行规定。例如相关德国国家标准(DIN):

①《汽车维修术语和措施》(DIN 31051 1985—01)。

②《维修基础》(DIN 31051 2001—01)。

③《修理:修理指南的内容和组成》(DIN 31052 1981—06)。

④《修理:制定工时定额体系的原则》(DIN 31054 1987—09)。

(3)第三层次。

主要涉及较为具体的维修规定、细则。包括车辆结构与设计、事故预防、修理方法、修理作业安全、修理厂规则、汽车清洗设备、修理工作中的安全与健康保护、焊接作业规则以及安全防护、汽车评估方法与专家评估、汽车损坏评估规则、汽车前照灯检测、乘用车腐蚀损坏与修理、维修场所规范、人员资格要求等方面。重点有以下联邦标准、行业标准和协会标准:

①《机动车辆》(VBG 12)。

②《事故预防条例:车辆》(UVV 5.1 1997—01)。

③《规范:汽车修理》(BGR 157 1999—11BG)。

④《车辆修理安全概要》(BGI 550 1999—02)。

⑤《车辆修理厂》(BGI 703 1997—04)。

⑥《车辆清洗设备技术规范》(ZH1/ 543 1986—10)。

⑦《汽车维修焊接法规及规则(DVS德国焊接联合会)》(DVS—2501,2505,2514)。

⑧《车辆修理过程中的安全和健康保护》(GUV 17.1 2000—02)。

⑨《车辆修理危险和精神压力分类》(GUV 50.11.01 2000—01)。

⑩《高级(专家)汽车测试原理》(BGG 916 1991—04)。

⑪《汽车损坏规范:汽车损坏鉴定和评估的指导原则》(IFS 1992)。

⑫《联邦物理技术管理局测试规范(第 9 卷):前照灯检测设备》(PTB)。

⑬《Ral —维修环境细则(Ral—Gz 2000—01)环境标志基础:循环水式汽车清洗设备》。

⑭《VdTÜV —乘用车修理细则(VdTÜV MB 728 1989—04)乘用车腐蚀损坏及其修理的评定》。

⑮《汽车修理企业维修人员的职业资格及继续教育》(VDV 800 1995—04)。

⑯《大客车维修场所的建筑规范》(VDV 822 1997—05)。

⑰《城市公共交通大客车企业的维修程序》(VöV)。

⑱《细则:ZDK 汽车维修技师与企业规划》(ZDK)。

(4)第四层次。

汽车检测和维修行业标准是对德国国家标准(DIN)的细化。代表性的有:

①BMW B 3601:StVZO 第 29 章规定汽车维修主要检测项目,以及由主要项目检测确定汽车缺陷的技术规范。

②BGG 915 1991—04:对 VBG12 第 36 章进行了细化,规定普通汽车测试原理。

③汽车定期检测的专家鉴定:根据 VBG12 第 57 章第 1 款 UVV“车辆”,制定的汽车检测鉴定细则。

四、日本汽车维修制度与标准

日本的汽车标准化工作主要分为两个层次:日本工业标准(JIS)和日本汽车行业标准(JASO)。其中,JIS 标准由日本工业标准调查会(JISC)组织制定和审议,JASO 由日本汽车标准化组织制订。

日本依据《道路运输车辆法》,制定了《汽车维护基准》,规定车辆维护周期、维护项目和技术要求。

从 1957 年开始,日本对商用车辆推行定期预防性维护制度,并提出了具体标准。到 20 世纪 70 年代,又对维护基准进行了修改,并增加了高速公路行驶车辆及汽车排放控制等相关内容,从而实现了以故障诊断、检查和调整为中心的汽车定期预防性维护制度。

《汽车维护基准》中规定,商用车辆必须每间隔 1 个月、3 个月和 12 个月进行不同内容的预防性维护,对家用货车,则限定每间隔 6 个月 和 12 个月进行不同内容的预防性维护。2000 年修订实施的《道路运输车辆法》,规定商用车辆每天进行日常维护,必须每间隔 3 个月和 12 个月进行不同维护项目的定期维护,取消了每月维护一次的要求,相关规定内容见表 1-1。重点对转向装置、制动装置、行驶系、减振装置、传动装置、发动机、电气设备、车架和车身以及备用品进行检查、维护。

定期检修项目及变化情况 表 1-1

汽车类别 (定期检修标准)	定期检修项目变化			
	检修时间	1995 年 修改前	1995 年 修改后	2000 年 修改后
商业用汽车	1 月 3 月 12 月	42 项 94 项 149 项	25 项 65 项 127 项	废止 47 项 96 项

续上表

汽车类别 （定期检修标准）	定期检修项目变化			
	检修时间	1995 年 修改前	1995 年 修改后	2000 年 修改后
家用载货车	6 月 12 月	41 项 120 项	27 项 99 项	21 项 77 项
家用轿车	6 月 12 月 24 月	16 项 60 项 102 项	废止 26 项 60 项	— 26 项 56 项

其次，家用汽车与商业用汽车的维护周期和维护项目不同。由于商业用汽车的使用频率及使用强度明显高于家用汽车，因此，商业用汽车的维护周期短，维护频率高，维护项目多。

日本《道路运输车辆法》第 49 条规定：为保证汽车定期检查、保养和维修制度的有效实施，车主应如实记录车辆检修情况，填写“检修记录簿”，并存放在汽车上。商用车辆、家用货车的“检修记录簿”应保存 12 个月，家用轿车要保存 24 个月。“检修记录簿”记录的项目包括：

（1）检查日期。

（2）检查的结果。

（3）保养和维修项目概述。

（4）保养和维修日期。

（5）汽车登记编号或车辆编码。

（6）检查时的累计行驶里程。

（7）检修人员姓名和地址。

日本通过机动车维护修理制度和《道路运输车辆法》及《指定汽车维修业规则》对汽车维修企业进行分类和管理。国土交通省通过“认证”和“指定”方式，规定了各类汽车维修企业应具备的技术力量、设备基本条件及其相应业务范围。在《道路运输车辆法》中有关条款规定了申办维修企业的条件。

日本对汽车维修技工的要求非常严格。在《道路运输车辆法》有关条款中规定了汽车维修技工一、二、三级认定规则，其中三级维修技工级别最高。

汽车维修检验员的任职条件以及任期分别在《道路运输车辆法》《道路运输车辆法实施规则》《汽车检查独立行政法人法》中做了明确规定。

日本《道路运输车辆法》第 94 条中对维修设备的基准校正和检验提出了具体要求，对重要的维修检测设备进行了特别严格的规定，要求必须符合《道路运输车辆法实施规则》和国土交通省大臣发布的第 57 条技术基准规定。

五、汽车维修标准国际化

1. 国外汽车维修标准分析

当前世界汽车工业发达的国家，如美国、日本、德国等已经在汽车修理、检测方面各自形成

标准体系。他们在汽车修理、检测标准制定方面,主要侧重以下几点:

(1)涉及新技术领域,如微电子技术计算机技术以及通信技术在汽车检测维修领域的应用。

(2)汽车安全设施与技术方面,如乘员安全、维修人员安全及环境影响,这两个方面与汽车标准体系融为一体。

(3)环境保护,如汽车排放、噪声、电磁干扰、清洗等,其中大部分作为国家标准或采用国际标准。

(4)细化汽车检测与维修技术要求。如汽车维修的焊接技术要求、人员安全、环境保护;检测与维修人员的划分、培训、继续教育以及资质要求;计算机、通讯、电子技术、焊接技术、安全技术、环境保护在汽车维修与检测领域的细化,特别是针对计算机、电子、传感器、汽车车载或专用诊断监视器类的标准中,都有详细规定,如关键字符、关键字格式化、ECU 等电子数据规范,实现检测诊断仪器设备关键技术参数的统一。

(5)有的国家如日本、美国将涉及汽车安全、环境以及注册的有关维修要求以国家法律的形式予以颁布,如日本的《道路运输车辆法》《指定自动车整备事业规则》,美国的第 107 次国会会议 H. R. 2735 法案,其他细节由标准化组织、行业、企业和协会具体制定。

(6)有的国家标准工作由标准化协会直接规划、组织、协调制定、修订和出版,国家或标准化协会仅负责带有普遍性的基础性法规。例如,德国国家标准 StVZO,就是以国家法律的形式颁布的,是保障机动车安全运行的基础性法规。

2. 推进汽车维修标准国际化

(1)学习借鉴典型发达国家的先进标准化管理经验,推动标准化工作与我国交通运输现代化建设相适应。

国际标准化文件通常包括标准技术规范(TS)、可公开提供规范(PAS)、技术报告(TR)、指南(Guide),以及文件的某个部分等类别。

在推进汽车维修标准国际化方面,要加强国际标准跟踪、评估以及中外标准差异性和等效性研究工作,结合国内外交通运输生产实践,加快国际标准国内化进程,加快转化适合我国国情的国际标准,提高我国标准与国际标准一致性程度。助力提升我国标准整体质量,共享质量发展的优势。

关于国际标准的采用与引用:

①国际标准——国际标准化组织(ISO)、国际电工委员会(IEC)和国际电信联盟(ITU)以及 ISO 确认并公布的其他国际组织制定的标准(如 SAE、ECE 等)。

采用国际标准包括采用国外先进标准,是指把国际标准和国外先进标准的内容,通过分析研究,不同程度地纳入我国的各级标准中,并贯彻实施以取得最佳效果的活动,也可消除技术性贸易壁垒。

②"等同"采用国际标准——国家标准与相应国际标准的一致性程度为技术内容和文本结构相同。

采用方法:翻译法,最小限度地编辑性修改,一致性程度及代号为 IDT。

③"修改"采用国际标准——国家标准在技术内容少于(多于)国际标准,部分采纳、更改

部分内容。允许存在技术性差异,并对这些差异及其产生的原因有清楚的说明。

采用方法:重新起草法,一致性程度及代号为 MOD。

④“非等效”——国家标准与国际标准的技术内容和文本结构不同,与国际标准在技术内容的规定上有较大差异,只保留少量或不重要的国际标准条款。与国际标准一致性程度为“非等效”的国家标准,不属于采用国际标准,只表明中国标准与相应国际标准有对应关系。

采用方法:重新起草法,一致性程度及代号为 NEQ。

(2)推进中国标准走出去战略,提高我国在国际标准化工作中的影响力和话语权,带动产品、技术、装备和服务走出去。

中国标准走出去,可以是国家标准、行业标准、地方标准、团体标准、企业标准,也可以是标准成体系输出,或者我国标准化工作理念、方式方法、人才的输出。标准走出去看似是技术问题,实则牵涉到政治、经济、法律、文化、宗教等多个方面。中国标准走出去的内涵实质是指我国标准及其所含内容通过各种途径和方式在境外的存在。

中国标准走出去主要包括:

①标准载体走出去。我国标准制定要有外文版,方便在国外的宣传和应用。

②标准内容走出去。提高我国标准在国外的适用性,加强与国际国外标准化体系的一致性,推动我国标准充分反映国际先进技术的最新发展,最广泛适应国际国内两个市场发展的需求,提高我国标准的国际代表性,提升标准水平。

③标准化对象走出去。推动我国标准不仅要服务于我国经济和社会发展的需求,还要定位于服务更多国家的发展和全球经济贸易活动的需要。

走出去的标准是我国在该领域具备明显的贸易、技术或市场优势的标准。标准走出去应与我国对外政治、经济、贸易和技术交流活动等紧密衔接,标准走出去的最终目标是推动我国企业、产业、产品、服务走出去。

标准走出去的途径,根据目的地不同,包括走向国际和走向其他国家或区域组织,如“一带一路”沿线国家及地区。

④标准走出去的方式。包括主导制定国际标准、开展标准互认、直接转化应用、共同制定新的标准等。

第二章

汽车维修业管理与规定

汽车维修是指以维持或者恢复汽车技术状况和正常功能，延长汽车使用寿命为作业任务所进行的维护、修理以及维修救援等相关经营活动。汽车维修管理，应当公平、公正、公开和便民，任何单位和个人不得封锁或者垄断机动车维修市场。从事汽车维修经营业务的，应当在依法向市场监督管理机构办理有关登记手续后，向所在地县级道路运输管理机构进行经营备案，依法经营，诚实信用，公平竞争，优质服务，履行安全生产、环境保护主体责任和维修质量主体责任。

第一节　汽车维修管理

一、汽车维修术语与分类

国家标准《汽车维修术语》(GB/T 5624—2019)是重要的维修基础性标准，统一和规范了汽车维修领域中专用的或常用的术语及定义，减少了该领域中术语含义不明确、相互矛盾等现象，为规范汽车维修技术、管理奠定了良好的基础。

1. 汽车维修主要术语

1)通用术语

(1)汽车技术状况　Vehicle Technical Condition。

定量或定性表征汽车外观和性能参数的总和。

(2)汽车检测　Vehicle Detection。

确定汽车技术状况或工作能力的检查和测量。

(3)汽车诊断　Vehicle Diagnosis。

确定汽车技术状况，查明故障部位及原因的过程。

(4)汽车维修　Vehicle Maintenance and Repair。

对汽车进行的维护和修理。

2)汽车维护

(1)汽车维护　Vehicle Maintenance。

俗称汽车保养，为维持汽车完好技术状况或工作能力而进行的作业。

(2)汽车维护作业　Operation of Vehicle Maintenance。

完成汽车维护的技术操作过程。

(3)汽车维护技术规范　Norms of Vehicle Maintenance。

对汽车维护作业技术要求的规定。

(4)汽车保养手册　Vehicle Maintenance Manual。

用于提醒用户汽车保养时间(或里程)、保养项目、保养方法等保养信息的技术资料。

(5)汽车维护周期　Period of Vehicle Maintenance。

汽车进行同级维护之间的间隔期(间隔期是指汽车运行的行程间隔或时间间隔)。

(6)汽车维护类别　Class of Vehicle Maintenance。

汽车维护按汽车运行间隔期、维护作业内容或运行条件等划分的不同类别或等级。如一级维护、二级维护。

(7)汽车维护方法　Method of Vehicle Maintenance。

进行汽车维护作业的工艺和组织规则的总合。

(8)汽车检测与维护制度　Inspection and Maintenance Program of Vehicle。

为保持汽车排放系统完好技术状况而建立的检测/维护制度,简称 I/M 制度。

3)汽车修理

(1)汽车修理　Vehicle Repair。

为恢复汽车完好技术状况(或工作能力)和寿命而进行的作业。

(2)汽车修理作业　Operation of Vehicle Repair。

完成汽车修理的技术操作过程。

(3)汽车修理技术规范　Norms of Vehicle Repair。

对汽车修理作业技术要求的规定。

(4)汽车维修手册　Vehicle Service Manual。

汇集汽车故障诊断、零部件拆解、零部件装配、性能检测等数据、图示和操作方法的技术资料。

(5)视情修理　Repair on Technical Condition。

按技术文件规定对汽车技术状况进行检测或诊断后,决定作业内容和实施时间的修理。

(6)汽车修理类别　Class of Vehicle Repair。

按汽车修理时的作业对象、作业深度、执行作业的方式或组织形式等划分的不同的修理等级。如整车修理、总成修理。

(7)汽车修理方法　Method of Vehicle Repair。

进行汽车修理作业的工艺和组织规则的总合。

(8)事故汽车修理　Restoration of Accident Vehicle。

也称事故汽车修复,是为恢复事故汽车损伤部位的外观、几何尺寸和使用性能,使之接近或达到原车技术状况的作业过程。

(9)汽车修理质量评定　Qualitative Assessment for the Repair of Automobile。

对汽车修理竣工质量和汽车修理过程中维修档案记录完善程度的综合评价。

4)汽车维修质量检验

(1)汽车维修检验　Vehicle Maintenance and Repair Inspection。

对汽车维修生产活动中各个环节进行检测评定的工作。

(2)进厂检验　Pre-maintenance Inspection。

在维修前,对汽车技术状况和维修项目进行检测评定的工作。

(3)过程检验　Process Inspection。

在维修过程中,对汽车所修项目及其附加作业的质量进行检测评定的工作。

(4)竣工检验　Completion Inspection。

在维修后,对汽车所修项目及其附加作业的质量进行检测评定的工作。

5)汽车维修档案

(1)汽车维修档案　Vehicle Maintenance and Repair Files。

汽车维修过程中需要分类保存的一系列维修记录相关文件和资料。

(2)维修合同　Maintenance and Repair Contract。

承修、托修双方当事人之间设立、变更和终止民事法律关系的协议。

(3)维修质量检验单　Maintenance and Repair Quality Inspection Alone。

为保证汽车维修质量,汽车维修企业填制的、必要的维修检验凭证。

(4)维修结算清单　Maintenance and Repair Cost List。

承修方向托修方出具的机动车维修服务结算的财务凭证。

(5)维修竣工出厂合格证　Maintenance and Repair Completed Factory Certificate。

进行二级维护、总成修理、整车修理,经质量检验合格后,承修方向托修方出具的质量保证凭证。

(6)维修竣工质量保证期　Quality Guarantee Period for the Completion of Maintenance and Repair。

维修竣工出厂后,对汽车维修质量担保的行驶里程或时间。

(7)汽车维修电子健康档案　Vehicle Maintenance and Repair Electronic Archives。

以车辆识别代码(VIN)为唯一标识的汽车从购置到报废过程中汽车维修电子记录的总和。

(8)汽车维修电子记录　Vehicle Maintenance and Repair Electronic Record。

用于记录汽车维修过程相关内容的电子化信息。主要包括汽车维修企业、维修车辆、维修时间、故障描述、维修配件、维修项目以及结算信息等。

(9)汽车返修　Vehicle Rework。

质量保证期内,同一故障因维修质量不合格而造成的回厂修理。

6)汽车维修工时与定额

(1)维修工时　Maintenance and Repair Working Hours。

完成规定的维修作业所需要的劳动定额计量单位。

(2)维修工时定额　Maintenance and Repair Time for Vehicle Maintenance。

经过专业培训的熟练技术工人,在一定的生产技术组织条件下,按标准作业程序操作,合理地使用维修设备、工具,按质保量完成维修工作而规定的时间。

(3)维修工时单价　Working Hours Unit Price。

根据本地区经济社会发展水平,完成某一维修作业项目所确定的单位工时费用。

(4)维修工时费用　Working Hours Cost。

维修工时单价和维修工时定额的乘积。

7)汽车维修配件

(1)汽车维修配件　Vehicle Maintenance and Repair Parts。

为汽车售后配件,安装于汽车、用来替换该汽车初装零部件的产品。包括汽车维修所需更换或加注的维修化学品等(但不包括燃料)。

(2)原厂配件　Genuine Parts。

汽车生产商或者汽车生产商指定的第三方提供的,按照汽车初装零部件规格和产品标准制造的售后配套件。

(3)同质配件　Equivalent Parts。

质量相当配件,产品质量等同或高于装车零部件标准要求,且具有良好装车性能的配件。

(4)修复配件　Repair Parts。

将汽车维修过程中更换下来的配件进行修复,使其恢复(或部分恢复)原配件尺寸或性能的零部件。

(5)双标配件　Double Marking Parts。

同时标有汽车制造商和配件制造商商标、标识和零件代码的初装零部件和售后配件。

(6)再制造零部件　Remanufacturing Parts。

经产品质量检测确认,通过加工修复使之满足再制造使用标准要求的旧零部件。

8)汽车维修信息与公开

(1)汽车维修信息　Vehicle Maintenance and Repair Information。

汽车诊断、检测、维修作业过程中的信息资料的总称。主要包括车辆信息、维修企业信息、维修技术信息、管理信息等。

(2)汽车维修技术信息　Vehicle Maintenance and Repair Technical Information。

汽车在使用过程中,为维持或恢复汽车出厂时的技术状况和工作能力,延长汽车使用寿命,确保汽车符合安全、环保使用要求所进行的汽车诊断、检测、维修作业必需的技术信息资料的总称。

(3)汽车维修技术信息公开　Vehicle Maintenance and Repair Technical Information Disclosure。

为确保市场公平竞争,提升汽车维修质量,保障消费者安全、合理使用汽车的合法权益,由汽车生产者履行义务,通过设立一定信息渠道,向维修直接经营者、消费者及相关间接经营者(包括维修诊断工具及设备制造商、零部件制造商、出版商、保险企业、培训机构等)提供其所售汽车后的维修技术信息的活动。

2. 汽车维修业务分类

1)汽车维护作业

(1)走合维护　Running-in Maintenance。

汽车在走合期满实施的维护。

(2)季节性维护 Seasonal Maintenance。

为使汽车适应季节变化而实施的维护。

(3)周期维护 Periodic Maintenance。

按预先设定的行程间隔或时间间隔而实施的维护。

(4)日常维护 Daily Maintenance。

以清洁、补给和安全性能检视为中心内容的维护作业。

(5)一级维护 Elementary Maintenance。

除日常维护作业外,以润滑、紧固为作业中心内容,并检查有关制动、操纵等系统中的安全部件的维护作业。

(6)二级维护 Complete Maintenance。

除一级维护作业外,以检查、调整制动系、转向操纵系、悬架等安全部件,并拆检轮胎,进行轮胎换位,检查调整发动机工作状况和汽车排放相关系统等为主的维护作业。

2)汽车修理作业

(1)汽车整车修理 Major Repair of Vehicle。

通过整车修复或更换汽车零部件(包括基础件),恢复汽车完好技术状况和完全(或接近完全)恢复工作能力的修理。

(2)总成修理 Unit Repair。

为恢复汽车总成完好技术状况(或工作能力)和使用寿命进行的作业。

(3)零件修理 Parts Repair。

为恢复汽车零件性能和使用寿命的作业。

(4)汽车小修 Current Repair of Vehicle。

通过修理或更换个别零件,消除车辆在运行过程或维护过程中发生或发现的故障或隐患,恢复汽车使用工作能力的作业。

(5)汽车维修救援 Vehicle Repair and Rescue。

对抛锚汽车进行现场救助的专业服务活动,通过适当修理使其恢复(或暂时恢复)行驶能力,或利用专业拖曳车辆等装备将其拖离至专业维修企业进行修理。

3.汽车维修企业经营分类

(1)汽车维修企业 Enterprise of Vehicle Maintenance and Repair。

从事汽车维护和修理生产的经济实体(企业法人)。

(2)汽车整车维修企业 Enterprises for Motor Vehicle Maintenance and Repair。

有能力对所维修车型的整车、各个总成及主要零部件进行各级维护、修理及更换,使汽车的技术状况和运行性能完全(或接近完全)恢复到原车的技术要求,并符合相应国家标准和行业标准规定的汽车维修企业。

(3)汽车综合小修业户 Enterprises for Vehicle Comprehensive Current Repair。

从事汽车故障诊断和通过修理或更换个别零件,消除车辆在运行过程或维护过程中发生或发现的故障或隐患,恢复汽车工作能力的维修业户。

(4)汽车专项维修业户　Enterprises for Vehicle Maintenance and Repair of Special Items。

从事汽车发动机维修、车身维修、电气系统维修、自动变速器维修、轮胎动平衡及修补、四轮定位检测调整、汽车润滑与养护、喷油泵和喷油器维修、曲轴修磨、汽缸镗磨、散热器维修、空调维修、汽车美容装潢、汽车玻璃安装及修复等专项维修作业的业户。

(5)特约维修服务站　Special Maintenance and Repair Service Station。

由汽车生产企业授权,可对某汽车生产的汽车进行维修和售后服务的企业。

(6)汽车维修连锁经营　Vehicle Maintenance and Repair Chain Operation。

按照统一采购、统一配送、统一标识、统一经营方针、统一服务规范和价格的要求,从事汽车维修服务的连锁经营方式。

二、汽车维修管理规定与要求

为加强维修行业管理和规范维修企业经营行为,自 2004 年,国务院颁布实施了《中华人民共和国道路运输条例》,以行政法规的形式确立了维修行业管理的法律地位,2019 年,交通运输部又对 2005 年颁布实施的《机动车维修管理规定》进行了修正。这些法规、规章的颁布实施,对维修行业管理方式转变和维修企业质量管理的创新与进步提出了新的要求。现行相关法律、法规及部门规章主要有:

(1)《中华人民共和国产品质量法》。

(2)《中华人民共和国道路交通安全法》。

(3)《中华人民共和国标准化法》。

(4)《中华人民共和国安全生产法》。

(5)《中华人民共和国消防法》。

(6)《中华人民共和国环境保护法》。

(7)《中华人民共和国消费者权益保护法》。

(8)《中华人民共和国合同法》。

(9)《中华人民共和国计量法》。

(10)《中华人民共和国道路运输条例》(国务院令第 406 号,2019 年 3 月 2 日第三次修订)。

(11)《道路运输车辆技术管理规定》(交通运输部令 2019 年第 19 号)。

(12)《道路运输从业人员管理规定》(交通运输部令 2019 年第 18 号)。

(13)《道路货物运输及站场管理规定》(交通运输部令 2019 年第 17 号)。

(14)《道路旅客运输及客运站管理规定》(交通运输部令 2020 年第 17 号)。

(15)《道路危险货物运输管理规定》(交通运输部令 2019 年第 42 号)。

(16)《机动车维修管理规定》(交通运输部令 2019 年第 20 号)。

1.《中华人民共和国道路运输条例》中有关规定

客运经营者、货运经营者应当使用符合国家规定标准的车辆从事道路运输经营;客运经营者、货运经营者应当加强对车辆的维护和检测,确保车辆符合国家规定的技术标准;不得使用报废的、擅自改装的和其他不符合国家规定的车辆从事道路运输经营。

汽车维修是道路运输的重要组成部分，在道路运输条例中属“道路运输相关业务”，是《道路运输条例》管理的范围。条例规定从事道路运输经营以及道路运输相关业务，应当依法经营，诚实信用，公平竞争。

1）从事机动车维修经营应当具备的条件

（1）有相应的机动车维修场地。

（2）有必要的设备、设施和技术人员。

（3）有健全的机动车维修管理制度。

（4）有必要的环境保护措施。

2）对机动车维修经营者的要求

（1）机动车维修经营者应当按照国家有关技术规范对机动车进行维修，保证维修质量，不得使用假冒伪劣配件维修机动车。

（2）机动车维修经营者应当公布机动车维修工时定额和收费标准，合理收取费用，维修服务完成后应当提供维修费用明细单。

（3）机动车维修经营者对机动车进行二级维护、总成修理或者整车修理的，应当进行维修质量检验。检验合格的，维修质量检验人员应当签发机动车维修合格证。

（4）机动车维修实行质量保证期制度。质量保证期内因维修质量原因造成机动车无法正常使用的，机动车维修经营者应当无偿返修。

（5）机动车维修经营者不得承修已报废的机动车，不得擅自改装机动车。

2.《机动车维修管理规定》中主要有关条款

《机动车维修管理规定》（交通运输部令 2019 年 20 号）建立了机动车维修“经营备案”制度，强化了事中事后监管措施，是深入推进机动车维修行业“放管服”改革的重要举措，有助于激发机动车维修市场活力、加快政府监管方式转变、推动行业转型升级和高质量发展、提升机动车维修行业为民服务水平。

从事机动车维修经营的，应当向所在地的县级道路运输管理机构进行备案，提交《机动车维修经营备案表》，见表 2-1。机动车维修经营依据维修车型种类、服务能力和经营项目实行分类备案。

（1）汽车维修经营业务根据经营项目和服务能力分为一类维修经营业务、二类维修经营业务和三类维修经营业务。

①一类、二类汽车维修经营业务，可以从事相应车型的整车修理、总成修理、整车维护、小修、维修救援、专项修理和维修竣工检验工作。

②三类汽车维修经营业务（包含汽车综合小修），可以分别从事汽车综合小修或者发动机维修、车身维修、电气系统维修、自动变速器维修、轮胎动平衡及修补、四轮定位检测调整、汽车润滑与养护、喷油泵和喷油器维修、曲轴修磨、汽缸镗磨、散热器维修、空调维修、汽车美容装潢、汽车玻璃安装及修复等汽车专项维修工作。具体有关经营项目按照国家标准《汽车维修业开业条件》（GB/T 16739）相关条款的规定执行。

机动车维修经营备案表

表 2-1

（□首次备案 □备案变更）

<table>
<tr><td colspan="4">经营者名称</td><td colspan="7">（与营业执照名称一致）</td></tr>
<tr><td colspan="4">经营地址</td><td colspan="7">××省（区、市）××市（州）××县（市、区）××街（镇、乡）××号</td></tr>
<tr><td colspan="4">企业法定代表人
（个体不填写此项）</td><td></td><td colspan="2">统一社会信用代码</td><td colspan="4"></td></tr>
<tr><td colspan="4" rowspan="2">主要负责人
（个体填写经营者，企业填写法人任命的负责人）</td><td>姓名</td><td colspan="2"></td><td colspan="3">身份证号</td><td></td></tr>
<tr><td>联系电话</td><td colspan="2"></td><td colspan="3">电子邮箱/传真</td><td></td></tr>
<tr><td>企业性质</td><td colspan="10">□国有 □集体 □私营 □ 外资（国别 ）</td></tr>
<tr><td>经营类型</td><td colspan="8">□综合修理 □机动车生产、进口企业授权维修 □其他（ ）</td><td colspan="2">□连锁经营</td></tr>
<tr><td rowspan="5">经营范围</td><td>业务类型</td><td colspan="3">□汽车维修</td><td colspan="3">□摩托车维修</td><td colspan="3">□其他机动车维修</td></tr>
<tr><td>业户类别</td><td colspan="3">□一类 □二类 □三类</td><td colspan="3">□一类 □二类</td><td colspan="3">□一类 □二类 □三类</td></tr>
<tr><td rowspan="3">项目种类</td><td>一类</td><td colspan="8">□大中型客车维修 □大型货车维修 □小型车维修 □危险货物运输车辆维修（可多选）</td></tr>
<tr><td>二类</td><td colspan="8">□大中型客车维修 □大型货车维修 □小型车维修（可多选）</td></tr>
<tr><td>三类</td><td colspan="8">□综合小修 □发动机维修 □车身维修 □电气系统维修 □自动变速器维修 □轮胎动平衡及修补 □四轮定位检测调整 □汽车润滑与养护 □喷油泵和喷油器维修 □曲轴修磨 □汽缸镗磨 □散热器维修 □空调维修 □汽车美容装潢 □汽车玻璃安装及修复（可多选）</td></tr>
<tr><td rowspan="2">其他备案材料</td><td>通用要求</td><td colspan="9">□ 1. 维修经营者的营业执照复印件
□ 2. 经营场地、停车场面积、土地使用权及产权证明等相关材料
□ 3. 技术人员汇总表，以及各相关人员的学历、技术职称或职业资格证明等相关材料
□ 4. 维修设备设施汇总表，维修检测设备及计量设备检定合格证明等相关材料
□ 5. 维修管理制度等相关材料
□ 6. 环境保护措施等相关材料</td></tr>
<tr><td>特殊要求</td><td colspan="9">□ 7. 与其作业内容相适应的专用维修车间和设备、设施等相关材料（危险货物运输车辆维修经营者填写）
□ 8. 突发事件应急预案（危险货物运输车辆维修经营者填写）
□ 9. 安全管理人员汇总表（危险货物运输车辆维修经营者填写）
□ 10. 安全操作规程材料（危险货物运输车辆维修经营者填写）
□ 11. 连锁经营协议书副本（连锁维修经营者填写）
□ 12. 连锁经营的作业标准和管理手册（连锁维修经营者填写）
□ 13. 连锁经营服务网点符合机动车维修经营相应条件承诺书（连锁维修经营者填写）</td></tr>
<tr><td colspan="11">本经营者声明：
1. 已知晓《中华人民共和国道路运输条例》、《机动车维修管理规定》、《汽车维修业开业条件》（GB/T 16739）、《摩托车维修业开业条件》（GB/T 18189）等国家机动车维修有关法律法规及标准，知晓机动车维修开业条件要求和备案要求；
2. 所提供的备案材料信息内容真实、准确，不存在虚假记载、误导性陈述或者重大遗漏，所有文件的签名、印章真实有效。如有不实之处，愿承担相应的法律责任。
法定代表人或主要负责人（签字）： 单位（盖章）： 年 月 日</td></tr>
<tr><td colspan="6">□备案材料齐全；
□备案材料不齐全，请补充：____
承办人（签字）： 年 月 日</td><td colspan="5">复核（签字）：
备案编号：
备案机关（盖章）： 年 月 日</td></tr>
</table>

③从事一类和二类维修业务的应当各配备至少1名技术负责人员、质量检验人员、业务接待人员以及从事机修、电器、钣金、涂漆的维修技术人员。

技术负责人员应当熟悉汽车或者其他机动车维修业务,并掌握汽车或者其他机动车维修及相关政策法规和技术规范。

质量检验人员应当熟悉各类汽车或者其他机动车维修检测作业规范,掌握汽车或者其他机动车维修故障诊断和质量检验的相关技术,熟悉汽车或者其他机动车维修服务收费标准及相关政策法规和技术规范,并持有与承修车型种类相适应的机动车驾驶证。

从事机修、电器、钣金、涂漆的维修技术人员应当熟悉所从事工种的维修技术和操作规范,并了解汽车或者其他机动车维修及相关政策法规。

从事三类维修业务的,按照其经营项目分别配备相应的机修、电器、钣金、涂漆的维修技术人员;从事汽车综合小修、发动机维修、车身维修、电气系统维修、自动变速器维修的,还应当配备技术负责人员和质量检验人员。各类技术人员的配备要求按照国家标准《汽车维修业开业条件》(GB/T 16739)相关条款的规定执行。

(2)有健全的维修管理制度。包括质量管理制度、安全生产管理制度、车辆维修档案管理制度、人员培训制度、设备管理制度及配件管理制度。具体要求按照国家标准《汽车维修业开业条件》(GB/T 16739)相关条款的规定执行。

(3)机动车维修经营者应当公布机动车维修工时定额和收费标准,合理收取费用。

①机动车维修工时定额可按各省、区、市机动车维修协会等行业中介组织统一制定的标准执行,也可按机动车维修经营者报所在地道路运输管理机构备案后的标准执行,也可按机动车生产厂家公布的标准执行。当上述标准不一致时,优先适用机动车维修经营者备案的标准。

②机动车维修经营者应当将其执行的机动车维修工时单价标准报所在地道路运输管理机构备案。

③机动车生产、进口企业应当在新车型投放市场后6个月内,向社会公布其生产、进口机动车车型的维修技术信息和工时定额。具体要求按照国家有关部门关于汽车维修技术信息公开的规定执行。

(4)机动车维修经营者应当使用规定的结算票据,并向托修方交付维修结算清单,作为托修方追责依据。维修结算清单中,工时费与材料费应当分项计算。维修结算清单应当符合交通运输部有关标准要求,维修结算清单内容应包括托修方信息、承修方信息、维修费用明细单等。

(5)机动车维修经营者应当按照国家、行业或者地方的维修标准规范和机动车生产、进口企业公开的维修技术信息进行维修。尚无标准或规范的,可参照机动车生产企业提供的维修手册、使用说明书和有关技术资料进行维修。

机动车维修经营者不得通过临时更换机动车污染控制装置、破坏机动车车载排放诊断系统等维修作业,使机动车通过排放检验。

(6)机动车维修经营者对机动车进行二级维护、总成修理、整车修理的,应当实行维修前诊断检验、维修过程检验和竣工质量检验制度。

承担机动车维修竣工质量检验的机动车维修企业或机动车检验检测机构应当使用符合有关标准并在检定有效期内的设备,按照有关标准进行检测,如实提供检测结果证明,并对检测结果承担法律责任。

(7)机动车维修竣工质量检验合格的,维修质量检验人员应当签发《机动车维修竣工出厂合格证》;未签发机动车维修竣工出厂合格证的机动车,不得交付使用,车主可以拒绝交费或接车。

(8)机动车维修经营者应当建立机动车维修档案,并实行档案电子化管理。维修档案应当包括:维修合同(托修单)、维修项目、维修人员及维修结算清单等。对机动车进行二级维护、总成修理、整车修理的,维修档案还应当包括:质量检验单、质量检验人员、竣工出厂合格证(副本)等。

机动车维修经营者应当按照规定如实填报、及时上传承修机动车的维修电子数据记录至国家有关汽车维修电子健康档案系统。机动车生产厂家或者第三方开发、提供机动车维修服务管理系统的,应当向汽车维修电子健康档案系统开放相应数据接口。

(9)机动车维修实行竣工出厂质量保证期制度。

汽车和危险货物运输车辆整车修理或总成修理质量保证期为车辆行驶20000km或者100日;二级维护质量保证期为车辆行驶5000km或者30日;一级维护、小修及专项修理质量保证期为车辆行驶2000km或者10日。

质量保证期中行驶里程和日期指标,以先达到者为准。机动车维修质量保证期,从维修竣工出厂之日起计算。

3.《道路运输车辆技术管理规定》中主要有关条款

2019年,交通运输部对《道路运输车辆技术管理规定》进行了修订,并以交通运输部令2019年第19号发布。规定道路运输经营者是道路运输车辆技术管理的责任主体,负责对道路运输车辆实行"择优选配、正确使用、周期维护、视情修理、定期检测和适时更新",保证投入道路运输经营的车辆符合技术要求。

(1)道路运输经营者应当建立车辆技术档案制度,实行一车一档。档案内容应当主要包括:车辆基本信息,车辆技术等级评定、客车类型等级评定或者年度类型等级评定复核、车辆维护和修理(含《机动车维修竣工出厂合格证》)、车辆主要零部件更换、车辆变更、行驶里程、对车辆造成损伤的交通事故等记录。档案内容应当准确、翔实。

车辆所有权转移、转籍时,车辆技术档案应当随车移交。

道路运输经营者应当运用信息化技术做好道路运输车辆技术档案管理工作。

(2)道路运输经营者应当建立车辆维护制度。

车辆维护分为日常维护、一级维护和二级维护。日常维护由驾驶员实施,一级维护和二级维护由道路运输经营者组织实施,并做好记录。

(3)道路运输经营者应当依据国家有关标准和车辆维修手册、使用说明书等,结合车辆类别、车辆运行状况、行驶里程、道路条件、使用年限等因素,自行确定车辆维护周期,确保车辆正常维护。

(4)车辆维护作业项目应当按照国家关于汽车维护的技术规范要求确定。道路运输经营者可以对自有车辆进行二级维护作业,保证投入运营的车辆符合技术管理要求,无须进行二级维护竣工质量检测。

道路运输经营者不具备二级维护作业能力的,可以委托二类以上机动车维修经营者进行二级维护作业。机动车维修经营者完成二级维护作业后,应当向委托方出具二级维护出厂合格证。

(5)道路运输经营者应当遵循"视情修理"的原则,根据实际情况对车辆进行及时修理。

(6)道路运输经营者用于运输剧毒化学品、爆炸品的专用车辆及罐式专用车辆(含罐式挂车),应当到具备道路危险货物运输车辆维修条件的企业进行维修。专用车辆的牵引车和其他运输危险货物的车辆由道路运输经营者消除危险货物的危害后,可以到具备一般车辆维修条件的企业进行维修。

第二节　汽车维修业经营条件

一、汽车整车维修企业

汽车整车维修企业是指有能力对所维修车型的整车、各个总成及主要零部件进行各级维护、修理及更换,使汽车的技术状况和运行性能恢复(或接近)到原车的技术要求,并符合国家标准《汽车维修业开业条件　第1部分:汽车整车维修企业》(GB/T 16739.1)规定。具有从事汽车整车维修资格的企业,按经营规模大小分为一类汽车整车维修企业和二类汽车整车维修企业(简称一类企业、二类企业)。

1. 人员要求

(1)人员构成。分为维修企业负责人、维修技术负责人、维修质量检验员、维修业务员、维修价格结算员、机修人员、电器维修人员、钣金(车身修复)人员和涂漆(车身涂装)人员。

(2)维修质量检验员是维修企业质量控制的重要岗位,其数量应与其维修经营规模相适应,一般应至少配备两名质量检验员。

对机修人员、电器维修人员、钣金人员和涂漆人员,一类企业至少应各具备2人;二类企业至少应各具备1人。

对其他岗位从业人员,一类企业至少应各具备1人,且不能兼职;二类企业允许一人二岗,可兼任一职。

(3)随着道路运输节能减排工作的不断深入,燃气和电动汽车得到了应用,因此,从事燃气或电动汽车维修的企业,至少应具备1名熟悉燃料供给系统或电动汽车电控系统专业技术的专职作业、检验人员,并经培训合格。

2. 管理要求

为做好汽车维修的全过程管理,汽车整车维修企业建立健全组织管理机构,设置经营、技术、业务、质量、配件、检验、档案、设备、生产和安全环保等管理部门的组织机构,并落实责任人,有效执行汽车维修有关的法律、法规、规章和标准。结合维修企业的生产实际,应建立完善的质量管理体系,确保汽车维修质量。

1)经营管理

(1)建立健全规范的业务工作流程,公开业务受理程序、服务承诺和用户抱怨受理程序等,并明示经营许可证、标志牌、配件价格、工时定额和价格标准等。

(2)建立并执行维修价格备案及公示、汽车维修合同、汽车维修费用结算清单、汽车维修记录、统计信息报送和安全生产管理等制度。

(3)加强汽车维修信息化建设,对维修过程、配件管理、费用结算和维修档案等应实现电子化管理。

2)质量管理

(1)应建立并执行汽车维修质量承诺、进出厂登记、检验、竣工出厂合格证管理、汽车维修档案管理、标准和计量管理、设备管理、配件管理、文件资料有效控制和人员培训等制度。

(2)汽车维修档案至少应包括维修合同,进厂、过程、竣工检验记录,竣工出厂合格证(副本),维修结算清单等。

(3)配件管理制度应规定配件采购、检查验收、库房管理、信息追溯、配件登记及台账、索赔等要求。

(4)应具有所维修车型的维修技术资料及工艺文件,确保完整有效并及时更新。

3. 设施与环境

1)接待室(含客户休息室)

(1)为客户提供接待室,一类企业的接待室面积不少于80m^2,二类企业的接待室面积不少于20m^2。

(2)接待室应整洁明亮,明示各类证、照、主修车型、作业项目、工时定额及单价等,并应有客户休息的设施。

2)停车设施

(1)应有与承修车型、经营规模相适应的合法停车场地,停车场地面应平整坚实,区域界定标志明显,并保证车辆行驶通畅,一类企业的停车场面积不少于200m^2,二类企业的停车场面积不少于150m^2。不得占用公共用地。

(2)租赁的停车场地应具有合法的书面合同书,租赁期限不得少于一年。

3)生产厂房及设施

(1)生产厂房面积应能满足整车维修企业开业具备设备的工位布置、生产工艺和正常作业,并与其经营业务相适应,一类企业的生产厂房面积不少于800m^2,二类企业的生产厂房面积不少于200m^2,生产厂房地面应平整坚实。

(2)生产厂房内应设有总成维修间,一类企业总成维修间面积不少于30m^2,二类企业总成维修间面积不少于20m^2,并设置总成维修所需的工作台、拆装工具、计量器具等。

(3)生产厂房内应设有检测诊断工位,预检工位应配备必要的故障诊断、检测设备。

(4)对租赁的生产厂房应具有合法的书面合同书,租赁期限不得少于一年。

(5)从事燃气汽车维修的企业:

①应有专用维修厂房,厂房应为永久性建筑,不得使用易燃建筑材料,面积应与生产规模相适应。

②厂房内通风良好，不得堆放可能危及安全的物品。厂房周围5m内不得有任何可能危及安全的设施。

③应设有密封性检查、卸压操作的专用场地，可以设在室外，远离火源，应明示防明火、防静电的标志。

4. 仪器设备要求

1）基本要求

整车维修企业开业条件标准规定了所具备的仪表工具、专用设备、检测设备和通用设备，其规格和数量应与其生产规模和生产工艺相适应。

（1）仪表工具类。

①万用表。

②汽缸压力表。

③燃油压力表。

④液压油压力表。

⑤真空表。

⑥空调检漏设备。

⑦轮胎气压表。

⑧外（内）径千分尺。

⑨量缸表。

⑩游标卡尺。

⑪扭力扳手。

⑫气体压力及流量检测仪、便携式气体检漏仪（针对燃气汽车维修企业）。

（2）专用设备

专用设备按大中型客车、大型货车、小型车分类配备，见表2-2，表中部分设备允许外协。

整车维修企业应配备的专用设备 表2-2

序号	设备名称	大中型客车	大型货车	小型车	附加说明
1	废油收集设备		✓		
2	齿轮油加注设备		✓		
3	液压油加注设备		✓		
4	制动液更换加注器		✓		
5	脂类加注器		✓		
6	轮胎轮辋拆装设备		✓		
7	轮胎螺母拆装机	✓	✓	—	
8	车轮动平衡机		✓		
9	四轮定位仪	—	—	✓	二类允许外协
10	四轮定位仪或转向轮定位仪	✓	✓	—	二类允许外协
11	制动鼓和制动盘维修设备	✓	✓	—	

续上表

<table>
<tr><th>序号</th><th>设备名称</th><th>大中型客车</th><th>大型货车</th><th>小型车</th><th>附加说明</th></tr>
<tr><td>12</td><td>汽车空调制冷剂回收净化加注设备</td><td colspan="3">✓</td><td>大货车允许外协</td></tr>
<tr><td>13</td><td>总成吊装设备或变速箱等总成顶举设备</td><td colspan="3">✓</td><td></td></tr>
<tr><td>14</td><td>汽车举升设备
(具有安全逃生通道的地沟可代替举升机)</td><td colspan="3">✓</td><td>一类应不少于五个，
二类应不少于两个</td></tr>
<tr><td>15</td><td>汽车故障电脑诊断仪</td><td colspan="3">✓</td><td></td></tr>
<tr><td>16</td><td>制冷剂鉴别仪</td><td colspan="3">✓</td><td></td></tr>
<tr><td>17</td><td>蓄电池检查、充电设备</td><td colspan="3">✓</td><td></td></tr>
<tr><td>18</td><td>无损探伤设备</td><td>✓</td><td>—</td><td>—</td><td></td></tr>
<tr><td>19</td><td>车身清洗设备</td><td colspan="3">✓</td><td></td></tr>
<tr><td>20</td><td>打磨抛光设备</td><td>✓</td><td>—</td><td>✓</td><td></td></tr>
<tr><td>21</td><td>除尘除垢设备</td><td>✓</td><td>—</td><td>✓</td><td></td></tr>
<tr><td>22</td><td>车身整形设备</td><td colspan="3">✓</td><td></td></tr>
<tr><td>23</td><td>车身校正设备</td><td>—</td><td>—</td><td>✓</td><td>二类允许外协</td></tr>
<tr><td>24</td><td>车架校正设备</td><td>✓</td><td>✓</td><td>—</td><td>二类允许外协</td></tr>
<tr><td>25</td><td>悬架试验台</td><td>—</td><td>—</td><td>✓</td><td>允许外协</td></tr>
<tr><td>26</td><td>喷烤漆房及设备</td><td>✓</td><td>—</td><td>✓</td><td>大中型客车允许外协</td></tr>
<tr><td>27</td><td>喷油泵试验设备(针对柴油车)</td><td colspan="3">✓</td><td>允许外协</td></tr>
<tr><td>28</td><td>喷油器试验设备</td><td colspan="3">✓</td><td></td></tr>
<tr><td>29</td><td>调漆设备</td><td>✓</td><td>—</td><td>✓</td><td>允许外协</td></tr>
<tr><td>30</td><td>自动变速器维修设备</td><td colspan="3">✓</td><td>允许外协</td></tr>
<tr><td>31</td><td>氮气置换装置(针对燃气汽车维修企业)</td><td>✓</td><td>—</td><td>✓</td><td></td></tr>
<tr><td>32</td><td>气瓶支架强度校验装置
(对燃气汽车维修企业)</td><td>✓</td><td>—</td><td>✓</td><td>允许外协</td></tr>
</table>

注：✓为要求具备；—为不要求具备。

(3)检测设备。

为检测诊断车辆技术状况和维修车辆出厂检验，应配备以下检测设备：

①点燃式汽车排气分析仪或不透光烟度计(压燃式汽车排气分析仪)。

②汽车前照灯检测仪(可用手动灯光仪或投影板检测)。

③汽车侧滑检验台(宜具备双转向轴检测功能的侧滑检验台)。

④汽车制动性能检验设备(可采用制动力、制动距离、制动减速度的检验设备之一)。

检测设备属计量器具，应按规定进行周期检定或校准合格。

(4)通用设备。

通用设备主要包括：

①计算机及其管理系统。

②砂轮机。

③台钻(含台钳)。

④电焊设备(大中型客车、大型货车维修);气体保护焊设备。

⑤压床。

⑥空气压缩机。

⑦抢修与救援服务车辆及其装备。

2)其他要求

(1)从事营运车辆二级维护的企业,应配置满足《汽车维护、检测、诊断技术规范》(GB/T 18344)规定的所有出厂检验项目的检测设备。

(2)各种设备应能满足加工、检测精度的要求和使用要求,并应符合其成品相关国家标准和行业标准的要求。

(3)汽车举升机、喷烤漆房等涉及安全的设备应通过交通产品认证,为其产品提供产品质量符合标准的证明文件。

(4)允许外协的设备,应具有合法的合同书,并能证明其技术状况符合产品标准和计量性能的要求。

5. 安全生产要求

(1)建立并实施与其维修作业内容相适应的安全管理制度和安全保护措施。

(2)制定各类机电设备的安全操作规程,并明示在相应的工位或设备处。

(3)使用与存储有毒、易燃、易爆物品和粉尘、腐蚀剂、污染物、压力容器等,均应具备相应的安全防护措施和设施。安全防护设施应有明显的警示、禁令标志。

(4)生产厂房和停车场应符合安全生产、消防等各项要求,安全、消防设施的设置地点应明示管理要求和操作规程。

(5)应具有安全生产事故的应急预案。

6. 环境保护要求

(1)具有"四废"(废油、废液、废气、废水)、废蓄电池、废轮胎、含石棉废料及有害垃圾等物质集中收集、有效处理和保持环境整洁的环境保护管理制度,并有效执行。有害物质存储区域应界定清楚,必要时应有隔离、控制措施。

(2)作业环境以及按生产工艺配置的处理"四废"、采光、通风、吸尘、净化、消声等设施,均应符合环境保护的有关规定。

(3)涂漆车间应设有专用的废水排放及处理设施,采用干打磨工艺的,应有粉尘收集装置和除尘设备,并应设有通风设备。

(4)调试车间或调试工位应设置汽车尾气收集净化装置。

二、汽车综合小修及专项维修业户

汽车综合小修及专项维修业户,属三类维修业务(三类企业),应符合国家标准《汽车维修业开业条件　第2部分:汽车综合小修及专项维修业户》(GB/T 16739.2)中的规定。

1. 通用要求

（1）从事综合小修或专项维修关键岗位的从业人员数量应能满足生产的需要，从业人员资格条件应符合行业管理的规定。

（2）应具有相关的法规、标准、规章等文件以及相关的维修技术资料和工艺文件等，并确保完整有效、及时更新。

（3）应具有规范的业务工作流程，公开业务受理程序、服务承诺、用户抱怨受理程序等，并明示各类证、照、作业项目及计费工时定额等。

（4）停车场面积应不少于 $30m^2$。停车场地界定标志明显，不得占用道路和公共场所进行作业和停车，地面应平整坚实。

（5）生产厂房的面积、结构及设施应满足综合小修或专项维修作业设备的工位布置、生产工艺和正常作业要求。

（6）租赁的生产厂房、停车场地应具有合法的书面合同书，并应符合安全生产、消防等各项要求。租赁期限不得少于一年。

（7）设备配置应与其生产作业规模及生产工艺相适应，其技术状况应完好，符合相应的产品技术条件等国家标准或行业标准的要求，并能满足加工、检测精度的要求和使用要求。检测设备及计量器具应按规定检定合格。

（8）应配备安全生产管理人员，熟知国家安全生产法律法规，并具有汽车维修安全生产作业知识和安全生产管理能力。应有所需工种和所配机电设备的安全操作规程，并将安全操作规程明示在相应的工位或设备处。

（9）使用与存储有毒、易燃、易爆物品和粉尘、腐蚀剂、污染物、压力容器等均应具备相应的安全防护措施和设施。作业环境以及按生产工艺配置的处理“四废”及采光、通风、吸尘、净化、消声等设施，均应符合环境保护的有关规定。

2. 汽车综合小修业户

1）人员条件

（1）应有维修企业负责人、维修技术负责人、维修质量检验员、维修业务员、维修价格结算员、机修人员和电器维修人员。

（2）质量检验员应不少于一名。

（3）主修人员应不少于两名。

2）经营管理

（1）应具有健全的经营管理体系，设置技术负责、业务受理、质量检验、文件资料管理、材料管理、仪器设备管理、价格结算、安全生产等岗位并落实责任人。

（2）应具有汽车维修质量承诺、进出厂登记、检验记录及技术档案管理、标准和计量管理、设备管理、人员技术培训等制度并严格实施。

（3）维修过程、配件管理、费用结算、维修档案等应实现电子化管理。

3）设施条件

（1）应设有接待室，其面积应不少于 $10m^2$，整洁明亮，并有客户休息的设施。

（2）生产厂房面积应不少于 $100m^2$。

4）主要维修生产设备

（1）压床。

（2）空气压缩机。

（3）汽车故障电脑诊断仪。

（4）温、湿度计。

（5）万用表。

（6）汽缸压力表。

（7）真空表。

（8）燃油压力表。

（9）尾气分析仪或不透光烟度计。

（10）轮胎漏气试验设备。

（11）轮胎气压表。

（12）千斤顶。

（13）轮胎轮辋拆装、除锈设备或专用工具。

（14）车轮动平衡机。

（15）汽车空调制冷剂回收净化加注设备。

（16）空调专用检测设备。

（17）空调专用检漏设备。

（18）不解体油路清洗设备。

（19）举升设备或地沟。

（20）废油收集设备。

（21）齿轮油加注设备。

（22）液压油加注设备。

（23）制动液更换加注器。

（24）脂类加注器。

（25）汽车前照灯检测设备（可用手动灯光仪或投影板检测）。

（26）制动减速度检验等制动性能检验设备。

3. 主要专项（总成）维修业户

1）发动机维修

（1）人员条件。

①应有维修企业负责人、维修技术负责人、维修质量检验员、维修业务员、维修价格结算员、机修人员和电器维修人员。

②质量检验员应不少于两名。

③发动机主修人员应不少于两名。

（2）经营管理。

①应具有健全的经营管理体系，设置技术负责、业务受理、质量检验、文件资料管理、材料管理、仪器设备管理、价格结算、安全生产等岗位并落实责任人。

②应具有汽车维修质量承诺、进出厂登记、检验记录及技术档案管理、标准和计量管理、设备管理、人员技术培训等制度并严格实施。

③维修过程、配件管理、费用结算、维修档案等应实现电子化管理。

(3)设施条件。

①应设有接待室,其面积应不少于 $20m^2$,整洁明亮,并有客户休息的设施。

②生产厂房面积应不少于 $100m^2$。

(4)主要维修设备。

①压床。

②空气压缩机。

③发动机解体清洗设备。

④发动机等总成吊装设备。

⑤发动机翻转设备。

⑥发动机诊断仪。

⑦废油收集设备。

⑧万用表。

⑨汽缸压力表。

⑩真空表。

⑪量缸表。

⑫正时仪。

⑬汽油喷油器清洗及流量测量仪。

⑭燃油压力表。

⑮喷油泵试验设备(允许外协)。

⑯喷油器试验设备(允许外协)。

⑰连杆校正器。

⑱无损探伤设备。

⑲立式精镗床。

⑳立式珩磨机。

㉑曲轴磨床。

㉒曲轴校正设备。

㉓凸轮轴磨床。

㉔曲轴、飞轮与离合器总成动平衡机。

2)汽车车身维修

(1)人员条件。

①应有维修企业负责人、维修技术负责人、维修质量检验员、维修业务员、维修价格结算员、机修人员、钣金人员和涂漆人员。

②质量检验员应不少于一名。

③车身主修及维修涂漆人员均不少于两名。

(2)经营管理。

①应具有健全的经营管理体系，设置技术负责、业务受理、质量检验、文件资料管理、材料管理、仪器设备管理、价格结算、安全生产等岗位并落实责任人。

②应具有汽车维修质量承诺、进出厂登记、检验记录及技术档案管理、标准和计量管理、设备管理、人员技术培训等制度并严格实施。

③维修过程、配件管理、费用结算、维修档案等应实现电子化管理。

(3)设施条件。

①应设有接待室，其面积应不少于 $20m^2$，整洁明亮，并有客户休息的设施。

②生产厂房面积应不少于 $120m^2$。

(4)主要维修设备。

①电焊及气体保护焊设备。

②切割设备。

③压床。

④空气压缩机。

⑤汽车外部清洗设备。

⑥打磨抛光设备。

⑦除尘除垢设备。

⑧型材切割机。

⑨车身整形设备。

⑩车身校正设备。

⑪车架校正设备。

⑫车身尺寸测量设备。

⑬汽车喷烤漆房。

⑭调漆设备。

⑮砂轮机和角磨机。

⑯举升设备。

⑰除锈设备。

⑱吸尘、采光、通风设备。

⑲洗枪设备或溶剂收集设备。

3)汽车电气系统维修

(1)人员条件。

①应有维修企业负责人、维修技术负责人、维修质量检验员、维修业务员、维修价格结算员和电器维修人员。

②质量检验员应不少于一名。

③电子电器主修人员应不少于两名。

(2)经营管理。

①应具有健全的经营管理体系，设置技术负责、业务受理、质量检验、文件资料管理、材料管理、仪器设备管理、价格结算、安全生产等岗位并落实责任人。

②应具有汽车维修质量承诺、进出厂登记、检验记录及技术档案管理、标准和计量管理、设

备管理、人员技术培训等制度并严格实施。

③维修过程、配件管理、费用结算、维修档案等应实现电子化管理。

(3)设施与设备条件。

①应设有接待室,其面积应不少于20m²,整洁明亮,并有客户休息的设施。

②生产厂房面积应不少于120m²。

③主要维修设备。

A. 空气压缩机。

B. 汽车故障电脑诊断仪。

C. 万用表。

D. 充电机。

E. 电解液比重计。

F. 高频放电叉。

G. 汽车前照灯检测设备。

H. 电路检测设备。

I. 蓄电池检测、充电设备。

4)自动变速器维修

(1)人员条件。

①应有维修企业负责人、维修技术负责人、维修质量检验员、维修业务员、维修价格结算员、机修人员和电器维修人员。

②质量检验员应不少于一名。

③自动变速器的主修专业人员应不少于两名。

(2)经营管理。

①应具有健全的经营管理体系,设置技术负责、业务受理、质量检验、文件资料管理、材料管理、仪器设备管理、价格结算、安全生产等岗位并落实责任人。

②应具有汽车维修质量承诺、进出厂登记、检验记录及技术档案管理、标准和计量管理、设备管理、人员技术培训等制度并严格实施。

③维修过程、配件管理、费用结算、维修档案等应实现电子化管理。

(3)设施条件。

①应设有接待室,其面积应不少于20m²,整洁明亮,并有客户休息的设施。

②生产厂房面积应不少于200m²。

(4)主要维修设备。

①自动变速器翻转设备。

②自动变速器拆解设备。

③变矩器维修设备。

④变矩器切割设备。

⑤变矩器焊接设备。

⑥变矩器检测(漏)设备。

⑦零件清洗设备。

⑧电控变速器测试仪。
⑨油路总成测试机。
⑩液压油压力表。
⑪自动变速器总成测试机。
⑫自动变速器专用测量器具。
⑬空气压缩机。
⑭万用表。
⑮废油收集设备。
5）车轮动平衡及轮胎修补
（1）人员条件。
至少有一名经过专业培训的轮胎维修人员。
（2）设施条件。
生产厂房面积应不少于15 m^2。
（3）主要维修设备。
①空气压缩机。
②轮胎漏气试验设备。
③轮胎气压表。
④千斤顶。
⑤轮胎螺母拆装机或专用拆装工具。
⑥轮胎轮辋拆装、除锈设备或专用工具。
⑦轮胎修补设备。
⑧车轮动平衡机。
6）汽车四轮定位参数检修与调整
（1）人员条件。
至少有一名经过专业培训的汽车维修人员。
（2）设施条件。
生产厂房面积应不少于40m^2。
（3）主要维修设备。
①举升设备。
②四轮定位仪。
③空气压缩机。
④轮胎气压表。
7）汽车润滑与养护
（1）人员条件。
至少有一名经过专业培训的汽车维修人员。
（2）设施条件。
生产厂房面积应不少于40m^2。
（3）主要维修设备。

①不解体油路清洗设备。
②废油收集设备。
③齿轮油加注设备。
④液压油加注设备。
⑤制动液更换加注器。
⑥脂类加注器。
⑦举升设备或地沟。
⑧空气压缩机。
8）汽车空调维修
（1）人员条件。
至少有一名经过专业培训的汽车空调维修人员。
（2）设施条件。
生产厂房面积应不少于40m^2。
（3）主要维修设备。
①汽车空调制冷剂回收净化加注设备。
②空调电器检测设备。
③空调专用检测设备。
④万用表。
⑤制冷剂鉴别设备。
⑥空调检漏设备。
⑦数字式温度计。
⑧汽车故障电脑诊断仪。

第三节　汽车维修企业从业人员

汽车技术的发展，对汽车维修企业从业人员的素质和技能要求越来越高，汽车维修专业技术人员既要懂得汽车原理和结构，又要具有实际维修技术和职业道德，才能胜任汽车维修专业岗位工作。

一、《道路运输从业人员管理规定》（交通运输部令2019年第18号）

机动车维修技术人员为道路运输从业人员之一，机动车维修技术人员包括机动车维修技术负责人员、质量检验人员以及从事机修、电器、钣金、涂漆、车辆技术评估（含检测）作业的技术人员。

机动车维修技术人员应当符合下列条件：

1. 技术负责人员

（1）具有机动车维修或者相关专业大专以上学历，或者具有机动车维修或相关专业中级以上专业技术职称。

(2)熟悉机动车维修业务,掌握机动车维修及相关政策法规和技术规范。

2. 质量检验人员

(1)具有高中以上学历。

(2)熟悉机动车维修检测作业规范,掌握机动车维修故障诊断和质量检验的相关技术,熟悉机动车维修服务收费标准及相关政策法规和技术规范。

3. 从事机修、电器、钣金、涂漆、车辆技术评估(含检测)作业的技术人员

(1)具有初中以上学历。

(2)熟悉所从事工种的维修技术和操作规范,并了解机动车维修及相关政策法规。

机动车维修技术人员应当按照维修规范和程序作业,不得擅自扩大维修项目,不得使用假冒伪劣配件,不得擅自改装机动车,不得承修已报废的机动车,不得利用配件拼装机动车。

二、专业技能水平要求

汽车维修企业从业人员可分为:维修企业负责人、维修技术负责人、维修质量检验员、机修人员、电气维修人员、钣金(车身修复)人员和涂漆(车身涂装)人员、车辆技术评估人员、维修业务员、维修价格核算员 10 类关键岗位,各岗位专业技能要求如下:

1. 维修企业负责人

维修企业负责人是全面负责企业各项经营活动的责任人,应具有大专(含)以上文化程度;具有 3 年以上的机动车维修企业管理实践。

(1)具有经营和策划能力。

(2)具有人力资源管理及组织协调能力。

(3)具有生产、技术和质量管理能力。

(4)具有计划、统计、分析及基本的资金运作能力。

2. 技术负责人

技术负责人是维修企业中全面负责各项技术管理工作的责任人,应具有机动车维修或相关专业的大专(含)以上学历,或具有机动车维修或相关专业的中级(含)以上专业技术职称;具有在机动车维修企业 5 年以上的工作实践。

(1)能熟练使用机动车检测诊断设备,对车辆进行检测诊断。

(2)具有机动车故障分析诊断能力,组织解决机动车维修中出现的疑难技术问题。

(3)具有制定企业各项技术质量管理制度和工艺文件的能力。

(4)具有处理机动车维修质量事故和质量纠纷的能力。

(5)能收集和整理技术资料,指导生产实践。

(6)能制定完善的技术培训计划并组织实施。

(7)具有机动车维修企业管理软件的操作应用能力。

3. 维修质量检验员

维修质量检验员是维修企业中从事各项质量检验的人员,具有高中(含)以上学历;获得

机修人员或电器维修人员职业资格并连续在该岗位工作 2 年以上；具有与本企业承修车型相适应的机动车驾驶证，并安全驾驶 1 年以上。

(1)能熟练运用相应检验仪器、仪表和量具以及检测诊断设备完成机动车维修进厂、维修过程和维修竣工出厂的各项质量检验工作，正确填写机动车维修进厂检验单、过程检验单、维修竣工出厂检验单以及维修竣工出厂合格证。

(2)能协助技术负责人对机动车维修质量事故进行分析和鉴定，提出改进和预防措施，并组织实施。

(3)能配合业务员进行车辆或总成维修进厂和维修竣工出厂的检验交接。

(4)能对机动车配件质量进行常规检验。

(5)能指导和培训相关人员对机动车维修质量进行检验。

(6)具有查阅和运用技术资料对维修车辆的故障进行深入诊断的能力。

(7)具有正确执行标准判定检验结果的能力。

4. 机修人员

机修人员是维修企业中从事机动车机械及其控制系统维修作业的人员，应具有初中(含)以上文化程度；连续从事机修工作 3 年以上，或本专业中职毕业连续从事机修工作 2 年以上，或本专业高职(含)以上毕业连续从事机修工作 1 年以上。

(1)具有按工艺规范完成机动车发动机、底盘及其控制系统的故障诊断和维修作业的能力。

(2)能熟练使用维修检测仪器和设备准确诊断并排除车辆故障。

(3)能熟练应用技术资料解决本岗位的技术问题。

(4)具有收集、整理、分析和处理本岗位技术问题的能力。

(5)能指导本岗位其他人员完成机修作业。

5. 电器维修人员

电器维修人员是维修企业中从事机动车电器维修作业的人员，具有初中(含)以上文化程度；连续从事机动车电器维修工作 3 年以上，或本专业中职毕业连续从事机动车电器维修工作 2 年以上，或本专业高职(含)以上毕业连续从事机动车电器维修工作 1 年以上。

(1)具有完成机动车电器故障诊断和维修作业的能力。

(2)能熟练使用电器维修所需要的各种检测仪器和设备，准确判断并排除车辆电气系统故障。

(3)能应用技术资料解决机动车电器维修的技术问题。

(4)具有收集整理、分析处理机动车电器维修技术问题的能力。

(5)能指导本岗位其他人员完成机动车电器维修作业。

6. 钣金(车身修复)人员

钣金(车身修复)人员是维修企业中从事车身修复作业(涂装作业除外)的人员，具有初中(含)以上文化程度；连续从事车身修复工作 3 年(含)以上，或相关专业中职毕业连续从事车身修复工作 2 年以上，或相关专业高职毕业连续从事车身修复工作 1 年以上；应持有相关部门发放的具有焊工初级以上的职业资格证书。

(1)能制定合理的车身修复工艺方案,并实施车身修复作业。

(2)能应用车身技术资料正确实施车身修复。

(3)能正确使用和维护车身检测、维修设备。

(4)能根据车身材料采取相应的防腐工艺。

(5)能对车身修复过程记录并正确填写车身修复档案。

(6)能指导本岗位其他人员完成车身修复作业。

(7)能按照劳动安全和环境保护操作规程作业,能正确使用各种防护器具,能实施简单救护。

7. 涂漆(车身涂装)人员

涂漆(车身涂装)人员是维修企业中从事车身涂装作业的人员,具有初中(含)以上文化程度;连续从事车身涂装工作3年(含)以上,或相关专业中职毕业连续从事车身涂装工作2年以上,或相关专业高职毕业连续从事车身涂装工作1年以上;具有与从事本岗位工作需求相适应的身体条件。

(1)能制定合理的车身涂装工艺方案,并实施车身涂装作业。

(2)能熟练进行调漆操作。

(3)能根据车身材料采取相应的防腐工艺。

(4)能进行车身养护的基本作业和划痕修复。

(5)能熟练使用3种以上品牌的涂料进行涂装作业。

(6)能熟练使用、维护涂装工具和设备。

(7)能对车身涂装过程检验进行记录并正确填写车身涂装档案。

(8)能对本岗位其他人员进行培训并指导其完成车身涂装作业。

(9)能按照劳动安全和环境保护操作规程作业,能正确使用各种防护器具,能实施简单救护。

8. 车辆技术评估人员

车辆技术评估人员是维修企业或机动车检验机构中从事机动车性能检测和机动车技术状态评定的人员,具有机动车维修或相关专业的高中(含)以上文化程度;具有机动车检测机构连续3年以上的工作实践经历;具有相应机动车驾驶证,且2年以上驾龄。

(1)能熟练使用机动车检测设备,对车辆进行检测。

(2)具有组织实施机动车性能检测,并对机动车做出技术状态评定的能力。

(3)具有车辆技术评估检测质量管理及处理检测质量纠纷的能力。

(4)能制定技术培训计划并付诸实施。

(5)具有计算机控制系统操作应用能力。

9. 维修接待业务员

维修接待业务员是维修企业中从事客户接待工作的人员,具有机动车维修专业中职(含)以上的文化水平;两年以上机动车维修工作经验,有机动车驾驶证。

(1)能制定及实施业务接待流程。

(2)能对车辆进行初步诊断,确定维修项目,估算维修费用,签订维修合同,引导客户正确进行车辆维护和修理。

(3)能协助相关人员对维修过程、维修进度和维修质量进行跟踪。

(4)能协助质量检验员对竣工车辆进行检查验收。

(5)能熟练操作计算机;能建立客户档案。

10. 维修价格核算员

维修价格核算员是维修企业中对维修进行价格核定和结算的人员,具有高中以上(含高中)文化程度;具有在机动车维修企业2年以上工作实践经历。

(1)能进行机动车维修价格核算和结算。

(2)能进行信息搜集、统计和分析。

(3)能熟练使用计算机办公软件及机动车维修企业管理软件。

三、职业道德

1. 爱岗敬业

爱岗敬业,就是要求维修从业人员严守岗位、尽心尽责、注重务实、服务行业,兢兢业业地干好汽车维修各个岗位的本职工作,在维修工作岗位上做到认真履行岗位职责,精通专业知识,熟练掌握专业技能,并在做好本职工作的基础上,在一定程度上和范围内争取全面发展,不断增长知识,增长才干,积极为汽车维修行业发展、为道路运输业发展服务。

2. 诚实守信

(1)严格执行国家、地方及行业相关汽车维修的法律、法规、规章、标准和规范,维护国家和汽车维修行业利益,对国家、行业做到诚实守信。

(2)重质量、重服务、重信誉,在企业管理、维修生产过程中建立和实施维修质量保证体系,执行安全操作规程,按工艺规范正确完成维修作业项目,维护企业利益,对企业做到诚实守信。

(3)诚实劳动、合法经营,正确执行维修工时定额和收费标准,不使用假冒伪劣机动车配件,维护托修方的利益,对消费者做到诚实守信。

3. 做事公道

做事公道,首先要依法办事,严格按照汽车维修各项工艺技术标准,进行汽车维修作业,自觉维护各项技术工艺标准的严肃性,保证汽车维修质量。维修质量检验结论要力求公正、准确、合理、适当,维护消费者的合法权益,维护企业的声誉;其次是尽职尽责,敢于负责任,把严格管理建立在热爱本职工作的基础上,不怕困难,不回避矛盾,坚持原则,任劳任怨,恪尽职守,确保汽车维修质量和服务水平。

4. 服务百姓

服务百姓,不仅要树立服务群众的观念,还要将群众观念落实到汽车维修职业活动中去。

要做到文明礼貌,优质服务,就要求从业人员说话和气、热情主动、耐心周到。真正把服务对象的事情当作自己的事情来办,让服务对象体会到一种宾至如归的感觉,保持承、托修双方之间长期的良好的合作关系。

服务百姓,还要认真钻研业务,具备为群众服务的技能。汽车技术发展很快,对维修工艺和维修技术方面的要求越来越高,要做好汽车维修工作,一定要学习汽车电子控制等新技术,学会使用检测诊断设备,学习维修企业的技术质量管理知识,学习质量检验技术的有关理论,勇于实践,不断提高自己的工作技能;提高综合分析、解决问题的能力,刻苦学习,勇于钻研,努力提高本职工作能力和水平,为促进行业的发展和提高企业经济效益而努力工作。

5. 奉献社会

奉献社会,就是要以本业为荣,以本职为乐,积极为汽车维修行业发展奉献出自己的力量,不能只讲索取,不讲奉献。在汽车维修服务工作中,不计名利、勇于吃苦、任劳任怨,最大限度地满足服务对象的合理需求,在奉献中充分体现自己的人生价值。

第四节 汽车维修档案管理

汽车维修档案是维修企业管理水平的表征。建立健全维修档案,有利于规范维修经营者的企业管理,有利于保证维修质量,提升企业乃至全行业管理水平,也是维修企业自我保护的重要措施。一旦在质量保证期内发生维修质量纠纷,维修企业要承担“举证”责任,档案可以作为分析质量事故原因、调节维修纠纷的主要依据之一。

机动车维修经营者应当建立机动车维修档案,并实行档案电子化管理。维修档案应当包括:维修合同(托修单)、维修项目、维修人员及维修结算清单等。

对机动车进行二级维护、总成修理、整车修理的,维修档案还应当包括:质量检验单、质量检验人员、竣工出厂合格证(副本)等。

一、维修合同

汽车维修合同是承修、托修双方当事人之间设立、变更、终止民事法律关系的协议。双方在确立承修、托修关系时,应依法签订汽车维修合同,以保障汽车维修活动的正常秩序,有利于维护当事人双方的合法权益。

1. 汽车维修合同的签订

汽车维修合同的签订应本着平等、自愿、适用的原则依法签订,并在承修、托修双方签字后生效,一旦发生纠纷,可以作为辨别是非、法律责任的依据。

1)汽车维修合同签订的范围及要求

进行以下汽车维修经营业务的单位,承修、托修双方必须签订汽车维修合同。

(1)整车修理。

(2)汽车总成修理。

(3)整车维护。

(4)汽车维修预算费用在1000元以上的汽车维修(或专项修理、小修)作业。

签订汽车维修合同的基本要求:

(1)鼓励承修、托修双方使用市场监督政管理部门和交通运输主管部门推荐的汽车维修合同示范文本,依法签订汽车维修合同。

(2)维修过程中,发现维修合同约定维修项目以外的车辆故障或隐患,需增加维修项目、更换配件及延长维修期限时,应征得消费者同意,签订补充合同。

(3)承修方应将维修合同存入汽车维修档案。

2)汽车维修合同签订的形式

汽车维修合同签订的形式一般有两种:一种是即时合同,即一次使用的合同;另一种是长期合同,即最长在一个年度内使用的合同。

2. 汽车维修合同的主要内容

(1)承修、托修方双方名称。

(2)签订日期及地点。

(3)合同编号。

(4)送修车辆的车型、牌照号、发动机号、底盘号。

(5)送修日期、地点、方式。

(6)交车日期、地点、方式。

(7)维修类别及项目。

(8)托修方提供材料的规格、数量、质量及费用结算原则。

(8)质量保证期。

(10)验收标准和方式。

(11)结算方式及期限。

(12)违约责任和金额。

(13)解决合同纠纷的方式。

(14)双方签订的其他条款。

3. 汽车维修合同的履行

汽车维修合同的履行是指承修、托修双方按照合同的规定内容全面完成各自承担的义务,实现合同规定的权利。汽车维修合同签订后,承修、托修双方应严格按照合同的规定履行各自的义务。

1)托修方的义务

(1)按合同规定的时间送修车辆和接受竣工车辆。

(2) 提供车辆的有关情况(包括送修车辆基础技术资料、技术档案及车辆故障现象等)。

(3)如果提供维修材料,必须保证是质量合格、信息真实。

(4)按合同规定的时间与方式缴纳汽车维修费用。

2)承修方的义务

(1)按照合同规定的时间交付修竣的车辆。

(2)按照有关汽车技术标准维修车辆,保证汽车维修质量,向托修方提供竣工出厂合格证。

(3)建立承修车辆维修技术档案,并向托修方提供维修车辆的有关资料。

(4) 按规定收取有关费用,并向托修方提供票据及维修工时费、材料费等明细结算单。

(5)维修质量保证期的承诺。

4. 汽车维修合同类别

1)主管部门规定的汽车维修合同

某市市场监督管理部门和交通运输主管部门推荐的汽车维修合同如图2-1所示。

×××市汽车维修合同 合同编号:

托修方(甲方):

承修方(乙方):

1. 托修车辆基本信息:

号牌号码	品牌型号	发动机号码	VIN代码/车架号	注册登记日期	里程表公里数

2. 维修项目: 预定维修项目以双方确认的《进厂检验记录单》为准;实际维修项目以《维修费用结算清单》为准。

3. 维修材料:

品名	零件号	制造商	规格	型号	价格	数量	类别	提供方式
注: 1. 具体内容见《维修结算清单》。 2. 类别为原厂件、副厂件或修复件。 3. 提供方式为甲方自备或乙方提供。								

4. 竣工交车日期: 年 月 日, 交车地点:________。

5. 验收及提车: 甲方应当在乙方交车后当场验收;验收合格的,甲方应当在《机动车维修竣工出厂合格证》上签字确认,并按照《维修结算清单》结清维修费用后,方可提车。

6. 结算方式:______________。

7. 合同变更: 托修车辆竣工交付前,双方可以(**书面□电话□**)通知的方式,就维修项目、维修工时和材料、竣工交车日期等内容进行变更。

8. 违约责任:

9. 其他约定:

10. 本合同经双方签字盖章后生效。合同一式两份,双方各执一份。

图2-1 汽车维修合同样式

2)汽车维修企业自定的维修合同

(1)单一维修合同式。

某维修企业采用的汽车维修合同样式如图2-2所示。

机动车维修合同

合同编号：

甲 方： 乙 方：

联系方式： 联系方式：

甲、乙双方本着平等自愿、等价有偿原则，根据《××省机动车维修管理条例》等有关内容，经诚信协商，签订以下机动车维修合同。

一、维修车辆基本信息

车牌号码		厂牌车型		行驶里程	km
车架号				车身颜色	

二、维修项目

三、维修费用

预计维修费用总额_____元。其中工时费_____元，材料费_____元。

四、车辆交接期限

进厂日期____年____月____日，竣工日期____年____月____日。

五、质量保证期

甲方应严格按照 ××市汽车维修行业管理处规定，自维修竣工之日起：

□二级维护不少于 5000 km 或 30 天。

□一级维护、小修及专项修理不少于 2000 km 或 10 天。

六、其他约定

1. 甲方在维修过程中如发现超出预测项目或预估未及的配件，价值在_____元以上的应报经乙方认可。

2. 车辆维修需更换配件的，由_____方提供。配料选用：□原厂；□副厂。

3.结算时甲方应提供正式发票，并附《××省机动车维修费用结算清单》。

4. 车辆竣工后，甲方应及时通知乙方进行验收，验收标准为。

□参照 ××××有关标准；□参照汽车维修行业标准。

5. 车辆验收合格后，乙方应：□结清费用后方可提车；□协议单位签字认可。

6. 甲、乙双方约定的其他条款：__________。

7. 本合同一式两份，甲、乙双方各执一份，合同经甲、乙双方签字后生效。

甲方：（盖章） 乙方：（盖章）

代理人： 代理人：

日 期： 年 月 日 日 期： 年 月 日

图 2-2 机动车维修合同样式

(2)维修合同＋ 车辆交接单混合式。

某维修企业采用的车辆交接单和维修合同样式如图 2-3 所示。

×××机动车维修企业

车辆交接单、维修合同

维修合同编号：

客户全称		通讯地址	
车型		联系人	
车号		联系电话	
进厂车辆里程		车身代码	

维修项目：

车辆外观

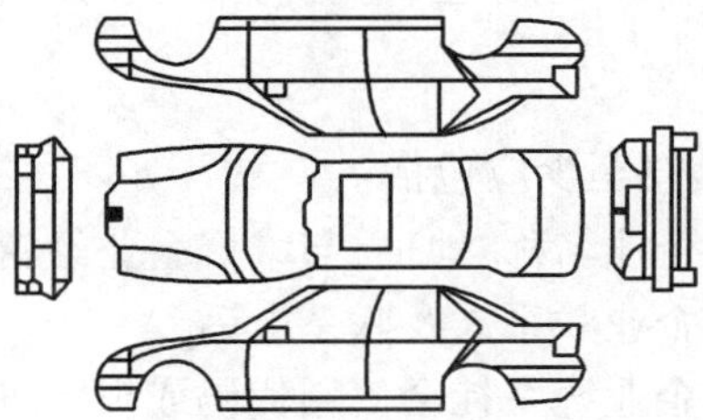

油表位置

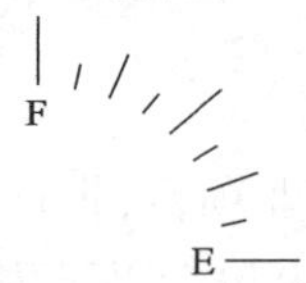

维修合同内容：

1. 预计工时费_____元，材料费_____元。
2. 变更以上项目是否经双方认可：（）是（）否。
3. 维修过程中更换下来的旧件是否带回：（）是（）否。
4. 维修过车辆的质量保证期_____km 或_____日。
5. 车辆竣工后是否委托厂方试车：（）是（）否。
6. 验收方式：_______________________________。
7. 解决合同争议的方法：（1）协调；（2）仲裁；(3) 起诉。
8. 其他。如遇不可抗拒因素，按相关法规执行。

进厂日期：　　年　月　日	预计完工日期：　　年　月　日
维修企业代表：	上列各项登记确认无误。 客户代表：

地址：　　　　　　　　服务热线：

图 2-3　机动车维修企业车辆交接单、维修合同样式

二、维修费用结算清单

维修费用结算清单是承修方向托修方出具的机动车维修服务结算的财务凭证。机动车维修经营者应当使用规定的结算凭证，并向托修方交付维修费用结算清单，作为托修方的法律依据。

维修费用结算清单中，工时费与材料费应当分项计算。维修费用结算清单应当符合交通

运输行业标准《机动车维修费用结算清单》(JT/T 1133—2017)的要求,维修费用结算清单内容应包括托修方信息、承修方信息、维修费用明细单等。

1. 托修方信息

托修方信息至少应包括:

(1)机动车所有人,与机动车行驶证一致。

(2)送修人及联系电话。

(3)机动车品牌型号、车牌号码、车辆识别代码(VIN)、发动机号(纯电动汽车填写驱动电机型号和编号)、车辆类型,与机动车行驶证一致。

2. 承修方信息

承修方信息至少应包括:

(1)维修企业名称/地址,与维修企业经营备案内容一致。

(2)维修企业联系人及联系电话。

(3)维修企业统一社会信用代码或组织机构代码。

3. 维修费用明细单

1)工时费用

为完成某一维修作业项目,根据所用工时和工时单价确定的结算费用。

(1)工时费用信息应包括以下内容。

①维修项目:应明确诊断、维修等作业项目。

②工时:为完成某一维修作业项目,开展诊断、维修、检验等作业需要的时间(人·时)。

③工时单价:为完成某一维修作业项目,根据作业难度、技术含量和市场价格确定的单位工时费用[元/(人·时)]。

(2)工时费用计算:工时×工时单价(元)。

2)材料费用

在维修过程中更换的总成件、零配件、油液以及相关辅料等费用,应包括:

(1)维修配件名称及配件编码、品牌、数量、单价。

(2)配件属性(原厂配件、修复配件、其他配件)。

(3)是否为托修方自备配件。

3)其他费用

维修过程中产生的其他费用,信息至少应包括:

(1)维修、作业项目。

(2)金额(元)。

4)总费用

维修材料费、工时费和维修过程发生的其他费用的合计,即实际发生结算的费用总和,应与发票金额保持一致。

标准规定的机动车维修费用结算清单格式见表2-3。

机动车维修费用结算清单

表 2-3

结算清单编号：

机动车所有人		送修人		联系电话	
品牌型号		车牌号码		发动机号	
车辆识别代码(VIN)				车辆类型	
维修企业名称				维修企业联系人	
维修企业地址				维修企业联系电话	
维修企业统一社会信用代码或组织机构代码					
送修日期		出厂日期		维修类别	
送修里程		出厂里程			
故障描述					

工时费用	序号	维修项目	工时 (人·时)	工时单价 (元/人·时)	工时费用(元)
	1				
	…				
小计(元)					

材料费用	序号	材料名称	配件编码	品牌	数量	单价 (元)	金额 (元)	配件属性	是否为托修方自备配件
	1								
	…								
小计(元)									

其他费用	序号	项目	金额(元)
	1		
	…		
小计(元)			

总费用	
旧件处理结果	□旧件已确认,由托修方收回　□旧件已确认,由承修方收回

1. 本结算清单一式两联,分别由托修方、承修方留存。
2. 结算清单项目及应付金额经双方核实,托修方签字后生效。
3. 承修方不承担托修方自备配件质量保证责任。
4. 企业承诺本次维修质量保证期为车辆行驶____ km 或者____日,里程和时间以先到者为准。
5. 企业承诺本次维修的新能源汽车专用部件________维修质量保证期为________。
6. 请扫描二维码或登录汽车维修电子健康档案系统,对本次维修服务进行评价。

续上表

<table>
<tr><td colspan="2">汽车维修电子健康档案系统：</td></tr>
<tr><td>承修方(盖章)：

日期：　　年　月　日</td><td>托修方签名(盖章)：

日期：　　年　月　日</td></tr>
</table>

三、汽车维修质量检验单

机动车维修经营者对机动车进行二级维护、总成修理、整车修理的，应当实行维修前诊断检验、维修过程检验和竣工质量检验制度，并保存质量检验记录。

以二级维护为例，维修质量检验单主要包括以下内容。

1. 维修前诊断检验记录

根据《汽车维护、检测、诊断技术规范》(GB/T 18344—2016)要求，二级维护前应进行进厂检验，依据进厂检测结果进行故障诊断确定附加作业项目。进厂检验包括规定的检测项目以及根据驾驶员反映的车辆技术状况确定的检测项目；维护检测时应记录检测数据或结果，并据此进行车辆故障诊断。二级维护进厂检验记录单见表2-4，记录单中应如实记录检测诊断结果、驾驶员反映的汽车故障情况，确定的附加作业项目由承修方和托修方进行签字确认，存入维修档案。

二级维护进厂检验记录单　　表2-4

<table>
<tr><td>托修方</td><td></td><td>车牌号</td><td></td><td>车型</td><td></td></tr>
<tr><td>进厂日期</td><td>年　月　日</td><td>发动机号</td><td></td><td>底盘号/VIN号</td><td></td></tr>
<tr><td>合同编号</td><td></td><td>行驶里程(km)</td><td></td><td>上次维护时间</td><td>年　月　日</td></tr>
<tr><td rowspan="5">进厂检验记录</td><td colspan="2">检验内容</td><td colspan="3">检测结果</td></tr>
<tr><td colspan="2">车载自动诊断系统(OBD)的故障信息</td><td colspan="3">发动机故障码：□有　□无；制动系故障码：□有　□无
尾气排放故障码：□有　□无；其他故障码：□有　□无
故障码描述：</td></tr>
<tr><td colspan="2" rowspan="2">行车制动性能</td><td colspan="3">制动效能：□整车制动率：　判定　○　×
□轴制动率：　判定　○　×
□ MFDD：　判定　○　×
□制动距离 ：　判定　○　×</td></tr>
<tr><td colspan="3">制动稳定性：□ 制动不平衡率：　判定　○　×
□路试：　判定　○　×</td></tr>
<tr><td colspan="2">汽车排气污染物</td><td colspan="3">汽油车：怠速：CO：　%；HC：　10^{-6}　判定　○　×
高怠速：CO：%；HC：　10^{-6}　判定　○　×
柴油车：光吸收系数：　m^{-1}　判定　○　×</td></tr>
</table>

续上表

车主/驾驶员反映的汽车故障现象	
附加作业项目	
检验结论： 质量检验员签字： 承修方：(章) 年 月 日	托修方意见： 签字人： 年 月 日

注：检验结果判定，合格，在“○”位置画“✓”；不合格，在“×”位置画“✓”；故障现象应具体说明，无此项目填“—”。

2. 维修过程检验记录

二级维护过程中应始终贯穿过程检验，并记录二级维护作业项目或检验结果，维护项目的技术要求应符合技术标准和车辆维修资料等相关技术文件规定。二级维护过程检验内容与记录见表2-5。

二级维护过程检验内容与记录单 表2-5

托修方		车牌号		车型	
合同编号		发动机号		底盘号/VIN号	
部位	检验项目		技术状况		作业人员
发动机	发动机工作状况		起动装置：○ × 运转情况：○ ×		
	发动机排放机外净化装置		外观： ○ × 安装牢固：○ ×		
	燃油蒸发控制装置		外观、无堵塞： ○ × 视情更换： ○ ×		
	曲轴箱通风装置		外观：○ × 无堵塞：○ ×		
	增压器、中冷器		增压器：○ × 中冷器：○ ×		
	发电机、起动机		发电机：○ × 起动机：○ ×		
	发动机润滑油及滤清器		液面高度： ○ × 更换：○ ×		
	传动带(链)		外观：○ × 松紧度：○ ×		
	冷却系装置		技术状况：○ × 液面高度：○ × 故障现象：		
	火花塞、高压线		火花塞：○ ×(更换)高压线：○ ×(更换)		
	空气滤清器/燃油滤清器		更换：○ × 清洁：○ ×		
	油(液)路和气路		密封性：○ ×		
	进、排气歧管，消声器，排气管		技术状况：○ × 故障现象：		
	发动机总成		紧固：○ × 密封：○ × 连接：○ ×		

续上表

部位	检验项目	技术状况	作业人员
制动系	制动管路、制动阀及接头	固定:○ × 损伤:○ × 密封性能:○ × 储气筒:○ ×	
	制动液液面高度	液面高度:○ ×	
	制动主缸、轮缸、继动阀	密封性:○ ×	
	缓速器	连接螺栓:○ × 清洁:○ ×	
	储气筒、干燥器	储气筒:○ × 干燥器:○ ×	
	制动踏板	踏板行程:○ × 无破裂或损坏,防滑面无磨光:○ ×	
	驻车制动系统	拉杆支点、棘轮机构及拉杆:○ × 驻车制动功能:○ ×	
制动系	制动系及 ABS 制动装置	自检功能:○ × 连接线路:○ × 清洁车轮传感器头及齿圈:○ ×	
	鼓式制动器	制动鼓、制动蹄、支承销: (1)制动鼓、制动蹄无裂纹及明显变形:○ × (2)制动蹄支承销:○ ×	
		摩擦片无破裂:○ ×	
		摩擦片厚度(mm):○ ×	
		制动鼓与制动蹄间隙:mm ○ ×	
		制动鼓、制动蹄摩擦工作面:○ ×	
		制动底板、凸轮轴,校紧螺栓:○ × 故障现象:	
		轮制动器调整臂作用:○ ×	
		内外轴承:○ × 故障现象:	
		制动蹄复位弹簧:○ ×	
		各部件清洁,无油污:○ ×	
		轮毂:○ × 制动鼓:○ ×	
	盘式制动器	摩擦片:mm ○ × 制动盘磨损量:mm × 工作面无油污:○ ×	
		转动间隙:○ ×	
		密封件:○ ×	
		制动钳及支架:○ × 传动装置:○ × 故障现象:	

续上表

部位	检验项目	技术状况	作业人员
行驶系	车轮及轮胎	轮胎螺栓紧固:○ ×轮胎气压:kPa ○ × 轮胎花纹深度:mm ○ × 轮胎换位:○ ×	
	车架	车架:○ × 故障现象:	
	车轮前束	前束:mm ○ ×	
	悬架/减振器	悬架/减振器:○ × 故障现象:	
	车桥及车轴	车桥及车轴:○ × 拉杆和导杆:○ ×	
	半轴的螺栓、螺母	螺栓、螺母:○ ×	
	轮辋及压条挡圈	轮辋及压条挡圈:○ ×	
转向系	转向器、转向传动机构	(1)转向器传动机构工作状况:○ × 故障现象: (2)各部螺栓紧固:○ × (3)润滑:○ × (4)转向器液压油液面高度:○ × (5)转向轻便性:○ ×	
	转向盘最大自由转动量	自由转动量:○ ×	
传动系	离合器	(1)工作状态:○ × 故障现象: (2)踏板自由行程:mm ○ × (3)离合器助力油液面高度:○ ×	
	变速器、主减速器、差速器	密封:○ × 清洁通气孔:○ × 异响:○ × 传动油:○ ×	
	传动轴	防尘罩:○ × 万向节:○ × 轴承及支架:○ × 润滑:○ × 螺栓紧固:○ ×	
灯光导线	灯光(前照灯、示廓灯、危险报警闪光灯、后雾灯、转向灯)、信号装置和标识	齐全有效:○ × 发光强度:○ × 光束照射位置:○ × 远、近光光束变换:○ × 喇叭:○ × 后反射器、侧反射器和侧标志灯:○ × 车身反光标识:○ ×	
	线束及导线	可视线束、导线:○ × 故障现象:	
	仪表	工作状态:○ × 故障现象:	
	蓄电池	工作状态:○ × 故障现象:	

续上表

部位	检验项目	技术状况	作业人员
车身及附属设备	整车清洗	外表、内部整洁：○　×	
	整车密封	密封、无泄漏：○　×	
	车架和车身	技术状况：○　× 故障现象：	
	刮水器	工作状态：○　×	
	内、外视镜	技术状况：○　× 故障现象：	
	防护装置	后防护装置：○　× 侧防护装置：○　×	
	支撑装置	安装：○　×　螺栓、螺母：○　×	
	牵引车与挂车连接装置	技术状况：○　× 故障现象：	

附加作业项目记录		更换主要零部件记录		
附加作业项目	修理情况摘要	名称	型号/规格	数量

注：技术状况，合格，在“○”位置画“✓”，不合格，在“×”位置画“✓”，故障现象应具体说明。

质量检验员（签字）：　　　　　　　　　　　　　　　　年　月　日

3. 竣工质量检验记录

二级维护竣工检验实施完成后，应如实填写二级维护竣工检验报告单，见表2-6，并存入维修档案。

二级维护竣工检验报告单　　　　表2-6

维修合同编号：

托修方			车牌号		车辆型号	
车辆单位			燃料种类		发动机型号	
道路运输证号			车辆用途		车架号/VIN	
人工检查	清洁		发动机装备		车桥	
	车身		发动机工作状况		离合器	
	紧固		转向机构		变速器、传动轴、主减速器	
	润滑		轮胎		信号指示装置	
	密封		悬架		仪表	
	附属设施		减振器		制动系密封性	
OBD	故障信息	□无　□有故障；　信息描述：				

续上表

<table>
<tr><td rowspan="29">性能检测</td><td colspan="2" rowspan="2">车辆整备质量</td><td rowspan="2">kg</td><td colspan="2" rowspan="2">转向盘最大自由转动量</td><td rowspan="2">(°)</td><td colspan="3" rowspan="2">转向轮横向侧滑量</td><td colspan="3">第一转向轴 m/km</td></tr>
<tr><td colspan="3">第二转向轴 m/km</td></tr>
<tr><td rowspan="15">制动性能</td><td rowspan="12">台架检验</td><td colspan="2" rowspan="2">单轴参数</td><td colspan="8">车轴</td></tr>
<tr><td colspan="2">一轴</td><td colspan="2">二轴</td><td colspan="2">三轴</td><td colspan="2">四轴</td></tr>
<tr><td rowspan="2">轴制动率(%)</td><td>结果</td><td colspan="2"></td><td colspan="2"></td><td colspan="2"></td><td colspan="2"></td></tr>
<tr><td>评价</td><td colspan="2"></td><td colspan="2"></td><td colspan="2"></td><td colspan="2"></td></tr>
<tr><td rowspan="2">制动不平衡率(%)</td><td>结果</td><td colspan="2"></td><td colspan="2"></td><td colspan="2"></td><td colspan="2"></td></tr>
<tr><td>评价</td><td colspan="2"></td><td colspan="2"></td><td colspan="2"></td><td colspan="2"></td></tr>
<tr><td rowspan="3">车轮阻滞率(%)</td><td>车轮</td><td>左轮</td><td>右轮</td><td>左轮</td><td>右轮</td><td>左轮</td><td>右轮</td><td>左轮</td><td>右轮</td></tr>
<tr><td>结果</td><td></td><td></td><td></td><td></td><td></td><td></td><td></td><td></td></tr>
<tr><td>评价</td><td></td><td></td><td></td><td></td><td></td><td></td><td></td><td></td></tr>
<tr><td rowspan="3">整车制动性能</td><td>参数</td><td colspan="3">整车制动率(%)</td><td colspan="2">制动协调时间(s)</td><td colspan="3">驻车制动率(%)</td></tr>
<tr><td>结果</td><td colspan="3"></td><td colspan="2"></td><td colspan="3"></td></tr>
<tr><td>评价</td><td colspan="3"></td><td colspan="2"></td><td colspan="3"></td></tr>
<tr><td rowspan="3">路试</td><td rowspan="3">初速度(km/h)</td><td>参数</td><td colspan="2">制动距离(m)</td><td colspan="2">MFDD(m/s^2)</td><td colspan="2">制动协调时间(s)</td><td colspan="2">制动稳定性</td></tr>
<tr><td>结果</td><td colspan="2"></td><td colspan="2"></td><td colspan="2"></td><td colspan="2"></td></tr>
<tr><td>评价</td><td colspan="2"></td><td colspan="2"></td><td colspan="2"></td><td colspan="2"></td></tr>
<tr><td rowspan="8">前照灯性能</td><td colspan="3" rowspan="3">位置</td><td colspan="8">参数</td></tr>
<tr><td colspan="2" rowspan="2">灯中心高(mm)</td><td colspan="2">远光发光强度(cd)</td><td colspan="2">远光光束偏移(mm/10m)</td><td colspan="2">近光光束偏移(mm/10m)</td></tr>
<tr><td>结果(cd)</td><td>评价</td><td>垂直偏差</td><td>水平偏差</td><td>垂直偏差</td><td>水平偏差</td></tr>
<tr><td colspan="3">左外灯</td><td colspan="2"></td><td></td><td></td><td></td><td></td><td></td><td></td></tr>
<tr><td colspan="3">左内灯</td><td colspan="2"></td><td></td><td></td><td></td><td></td><td></td><td></td></tr>
<tr><td colspan="3">右内灯</td><td colspan="2"></td><td></td><td></td><td></td><td></td><td></td><td></td></tr>
<tr><td colspan="3">右外灯</td><td colspan="2"></td><td></td><td></td><td></td><td></td><td></td><td></td></tr>
<tr><td colspan="3">评价</td><td colspan="2"></td><td></td><td></td><td></td><td></td><td></td><td></td></tr>
<tr><td rowspan="3">排气污染物</td><td colspan="2" rowspan="2">汽油车</td><td>怠速</td><td colspan="3">CO(%):</td><td colspan="3">HC($\times 10^{-6}$):</td><td colspan="2" rowspan="2">评价:</td></tr>
<tr><td>高怠速</td><td colspan="3">CO(%):</td><td colspan="3">HC($\times 10^{-6}$):</td></tr>
<tr><td colspan="2">柴油车</td><td>自由加速法</td><td colspan="4">光吸收系数(m^{-1}):① ② ③</td><td colspan="2">平均值(m^{-1}):</td><td colspan="2">评价:</td></tr>
<tr><td colspan="13">检验结论:

检验员签字: 年 月 日</td></tr>
</table>

注:1. 检验数据在“评价”栏填写:合格,在“评价”栏画“○”;不合格,在“评价”栏画“×”,无此项目填“—”。
2. 路试行车制动时,“制动距离”和“MFDD”只检验其中一项。
3. 车辆制动检测轴数,应根据车辆实际情况调整。

四、竣工出厂合格证

机动车维修竣工质量检验合格的，维修质量检验人员应当签发《机动车维修竣工出厂合格证》，具体记录内容如图 2-4 所示。

NO.00000000
存根

托修方 ________
车牌号码 ________
车型 ________
发动机型号/编号 ________
底盘（车身）号 ________
维修类别 ________
维修合同编号 ________
出厂里程表示值 ________

该车按维修合同维修，经检验合格，准予出厂。

质量检验员：（盖章）
承修单位：（盖章）

进厂日期：　　出厂日期：
托修方接车人：　　（签字）
接车日期：

（对应正面合格证面）

NO.00000000
车属单位保管

托修方 ________
车牌号码 ________
车型 ________
发动机型号/编号 ________
底盘（车身）号 ________
维修类别 ________
维修合同编号 ________
出厂里程表示值 ________

该车按维修合同维修，经检验合格，准予出厂。

质量检验员：（盖章）
承修单位：（盖章）

进厂日期：　　出厂日期：
托修方接车人：　　（签字）
接车日期：

（对应正面合格证面）

NO.00000000
质量保证卡

该车按维修合同进行维修，本厂对维修竣工的车辆实行质量保证，质量保证期为车辆行驶________万公里或者________日。在托修单位严格执行走合期规定、合理使用、正常维护的情况下，出现的维修质量问题，凭此卡随竣工出厂合格证，由本厂负责包修，免返修工料费和工时费，在原维修类别期限内修竣交托修方。

返修情况记录：

次数	返修项目	返修日期	修竣日期	送修人	质检员

维修发票号：
维修竣工出厂日期：

（对应正面白底）

注：1.外廓尺寸为260mm×184mm。"存根"、"车属单位保管"字体为小四号仿宋；"质量保证卡"字体为五号仿宋。
2.材质：157g 铜版纸。

图 2-4　机动车维修竣工出厂合格证

五、返修记录单

《机动车维修管理规定》规定：机动车维修质量保证期或维修企业承诺的质量保证期内，因维修质量原因造成机动车无法正常使用，需要回厂重新进行维修的作业项目，属于返修。

返修检验和维修情况应作记录，填入返修记录单，作为维修质量考核和管理的依据之一，返修记录单的内容和填写要求见表 2-7。

返修记录单　　表 2-7

厂牌：　　车型：　　牌照号码：　　合同编号：

<table>
<tr><td>原维修项目</td><td></td><td>出厂合格证编号</td><td></td><td>竣工出厂日期</td><td></td></tr>
<tr><td>派工单号</td><td></td><td>主修人/检验员</td><td></td><td>返修进厂日期</td><td></td></tr>
<tr><td colspan="6">质量投诉内容：

签名：　年　月　日</td></tr>
</table>

续上表

原维修情况： 主修人： 竣工出厂检验情况： 检验员： 年 月 日					
故障鉴定结果： 签名： 年 月 日					
返修情况：					
返修项目		返修工时		返修主修人	
换件情况					
返修费用： ;其中,工时费： 材料费：					
出厂日期			合格证编号		

汽车维修档案管理的目标是充分发挥档案的作用,迅速、准确地提供维修车辆历史信息,为维修企业质量管理及客户服务。在电子文件不断生成的情况下,进行及时有效的收集、整理,不断丰富档案内容和档案信息。机动车维修经营者应当按照规定如实填报、及时上传承修机动车的维修电子数据记录至国家有关汽车电子健康档案系统。

第三章

汽车维护技术规范

汽车维护分为日常维护、一级维护和二级维护，各级维护具有不同的作业项目与技术要求，在具体实施过程中普通燃油汽车应执行国家标准《汽车维护、检测、诊断技术规范》(GB/T 18344—2016)，其他燃气或电动汽车应根据汽车结构特征有针对性增加新的作业项目。维护作业过程应进行全过程质量控制和管理，作业内容记录完整，不缺项、不漏项，对二级维护竣工检验合格的车辆，由质量检验员签发竣工出厂合格证，并实行质量保证期制度。

第一节 汽车维护、检测、诊断技术规范

一、日常维护

日常维护是以清洁、补给和安全性能检视为中心内容的维护作业，日常维护时间为出车前、行车中和收车后，由汽车驾驶员负责执行。日常维护作业项目及技术要求见表3-1。

日常维护作业项目及技术要求　　表3-1

序号	作业项目	作业内容	技术要求	维护时间
1	车辆外观及附属设施	检查、清洁车身	车身外观及客车车厢内部整洁，车窗玻璃齐全、完好	出车前或收车后
		检查后视镜，调整后视镜角度	后视镜完好、无损毁，视野良好	出车前
		检查灭火器、客车安全锤	灭火器配备数量及放置位置符合规定，且在有效期内。客车安全锤配备数量及放置位置符合规定	出车前或收车后
		检查安全带	安全带固定可靠、功能有效	出车前或收车后
		检查风窗玻璃刮水器	刮水器各挡位工作正常	出车前
2	发动机	检查发动机润滑油、冷却液液面高度，视情补给	油(液)面高度符合规定	出车前
3	制动	制动系统自检	自检正常，无制动报警灯闪亮	出车前
		检查制动液液面高度，视情补给	液面高度符合规定	出车前
		检查行车制动、驻车制动	行车制动、驻车制动功能正常	出车前

续上表

序号	作业项目	作业内容	技术要求	维护时间
4	车轮及轮胎	检查轮胎外观、气压	轮胎表面无破裂、凸起、异物刺入及异常磨损，轮胎气压符合规定	出车前、行车中
		检查车轮螺栓、螺母	齐全完好，无松动	
5	照明、信号指示装置及仪表	检查前照灯	前照灯完好、有效，表面清洁，远近光变换正常	出车前
		检查信号指示装置	转向灯、制动灯、示廓灯、危险报警灯、雾灯、喇叭、标志灯及反射器等信号指示装置完好有效，表面清洁	
		检查仪表	工作正常	出车前、行车中

注："技术要求"栏中的"符合规定"指符合车辆维修资料等有关技术文件的规定。

二、一级维护

一级维护除日常维护作业外，以润滑、紧固为作业中心内容，并检查有关制动、操纵等系统中的安全部件的维护作业，由维修企业负责进行。

1. 一级维护周期

经研究和统计，综合考虑全国情况，营运车辆一级维护推荐周期见表3-2。

一级维护推荐周期　　表3-2

适用车型		一级维护行驶里程间隔上限值（或行驶时间间隔上限值）
客车	小型客车（含乘用车）（车长≤6m）	10000km 或 30 日
	中型及以上客车（车长＞6m）	15000km 或 30 日
货车	轻型货车（最大设计总质量≤3500kg）	10000km 或 30 日
	轻型以上货车（最大设计总质量＞3500kg）	15000km 或 30 日
挂车		15000km 或 30 日

注：1. 一级维护周期以行驶里程间隔或行驶时间间隔先到达者为准。
2. 对于以山区、沙漠、炎热、寒冷等特殊运行环境为主的营运车辆，可适当缩短维护周期。

2. 一级维护基本作业项目

一级维护基本作业项目及技术要求见表3-3。

一级维护基本作业项目及技术要求　　表3-3

作业项目			作业内容	技术要求
1	发动机	空气滤清器、机油滤清器和燃油滤清器	清洁或更换	按规定的里程或时间清洁或更换滤清器。滤清器应清洁，衬垫无残缺，滤芯无破损。滤清器安装牢固，密封良好
2		发动机润滑油及冷却液	检查油（液）面高度，视情更换	按规定的里程或时间更换润滑油、冷却液，油（液）面高度符合规定

续上表

作业项目			作业内容	技术要求
3	转向系	部件连接	检查、校紧万向节、横直拉杆、球头销和转向节等部位连接螺栓、螺母	各部件连接可靠
4		转向器润滑油及转向助力油	检查油面高度，视情更换	按规定的里程或时间更换转向器润滑油及转向助力油，油面高度符合规定
5	制动系	制动管路、制动阀及接头	检查制动管路、制动阀及接头，校紧接头	制动管路、制动阀固定可靠，接头紧固，无漏气（油）现象
6		缓速器	检查、校紧缓速器连接螺栓、螺母，检查定子与转子间隙，清洁缓速器	缓速器连接紧固，定子与转子间隙符合规定，缓速器外表、定子与转子间清洁，各插接件与接头连接可靠
7		储气筒	检查储气筒	无积水及油污
8		制动液	检查液面高度，视情更换	按规定的里程或时间更换制动液，液面高度符合规定
9	传动系	传动系各连接部位	检查、校紧传动轴连接、支撑等部位连接螺栓、螺母	各部位连接可靠
			检查、校紧变速器、主减速器、差速器等部位连接螺栓、螺母，清洁通气孔	连接可靠，密封良好，通气孔通畅
10	车轮	车轮及半轴的螺栓、螺母	校紧车轮及半轴的螺栓、螺母	扭紧力矩符合规定
11		轮辋及压条挡圈	检查轮辋及压条挡圈	轮辋及压条挡圈无裂损及变形
12	其他	蓄电池	检查蓄电池	液面高度符合规定，通气孔畅通，电桩、夹头清洁、牢固，免维护蓄电池电量状况指示正常
13		防护装置	检查侧防护装置及后防护装置，校紧螺栓、螺母	完好有效，安装牢固
14		全车润滑	检查、润滑各润滑点	润滑嘴齐全有效，润滑良好。各润滑点防尘罩齐全完好。集中润滑装置工作正常，密封良好
15		整车密封	检查泄漏情况	全车不漏油、不漏液、不漏气

3. 一级维护质量保证

一级维护质量保证期，自维护竣工出厂之日起计算，为车辆行驶不少于 2000km 或者 10 日，以先达到者为准。

三、二级维护

二级维护除一级维护作业外，以检查、调整制动系、转向操纵系、悬架等安全部件，并拆检轮胎，进行轮胎换位，检查调整发动机工作状况和汽车排放相关系统等为主的维护作业，由维修企业负责进行。

1. 二级维护周期

经研究和统计,综合考虑全国情况,营运车辆二级维护推荐周期见表 3-4。

营运车辆二级维护推荐周期 表 3-4

适用车型		二级维护行驶里程间隔上限值或行驶时间间隔上限值
客车	小型客车(含乘用车)(车长≤6m)	40000km 或 120 日
	中型及以上客车(车长>6m)	50000km 或 120 日
货车	轻型货车(最大设计总质量≤3500kg)	40000km 或 120 日
	轻型以上货车(最大设计总质量>3500kg)	50000km 或 120 日
挂车		50000km 或 120 日

注:1. 二级维护周期以行驶里程间隔或行驶时间间隔先到达者为准。

2. 对于以山区、沙漠、炎热、寒冷等特殊运行环境为主的营运车辆,可适当缩短维护周期。

2. 二级维护作业流程

二级维护作业流程如图 3-1 所示。具体要求如下:

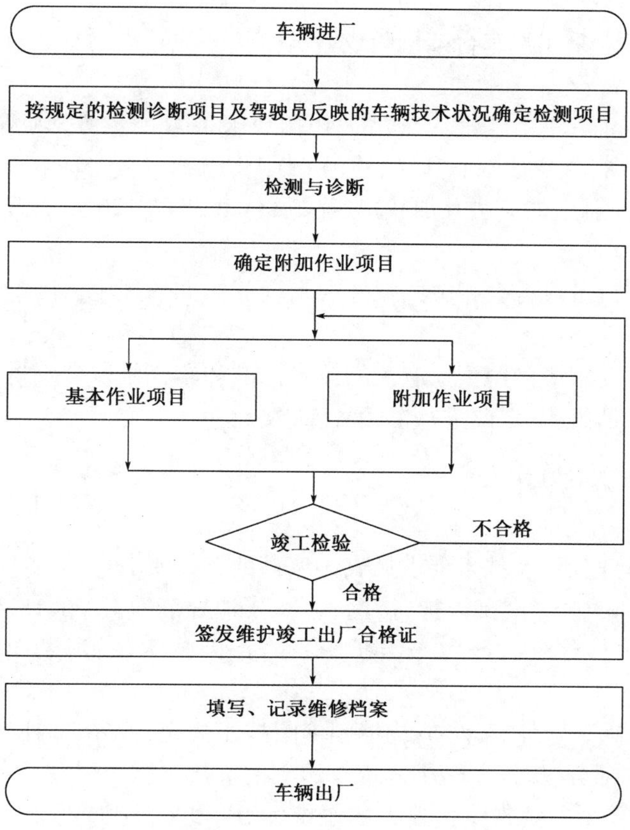

图 3-1 二级维护作业流程图

(1)二级维护前应进行进厂检测,依据进厂检测结果进行故障诊断确定附加作业项目。

(2)确定的附加作业项目与基本作业项目一并进行二级维护作业,二级维护过程中应进行过程检验。二级维护作业过程中发现的维修项目也应作为附加作业项目或小修作业。

(3)二级维护作业完成后应进行竣工检验,竣工检验合格的车辆,由维护企业质量检验员签发《机动车维修竣工出厂合格证》并存入维修档案。

(4)维修企业填写、记录维修档案。

(5)车辆出厂。

3. 二级维护前检测诊断

二级维护前检测诊断是在不解体或者经简单的外部装置拆卸的情况下,对车辆的质量特性和技术参数进行检查与诊断,其目的是判断汽车技术状况,查明故障部位及其原因,以便确定附加作业项目和作业方案。二级维护前检测诊断应结合驾驶员反映的车辆技术状况确定检测项目,二级维护规定的进厂检测项目一般包括:

(1)车载自动诊断系统(OBD)故障信息:采用汽车故障诊断仪,诊断车载自动诊断系统的故障信息。

(2)行车制动性能:采用汽车台架检验或路试检验,依据《机动车运行安全技术条件》(GB 7258)规定的方法检查行车制动性能。

(3)尾气排放:汽油车采用《汽油车污染物排放限值及测量方法(双怠速法及简易工况法)》(GB 18285—2018)规定的双怠速法,检测 CO、HC 排放浓度;柴油车采用《柴油车污染物排放限值及测量方法(自由加速法及加载减速法)》(GB 3847—2018)规定的自由加速法,检测光吸收系数(k)。

检测使用的仪器设备应符合相关国家标准和行业标准的规定,计量器具及设备应计量检定或校准合格并在有效期内。

检测项目的技术要求应参照国家有关的技术标准和车辆维修资料等相关规定,维护检测时应记录检测数据或结果,并据此进行车辆故障诊断。

4. 二级维护基本作业项目及要求

1)二级维护基本作业项目

二级维护基本作业项目及技术要求见表 3-5,其他有关要求:

(1)车辆维修资料中与《汽车维护、检测、诊断技术规范》(GB/T 18344)规定的二级维护基本作业项目相同的部分,执行《汽车维护、检测、诊断技术规范》(GB/T 18344)相对应的条款。

(2)车辆维修资料中与《汽车维护、检测、诊断技术规范》(GB/T 18344)规定的二级维护基本作业项目不同的部分,依据车辆维修资料的有关条款执行。

(3)车辆维修资料中有特殊维护要求的系统、总成和装置(如免维护蓄电池、免维护轮毂等),其维护执行车辆维修手册规定。

二级维护基本作业项目及技术要求　　表 3-5

作业项目			作业内容	技术要求
1	发动机	发动机工作状况	检查发动机起动性能和柴油发动机停机装置	起动性能良好,停机装置功能有效
			检查发动机运转情况	低、中、高速运转稳定,无异响
2		发动机排放机外净化装置	检查发动机排放机外净化装置	外观无损坏、安装牢固
3		燃油蒸发控制装置	检查外观,检查装置是否畅通,视情更换	炭罐及管路外观无损坏、密封良好、连接可靠,装置畅通无堵塞
4		曲轴箱通风装置	检查外观,检查装置是否畅通,视情更换	管路及阀体外观无损坏、密封良好、连接可靠,装置畅通无堵塞
5		增压器、中冷器	检查、清洁中冷器和增压器	中冷器散热片清洁,管路无老化,连接可靠,密封良好。增压器运转正常,无异响,无渗漏
6		发电机、起动机	检查、清洁发电机和起动机	发电机和起动机外表清洁,导线接头无松动,运转无异响,工作正常
7		发动机传动带(链)	检查空压机、水泵、发电机、空调机组和正时传动带(链)磨损及老化程度,视情调整传动带(链)松紧度	按规定里程或时间更换传动带(链)。传动带(链)无裂痕和过量磨损,表面无油污,松紧度符合规定
8		冷却装置	检查散热器、水箱及管路密封	散热器、水箱及管路固定可靠,无变形、堵塞、破损及渗漏。箱盖接合表面良好,胶垫不老化
			检查水泵和节温器工作状况	水泵不漏水、无异响,节温器工作正常
9		火花塞、高压线	检查火花塞间隙、积炭和烧蚀情况,按规定里程或时间更换火花塞	无积炭,无严重烧蚀现象,电极间隙符合规定
			检查高压线外观及连接情况,按规定里程或时间更换高压线	高压线外观无破损、连接可靠
10		进、排气歧管,消声器,排气管	检查进、排气歧管、消声器、排气管	外观无破损,无裂痕,消声器功能良好
11		发动机总成	清洁发动机外部,检查隔热层	无油污、无灰尘,隔热层密封良好
			检查、校紧连接螺栓、螺母	油底壳、发动机支撑、水泵、空压机、涡轮增压器、进排气歧管、消声器、排气管、输油泵和喷油泵等部位连接可靠
12	制动系	储气筒、干燥器	检查、紧固储气筒,检查干燥器功能,按规定里程或时间更换干燥剂	储气筒安装牢固,密封良好。干燥器功能正常,排水阀通畅
13		制动踏板	检查、调整制动踏板自由行程	制动踏板自由行程符合规定
14		驻车制动	检查驻车制动性能,调整操纵机构	功能正常,操纵机构齐全完好、灵活有效
15		防抱死制动装置	检查连接线路,清洁轮速传感器	各连接线及插接件无松动,轮速传感器清洁
16		鼓式制动器	检查制动间隙调整装置	功能正常
			拆卸制动鼓、轮毂、制动蹄,清洁轴承位、轴承、支承销和制动底板等零件	清洁,无油污,轮毂通气孔畅通
			检查制动底板、制动凸轮轴	制动底板安装牢固、无变形、无裂损。凸轮轴转动灵活,无卡滞和松旷现象

续上表

作业项目			作业内容	技术要求
16	制动系	鼓式制动器	检查轮毂内外轴承	滚柱保持架无断裂，滚柱无缺损、脱落，轴承内外圈无裂损和烧蚀
			检查制动摩擦片、制动蹄及支承销	摩擦片表面无油污、裂损，厚度符合规定。制动蹄无裂纹及明显变形，铆接可靠，铆钉沉入深度符合规定。支承销无过量磨损，与制动蹄轴承孔衬套配合无明显松旷
			检查制动蹄复位弹簧	复位弹簧不得有扭曲、钩环损坏、弹性损失和自由长度改变等现象
			检查轮毂、制动鼓	轮毂无裂损，制动鼓无裂痕、沟槽、油污及明显变形
			装复制动鼓、轮毂、制动蹄，调整轴承松紧度、调整制动间隙	润滑轴承，轴承位涂抹润滑脂后再装轴承。装复制动蹄时，轴承孔均应涂抹润滑脂，开口销或卡簧固定可靠。制动摩擦片与制动鼓摩擦面应清洁，无油污。制动摩擦片与制动鼓配合间隙符合规定。轮毂转动灵活且无轴向间隙。锁紧螺母、半轴螺母及车轮螺母齐全，扭紧力矩符合规定
17		盘式制动器	检查制动摩擦片和制动盘磨损量	制动摩擦片和制动盘磨损量应在标记规定或制造商要求的范围内，其摩擦工作面不得有油污、裂纹、失圆和沟槽等损伤
			检查制动摩擦片与制动盘间的间隙	制动摩擦片与制动盘之间的转动间隙符合规定
			检查密封件	密封件无裂纹或损坏
			检查制动钳	制动钳安装牢固、无油液泄漏。制动钳导向销无裂纹或损坏
18	转向系	转向器和转向传动机构	检查转向器和转向传动机构	转向轻便、灵活，转向无卡滞现象，锁止、限位功能正常
			检查部件技术状况	转向节臂、转向器摇臂及横直拉杆无变形、裂纹和拼焊现象，球销无裂纹、不松旷，转向器无裂损、无漏油现象
19		转向盘最大自由转动量	检查、调整转向盘最大自由转动量	最高设计车速不小于100km/h的车辆，其转向盘的最大自由转动量不大于15°，其他车辆不大于25°
20	行驶系	车轮及轮胎	检查轮胎规格型号	轮胎规格型号符合规定，同轴轮胎的规格和花纹应相同，营运客车、旅游客车、校车和危险货物运输车的所有车轮及其他车辆的转向轮不得装用翻新的轮胎
			检查轮胎外观	轮胎的胎冠、胎壁不得有长度超过25mm或深度足以暴露出帘布层的破裂和割伤以及凸起、异物刺入等影响使用的缺陷。具有磨损标志的轮胎，胎冠的磨损不得触及磨损标志；无磨损标志或标志不清的轮胎，乘用车和挂车胎冠花纹深度应不小于1.6mm；其他车辆的转向轮的胎冠花纹深度应不小于3.2mm，其余轮胎胎冠花纹深度应不小于1.6mm
			轮胎换位	根据轮胎磨损情况或相关规定，视情进行轮胎换位
			检查、调整车轮前束	车轮前束值符合规定

续上表

作业项目			作业内容	技术要求
21	行驶系	悬架	检查悬架弹性元件,校紧连接螺栓、螺母	空气弹簧无泄漏、外观无损伤。钢板弹簧无断片、缺片、移位和变形,各部件连接可靠,U形螺栓螺母扭紧力矩符合规定
			减振器	减振器稳固有效,无漏油现象,橡胶垫无松动、变形及分层
22		车桥	检查车桥、车桥与悬架之间的拉杆和导杆	车桥无变形、表面无裂痕、油脂无泄漏,车桥与悬架之间的拉杆和导杆无松旷、移位和变形
23	传动系	离合器	检查离合器工作状况	离合器接合平稳,分离彻底,操作轻便,无异响、打滑、抖动及沉重等现象
			检查、调整离合器踏板自由行程	离合器踏板自由行程符合规定
24		变速器、主减速器、差速器	检查、调整变速器	变速器操纵轻便、档位准确,无异响、打滑及乱挡等异常现象,主减速器、差速器工作无异响
			检查变速器、主减速器、差速器润滑油液面高度,视情更换	按规定的里程或时间更换润滑油,液面高度符合规定
25		传动轴	检查防尘罩	防尘罩无裂痕、损坏,卡箍连接可靠,支架无松动
			检查传动轴及万向节	传动轴无弯曲,运转无异响。传动轴及万向节无裂损、不松旷
			检查传动轴承及支架	轴承无松旷,支架无缺损和变形
26	灯光及导线	前照灯	检查远光灯发光强度,检查、调整前照灯光束照射位置	符合《机动车运行安全技术条件》(GB 7258)规定
27		线束及导线	检查发动机舱及其他可视的线束及导线	插接件无松动、接触良好。导线布置整齐、固定牢靠,绝缘层无老化、破损,导线无外露。导线与蓄电池桩头连接牢固,并有绝缘套
28	车架及车身	车架和车身	检查车架和车身	车架和车身无变形、断裂及开焊现象,连接可靠,车身周正。发动机舱盖锁扣锁紧有效。车厢铰链完好,锁扣锁紧可靠,固定集装箱箱体、货物的锁止机构工作正常
			检查车门、车窗启闭和锁止	车门和车窗应启闭正常,锁止可靠。客车动力启闭车门的车内应急开关及安全顶窗机件齐全、完好有效
29		支撑装置	检查、润滑支撑装置,校紧连接螺栓、螺母	完好有效,润滑良好,安装牢固
30		牵引车与挂车连接装置	检查牵引销及其连接装置	牵引销安装牢固,无损伤、裂纹等缺陷,牵引销颈部磨损量符合规定
			检查、润滑牵引座及牵引销锁止、释放机构,校紧连接螺栓、螺母	牵引座表面油脂均匀,安装牢固,牵引销锁止、释放机构工作可靠
			检查转盘与转盘架	转盘与转盘架贴合面无松旷、偏歪。转盘与牵引连接部件连接牢靠,转盘连接螺栓应紧固,定位销无松旷、无磨损,转盘润滑
			检查牵引钩	牵引钩无裂纹及损伤,锁止、释放机构工作可靠

2)车轮的装配与换位

(1)车轮组装应遵守的原则。

①轮胎必须装配在标准所规定的轮辋上。

②同一车轴上应装配相同规格、结构、厂牌、尺寸、层级、花纹的轮胎。

③轮胎双胎并装时,双胎外直径应保持一致。

④装配定向花纹轮胎时,应使轮胎的旋转方向标志与车辆行驶方向一致。

⑤换装新胎时,应尽量做到整车或同轴同换。

(2)拆卸过程。

①首先检查卡盘上有无异物,然后将锁杆向旁边移开,使锁杆成自然状态。

②踩下开启制动踏板,使卡爪张开,以便锁住轮辋外沿。

③使用专用的润滑膏刷在胎圈和轮辋边缘,轮辋外面朝上。

④把轮胎轻轻地放在卡盘上,然后按住车轮,按选择固定方式固定,踩下闭合踏板,锁住轮辋。

⑤向下移动端头,使拆胎头与轮辋边缘表面接触,锁住悬臂。

⑥用专用工具撬开胎圈,把舌形弯头放入轮辋与胎圈之间。

⑦踩下踏板,使卡盘转动,使胎圈上边完全脱离轮辋。如遇卡盘被卡住不转时,用脚向上提起踏板,使其反转,然后正转,直到胎圈脱离轮辋。

(3)轮胎装配。

①安装轮胎之前,将润滑油膏均匀涂于胎圈的外侧及轮辋边缘;安装轮胎时,将轮胎印有(DOT)标志的一边装在轮辋外面(方向性及带白字轮胎的除外)。

②移开端头,把轮胎套在轮辋上,然后把拆胎杆移到工作位置。

③把胎圈移到端头边缘,装胎圈与拆胎圈相反,胎圈放在舌形弯头的下边。

④踩下踏板,使卡盘旋转(如卡住,使其反转,直到正常为止)。注意:要把胎圈压进轮辋槽中间为止,为减少胎唇磨损,要把双手用力压在轮胎上协助操作。

⑤移开悬臂,踩下踏板,松开轮辋,取下车轮。

如果是轮辋有可拆的挡圈和锁环,将轮辋带锁环槽的一面朝上。把轮胎平放在轮辋上,压下轮胎,安装挡圈,用专用工具将锁环撬入锁环槽。

(4)轮胎换位。

由于负荷、驱动形式和道路的影响,车辆各轮胎磨损部位和磨损程度不同。为使全车轮胎磨损均匀,合理地使用轮胎并延长其使用寿命,二级维护应根据轮胎的不同特点采用不同的换位方法。

轮胎换位的基本方法有交叉换位法、循环换位法和单边换位法三种,如图3-2和图3-3所示。装用普通斜交轮胎的二轴六轮车辆,常用图3-2b)中的交叉换位法,其他轮胎宜采用图3-2a)中的循环换位法。

二轴四轮车辆,斜交胎可采用图3-3a)中的循环换位法。子午线胎宜采用图3-3b)中的单边换位法。

轮胎换位时应注意以下事项:

①有些型号的车辆,其前后轮轮胎的胎压不同,所以在轮胎换位后要调整其胎压至规

定值。

②有旋转方向的轮胎换位时,要使轮胎在新位置上不能反方向转动,这是单向花纹轮胎的特性。

③轮胎磨损在规定范围内,同轴轮胎应为相同的规格和花纹,转向轮不得使用翻新轮胎,轮胎气压符合规定。

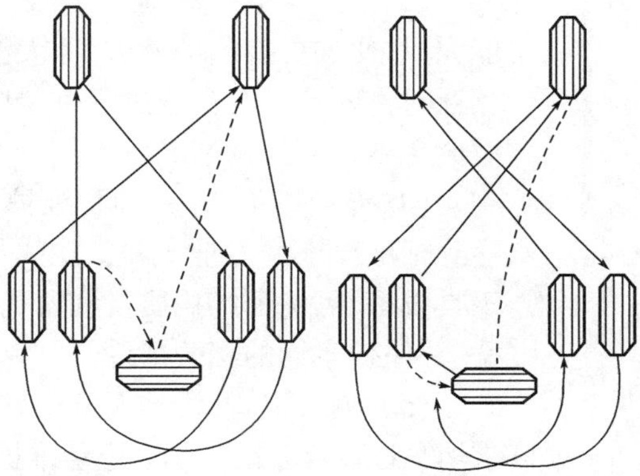

a)　　b)

图 3-2　二轴六轮汽车轮胎换位法

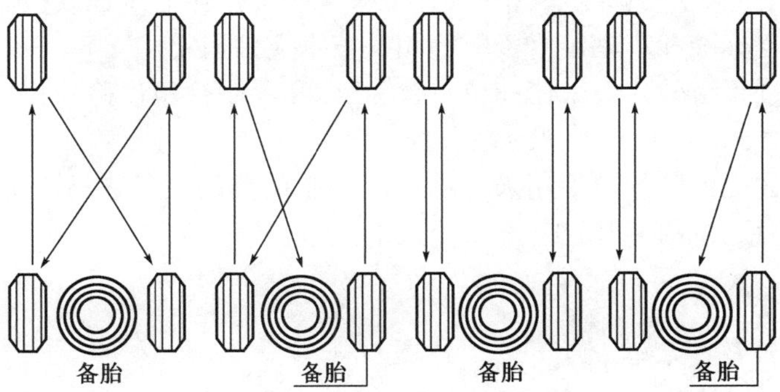

a)　　b)

图 3-3　二轴四轮汽车轮胎换位法

3)二级维护作业方法

随着汽车工业的发展,新技术、新工艺、新材料被广泛地应用到汽车产品中,传统维护工艺难以适应汽车新技术的发展。汽车维护企业应该根据不同车型制定相应的维护作业工艺,提高汽车维护作业质量和效率,积极采用高效、先进的汽车维护作业方法。经过对汽车维护作业方法的研究和生产实践,可采用车辆维护的“双人作业法”,如图 3-4 所示。

实践表明,汽车维护“双人作业法”是汽车维修行业普遍认可合理的维护作业方法,按照汽车维护作业项目及操作流程,由两名技师同时操作,各司其职,默契配合,快捷高效,在最短时间内按标准流程完成汽车的维护、检验作业。“双人作业法”有以下优点:

(1)效率高。“双人作业法”把传统的由一名技师的维护检验工作变成由两名技师共同承担。通过双人配合,缩短作业时间,提高工作效率,提高工位和设备的使用率,缩短托修方等待

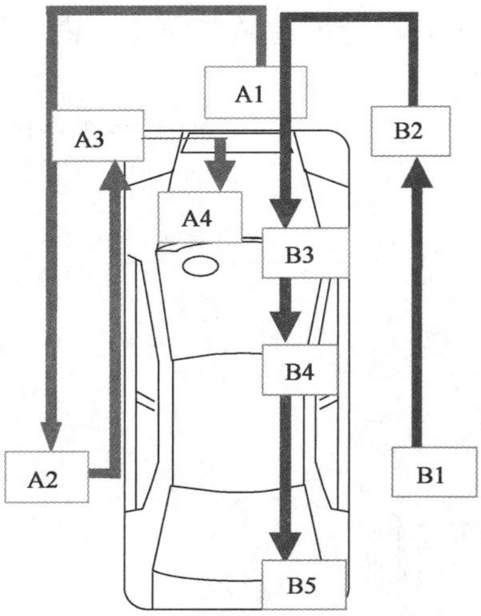

图 3-4 二级维护“双人作业法”
左技师作业顺序：A1-A2-A3-A4；右技师作业顺序：B1-B2-B3-B4-B5

时间。

(2)操作规范。双人维护根据各种车型的不同特点，依托标准要求为每款车型量身设计标准化的操作流程，并严格执行操作流程及操作规范，减少操作人员维护过程中的随意性。

(3)科学合理。一是部分维护项目需要两个人配合才能完成，比如更换制动液、拆卸大型车辆轮胎等。二是两人相互对作业项目及作业过程进行监督，能够实现互检，可有效避免维护不到位情况发生。

(4)专业维护。一方面，维护人员都是经过严格培训，达到标准要求的专业人员。另一方面，采用专用维护检验工具设备，可保证维护质量和检测结果的准确，提高维护效率，并保护车辆的相关部件。

(5)数据准确。维护人员在车辆维护过程中必须按照要求填写过程检验记录单。记录维护作业数据，不但能够保证维护质量，而且能够有效防止维护过程中漏项情况的发生。

4)二级维护过程检验

二级维护过程中应始终贯穿过程检验，并记录二级维护作业过程或检验结果，维护项目的技术要求应符合技术标准和车辆维修资料等相关技术文件规定。

二级维护作业过程检验一般采用岗位自检、互检和专职检验员检验相结合的检验方式，过程检验记录单见表 2-5。

汽车维护作业过程检验的结果用来对每一道作业项目的质量进行控制，凡检验不合格的零件、装配不合格的总成都必须返工，不得流入下一道工序。

5. 二级维护竣工检验

1)竣工检验项目及技术要求

竣工检验是对二级维护作业后的质量所进行的全面评价，从事二级维护作业的道路运输经营者和二类以上机动车维修经营者可自行实施二级维护竣工质量检验。二级维护竣工检验项目及技术要求见表 3-6。一般采用人工检查和仪器设备检测相结合的方法，对照竣工检验项目技术要求、标准进行判定，不符合要求的项目须返工重新作业。

二级维护竣工检验项目及技术要求 表 3-6

检验部位	检查/检验项目	技术要求	检验方法
整车	清洁	全车外部、车厢内部及各总成外部清洁	检视
	紧固	各总成外部螺栓、螺母紧固，锁销齐全有效	检查
	润滑	全车各个润滑部位的润滑装置齐全，润滑良好	检视
	密封	全车密封良好，无漏油、无漏液和无漏气现象	检视
	故障诊断	装有车载诊断系统(OBD)的车辆，无故障信息	仪器检测
	附属设施	后视镜、灭火器、客车安全锤、安全带、刮水器等齐全完好、功能正常	检查

续上表

检验部位	检查/检验项目	技术要求	检验方法
发动机及其附件	发动机工作状况	在正常工作温度状态下，发动机起动三次，成功起动次数不少于两次，柴油机三次停机均应有效，发动机低、中、高速运转稳定、无异响	路试或检查
	发动机装备	齐全有效	检查
制动系	行车制动性能	符合《机动车运行安全技术条件》(GB 7258)规定	路试或台式检测
	车轮阻滞率	符合《机动车运行安全技术条件》(GB 7258)规定	台式检测
	驻车制动性能	符合《机动车运行安全技术条件》(GB 7258)规定	路试或台式检测
转向系	转向机构	转向机构各部件连接可靠，锁止、限位功能正常，转向时无运动干涉，转向轻便、灵活，转向无卡滞现象	检查检验方法
		转向节臂、转向器摇臂及横直拉杆无变形、裂纹和拼焊现象，球销无裂纹、不松旷，转向器无裂损、无漏油现象	
	转向盘最大自由转动量	最高设计车速不小于100km/h的车辆，其转向盘的最大自由转动量不大于15°，其他车辆不大于25°	仪器检测
行驶系	轮胎	同轴轮胎应为相同的规格和花纹，客运车辆、旅游客车、校车和危险品运输车的所有车轮及其他机动车的转向轮不得装用翻新的轮胎，轮胎花纹深度及气压符合规定，轮胎的胎冠、胎壁不得有长度超过25mm或深度足以暴露出帘布层的破裂和割伤以及凸起、异物刺入等缺陷	检查/检测
	转向轮横向侧滑量	符合《机动车运行安全技术条件》(GB 7258)规定	台式检测
	悬架	空气弹簧无泄漏、外观无损伤。钢板弹簧无断片、缺片、移位和变形，各部件连接可靠，U形螺栓螺母扭紧力矩符合规定	检查
	减振器	减振器稳固有效，无漏油现象，橡胶垫无松动、变形及分层	检查
	车桥	无变形、表面无裂痕，密封良好	检视
传动系	离合器	离合器接合平稳，分离彻底，操作轻便，无异响、打滑、抖动和沉重等现象	路试
	变速器、传动轴、主减速器	变速器操纵轻便、挡位准确，无异响、打滑及乱挡等异常现象，传动轴、主减速器工作无异响	路试
挂车	牵引连接装置和锁止机构	汽车与挂车牵引连接装置连接可靠，锁止、释放机构工作可靠	检查
照明、信号指示装置和仪表	前照灯	完好有效，工作正常，性能符合《机动车运行安全技术条件》(GB 7258)规定	检查/仪器检测
	信号指示装置	转向灯、制动灯、示廓灯、危险报警灯、雾灯、喇叭、标志灯及反射器等信号指示装置完好有效	检视
	仪表	各类仪表工作正常	检视
尾气排放	排气污染物	汽油车采用双怠速法，应符合《汽油车污染物排放限值及测量方法(双怠速法及简易工况法)》(GB 18285)规定。柴油车采用自由加速法，应符合《柴油车污染物排放限值及测量方法(自由加速法及加载减速法)》(GB 3847)规定	仪器检测

2）二级维护质量保证

为保护汽车维修各方当事人的合法权益，减少纠纷的发生，确保维护作业的内容和深度，二级维护实行质量保证期制度。

自维护竣工出厂之日起计算，二级维护质量保证期为车辆行驶不少于5000km或者30日，以先达到者为准。

第二节　燃气汽车维护

燃气汽车是一种理想的低污染车辆，随着节能、减排工作的开展，液化石油气（LPG）、压缩天然气（CNG）燃气汽车得到了广泛应用，尤其是城市公共交通和出租汽车。对燃气汽车的维护，除完成普通常规燃料汽车维护基本作业项目外，还要根据燃气汽车的技术特征，增加必要的维护项目和内容。

据研究统计，燃气汽车在使用过程中涉及安全问题主要集中在：

（1）燃气泄漏（特别是接口处和管路破裂及老化）。

（2）燃气泄漏报警装置功能缺失（特别是线路损伤和传感器功能衰退）。

（3）起火源的产生（线路破损搭铁、高压线老化及涡轮增压器出现故障等）。

（4）部分安全装置失效（特别是切断装置和灭火装置）。

因此，燃气汽车的维护应根据使用燃气的结构特征，在完成《汽车维护、检测、诊断技术规范》（GB/T 18344）规定的基本作业项目外，重点检查、维护燃气汽车的储气装置、燃气供给装置及其附件，以及燃料转换及控制装置等影响安全使用的部件，作业项目分别执行《压缩天然气汽车维护技术规范》（GB/T 27876）、《液化石油气汽车维护技术规范》（GB/T 27877）。

一、燃气汽车的技术特征

燃气汽车是指以可燃气体作为燃料的汽车。按照燃气的化学成分和形态，可分为压缩天然气（CNG）汽车、液化天然气（LNG）汽车和液化石油气（LPG）汽车三种。目前以燃气作为燃料的汽车绝大部分是由汽油车和柴油车改装的，考虑到改装后汽车行驶的通用性，将原来的燃料系统保留不变。改装后的汽车既可使用汽油或柴油，也可使用天然气或液化石油气，不同时使用两种燃料的汽车称为“两用燃料（Bi-Fuel）汽车”，同时使用两种燃料的汽车称为“双燃料（Dual-Fuel）汽车”。

1. LPG汽车的技术特征

LPG汽车是以液化石油气为主要燃料的汽车，按燃料供给系统分类，LPG汽车可分为三种：纯LPG汽车、两用燃料（LPG-汽油）汽车以及双燃料（LPG和柴油）汽车。LPG与汽油、柴油常规汽车燃料相比，具有燃烧完全、积炭少、排放污染物低等优点。

LPG燃料供给系统主要包括：储存液化石油气的钢瓶、蒸发调节器、混合器、电磁阀和控制系统等。

以 LPG-汽油两用燃料为例,其供给系统结构与工作原理如图 3-5 所示。

当使用 LPG 作燃料时,驾驶员将选择开关搬到“气”的位置,此时,LPG 电磁阀 9 打开,汽油电磁阀 10 关闭。液态的 LPG 靠自身的蒸汽压力被压出气瓶。通过高压管路 5,流经滤清器 7 时将杂质过滤掉,然后经电磁阀 9 流入蒸发调节器 11,在蒸发调节器内被降压、激化、调压、变成气态,最后在混合器 12 内与空气混合进入发动机燃烧。

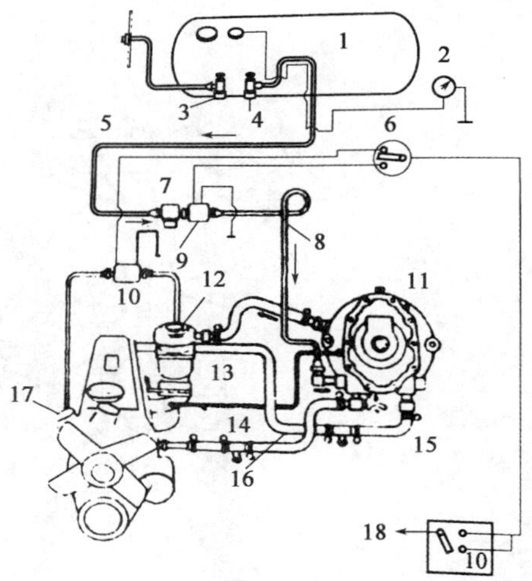

图 3-5　LPG-汽油两用燃料供给系统结构原理

1-LPG 钢瓶;2-液位显示表;3-充气阀;4-放气阀;5-高压管路;6-LPG 开关;7-滤清器;8-高压管路;9-LPG 电磁阀;10-汽油电磁阀;11-蒸发调节器;12-混合器;13-化油器;14-负压通路;15-排气阀;16-冷却水管路;17-油泵;18-点火系统

2. CNG 汽车的技术特征

CNG 汽车,按燃料供给系统分类可分为 3 种:纯 CNG 汽车、两用燃料(CNG-汽油)汽车以及双燃料(CNG-柴油)汽车。

纯 CNG 汽车发动机的燃料供给系统专为燃用 CNG 燃料而设计,其结构可保证气体燃料能有效利用。

CNG-汽油两用燃料汽车可在两种燃料中进行转换使用,设有两套燃料供给系统,无论是使用 CNG 还是汽油,发动机都能正常工作,利用选择开关实现发动机从一种燃料到另一种燃料的转换,两种燃料不允许同时混合使用。

CNG-柴油双燃料汽车发动机工作于双燃料状态时,用压燃的少量柴油引燃 CNG 与空气的混合气而实现燃烧,对外做功。该种发动机也可用纯柴油工作。因此,该系统有同时供给汽车两种燃料的装备,配备两个供给系统及两个独立的燃料储存系统。依据发动机的运行工况、燃料品质和发动机参数,按一定比例同时向发动机供给 CNG 和柴油。低负荷及怠速时自动转换到纯柴油工作方式。

以 CNG-柴油双燃料发动机为例,典型发动机结构原理如图 3-6 所示。燃料供给系统包括 4 部分:燃料供给系统、发动机的控制和保护系统、天然气的调节和供给系统、天然气的储存系统。

(1)燃料供给系统包括天然气的混合器和天然气供气量控制阀,以及燃油供给机构。

(2)发动机的控制和保护系统包括:天然气供给控制阀门的传动装置、发动机从燃用纯柴油转换为燃用双燃料工况的转换系统以及天然气供给闭锁装置。该装置在发动机不工作时,切断两种燃料向发动机供给;发动机运行时,当天然气气瓶压力不足时,则自动转换使发动机燃用柴油;当使用减速制动时,则关闭天然气的供应,采用中心控制单元控制。

(3)天然气的调节和供给系统包括:CNG 高压减压阀、低压减压阀、天然气过滤器及开关阀、天然气加热器等。实现为发动机提供合适的天然气。

(4)天然气的储存系统包括:CNG 气瓶、压力表、气瓶充气供气阀等。

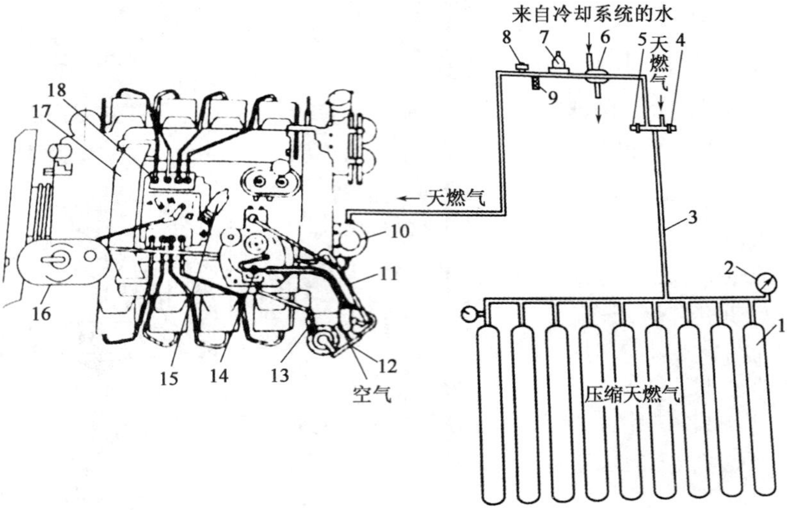

图 3-6　CNG-柴油双燃料发动机结构原理图

1-车载压缩天然气气瓶;2-气瓶压力表;3-高压输气管路;4-气瓶充气阀;5-储气瓶供气阀;6-天然气加热器;7-高压减压阀;8-天然气中压管路报警装置; 9-中压管路限压阀;10-天然气过滤器及开关阀;11-天然气低压供气管;12-天然气供气量控制阀;13-混合器;14-低压减压器;15-高压油泵供油量限位器;16-燃料转换开关;17-发动机;18-高压油泵

二、燃气汽车维护作业安全要求

(1)燃气汽车维护作业应在符合安全防护要求的专用车间内进行,车间应通风良好,作业场所应明示防明火、防静电的标志。

(2)维护作业前,应首先检查燃气汽车使用的专用装置的密封性,如有泄漏应先排除故障,在确认系统密封良好后再进行维护作业。

(3) 维护作业中应先进行涉及燃气使用的检查、维护等作业,然后关闭储气瓶截止阀并使管路内的燃气排尽,再进行其他项目的维护。

(4)当需要进行焊割等有明火的作业时,应拆掉蓄电池及重要总成的电控元件,将安全拆卸气瓶并放入专用库房妥善保管;或在符合安全防护要求的专用场地将供气系统(包括储气瓶)卸压,严禁带压作业。

(5)如需在气瓶附近打磨或切割时,应先将其拆掉或有效隔离。严禁在气瓶上进行挖补、焊割等作业。

(6)如发生燃气漏气,应立即关闭电源和储气瓶截止阀,然后在专用场地进行处理。如果高压管路破裂或脱落导致气体大量泄漏而无法关闭储气瓶截止阀时,应立即将现场进行隔离,不允许人、车入内,隔离火源,待燃气散尽后再做处理。

(7)如发生火情,除立即关闭电源和储气瓶截止阀外,应隔离现场,立即采取有效的灭火与救援措施。

三、燃气汽车日常维护

驾驶员应在出车前、行车中和收车后对车辆进行日常维护，并重点查看并确认燃气专用装置有无泄漏和异常情况。重点检查内容如下：

(1)检视燃气专用装置各功能部件、系统的工作状态及其连接和密封，要求状态正常且无松动、泄漏、损坏。气瓶及固定支架固定牢固、无损伤，必要时更换；燃气管线不得与其他部件碰擦。

(2)检查燃气储气量，降至规定值以下时应及时加充。

(3)对于燃气/汽油两用燃料汽车，所用的燃气和汽油应符合车辆使用规定及燃料质量要求。当长期使用燃油时，应把储气瓶的燃气用完；当交替使用两种燃料时，应确保两种燃料供给及其转换系统工作正常。

(4)行车中，应随时观察车辆各系统工作状况，当发现燃气专用装置有过热、过冷、异味等异常现象时，应立即关闭燃气储气瓶截止阀，并及时将车辆送达燃气汽车维修企业进行检修。

驾驶员不得擅自改装燃气汽车系统，包括：拆装燃气系统装置、车用气瓶，改变系统装置和车用气瓶的位置或方向，废弃加气口保护盖。

四、燃气汽车一级维护

除《汽车维护、检测、诊断技术规范》(GB/T 18344)规定的基本作业项目外，增加的基本作业项目、作业内容及技术要求见表3-7。

燃气汽车一级维护增加的基本作业项目、作业内容及技术要求 表3-7

序号	作业项目		作业内容	技术要求
1	储气装置	气瓶及固定支架	1. 检查气瓶检定证明； 2. 检查气瓶外观； 3. 检查气瓶紧固情况	1. 气瓶检定审验有效； 2. 气瓶表面无严重划伤、凹凸、裂纹等缺陷； 3. 固定支架及扎带完好、无裂纹，固定牢固，垫层完好、无损坏，气瓶固定可靠，无窜动和旋动现象； 4. 安装位置、方式符合燃气汽车标准的要求
2	储气装置	管路及卡箍	1. 检查紧固管路及接头； 2. 检查各连接部位有无泄漏	1. 高压管路及接头无擦伤及其他损伤； 2. 接头紧固良好，无漏气现象； 3. 软管无老化、油垢、裂纹，连接可靠，与其他部件无碰擦； 4. 卡箍齐全完好，安装牢固，位置布局合理； 5. 安装位置、方式符合燃气汽车标准的要求
3		手动截止阀、充气阀、组合阀等各类控制阀及相关仪表	检查密封和工作性能	1. 各种阀密封良好、开闭灵活有效，相关仪表工作正常、安装牢固可靠； 2. 安装位置、方式符合燃气汽车标准和出厂技术规定的要求
4		加气口	1. 检查加气口的安装及紧固情况； 2. 检查单向阀	1. 加气口固定牢固、清洁； 2. 加气口、单向阀工作可靠无漏气现象，防尘盖可靠有效

续上表

序号	作业项目		作业内容	技术要求
5	燃气供给装置	减压调节器	1. 外观检查; 2. 卸下排污塞,放掉残液; 3. 检查滤网、滤芯,必要时清洗; 4. 视情检修调试各部件	1. 外观清洁,安装牢固,无泄漏现象; 2. 各部件性能良好
6		混合器	检查各部件连接状况和接口密封状况	1. 混合器清洁,装配正确,牢固可靠; 2. 各气道通畅、无阻塞、无泄漏
7		高压电磁阀	检查各电磁阀及其控制装置技术状况	连接可靠、工作正常
8		电喷控制装置	检查使用性能	各参数均正常
9	燃料转换及控制要求	燃料转换开关及仪表	1. 检查开关使用性能; 2. 检查压力显示器性能	1. 燃料转换开关标识准确,转换灵活、可靠; 2. 压力显示与储气瓶气压协调一致
10		电磁阀	1. 检查安装接线情况; 2. 检查使用性能	1. 接线牢固、可靠; 2. 开闭性能良好、无泄漏
11		汽油电磁阀及管路	1. 检查安装及接线情况; 2. 检查油路及接头; 3. 检查使用性能	1. 电磁阀及油管安装牢固,管路无碰擦现象; 2. 汽油管路无老化及损伤,接头密封良好; 3. 电磁阀开闭性能良好,无泄漏
12		线束	检查线束及接头	线束插接可靠,无破损及摩擦现象
13	整车		1. 工作性能测试; 2. 标志检查	1. 燃料供给系统工作正常; 2. 燃气汽车标志符合燃气汽车标准的规定

五、燃气汽车二级维护

1. 二级维护进厂检验

燃气汽车二级维护进厂检验单见表 3-8,维修企业应准确记录检验结果,依据进厂检验结果及车辆实际技术状况确定附加作业项目或内容。

燃气汽车二级维护进厂检验单 表 3-8

托修方		联系电话	
车辆牌号		车辆型号	
进厂日期		进厂编号	
发动机号码		底盘号码	
里程表读数		上次维护时间	
检验结果:完好,记录"○";损坏,记录"×",缺少,记录"××"			
检验项目	检验结果	检验项目	检验结果
起动性能		怠速工况稳定性	
加速工况稳定性		燃气系统密封性	

续上表

检验项目	检验结果	检验项目	检验结果
水温		油温	
异响		燃料转换正常、可靠	
气瓶及固定支架		仪表工作状况	
电路连接可靠		管路及卡箍	
电控单元无故障码		泄漏报警装置	
车辆技术档案及车主反应的车辆状况			
附加作业项目			
检验员签字： 维修企业(签章)　　年　月　日		送修人签字： 年　月　日	

2. 增加的基本作业项目

(1)除《汽车维护、检测、诊断技术规范》(GB/T 18344)规定的基本作业项目外，增加的基本作业项目、作业内容及技术要求见表3-9。

燃气汽车二级维护增加的基本作业项目、作业内容及技术要求 表3-9

序号	作业项目		作业内容	技术要求
1	储气装置	气瓶及固定支架	1. 检查气瓶检定证明； 2. 紧固连接部位； 3. 视情更换安全装置	1. 气瓶检定审验有效； 2. 气瓶及支架安装紧固，安装位置符合燃气汽车标准的规定； 3. 气瓶有下列情况应更换： (1)瓶体或附件出现裂纹、灼伤、鼓包、渗漏或明显的凹陷、膨胀、弯曲； (2)外表明显损伤、瓶口螺纹损伤或严重锈蚀。 4. 更换用的气瓶应符合燃气汽车标准的规定
2		管路及卡箍	1. 检查紧固卡箍、高压管路及接头； 2. 视情更换密封圈、卡箍、管路及接头； 3. 检查导流管	1. 管路及接头无损伤及挤压变形，管路无老化、腐蚀，与相邻部件无碰擦现象； 2. 接头紧固良好，无漏气、阻塞现象，涂检漏液至少观察1min后，无气泡出现； 3. 卡箍齐全完好，安装牢固，位置布局合理
3		手动截止阀、充气阀、组合阀等各类控制阀及相关仪表	1. 紧固阀门接头； 2. 检查各阀门工作性能及接口有无泄漏； 3. 视情拆检阀门，更换密封圈、垫片	阀门开关灵活，紧固处无松动，阀门无泄漏，性能满足要求
4		加气口	1. 清洁、紧固加气口； 2. 视情更换单向阀阀芯及防尘盖	1. 加气口无油污、灰尘； 2. 单向阀工作可靠，无渗漏； 3. 防尘盖完好
5		压力传感器及压力表	1. 紧固压力传感器螺栓； 2. 视情送检或更换压力表	1. 传感器信号准确，压力表显示准确； 2. 连接处无泄漏

续上表

序号	作业项目		作业内容	技术要求
6	燃气供给装置	滤清器	清洁或更换滤网或毛毡	清洁、工作良好
7		高压电磁阀	清除电磁阀滤芯中的杂物、沉淀物,必要时更换	工作正常
8		安全阀	检查	在标定压力范围内能及时开启和关闭
9		减压调节器	1. 拆检总成,清洁各工作腔,定期更换滤网; 2. 高压进气装置泄漏检查,视情更换密封圈; 3. 检查各级压力,视情更换弹簧、膜片; 4. 检查安全阀; 5. 检查热循环装置,并视情更换恒温器、密封胶圈等部件	1. 装配好后的减压调节器外观清洁,工作正常、可靠; 2. 各处无泄漏,气密性等指标符合《汽车用压缩天然气减压调节器》(GB/T 20735)的规定; 3. 安全阀工作可靠; 4. 热循环装置工作正常,各密封胶圈完好,水管及接头无漏水现象
10		混合器	1. 拆洗混合器各部件; 2. 检查、更换密封胶圈	1. 各部件清洁; 2. 各处密封良好,无泄漏,工作正常,连接牢固、可靠
11		低压管路及卡箍	检查并视情更换	1. 管路完好,无泄漏; 2. 卡箍齐全完好,安装牢固,位置布局合理
12	燃料转换及控制装置	燃料转换开关及仪表	1. 检查开关及控制电路; 2. 检查电源、插件及搭铁是否良好; 3. 视情更换相关部件; 4. 检查仪表	1. 开关标识准确,转换灵活、可靠; 2. 开关转换至“气”位时,当发动机不运转时,气路电磁阀能在规定时间范围内自动关闭; 3. 各接插件及搭铁性能良好; 4. 气量显示正确
13		线束	1. 清理、检查线束; 2. 视情更换线束或接头	1. 线束连接可靠,无磨损现象; 2. 线束接头连接正确、可靠; 3. 电路电源连接正确
14		电磁阀	1. 检查工作性能; 2. 检查线圈电阻值	1. 开闭灵活可靠,关闭时密封良好,不漏气; 2. 线圈电阻值符合规定要求
15		汽油电磁阀	检查工作性能	开闭灵活可靠,关闭时密封良好,不漏油
		步进电机	检查、调整	工作正常
16 17		电子控制单元(ECU)及传感器	用故障诊断仪检查各传感器信号及电控系统工作性能	各传感器信号正常,系统无故障码显示,工作正常、可靠
18		泄漏报警装置	检查工作性能	装有泄漏报警装置的汽车,报警装置应完好,功能有效

(2)在二级维护作业中做好过程检验记录,见表3-10。二级维护基本作业项目完成后,应进行发动机性能调试,按要求调整发动机点火提前角、火花塞间隙等,使发动机达到正常工作状态。

燃气汽车二级维护过程检验单 表 3-10

<table>
<tr><td>托修方</td><td></td><td>车辆牌号</td><td></td><td>车辆型号</td><td></td></tr>
<tr><td>合同编号</td><td></td><td>发动机号</td><td></td><td>底盘号</td><td></td></tr>
<tr><td colspan="2">检验项目</td><td colspan="3">检验数据及结果</td><td>作业人员</td></tr>
<tr><td rowspan="5">储气装置</td><td>气瓶及固定支架</td><td colspan="3">气瓶检定证书编号：
紧固力矩：　N·m;六个方向紧固性能：</td><td rowspan="5"></td></tr>
<tr><td>管路及卡箍</td><td colspan="3">管路：　　管接头：
卡箍间距：　　mm</td></tr>
<tr><td>截止阀、充气阀、组合阀等各类控制阀及相关仪表</td><td colspan="3">截止阀：　　充气阀：
组合阀：　　仪表：</td></tr>
<tr><td>加气口</td><td colspan="3">单向阀：　　防尘盖：</td></tr>
<tr><td>压力传感器及压力表</td><td colspan="3">压力传感器：　　压力表示值：　kPa</td></tr>
<tr><td rowspan="6">燃气供给装置</td><td>滤清器</td><td colspan="3">工作状况：</td><td rowspan="6"></td></tr>
<tr><td>高压电磁阀</td><td colspan="3">工作状况：</td></tr>
<tr><td>安全阀</td><td colspan="3">标定压力：　　kPa</td></tr>
<tr><td>减压调节器</td><td colspan="3">密封性能：　　热循环装置：</td></tr>
<tr><td>混合器</td><td colspan="3">密封性：　　工作性能：</td></tr>
<tr><td>低压管路及卡箍</td><td colspan="3">密封性：　　紧固程度：</td></tr>
<tr><td rowspan="7">燃料转换及控制装置</td><td>燃料转换开关及仪表</td><td colspan="3">工作性能：　　气量显示值：　　kPa</td><td rowspan="7"></td></tr>
<tr><td>线束</td><td colspan="3"></td></tr>
<tr><td>电磁阀</td><td colspan="3">工作性能：　　线圈电阻值：　Ω</td></tr>
<tr><td>汽油电磁阀</td><td colspan="3">工作性能：　　密封性：</td></tr>
<tr><td>步进电机</td><td colspan="3">工作性能：</td></tr>
<tr><td>电子控制单元(ECU)及传感器</td><td colspan="3">工作性能：　　故障码：</td></tr>
<tr><td>泄漏报警装置</td><td colspan="3">工作性能：</td></tr>
</table>

<table>
<tr><td colspan="2">修理情况记录</td><td colspan="4">更换主要零部件记录</td></tr>
<tr><td>项目</td><td>修理项目摘要</td><td>名称</td><td>规格</td><td>数量</td><td>生产方</td></tr>
<tr><td></td><td></td><td></td><td></td><td></td><td></td></tr>
<tr><td></td><td></td><td></td><td></td><td></td><td></td></tr>
<tr><td></td><td></td><td></td><td></td><td></td><td></td></tr>
<tr><td colspan="6">质量检验员(签字)：

年　　月　　日</td></tr>
</table>

3. 燃气汽车二级维护竣工检验

燃气汽车二级维护竣工检验除执行《汽车维护、检测、诊断技术规范》(GB/T 18344)规定内容外，同时还应进行紧固程度、气密性和标志等项目的检验。竣工检验单见表3-11。

燃气汽车二级维护竣工检验单　　表3-11

<table>
<tr><td>托修方</td><td></td><td>车辆牌号</td><td></td><td>车辆型号</td><td></td></tr>
<tr><td>合同编号</td><td></td><td>发动机号</td><td></td><td>底盘号</td><td></td></tr>
<tr><td rowspan="8">外观检测</td><td>标志</td><td></td><td>气瓶</td><td colspan="2"></td></tr>
<tr><td>管路及卡箍</td><td></td><td>加气口</td><td colspan="2"></td></tr>
<tr><td>压力传感器及压力表</td><td></td><td>高压电磁阀</td><td colspan="2"></td></tr>
<tr><td>安全阀</td><td></td><td>减压调节器</td><td colspan="2"></td></tr>
<tr><td>燃料转换开关及仪表</td><td></td><td>混合器</td><td colspan="2"></td></tr>
<tr><td>线束</td><td></td><td>电磁阀</td><td colspan="2"></td></tr>
<tr><td>汽油电磁阀</td><td></td><td>电子控制单元</td><td colspan="2"></td></tr>
<tr><td>步进电机</td><td></td><td>泄漏报警装置</td><td colspan="2"></td></tr>
<tr><td rowspan="3">性能检测</td><td>紧固程度检验</td><td colspan="4"></td></tr>
<tr><td>气密性检验</td><td colspan="4"></td></tr>
<tr><td>尾气排放性能</td><td colspan="4">怠速：CO：　%；HC：　10^{-6}；高怠速：CO：　%；HC：　10^{-6}
光吸收系数：　m^{-1}</td></tr>
<tr><td colspan="6">检测结论：
质量检验员(签字)：
承修单位(公章)　年　月　日</td></tr>
</table>

1)紧固程度检验

(1)储气瓶、管路、电路及专用装置等主要部件安装紧固程度应符合相关技术要求，卡固可靠，无窜动、松动现象。

(2)各类控制阀阀门接头、管路连接处应连接可靠，无松动。

2)气密性检验

(1)储气装置、燃料供给装置、燃料转换及控制装置应密封良好，无气体泄漏，可采用检漏液检验或气体检漏仪检验方法进行。

①检漏液检验方法：在各部件正常工作压力下，用肥皂水等非腐蚀性起泡水涂于所有管路接头上，观察有无气泡持续产生，试验持续时间不得少于1min。

②气体检漏仪检验方法：使用气体检漏仪检查所有管路接头，不应出现漏气现象。当气体检漏仪发现泄漏后，需采用检漏液检验方法确定泄漏部位。

(2)如管路有气体泄漏，应关闭气瓶阀，待管路中的气体排出后，再紧固接头，不应带压紧固。

第三节　纯电动汽车维护

截至2020年底,全国新能源汽车保有量达492万辆,占汽车总量的1.75%,比2019年增加111万辆,增长29.18%。其中,纯电动汽车保有量400万辆,占新能源汽车总量的81.32%。新能源汽车增量连续三年超过100万辆,呈持续高速增长趋势,维护维修的需求量也会增加。

在《电动汽车术语》(GB/T 19596—2017)中,纯电动汽车(Battery Electric Vehicle)是指驱动能量完全由电能提供的、由电机驱动的汽车。电机的驱动电能来源于车载可充电储能系统或其他能量储存装置。纯电动汽车的维护执行《纯电动汽车维护、检测、诊断技术规范》(JT/T 1344—2020),结合纯电动汽车技术结构特征,其维护分为以下两种。

(1)常规维护:为维持纯电动汽车上的制动系、转向系、行驶系、传动系等机械系统(部件)及低压电气系统的完好技术状况或工作能力而进行的作业。常规维护应按照《汽车维护、检测、诊断技术规范》(GB/T 18344)的规定进行。

(2)电动系统专用装置维护:为维持纯电动汽车上的高压系统及其相关附件的完好技术状况或工作能力而进行的作业。纯电动汽车应按照车辆维修、保养手册或使用说明书要求的频次和方法对动力蓄电池进行均衡。

一、纯电动车技术特征及其工作原理

纯电动汽车是完全由可充电电池(如铅酸电池、镍镉电池、镍氢电池或锂电子电池)提供动力源,以电机为驱动系统的汽车,其主要动力系统由动力电池、驱动电机组成,从电网取电或更换蓄电池获得电能。

1.基本结构与控制原理

纯电动车整车主要由电力驱动控制系统、底盘、车身、辅助系统等四大部分组成。典型的纯电动车整车结构组成与控制原理如图3-7所示,主要包括:电源系统、电力驱动系统、整车控制器和辅助系统等。动力电池输出电能,通过电机控制器驱动电机运转产生动力,再通过减速机构将动力传给驱动车轮,使电动汽车行驶。

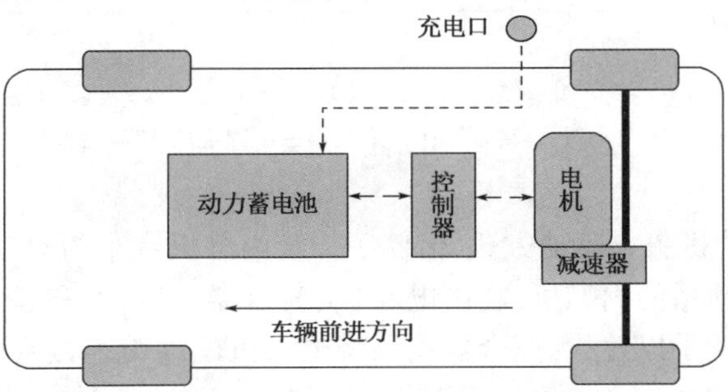

a)整车基本结构

图　3-7

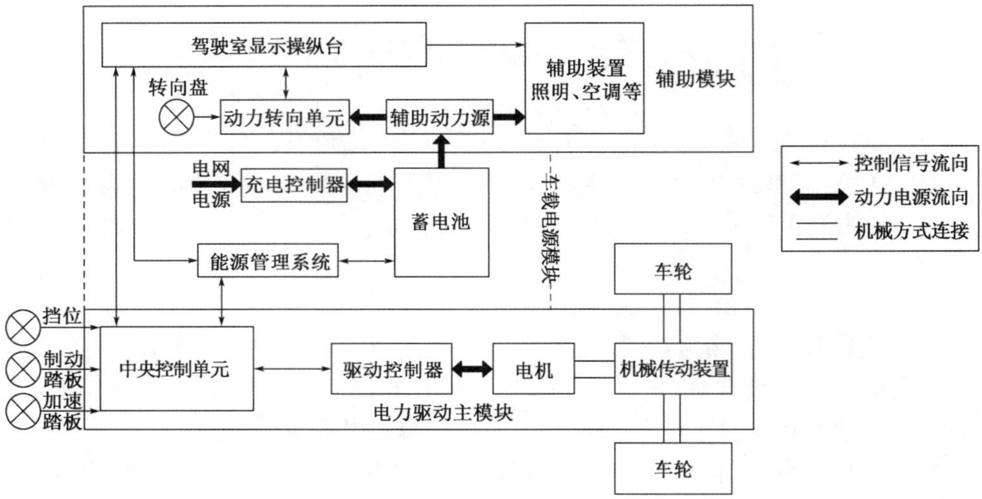

b)整车控制原理图

图 3-7　纯电动车整车基本结构与控制原理

由于电力驱特性和能源方面的多样性，目前电动汽车驱动形式主要有以下几种，如图 3-8 所示。

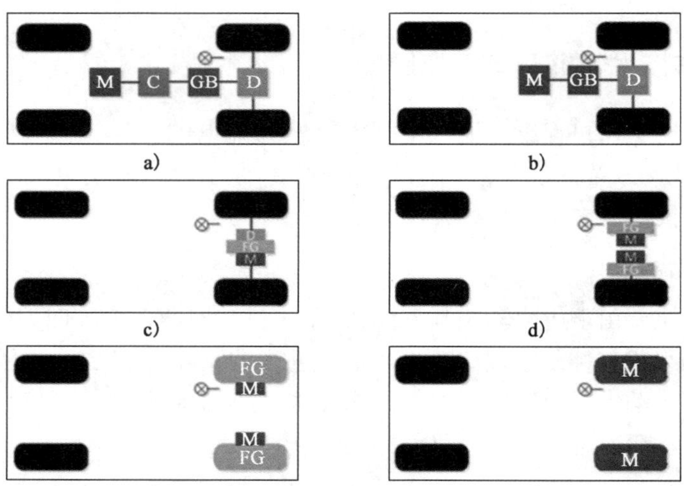

图 3-8　电动汽车驱动形式

D-差速器；M-电动机；C-离合器；GB-变速器；FG-固定挡的齿轮传动装置

1）中央驱动方式

图 3-8a）所示为电动机中央驱动方式，借鉴了传统内燃机汽车的驱动方案，其中电力驱动装置替代了传统车辆驱动系的内燃机，它由电动机、离合器、变速器和差速器组成。离合器和变速器可由自动传动装置予以替代，离合器用以将电动机的动力连接到驱动轮或从驱动轮处脱开。变速器提供一组传动比，以满足不同转速的需求。差速器是一种机械器件（通常是一组行星齿轮），当车辆沿着弯曲的路径行驶时，使两侧车轮以不同的转速行驶。

图 3-8b)所示为另一种电动机中央驱动方式,借助于电动机在大范围转速变化中所具有的恒功率特性,可用固定挡的齿轮传动装置替代多速变速器,并缩减了对离合器的需要。这一结构不仅减小了机械传动装置的尺寸和重量,而且由于不需要换挡,可简化对驱动系的控制。

图 3-8c)类似于图 3-8b)中的驱动系统,为另一种电动机中央驱动形式。固定挡的齿轮传动装置和差速器可以进一步集成为单个组合件,而其两侧的轴连接左右两侧的驱动轮。整个驱动系统由此可以进一步得到简化和小型化。

2)双电动机电动轮驱动方式

图 3-8d)所示为双电动机电动轮驱动方式,机械差速器被两个牵引电动机所替代。两个电动机分别驱动相应的车轮,并当车辆沿弯曲路径行驶时,两者以不同转速运转。

3)轮毂电动机驱动方式

图 3-8e)所示为轮毂电动机驱动方式,为进一步简化驱动系,牵引电动机可安置在车轮内。这种配置也称为轮式驱动。一个薄型行星齿轮组可用以降低电动机转速,并增大电动机转矩,该薄型行星齿轮组具有高减速比以及输入和输出轴纵向配置的优点。

图 3-8f)所示为另一种轮毂电动机驱动方式,该方式可以舍弃电动机和驱动轮之间的任何机械传动装置。使用轮式驱动的低速外转子型电动机可直接连接至驱动轮。此时,电动机的转速控制等价于车轮的转速控制,即车速控制。这一结构配置要求电动机在车辆起动和加速运行时应具有高转矩性能。

2. 电源系统

电源系统主要包含动力电池、电源管理系统、车载充电机以及辅助动力源等,如图 3-9 所示。

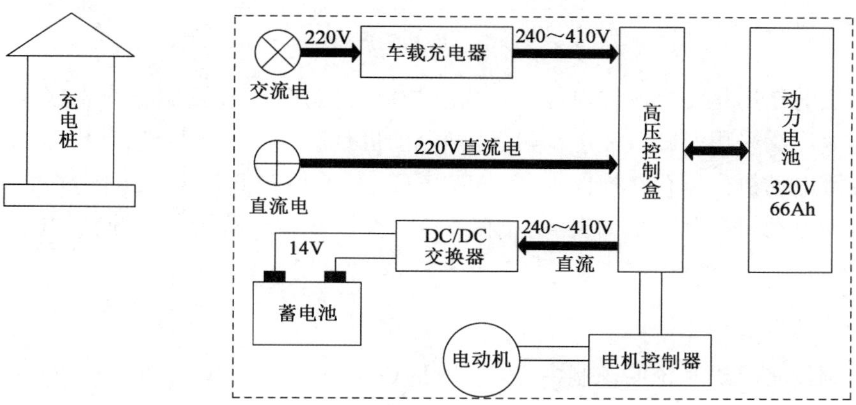

图 3-9　电源系统

(1)动力电池:为电动汽车的动力源、储能装置,目前主要以锂电子电池为主。

(2)电源管理系统:用于实时监控动力电池使用情况,对动力电池的端电压、内阻、温度、蓄电池电解液浓度、电池剩余电量、放电时间、放电电流或放电深度等动力蓄电池状态参数进行监测,并按动力电池对环境温度的要求进行调温控制,通过限流控制避免动力蓄电池过充电、过放电,对有关电池参数进行显示和报警,其信号流向辅助系统,并结合仪表显示相关信息,以便驾驶员及时掌握车辆状态信息。

(3)车载充电机:把电网供电制式转换为对动力电池充电要求的制式,即把交流电(220V或380V)转换为相应电压(240~410V)的直流电,并按要求控制其充电电流(家庭充电一般为10A或16A)。

(4)辅助动力源:一般为12~24V的直流低压电源,主要给动力转向、制动力调节控制、照明、空调、电动车窗等各种辅助用电装置供电。

3.电力驱动系统

电力驱动系统是电动汽车的核心,也是区别于传统内燃机汽车的最大不同点。驱动系统一般由电子控制器、功率变换器、驱动电机、机械传动装置和车轮等部分构成,如图3-10所示。驱动系统的功用是将存储在蓄电池中的电能高效地转化为车轮的动能进而推进汽车行驶,并能够在汽车减速、制动或者下坡时,实现再生制动。

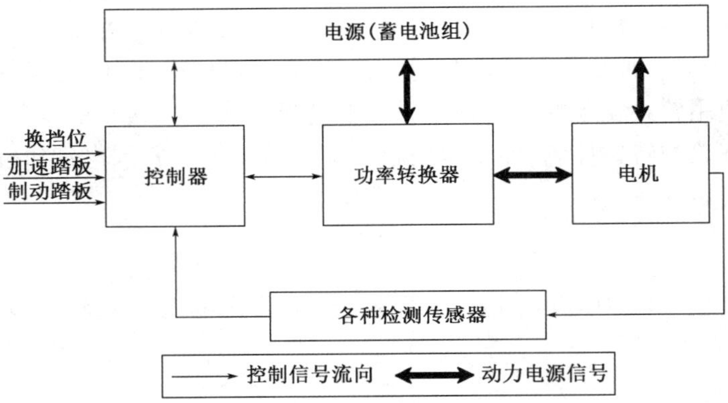

图3-10 电力驱动系统

驱动电机的作用是将电源的电能转化为机械能,通过传动装置驱动或直接驱动车轮。早期电动汽车上广泛采用串励直流电动机,这种电动机具有软的机械特性,与汽车的行驶特性相适应。但直流电动机由于存在换向火花、比功率较小、效率较低和维护工作量大等缺点,随着电动机技术和电动机控制技术的发展,正在逐渐被交流异步电动机、永磁同步电动机和开关磁阻电动机所取代。

4.整车控制器

整车控制器是电机系统的控制中心(Vehicle Control Unit,VCU),即图3-7b)中的中央控制单元。它能对所有的输入信号进行处理,并将电机控制系统运行状态的信息发送给整车控制器。根据驾驶员输入的加速踏板和制动踏板的信号,向电机控制器发出相应的控制指令,对电机进行启动、加速、减速、制动控制。在纯电动汽车减速和下坡滑行时,整车控制器配合电源系统的电池管理系统进行发电反馈,使动力蓄电池反向充电。整车控制器还能对动力蓄电池充放电过程进行控制,对与汽车行驶状况有关的速度、功率、电压、电流等信息传输到车载信息显示系统进行相应的数字或模拟显示。

电机控制系统内含功能诊断电路,当诊断过程出现异常时,将会激活一个错误代码,发送给整车控制器。电机控制系统一般使用以下传感器来提供电机的工作信息。

(1)电流传感器:用以监测电机工作的实际电流(包括母线电流、三相交流电流)。

(2)电压传感器:用以监测供给电机控制器工作的实际电压(包括高压电池电压、蓄电池电压)。

(3)温度传感器:用以监测电机控制系统的工作温度(包括模块温度、电机控制器温度)。

5. 辅助系统

辅助系统包括车载信息显示系统、动力转向系统、导航系统、空调、照明及除霜装置、刮水器和收音机等,如图 3-11 所示。这些辅助设备可用于提高汽车的操纵性和改善乘员的舒适性。

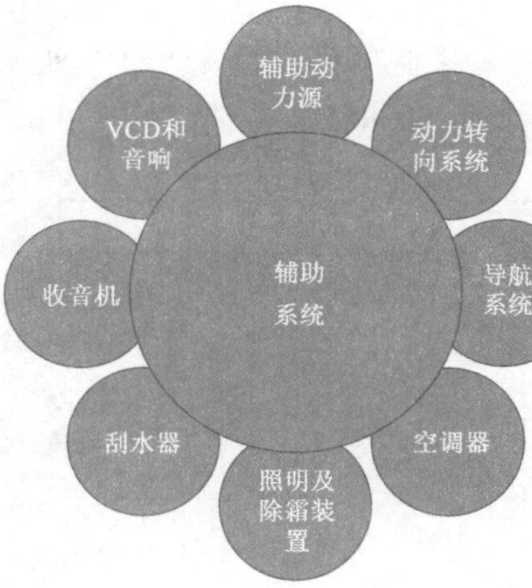

图 3-11　辅助系统组成示意图

二、纯电动汽车维护作业安全要求

1. 环境设施

(1)维护作业场地应干燥,并设置警示隔离区和警示牌。

(2)维护作业区域应配备消防及高压防护应急设备,包括但不限于消防剪、消防沙、消防铲、灭火器、防毒面罩和绝缘棒等。

2. 作业人员

(1)纯电动汽车高压系统维护作业人员应取得电工特种作业操作证,并经专业培训合格后上岗。

(2)高压系统维护作业时,应由不少于 2 人协同操作,维护作业人员应遵守电工安全操作规范。

3. 安全作业

(1)高压系统维护作业人员应穿戴安全防护装备,使用具有绝缘防护的作业工具,禁止佩戴金属饰品进行作业。安全防护装备应包括但不限于绝缘手套(耐压等级在 1000V 以上)、绝缘鞋、眼护具、安全帽等。防护装备和作业工具应无破损,绝缘有效。

(2)高压系统维护作业前,应按照关闭车辆电源总控制开关、断开辅助蓄电池正负极或关闭辅助蓄电池开关手柄、关闭高压维修开关的顺序(或按照车辆维修保养手册规定的顺序)对车辆进行断电,确认动力蓄电池高压输出线路系统的正负极电压低于 36V,且绝缘阻值符合车辆维修、保养手册规定后,方可进行维护作业。

(3)维护作业完成后,应按照车辆断电的逆向顺序(或车辆维修、保养手册规定的顺序)对车辆进行通电复位。

(4)车辆维修、保养手册规定有其他操作安全和故障防护特殊要求的,还应遵循其相关规定要求。

三、日常维护

电动系统专用装置日常维护作业项目和要求见表3-12。驾驶员在日常维护过程中发现异常应及时进行报修。

电动系统专用装置日常维护作业项目和要求　　表3-12

序号	作业项目	作业要求
1	仪表、信号指示装置	1. 检查仪表外观及指示功能，仪表应完好有效，指示功能应正常； 2. 检查信号指示装置，信号指示应无异常声光报警和故障提醒； 3. 检查电池荷电状态(SOC)示值或参考行驶里程示值情况，示值应符合车辆维修、保养手册的规定
2	驱动电机系统	1. 检查运行工作状况，运行应平稳，且无异常振动和噪声； 2. 检查系统外观及连接管路，表面应清洁，管路应无渗漏现象
3	冷却系统	1. 检查风冷过滤网外观，过滤网应洁净、无破损； 2. 检查运行工作状况，运行过程中应无异常噪声和渗漏现象； 3. 检查冷却液液面高度，液面高度应符合车辆维修、保养手册的规定
4	充电插孔	1. 检查充电插孔外观，插孔应无烧蚀、异物，插座应清洁、干燥； 2. 检查防护盖，防护盖应锁闭完好
5	电器舱、电池舱	1. 检查电器舱舱门和电池舱舱门的关闭状态，舱门锁闭应完好有效； 2. 鼻嗅检查，舱体周围应无刺激或烧焦等异味

四、一级维护

1. 检查整车绝缘性

检查整车绝缘电阻监测系统有无报警。如存在异常情况，参照表3-13进行检查并做好记录，绝缘电阻应符合《电动汽车安全要求》(GB 18384)的规定。

绝缘电阻检测记录表　　表3-13

车牌号：	作业人员(签字)：		检测日期：　年　月　日	
直流项	正极对车身		负极对车身	
检测项目	测量值	结果判定	测量值	结果判定
动力蓄电池				
驱动电机控制器				
正温度系数(PTC)加热器				
电除霜器				
电源变换器				
车载充电机				

续上表

<table>
<tr><td colspan="13">车牌号：　　　　　　作业人员(签字)：　　　　　　检测日期：　　年　　月　　日</td></tr>
<tr><td>直流项</td><td colspan="6">正极对车身</td><td colspan="6">负极对车身</td></tr>
<tr><td>检测项目</td><td colspan="3">测量值</td><td colspan="3">结果判定</td><td colspan="3">测量值</td><td colspan="3">结果判定</td></tr>
<tr><td>充电插孔</td><td colspan="3"></td><td colspan="3"></td><td colspan="3"></td><td colspan="3"></td></tr>
<tr><td>高压维修开关</td><td colspan="3"></td><td colspan="3"></td><td colspan="3"></td><td colspan="3"></td></tr>
<tr><td>交流项</td><td colspan="4">U 相对车身</td><td colspan="4">V 相对车身</td><td colspan="4">W 相对车身</td></tr>
<tr><td>检测项目</td><td colspan="2">测量值</td><td colspan="2">结果判定</td><td colspan="2">测量值</td><td colspan="2">结果判定</td><td colspan="2">测量值</td><td colspan="2">结果判定</td></tr>
<tr><td>驱动电机</td><td colspan="2"></td><td colspan="2"></td><td colspan="2"></td><td colspan="2"></td><td colspan="2"></td><td colspan="2"></td></tr>
<tr><td>电动转向电机</td><td colspan="2"></td><td colspan="2"></td><td colspan="2"></td><td colspan="2"></td><td colspan="2"></td><td colspan="2"></td></tr>
<tr><td>电动空气压缩机</td><td colspan="2"></td><td colspan="2"></td><td colspan="2"></td><td colspan="2"></td><td colspan="2"></td><td colspan="2"></td></tr>
<tr><td>驱动电机控制器</td><td colspan="2"></td><td colspan="2"></td><td colspan="2"></td><td colspan="2"></td><td colspan="2"></td><td colspan="2"></td></tr>
<tr><td>车载充电机</td><td colspan="2"></td><td colspan="2"></td><td colspan="2"></td><td colspan="2"></td><td colspan="2"></td><td colspan="2"></td></tr>
</table>

注：结果判定一栏，符合要求的记“○”，不符合要求的记“×”。

2. 一级维护作业项目和要求

电动系统专用装置一级维护作业项目和要求见表 3-14。

电动系统专用装置一级维护作业项目和要求　　表 3-14

<table>
<tr><th>序号</th><th colspan="2">作 业 项 目</th><th>作 业 要 求</th></tr>
<tr><td rowspan="3">1</td><td rowspan="3">动力蓄电池系统</td><td>工作状况</td><td>1. 检查仪表显示的电池荷电状态(SOC)、电压、电流、温度等示值，示值应符合车辆维修、保养手册的规定；
2. 检查电池箱压力阀的外观，阀体应无破损和堵塞</td></tr>
<tr><td>外观</td><td>1. 检查电池舱舱盖，电池舱舱盖应锁闭正常且无变形；
2. 检查电池箱壳体表面，壳体表面应无异常变形和破损，无磕碰及损坏，无异味和异常渗漏；
3. 检查电池托架结构表面，应无异常断裂、变形和锈蚀；
4. 检查系统表面是否存在积尘或杂物，对存在积尘或杂物的，应使用风枪或毛刷进行清洁，外表面应无明显积尘、杂物，且干燥；
5. 检查电池外部高低压接口的内部，应无水迹、烧蚀等痕迹，低压通信接口端子应无变形或松动现象；
6. 检查高压线束及接插件，高压线束应无破损，与车辆运动部件无干涉，接插件清洁、无破损；
7. 检查动力蓄电池管理系统壳体、连接线束及接插件，壳体及连接线束应清洁、干燥，接插件完好，线路布设无干涉</td></tr>
<tr><td>冷却系统</td><td>1. 检查冷却液高度，视情补给或更换冷却液，液面高度应符合车辆维修、保养手册的规定；
2. 检查冷却管路固定情况，软管与硬管连接处无异常渗漏，管路布设无干涉；
3. 检查散热器或冷却装置的外观，应清洁，连接管路应固定可靠且无异常泄漏</td></tr>
<tr><td rowspan="3">2</td><td rowspan="3">驱动电机系统</td><td>外观</td><td>1. 检查驱动电机壳体、减速器壳体及驱动电机控制器壳体外表面，应无明显积尘、渗漏或裂纹，箱体外表面应清洁、干燥；
2. 检查高压线束，线束应无破损和老化现象，接线柱无氧化腐蚀现象；
3. 检查连接线束，线束应清洁、干燥且线路布设无干涉</td></tr>
<tr><td>冷却系统</td><td>1. 检查冷却液液面高度，视情补给或更换冷却液，液面高度应符合车辆维修、保养手册的规定；
2. 检查冷却管路的固定情况，软管与硬管连接处应无异常渗漏，管路布设无干涉</td></tr>
<tr><td>润滑系统</td><td>检查润滑系统，视情补给或更换润滑油脂，润滑油液位或润滑脂使用应符合车辆维修、保养手册的规定</td></tr>
</table>

续上表

序号	作业项目	作业要求
3	高压配电系统	1. 检查各系统配置及系统箱体外表面是否存在积尘或杂物,对存在积尘或杂物的,应使用风枪或毛刷对壳体外部、内部各装置及相关插接件表面等进行清洁,外表面应无积尘或杂物,且干燥; 2. 检查主开关通断情况,主开关通断功能应有效,开关动作灵活,无卡滞现象,并紧固熔断器接线螺母,熔断器接线螺母应固定牢靠
4	高压维修开关	1. 检查维修开关工作状态及外观,应无松动发热现象,无烧蚀变形; 2. 检查插拔、通断连接情况,插拔、通断过程中应无卡滞现象
5	车载充电机	1. 检查充电机外表面是否存在积尘或杂物,对存在积尘或杂物的,应使用风枪或毛刷进行清洁,外表面应无积尘或杂物,且干燥; 2. 检查充电工作状态,充电连接配合正常,充电保护有效
6	电源变换器	检查变换器外表面是否存在积尘或杂物,对存在积尘或杂物的,应使用风枪或毛刷进行清洁,外表面应无积尘或杂物,且干燥
7	电动空气压缩机	1. 检查电机运行状况,电机运行应无异响; 2. 检查电机机体和控制器壳体等外表面是否存在积尘或杂物,对存在积尘或杂物的,应使用风枪或毛刷进行清洁,外表面应无积尘或杂物,且干燥; 3. 检查连接线束、接线柱,线束应无破损老化,接线柱应无氧化腐蚀; 4. 检查控制器连接线束,线束应清洁、干燥且布线规范; 5. 检查电机润滑系统,视情补给或更换润滑油脂,润滑油液位或润滑脂使用应符合车辆维修、保养手册的规定; 6. 检查电动空气压缩机管路,管路应无漏气现象; 7. 检查空气滤清器或油滤清器,并按规定里程或时间更换滤清器,滤清器应清洁且无破损
8	转向系统	1. 检查转向电机工作状况,电机运行应无异响; 2. 检查电机机体和控制器壳体外表面,是否存在积尘或杂物,对存在积尘或杂物的,应使用风枪或毛刷进行清洁,外表面应无积尘或杂物,且干燥
9	空调系统	1. 检查空调系统风机工作状况,风机运转应正常,且无异响; 2. 检查系统各管路连接情况,各管路应连接可靠且无松动; 3. 检查电动空调压缩机、PTC 加热器、蒸发器及冷凝器等外表面是否存在积尘或杂物,对存在积尘或杂物的,应使用风枪或毛刷进行清洁,外表面应无明显积尘或杂物,且干燥; 4. 检查系统连接管路外表面,管路应无渗漏、破损
10	电除霜器	检查电除霜器外表面,无尘土杂物堵塞
11	充电插孔	1. 检查保护盖开启和锁闭情况,保护盖的开启锁闭功能有效; 2. 检查充电插孔接插情况,接插应可靠无松脱; 3. 检查充电插孔外表面,表面应无异物、烧蚀及生锈痕迹,插座内部应干燥、清洁
12	整车线束、接插件	1. 检查整车线束外表面,线束绝缘层应无老化、破损,且无裸露; 2. 检查整车接插件外表面是否存在积尘或杂物,对存在积尘或杂物的,应使用风枪或毛刷进行清洁,外表面应无积尘或杂物,且干燥
13	制动能量回收系统	检查制动能量回收系统工作状况,仪表显示的制动能量回收反馈信息应正常有效
14	高压警告标记	检查高压警告标记是否完好、规范、清晰,粘贴是否牢固,无脱落

五、二级维护

1. 二级维护作业项目与要求

首先使用诊断仪对电动系统专用装置进行进厂检验，读取故障码，确定应维护的项目。再根据驾驶员反馈的车辆技术状况和电动系统专用装置进厂检验结果确定电动系统专用装置附加作业项目。

电动系统专用装置二级维护作业项目包括一级维护项目和所确定的附加作业项目，并在此基础上增加的基本作业项目和要求见表3-15。

电动系统专用装置二级维护增加的基本作业项目和要求　　表3-15

序号	作业项目	作业要求
1	动力蓄电池系统	1. 检查系统安装固定情况，紧固动力蓄电池箱体及托架、动力蓄电池管理系统箱体等固定螺栓，紧固力矩应符合车辆维修、保养手册的规定； 2. 检查高压线束、接线柱等连接固定情况，线束及接线柱的连接应固定可靠，无松脱；紧固动力蓄电池及动力蓄电池管理系统的正负极接线柱固定螺栓，紧固力矩应符合车辆维修、保养手册的规定； 3. 检查线束固定情况，接插件连接情况，线束应固定可靠，无脱落，接插件应锁紧可靠； 4. 根据车辆维修、保养手册要求进行气密性检查，系统气密性符合车辆维修、保养手册的规定
2	驱动电机系统	1. 检查系统安装固定情况，紧固力矩应符合车辆维修、保养手册的规定； 2. 检查高压线束、接线柱等连接固定情况，线束及接线柱的连接应固定可靠，无松脱；紧固驱动电机的三相接线柱、电机控制器的三相接线柱及正负极接线柱的固定螺栓，固定螺栓的紧固力矩应符合车辆维修、保养手册的规定； 3. 检查线束固定情况，接插件连接情况，线束应固定可靠无脱落，接插件应锁紧可靠； 4. 视情或按维修、保养手册规定里程及时间要求更换轴承； 5. 检查电机高压接线盒内部状况，接线盒内部应干燥、无冷凝水
3	高压配电系统	1. 检查系统安装固定情况，紧固高压配电装置及系统箱体的固定螺栓，紧固力矩应符合车辆维修、保养手册的规定； 2. 检查高压线束、接线柱等连接固定情况，线束及接线柱的连接应固定可靠，无松脱； 3. 检查线束固定情况，接插件连接情况，线束应固定无脱落，接插件应锁紧可靠
4	高压维修开关	检查固定情况，紧固固定螺栓，紧固力矩应符合车辆维修、保养手册的规定
5	车载充电机、电源变换器	1. 检查机体安装固定情况，紧固固定螺栓，紧固力矩应符合车辆维修、保养手册的规定； 2. 检查高压线束及其接插件之间的连接固定情况，线束及接线柱的连接应无松脱
6	电动空气压缩机	1. 检查电机机体和控制器壳体安装情况，紧固安装固定螺栓，紧固力矩应符合车辆维修、保养手册的规定； 2. 检查高压线束、接线柱等连接固定情况，紧固电机三相接线柱固定螺栓，紧固力矩应符合车辆维修、保养手册的规定； 3. 检查控制器线束固定情况，接插件连接情况，线束及接线柱的连接应无松脱
7	转向系统	1. 检查转向电机机体和控制器壳体安装固定情况，紧固力矩应符合车辆维修、保养手册的规定； 2. 检查高压线束、接线柱等连接固定情况，紧固转向电机的三相接线柱、电机控制器的三相接线柱及正负极接线柱的固定螺栓，紧固力矩应符合车辆维修、保养手册的规定； 3. 检查控制器线束固定情况，接插件连接情况，线束应固定无脱落，接插件应锁紧可靠
8	空调系统、电除霜器	检查部件安装固定情况，固定螺栓的紧固力矩应符合车辆维修、保养手册的规定
9	整车线束、接插件	检查线束固定和接插件连接情况，线束固定可靠，无脱落，接插件应锁紧可靠

2. 二级维护竣工检验

(1)竣工检验项目和要求。

电动系统专用装置二级维护竣工检验项目和要求见表3-16。

电动系统专用装置二级维护竣工检验项目和要求　表3-16

序号	检 验 项 目	技 术 要 求
1	故障码	使用诊断仪进行故障诊断,应无故障信息
2	仪表、信号指示装置	仪表和信号指示装置的功能应正常,且无异常信息
3	灭火装置	灭火装置应无报警信号,压力值在正常范围内,产品装置在有效期内
4	充电状态	充电连接应配合正常,充电保护应有效
5	外观	1. 高压系统部件应干燥干净,无异物、积尘、变形破损; 2. 线束、接插件应无积尘、破损和老化; 3. 高压警告标记因齐全、规范、清晰且固定完好
6	固定情况	高压系统部件应安装牢固,线束固定可靠,接插件应锁紧可靠
7	冷却(散热)系统	动力蓄电池系统、驱动电机系统等系统冷却功能应正常有效
8	密封性	无漏油、漏液、漏气
9	路试检查	1. 车辆应起动正常,起步、加速平稳且无明显冲击,动力传输应无异响; 2. 转向应轻便,无卡滞现象;行车制动过程中制动能量回收功能正常

(2)竣工检验记录。

竣工检验过程中,应做好检验记录,竣工检验记录见表3-17。

电动系统专用装置二级维护竣工检验记录单　表3-17

<table>
<tr><td>托修方</td><td colspan="5">车牌号:</td></tr>
<tr><td>承修方</td><td colspan="5"></td></tr>
<tr><td>检验项目</td><td colspan="5">检验结果</td></tr>
<tr><td>故障码</td><td colspan="2">□无故障码</td><td colspan="3">□有故障码,信息描述:</td></tr>
<tr><td>仪表、信号指示装置</td><td colspan="2">□无异常报警或信号提醒</td><td colspan="3">□有异常报警或信号,信息描述:</td></tr>
<tr><td>灭火装置</td><td colspan="2">□功能正常且在有效期内</td><td colspan="3">□更换</td></tr>
<tr><td>充电状态</td><td colspan="2">□充电配合正常,充电保护有效</td><td colspan="3">□充电连接异常</td></tr>
<tr><td>绝缘性</td><td colspan="2">□绝缘有效</td><td colspan="3">□绝缘故障</td></tr>
<tr><td>检查项目</td><td>运行状况</td><td>外观</td><td>固定情况</td><td>密封性</td><td>冷却(散热)系统</td></tr>
<tr><td>动力蓄电池系统</td><td></td><td></td><td></td><td></td><td></td></tr>
<tr><td>驱动电机系统</td><td></td><td></td><td></td><td></td><td></td></tr>
<tr><td>电动空气压缩机</td><td></td><td></td><td></td><td></td><td>—</td></tr>
<tr><td>转向系统</td><td></td><td></td><td></td><td></td><td>—</td></tr>
</table>

续上表

检查项目	运行状况	外观	固定情况	密封性	冷却(散热)系统
空调系统					—
电除霜器	—			—	—
高压维修开关	—			—	—
电源变换器	—			—	—
车载充电机				—	—
充电插孔	—		—	—	—
制动能量回收系统		—	—	—	—
高压警告标记	—			—	—
结论			检验人员(签字):	年	月 日

注:检查结果中,符合要求的对应位置记"○",不符合要求的记"×","—"表示此项不做要求。

第四节 汽车排放系统诊断与维护

为防治在用汽车排放污染,助力打赢蓝天保卫战,2020 年 6 月,生态环境部、交通运输部、国家市场监督管理总局发布了《关于建立实施汽车排放检验与维护制度的通知》(环大气〔2020〕31 号),要求地方各级交通运输部门要依法依规监督指导汽车排放系统维护修理工作。取得汽车维修经营备案的一、二类汽车维修企业和从事发动机维修的三类专项汽车维修企业,可作为汽车排放性能维护(维修)站。

汽车排放系统主要由发动机及其后处理系统组成,包括发动机、排气管、排气净化装置等。通过诊断分析汽车排放超标的因素及关联性,确定与汽车排放系统相关的维护作业项目及作业内容,及时排除故障,恢复汽车排放净化能力。

一、汽车排放系统维护基本程序

汽车尾气排放系统维护作业程序如图 3-12 所示。有关要求为:

(1)车载诊断系统(OBD)故障报警的车辆,利用汽车故障诊断仪读取车辆的故障码,确定维护作业项目。

(2)对于无故障码报警的车辆,使用汽车故障电脑诊断仪,读取车辆电控单元数据流,按发动机转速、水温、喷油脉宽、进气流量、进气压力、进气温度、氧传感器、爆震传感器、点火时刻、节气门位置传感器等顺序,诊断分析确定维护作业项目。

(3)故障诊断仪未能检出故障时,对于汽油车,可采用点燃式汽车排气分析仪进行排放分析,确定维护作业项目;对于柴油车,采用不透光烟度计进行排放烟度分析,确定维护作业项目。

(4)对确定的维护作业项目,根据汽车维护手册进行维护或修理。

(5)维护作业完成后,应进行竣工检验。竣工检验不合格的车辆应对发动机和排气后处理装置等进行专项诊断维修,竣工检验合格后方可出厂。

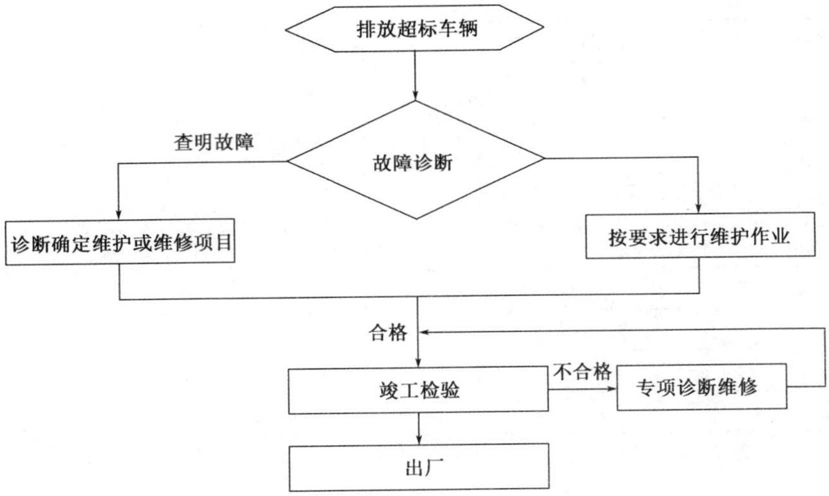

图 3-12　汽车尾气排放系统维护作业程序

二、汽车排放检测诊断项目及作业内容

采用点燃式汽车排气分析仪、不透光烟度计对尾气排放进行检测，直接测取尾气排放污染物量值，对照排放限值标准，确定排放污染物气体是否超标，并根据排放污染物气体超标情况进行故障诊断。通过研究统计，结合车辆维护作业，与汽车排放系统故障常见的诊断项目和作业内容见表 3-18。

汽车排放故障诊断项目和作业内容　　表 3-18

汽车类型	诊断项目		检查/作业内容
汽油车	燃料供给系	供油压力	检查汽油泵出口压力是否正常； 检查供油管路压力是否正常； 检查发动机熄火后供油管路压力是否正常
		电控燃油喷射系统	检查发动机故障自诊断系统有无故障码，读出并分析、清除故障码； 检查喷油器喷油压力是否正常； 检查喷油器喷油量是否正常； 检查喷油均匀度是否正常； 检查冷启动喷油量是否正常
	点火系	火花塞	检查火花塞点火电压，确定点火能量是否符合要求； 检查火花塞是否失效； 检查火花塞间隙是否正常； 检查火花塞积炭是否严重，并清除积炭
		点火线圈	检查初级电路是否短路或搭铁； 检查高压线阻值是否正常； 检查高压线圈阻值是否正常
		其他	检查蓄电池电压是否正常，接线柱是否腐蚀、松脱； 点火电容器性能是否良好； 检查点火波形； 检查点火正时

续上表

<table>
<tr><th>汽车类型</th><th colspan="2">诊 断 项 目</th><th>检查/作业内容</th></tr>
<tr><td rowspan="9">汽油车</td><td colspan="2">空气供给系统</td><td>检查空气流量计工作是否正常；
检查进气歧管绝对压力和传感器是否正常；
检查怠速控制阀工作是否正常</td></tr>
<tr><td rowspan="7">排放控制装置</td><td>强制曲轴箱通风装置</td><td>检查曲轴箱通风阀(PCV 阀)是否失效</td></tr>
<tr><td>燃油蒸发排放控制装置</td><td>检查活性炭罐是否失效；
检查压力炭罐真空释压盖、液体蒸汽离析阀、清除阀等控制阀是否失效</td></tr>
<tr><td>进气加温装置</td><td>检查温度控制阀是否失效</td></tr>
<tr><td>废气再循环装置</td><td>检查 EGR 阀是否失效；
检查温控开关是否失效</td></tr>
<tr><td>排气口空气喷射装置</td><td>检查空气泵是否失效；
检查空气喷嘴，开关阀、检查阀等控制阀是否失效</td></tr>
<tr><td>排气催化转换装置</td><td>检查三元催化转换装置是否破损或失效</td></tr>
<tr><td>发动机计算机管理系统</td><td>检查进气流量传感器、绝对真空压力传感器、进气温度传感器、节气门位置传感器、爆震传感器、曲轴位置传感器、氧传感器是否失效；
检查计算机控制系统是否失效；
检查各种电磁阀、电机和放大控制器等执行机构是否失效</td></tr>
<tr><td colspan="2">其他</td><td>检查汽缸压力是否符合使用要求；检查汽缸漏气率是否符合发动机技术要求；活塞环磨损状况</td></tr>
<tr><td rowspan="4">柴油车</td><td colspan="2">燃料供给系统</td><td>检查油箱油位是否过低；
检查手压泵是否工作正常；
检查油路是否通畅，检查柴油滤清器是否堵塞，建议及时更换柴油滤芯。检查输油泵供油压力；
检查高压、低压油路有无泄漏；
检查喷油器喷油压力；
检查喷油器喷油量；
检查喷油提前角；
检查供油提前角；
检查喷油量均匀度；
检查油泵供油量是否过多或各缸供油是否均匀；
检查柴油质量或牌号是否符合使用要求；
检查柴油中是否含有过多的水分；
检查电控单体泵、电控高压共轨、电控泵喷嘴等功能</td></tr>
<tr><td colspan="2">空气供给系统</td><td>检查空气滤清器是否严重堵塞，进气量是否充足；
检查进气预热装置工作是否正常；
检查进排气系统是否泄漏；
检查尿素配给是否在规定范围内</td></tr>
<tr><td rowspan="2">排放控制装置</td><td>废气再循环阀(EGR 阀)</td><td>检查 EGR 阀是否失效；
检查温控开关是否失效</td></tr>
<tr><td>增压中冷器</td><td>检查密封是否良好；
润滑油管和接头有没有渗漏</td></tr>
</table>

续上表

<table>
<tr><th>汽车类型</th><th colspan="2">诊断项目</th><th>检查/作业内容</th></tr>
<tr><td rowspan="3">柴油车</td><td rowspan="2">排放控制装置</td><td>排气后处理装置</td><td>检查氧化型催化转化器、连续再生的颗粒捕集器(CRT)、选择性催化还原技术(SCR)及氮氧化物储存型后处理技术(NSR)是否破损或失效</td></tr>
<tr><td>发动机计算机管理系统</td><td>检查进气流量传感器、绝对真空压力传感器、进气温度传感器、节气门位置传感器、爆震传感器、曲轴位置传感器、氧传感器是否失效;
检查计算机控制系统是否失效;
检查各种电磁阀、电机和放大控制器等执行机构是否失效</td></tr>
<tr><td colspan="2">其他</td><td>检查汽缸衬垫是否烧蚀,缸套缸盖是否破裂漏水;
检查发动机工作温度是否太低;
检查汽缸压力是否不足;
检查汽缸间隙、汽缸漏光度、活塞环磨损程度、活塞环弹力、活塞环安装是否正确等;
检查进气门及其导管是否松旷;
检查机油盘内机油液面是否太高;
检查机油黏度是否符合使用要求;
检查机油消耗量,是否有烧机油现象</td></tr>
</table>

表3-19所示为排气污染物排放量与故障产生原因,分析这些原因并采取相关改进措施,可提高排放超标治理的准确性。例如,当测量的HC含量很高,CO含量低,CO_2含量低,而O_2含量高时,说明燃烧不完全,伴有大量的燃油(主要含量为HC)和O_2一起被排出来。而燃烧不完全的原因,很可能是间歇性点火。

排气污染物排放量与故障产生原因 表3-19

故障原因	排气污染物				
	HC	CO	CO_2	O_2	NO_x
混合气浓	中度超标	大幅超标	有所下降	有所下降	中度下降
混合气稀	中度超标	大幅下降	有所下降	有所超标	中度超标
混合气过稀	大幅超标	大幅下降	有所下降	大幅超标	大幅超标
汽缸失火	大幅超标	有所下降	有所下降	中度超标	中度下降
点火过早	有所下降	稍有下降	无变化	无变化	大幅超标
点火稍迟	稍有增加	稍有增加	无变化	无变化	大幅下降
点火过迟	有所超标	无变化	中度下降	无变化	有所超标
汽缸压力过低	中度超标	有所下降	有所下降	有所超标	中度下降
排气管漏气	有所下降	有所下降	有所下降	有所超标	无变化
进、排气凸轮磨损	稍有下降	有所下降	有所下降	稍有下降	稍有下降
发动机一般磨损	有所超标	有所超标	有所下降	有所下降	稍有下降
二次空气喷射系统故障	有所超标	大幅超标	中度下降	中度下降	无变化
三元催化转换器损坏	大幅超标	大幅超标	中度下降	中度下降	大幅超标
EGR阀泄漏	无变化	无变化	稍有下降	无变化	大幅超标

1. 汽车尾气超标治理遵循的基本原则

(1)气→油→电→机械。

(2)清洁→检查→调整→检漏。

(3)进、排气→燃油→润滑→冷却。

2. 汽车尾气超标治理的基本流程

1)CO 超标治理的基本流程

清洁进、排气道及三元催化转换器和节气门及滤清器更换→更换优质机油及机油滤清器→燃油系统检查调整→点火系统检查→传感器检查→三元催化转换器更换。

2)HC 超标治理的基本流程

清洁进、排气道及三元催化转换器和节气门及滤清器更换→更换优质机油及机油滤清器→燃油系统检查调整→燃油蒸发控制系统检查→发动机温度检查→点火系统检查→汽缸压力检查→三元催化转换器更换。

3)NO_x超标治理的基本流程

发动机冷却系统检查→发动机燃烧室积炭→三元催化转换器清洁→更换优质机油及机油滤清器→EGR 系统检查→三元催化转换器更换。

三、影响汽车排放系统维护项目及作业内容

汽车发动机及其附属净化装置技术状况直接影响汽车排放性能。汽油发动机和柴油发动机排放污染物产生机理不同,因此,影响汽油发动机和柴油发动机排放系统的维护项目及作业内容也存在一定的差异。确定影响汽车排放系统维护项目及作业内容见表 3-20。

影响汽车排放系统维护项目及作业内容 表 3-20

序号	维护项目	作业内容	维护目的
1	发动机工作状况	1. 检查发动机起动性能 2. 检查发动机运转情况	发动机易于起动和在低、中、高速运转稳定,确保发动机在各种工况下混合气可以充分燃烧,控制污染物排放
2	电子控制单元(ECU)	1. 清洁、检查线束及连接器 2. 检查、排除故障码	保证工作正常,维持发动机供油系统良好工况,减少污染物的排放
3	发动机润滑油、机油滤清器	视情更换润滑油/机油滤清器	保证润滑油品质,正常发挥润滑油冷却、密封、散热、冲洗四大功能,维持发动机良好工况,控制污染物排放
4	空气滤清器	清洁空气滤清器	空气滤清器维护不及时,会使汽缸套、活塞环、气门等零件早期磨损,导致发动机功率下降,排放量增加
5	供油油管和油箱	1. 检查接头及密封情况 2. 清洁燃油滤清器,并视情更换	保证工作正常,维持发动机良好工况,控制污染物排放

续上表

<table>
<tr><th>序号</th><th colspan="2">维护项目</th><th>作业内容</th><th>维护目的</th></tr>
<tr><td>6</td><td colspan="2">燃油蒸发控制装置</td><td>检查清洁,必要时更换</td><td rowspan="2">防止未燃混合气排入大气,控制排放污染物</td></tr>
<tr><td>7</td><td colspan="2">曲轴箱通风装置</td><td>检查、清洁</td></tr>
<tr><td>8</td><td colspan="2">冷却装置</td><td>检查冷却装置工作情况,检查散热器、水箱及管路密封,检查液面高度</td><td>保证冷却系统正常,维持发动机良好工况,控制污染物排放</td></tr>
<tr><td>9</td><td colspan="2">发动机传动带(链)</td><td>检查空压机、水泵、发电机、空调机组,检查正时传动带(链)磨损及老化程度,视情调整传动带(链)松紧度</td><td>保证发电、水温等系统正常,维持发动机良好工况,控制污染物排放</td></tr>
<tr><td>10</td><td colspan="2">进、排气歧管,消声器,排气管</td><td>检查、紧固,视情更换</td><td>防止汽缸密封性被破坏,造成汽缸压力低,保证其工作正常,控制污染物排放</td></tr>
<tr><td>11</td><td colspan="2">增压器、中冷器</td><td>检查、清洁</td><td>防止发动机燃烧温度过高、造成爆震等情况,控制污染物排放</td></tr>
<tr><td>12</td><td colspan="2">二次空气喷射装置</td><td>检查二次空气喷射装置的作用,必要时更换</td><td>保持二次空气喷射作用,保证发动机良好工况,控制污染物排放</td></tr>
<tr><td rowspan="3">13</td><td rowspan="3">汽油车</td><td>火花塞、高压线</td><td>清洁、检查或更换火花塞、高压线,调整电极间隙</td><td>防止出现点火能量不足、失火等问题,防止燃料不完全燃烧,控制污染物排放</td></tr>
<tr><td>三元催化转换装置</td><td>检查三元催化转换装置的作用,必要时更换</td><td rowspan="2">维持发动机机外净化装置良好,控制污染物排放</td></tr>
<tr><td>废气再循环装置</td><td>检查废气再循环装置的作用,必要时更换</td></tr>
<tr><td rowspan="2">14</td><td rowspan="2">柴油车</td><td>选择性催化还原(SCR)技术</td><td>检查选择性催化还原(SCR)装置的作用,必要时更换</td><td rowspan="2">维持发动机机外净化装置良好,控制污染物排放</td></tr>
<tr><td>废气再循环(EGR)+颗粒捕集器(POC/DPF)技术</td><td>检查废气再循环(EGR)+颗粒捕集器(POC/DPF)装置的作用,必要时更换</td></tr>
</table>

在汽车排放系统维护作业过程中,机动车维修经营者不得通过临时更换机动车污染控制装置、破坏机动车车载排放诊断系统等维修作业,使机动车通过排放检验。

四、汽车排放后处理控制系统的故障诊断方法

随着汽车排放法规的不断严格,现代汽车采取了多种排放后处理控制技术来减少汽车的排气污染,如氧传感器、三元催化转换(TWC)装置、废气再循环控制(EGR)系统和二次空气喷射(SAI)系统等,对这些控制系统的故障诊断和排除,也是治理汽车排放超标的有效

手段。

1. 氧传感器

氧传感器的作用是测定发动机燃烧后的排气中氧是否过剩的信息,即氧气含量,并把氧气含量转换成电压信号传递到发动机计算机,使发动机能够实现以过量空气系数(λ)为目标的闭环控制。安装氧传感器的控制系统如图3-13所示,该系统可实现对排气催化转换器(劣化)的监测、燃油喷射系统的监测、发动机失火的鉴别、废气再循环的监测、二次空气喷射系统的监测等,最大限度地进行排放污染物的转化和净化。

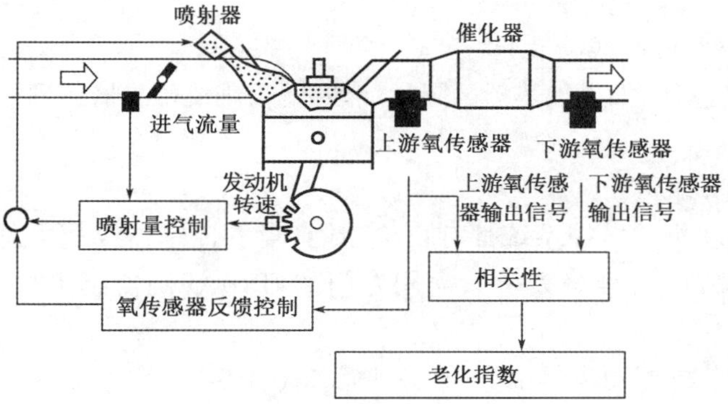

图3-13 安装氧传感器的控制系统

在使用三元催化转换器的发动机上,常用的氧传感器有二氧化锆(ZrO_2)式或二氧化钛(TiO_2)式,二氧化锆型氧传感器的结构与组成如图3-14所示。氧传感器是利用陶瓷敏感元件测量汽车排气管道中的氧电势,由化学平衡原理计算出对应的氧浓度,达到监测和控制燃烧空燃比的目的,以保证产品质量及尾气排放达标的测量元件。

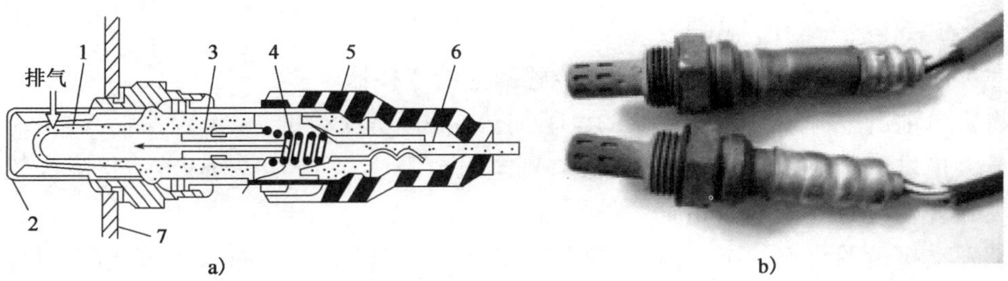

图3-14 二氧化锆(ZrO_2)型氧传感器的结构与组成

1-锆管;2-导入排气管罩;3-电极;4-弹簧;5-支架;6-导线;7-排气管

1)氧传感器常见故障及原因

氧传感器及相关线路出现问题,会造成发动机在运转中出现怠速不稳、加速无力、油耗增加、尾气超标等故障。氧传感器的常见故障有:

(1)氧传感器中毒。

氧传感器中毒是经常出现的且较难防治的一种故障。一般来说,汽油和润滑油中含有的硅化合物燃烧后生成的二氧化硅,硅橡胶密封垫圈使用不当散发出的有机硅气体,会使氧传感器失效,因而要使用质量好的燃油和润滑油。维修时要正确选用和安装橡胶垫圈。

(2)积炭。

由于发动机燃烧不好,在氧传感器表面形成积炭,或氧传感器内部进入了油污或尘埃等沉积物,会阻碍或阻塞外部空气进入氧传感器内部,使氧传感器输出的信号失准,ECU 不能及时地修正空燃比。产生积炭,主要表现为油耗上升,排放浓度明显增加。此时,应将沉积物清除,恢复其正常工作。

(3)氧传感器陶瓷碎裂。

氧传感器的陶瓷硬而脆,用硬物敲击或用强烈气流吹洗,都可能使其碎裂而失效。因此,处理时要特别小心,发现陶瓷碎裂问题要及时更换。

(4)加热器电阻丝烧断、线路断脱

对于加热型氧传感器,如果加热器电阻丝烧蚀,就很难使传感器达到正常的工作温度而失去作用。

2)氧传感器故障诊断

目前,大多数发动机的电控系统都有自检功能,当氧传感器或相关部位发生故障时,计算机会自动记下故障内容,维修人员只需用专门的 OBD 解码器读出故障码即可发现问题所在。

(1)通过观察氧传感器顶尖部位的颜色判断,如图 3-14b)所示。

①淡灰色顶尖:氧传感器的正常颜色。

②白色顶尖:由硅污染造成的,此时须更换氧传感器。

③黑色顶尖:由积炭造成的,在排除发动机积炭故障后,一般可以自动清除氧传感器上的积炭。

(2)如果怀疑发动机故障是氧传感器引起的,可拔下氧传感器接头,如果发动机的故障消失,则说明氧传感器已经损坏,必须更换。

(3)检查氧传感器的信号电压。

①在关闭点火开关的情况下,断开氧传感器上的连接器。

②将蓄电池的电源引到氧传感器的电阻加热端,起动发动机 2min 后,测量输出端的信号电压。最大信号电压应大于 850mV,最低信号电压范围应在 75 ~ 175mV 之间,混合气从浓到稀的最大允许响应时间小于 100ms。

起动发动机后的怠速状态下,氧传感器输出电压应该很低;此时,加大节气门开度,在节气门开度变化的瞬间,会有一个电压输出,这个电压跟节气门开度变化率有关(即稳住节气门开度即刻消失),节气门开度越大电压越大,最大值可达 0.9V。

如果氧传感器的无电压输出、电压值不变、电压上升或下降很小、电压变化很缓慢,则说明氧传感器的传感元件有故障,此时可清洗氧传感器。

(4)氧传感器输出信号波形的检测。

①以 2500r/min 的转速运转预热发动机 2 ~ 6min,然后使发动机怠速运转 20s。

②在 2s 内将加速踏板从怠速加至节气门全开 5 ~ 6 次。

③查看屏幕上的波形,图 3-15、图 3-16 所示的波形分别为发动机怠速、2500r/min 转速时氧传感器工作正常波形,否则应检修或更换氧传感器。

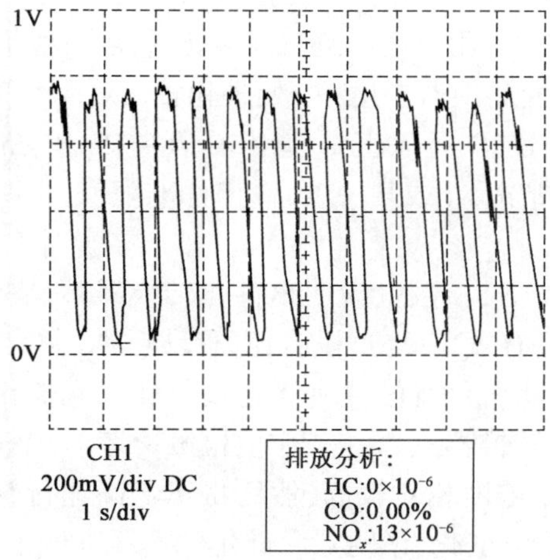

图 3-15 怠速时氧传感器的信号波形

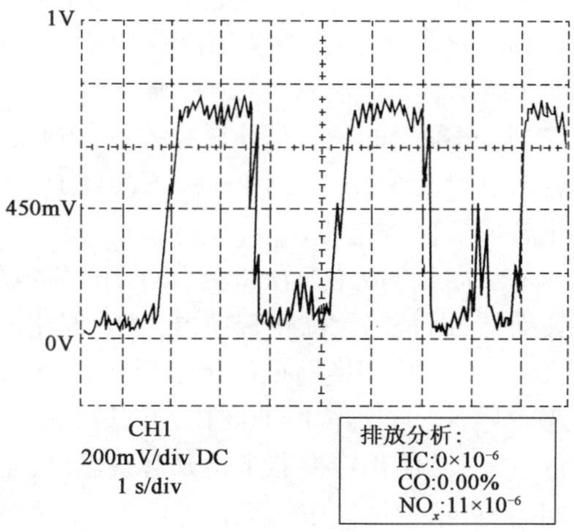

图 3-16 2500r/min 时氧传感器的信号波形

2. 三元催化转换器

1)三元催化转换器性能要求

三元催化转换器是安装在汽油车排气系统中最重要的机外净化装置，如图 3-17 所示。它可将汽车尾气排出的 CO、HC 和 NO_x 等有害气体通过氧化和还原作用转变为无害的 CO_2、H_2O 和 N_2。性能要求如下：

(1)对 CO、HC、NO_x 等污染物有良好催化作用，使其进行氧化、还原反应。

(2)有足够的机械强度，耐磨、耐机械高压。

(3)本身无毒，而且要有较好的抗毒性能。

(4)有良好的密封性和使用耐久性。

2)三元催化转换器的故障及其原因

三元催化转换器的主要故障就是氧化、还原作用失效，即排气中的 CO、HC、NO_x 等有害气体不能再氧化/还原成 CO_2、H_2O、N_2。主要原因是：

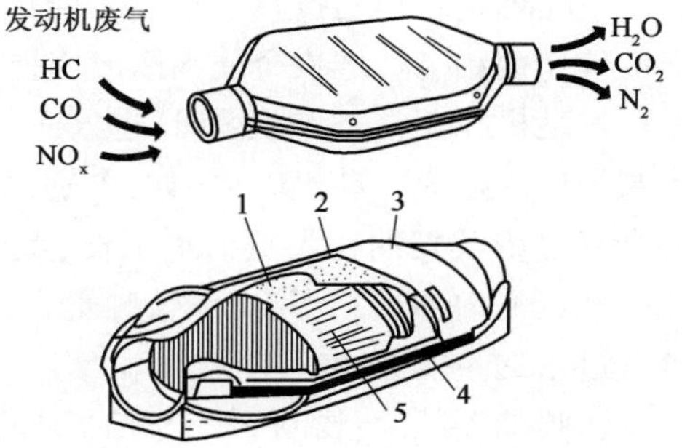

图 3-17 三元催化转换装置

1-隔离衬垫；2-隔热材料；3-壳体；4-屏蔽护罩；5-载体

(1)三元催化转换器受到外力冲击造成机械损坏。

(2)三元催化转换器由于过热或热老化而失效。

(3)三元催化转换器中毒，主要表现为载体表面形成沉积金属物。

(4)三元催化转换器慢性中毒，主要表现为硫、锌、磷、碳在载体表面沉积，造成了三元催化转换器慢性中毒而失效，破坏了三元催化转换器中的热化学反应结构，使氧化、还原的化学反应无法正常进行，导致排气污染物 CO、HC、NO_x 急剧增加。

3)三元催化转换器故障诊断方法

(1)首先确定三元催化转换器载体是否破碎，可以观察排气中是否有碎末、三元催化转换器和消声器在发动机工作时是否有异常声音，观察三元催化转换器有无明显磕碰，出现明显凹坑时也会造成载体碎裂。

(2)常温下,三元催化转换器是不具备催化转换能力的,催化转换剂必须加热到一定温度后才具有氧化还原能力,经催化转换后的气体温度会上升,用温度计测三元催化转换器两端,出口温度应高出进口温度约10℃,否则,可以判定三元催化转换器老化、失效,催化转换效果下降。

(3)原车配置的三元催化转换器一般情况下质量较好,可以正常使用10万~15万km左右。若车辆行驶5万~8万km以下,CO、HC和NO_x排放量(或某一项)高出标准限值,说明三元催化转换器已经老化。

(4)若采用排放工况法检测,CO、HC排放较低,而NO_x超标,说明该催化转换器不是三元催化转换器,而是二元催化转换器,二元催化转换器只有氧化反应,没有还原反应。

(5)三元催化转换器依靠化学反应进行工作,测量三元催化转换器起效前和三元催化转换器起效后各污染物浓度的变化,可以判断三元催化转换器是否在工作。检测冷车时尾气排放的浓度,三元催化转换器未达到起燃温度,尾气排放浓度相对较高,然后将车辆高速行驶一段时间后,再检测尾气中污染物的浓度,如果数值有明显变化,说明三元催化转换器工作正常。

(6)使用的燃料中含有杂质、燃料燃烧后产生的胶质物以及硫氧化物等物质的沉积,会造成三元催化转换器孔隙的堵塞,发生堵塞时排气背压会明显增高。如果发动机油耗明显增加、功率下降、起动困难时,应检查三元催化转换器是否堵塞。

(7)对于带有车载诊断系统(OBD)的车辆,当三元催化转换器转化效率降低时,会点亮故障指示灯进行提示。

(8)三元催化转换器过热。

三元催化转换器过热是指三元催化转换装置内部温度超过850℃,使载体和涂层及其上面的催化剂铂、铑、钯贵金属因高温烧损和脱落,造成化学反应无法正常进行而失效。

发动机在正常工作状况时,进入三元催化转换器的排气温度一般在300~850℃范围内,当某种原因造成发动机失火(如:个别汽缸不着火,使没燃烧的燃料进入三元催化转换器内)、混合气过浓及长期在大负荷下工作、点火滞后等,导致燃烧不完全,未燃烧的HC进入三元催化转换器的内部进一步混合燃烧,而造成三元催化转换器内温度过高。造成发动机失火和混合气过浓的主要原因有:

①喷油器故障:密封不严、滴油、通道堵塞、表面积炭、损坏等。

②火花塞故障:不点火、火花塞电极间隙过大、点火能量不足、表面积炭过多、高压线接触不良、高压线脱落、点火过迟等。

③传感器故障:因传感器故障,微电脑不能正确调整发动机工作状态。

④供油系故障:供油不正常、燃油箱油面过低、汽油泵有故障、汽油滤清器堵塞、油管堵塞等。

⑤冷起动故障:冷起动时供油过多。

⑥长期在大负荷下超载工作使混合气长期过浓。

3. 废气再循环(EGR)控制系统

废气再循环(EGR)装置是把发动机排出的部分废气回送到进气管,并与新鲜混合气一起再次进入汽缸。由于废气中含有大量的CO_2,而CO_2不能燃烧却吸收大量的热,使汽缸中混合气的燃烧温度降低,从而抑制NO_x的生成量,是降低发动机NO_x排放的一种有效措施。

废气再循环系统由 EGR 阀、空气电磁阀、EGR 温度传感器和连接管道及软管等组成，通过对空气电磁阀的占空比控制，释放作用在 EGR 阀膜片上方的真空，达到控制 EGR 阀的目的。

EGR 阀安装在废气再循环通道上，如图 3-18 所示。废气再循环通道的一端连接排气管，另一端与进气歧管相连接。当 EGR 阀开启时，部分废气将从排气管经排气再循环通道进入进气管。ECU 根据发动机的转速、负荷（节气门开度）、温度、进气流量、排气温度控制电磁阀适时地打开，进气管真空度经电磁阀进入 EGR 阀真空膜室，膜片拉杆将 EGR 阀门打开，排气中的少部分废气经 EGR 阀进入进气系统，与混合气混合后进入汽缸参与燃烧，降低了燃烧时汽缸中的温度，因 NO_x 是在高温富氧的条件下生成的，故抑制了 NO_x 的生成，从而降低了废气中的 NO_x 的含量。

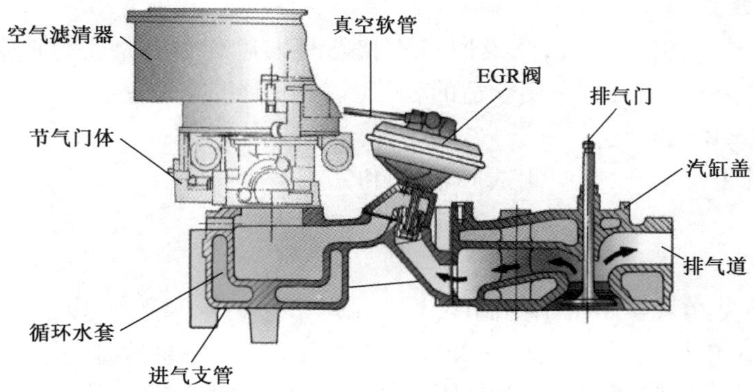

图 3-18 EGR 阀的安装位置

1）检查诊断过程

在运行状况下检查 EGR 控制系统的顺序如下：

（1）起动发动机，运转至正常工作温度。

（2）发动机在空挡、怠速下很快加速至大约 2000r/min，但不超过 3000r/min。

（3）观察 EGR 阀杆，由 EGR 阀杆上槽的相对位置的改变查看阀杆运动状态。

（4）重复上述过程几次，以确认阀杆的运动。如果阀杆运动，表明系统工作正常，否则需按不同故障现象做相应的诊断维修。

2）故障特征

（1）在系统测试中，EGR 阀杆不运动。

①故障产生原因。

A. 软管裂纹、泄漏、脱接或堵塞。

B. EGR 阀失效，膜片穿通或阀杆黏结。

②维修方法。

A. 检查各软管连接是否正常，有无泄漏或堵塞，发现有问题的软管，应更换；

B. 拔去 EGR 阀上的软管，接入外真空源，并向阀膜片施加 35kPa 左右的真空，若阀不运动，则更换此阀；若阀开启约 3mm 的行程，则握住供气软管，检查膜片是否泄漏，阀应持续开启 30s 或更长时间，否则须更换此阀。

(2)发动机无怠速(怠速熄火、怠速非常粗暴或缓慢)。

①故障产生原因。

A. 控制系统有故障→EGR 阀开启。

B. EGR 阀在闭合位置严重泄漏。

②维修方法。

A. 脱开 EGR 阀的软管并将其塞住,重测怠速,如果怠速正常,更换真空控制单元(放大器)。

B. 如果摘除的真空软管不正确,卸下 EGR 阀检查,保证提升阀落座严密。如有必要,清除阀上沉积物;如发现阀已损坏,应更换。

(3)节流阀全开性能差。

故障产生的原因为真空控制单元失效。维修时应脱开 EGR 阀软管并将其堵塞,做车辆道路测试,如果性能恢复,则更换真空控制单元。

(4)发动机起动后,开始运转,当返回怠速状态时失速。主要原因为真空软管与 EGR 延迟电磁线圈的连接方式不当,应采用合适的软管,并按线路图正确连接。

3)检测诊断 EGR 阀和气道

如果控制系统工作正常,则应测试 EGR 阀和气道。

(1)测试方法。

①将发动机转速表连接到发动机上。

②起动发动机并运转至正常工作温度。

③脱开通往 EGR 阀的真空软管,在其接头处插入手动真空泵软管。

④发动机置于空挡、怠速下,向 EGR 阀施加 4kPa 左右的真空信号。

⑤观察发动机转速表读数,如果随着真空信号的施加,怠速转速下降 150r/min 或更多,说明 EGR 阀正在工作;如果转速不发生变化或下降量低于规定的最小值,说明有废物沉积在 EGR 阀和进气歧管气道上,需卸下 EGR 阀,检查、清洁其气道及进气歧管的气道。

(2) EGR 阀的维修。

如果诊断出 EGR 阀有过量的沉积物,需从发动机上卸下此阀,检查提升阀及安置部位的状况。如果沉积物已超过一层薄膜,可用如下方法清洗:

①向提升阀及安置部位加适量的歧管热控阀溶剂。

②等待 30min 后,让溶剂充分软化沉积物。

③将手动真空泵软管连接膜片接头,施加足够的真空度使提升阀全开,不要推动膜片开启阀门,只能利用其真空源。

④清除提升阀及座上已软化变松的沉积物,如果清洁阀门后发现阀杆,说明阀与座有过量磨损,需更换 EGR 阀总成。

⑤在发动机上安放新垫片,更换 EGR 阀,拧紧安装螺栓。

⑥连接通往 EGR 阀的真空管路。

4. 二次空气喷射(SAI)系统

二次空气喷射(SAI)系统也被称为补燃系统或后燃系统,其目的是降低发动机起动时 HC 和 CO 的排放。利用空气泵将新鲜空气喷入排气管或催化转换器中,使废气中未燃烧的 HC 和

CO 再次燃烧，生成 CO_2 和 H_2O，从而减少 HC 和 CO 的排放量，同时由于 HC 和 CO 的再次燃烧，也缩短了三元催化转换器的预热时间。

二次空气喷射系统主要由电磁真空阀、空气泵、组合阀和连接管道等组成，如图 3-19 所示。以某车型为例，二次空气喷射系统的检测诊断如下：

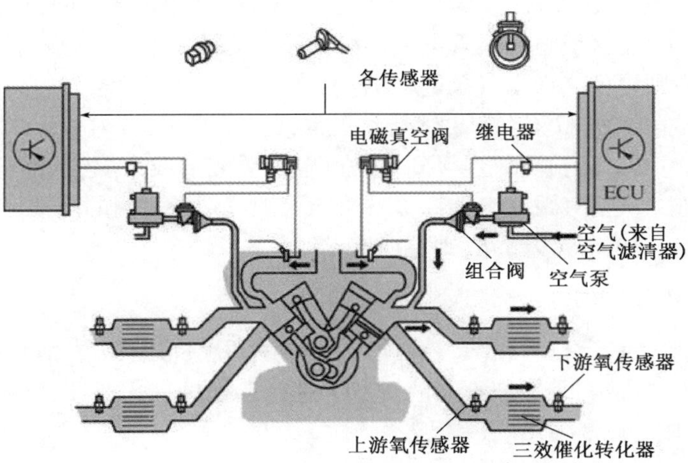

图 3-19　二次空气喷射系统工作过程示意图

1）二次空气进气阀的检测诊断

（1）连接检测仪，打开点火开关。

（2）进行执行元件诊断并触发二次空气进气阀，二次空气进气阀应发出响声。

（3）如果二次空气进气阀没有发出响声，则拔下二次空气进气阀的插头，用接线将二极管电笔连接到拔下的插头上，再次进行执行元件诊断。

（4）如果在进行执行元件诊断时，二极管电笔闪亮，则应更换二次空气进气阀。

（5）如果二极管电笔仍不闪亮，则关闭点火开关，将检测仪连接到发动机电控单元的线束上（不连接发动机电控单元），检查二次空气进气阀插接器的端子与检测仪信号端子之间的连接导线是否断路，该导线电阻最大为 1.5Ω。如果导线断路则应更换该导线。如果导线无故障，则应按电路图检查二次空气进气阀的供电是否正常。

（6）采用汽车电脑故障诊断仪检测，诊断测试报告中出现的故障码如图 3-20 所示。出现故障 1（3E），表明二次空气电磁阀需更换。

其他故障码中，故障 2（BC），表明氧传感器及三元催化转换器已中毒需清洗；故障 3（F1）与故障 4（F2）：表明汽缸压力过低，原因为气门漏气；故障 5（CC）：表明进、排气管漏气。

2）二次空气泵继电器的检测诊断

（1）连接检测仪，打开点火开关，选择“发动

汽车故障诊断测试报告

SmartBox 序列号：981640354400

测试系统 BMW->手动选择->X 系列->X5_E53（1999-）->驱动部分->DME[发动机系统]->16-Pin 诊断座->读故障码

诊断程序版本号：V46.00

测试日期：2013.12.12　16:17:38

No.	故障码	描述
1	3E	二次空气喷射电磁阀激活
2	BC	缸组 1 催化转换器前端氧传感器热输出不足
3	F1	气缸 4 失火
4	F2	气缸 5 失火
5	CC	怠速（空气泄漏）不可信

图 3-20　诊断出现的故障码

机电控单元(ECU)”。

(2)进行执行元件诊断并触发二次空气泵继电器。

(3)二次空气泵电动机在二次空气泵继电器的控制下,应间歇运转,直到中止执行元件诊断为止。

(4)如果二次空气泵电动机在二次空气泵继电器的控制下,没有间歇运转。则拔下二次空气泵电动机的插头,用接线将二极管电笔连接到拔下的插头上,再次进行执行元件诊断。如果二极管电笔闪亮,则更换二次空气泵电动机。

(5)检查二次空气泵熔断丝。如果熔断丝正常,则从继电器盒内拔下二次空气泵继电器,检查二次空气泵继电器。将检测仪连接到发动机电控单元的线束上,从继电器盒内拔下二次空气泵继电器,检查二次空气泵继电器插头端子与检测仪端子之间的连接导线是否断路,该导线电阻最大为1.5Ω。如果导线断路,则更换该导线。

5. 选择性催化还原(SCR)系统

选择性催化还原(SCR)技术路线,是通过优化喷油和燃烧过程,尽量在机内控制颗粒物的产生,在机外后处理过程中,采用尿素溶液对 NO_x 进行选择性催化还原,满足柴油车排放的要求。SCR 系统的组成如图 3-21 所示。

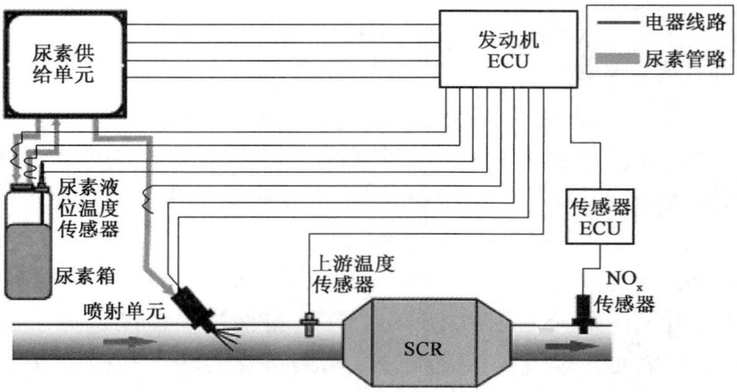

图 3-21　SCR 系统的组成

SCR 喷射系统是将尿素溶液喷射到排气尾管中,在尾管高温气体作用下,把尿素与水分解为氨 NH_3,然后 NH_3 与 NO 在催化器中的催化剂作用下,发生反应生成 N_2 和 H_2O。

氮氧化物转化成氮分子的过程中,需要对氨喷射量和喷射位置进行控制,氨的数量取决于氮氧化物的数量以及发动机的运行工况,如果喷射的氨的数量过多,将穿过催化器直接进入大气中,因此,需要安装一个反馈装置监控(NO_x 传感器)控制尿素的喷入量。

定量喷射 SCR 控制器,是根据发动机工况变化和转速、转矩,NO_x 传感器、催化转换器进口温度及出口温度的变化,精确控制喷射单元向排气管喷射。

SCR 系统是一个自动控制的系统,为确保 SCR 系统正常工作,结合车辆维护,需要对 SCR 进行以下检查诊断。

(1)装置外观无损坏、安装牢固,各连接导管连接完好,无泄漏,插接件无松动,导线连接可靠。

(2)保持 SCR 系统外表干净,电器接头干燥。

(3)尿素供给系统管路畅通,无断裂、泄漏现象,尿素喷射泵上的尿素滤清器无堵塞、旁通,定期更换内置式主滤芯,喷嘴无堵塞,喷嘴附近排气管内不能有尿素结晶现象。

(4)观察仪表显示屏上尿素溶液的液面高度,若低于 20% 时应及时添加,不可以在尿素不足的情况下车辆行驶。

6. 废气再循环(EGR)+颗粒捕集器(POC/DPF)

废气再循环(EGR)+颗粒捕集器(POC/DPF)技术,是通过 EGR 废气再循环技术降低排气中的 NO_x(控制燃烧,在发动机内减少 NO_x 的产生),再用颗粒捕集器(POC/DPF)后处理技术捕集因使用 EGR 技术而增加的颗粒物,即在机内控制燃烧降氮氧、尾气捕集去颗粒,从而实现排放的达标。采用该技术路线是国内外控制柴油发动机 NO_x 和颗粒物的重要措施。

EGR+POC/DPF 系统组成如图 3-22 所示,主要包括 EGR 阀、EGR 冷却器、空气质量流量传感器、压差传感器和排气后处理器。排气后处理器由柴油氧化型催化器(DOC)+颗粒氧化型催化器(POC)/柴油机颗粒捕集器(DPF)组成。

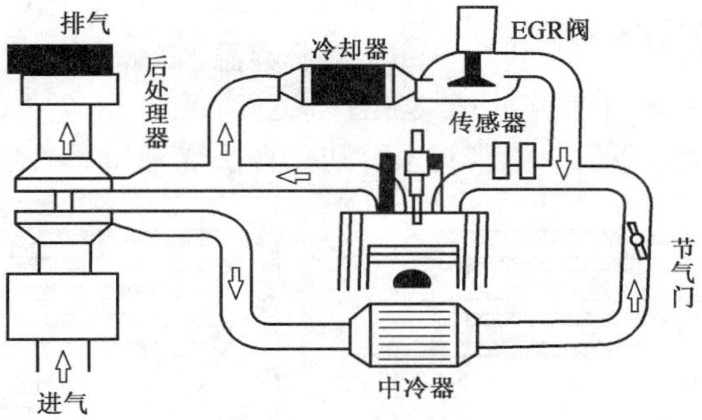

图 3-22　EGR+POC/DPF 系统组成

为了确保 EGR+POC/DPF 系统正常工作,结合车辆维护,需进行定期检查诊断。

(1)装置外观无损坏、安装牢固,各连接导管连接完好,无泄漏,插接件无松动,导线连接可靠。

(2)定期检查发动机进气系统的空气流量计(MAF)传感器状态,确定 MAF 是否需要清洗,同时检查 EGR 冷却器状态,确定 EGR 冷却器是否清洗或更换。

(3)定期检查颗粒捕集器工作状态,确定是否需要清洗。

第五节　汽车空调制冷剂回收、净化、加注工艺

在以往人们的概念中,汽车造成的污染仅仅是排放污染物(尾气)的污染,随着国际社会保护环境意识的增强以及对破坏臭氧层和温室气体危害认识的提高,人们逐渐认识到,汽车空调维修、维护作业过程中制冷剂的泄漏、排放以及不进行合理的回收或专业处理所造成的环境污染,威胁着气候和人类生存环境。因此,制冷剂的管理已经引起世界各国政府的高度关注。

一、汽车空调系统

1. 空调制冷系统工作原理

汽车空调的制冷系统主要由空调压缩机、蒸发器、冷凝器、储液罐、膨胀阀及高低压管路等组成。图3-23是汽车空调系统工作原理图。空调系统工作时,压缩机从蒸发器内吸入气态制冷剂,并将其压缩成高温、高压气体后,泵入冷凝器。

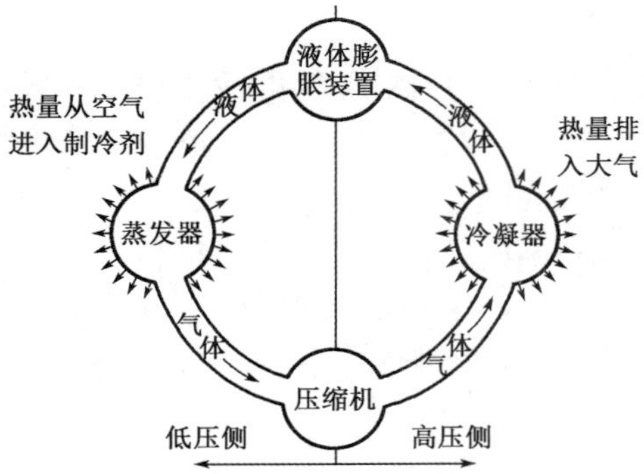

图3-23 汽车空调系统工作原理

在冷凝器里,制冷剂通过与流动的空气进行热交换,把制冷剂的热量散发出去,使制冷剂从气态变成液态。液态制冷剂经过节流装置(膨胀阀或孔管)的限量、降压作用,进入蒸发器后体积变大、压力下降。在蒸发器内制冷剂吸收周围空气中的大量热量,又由液态变成气态。这些气态制冷剂又被吸进压缩机,开始下一个循环的工作。因此,对空调系统工作影响的主要有临界温度、临界压力、显热和潜热四个参数。

汽车空调制冷系统一般有两类:一类是孔管式空调系统,如图3-24a)所示;另一类是膨胀阀式空调系统,如图3-24b)所示。膨胀阀系统和孔管系统有如下两个主要区别:

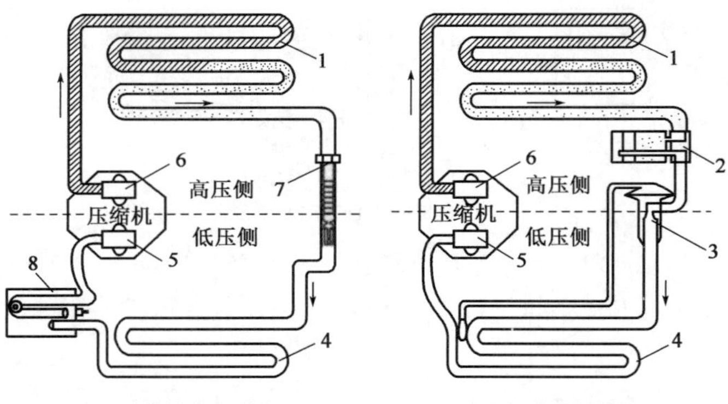

图3-24 两种不同节流元件的汽车空调制冷系统

1-冷凝器;2-贮液干燥器;3-膨胀阀;4-蒸发器;5-低压维修接头;6-高压维修接头;7-孔管;8-贮液干燥器

一是贮液干燥器位置不同,膨胀阀系统的贮液干燥器装在冷凝器出口和膨胀阀间的高压侧,而孔管系统的贮液干燥器则装在蒸发器出口和压缩机间的低压侧。

二是节流装置不同,膨胀阀系统用膨胀阀作节流装置,而孔管系统采用孔管作节流装置。

2. 汽车空调系统制冷剂消耗的方式与途径

1)汽车空调制冷剂种类

空调制冷剂是饱和烃类(HC)衍生物的总称,可以分为氯氟烃(CFCS)、氢氯氟烃

(HCFCS)、氢氟烃(HFCS)三种,其作用主要是润滑、冷却、密封、降噪。

汽车空调使用的制冷剂主要有两类,一类叫作 CFC-12(二氟二氯甲烷,CCl_2F_2),也就是所谓的 R12;另一类叫作 HFC-134a(1,1,1,2-四氟乙烷,$CH_2F\text{-}CF_3$),也就是所谓的 R134a。

由于 R12 在大气中分解后释放出的氯原子对臭氧层具有破坏作用,导致大气中臭氧浓度下降及形成臭氧空洞危害地球环境。1987 年,联合国的 26 个会员国签署了《蒙特利尔破坏臭氧层物质管制议定书》。该议定书中,发达国家和发展中国家分别做出承诺,在未来停止使用 R12 作为空调制冷剂,并寻找新的替代品。根据该协议,发达国家 1996 年开始停止使用包括 R12 在内的 CFC 系列制冷剂。按照承诺,我国自 2002 年起生产的新车,已不再使用 R12 空调系统,而采用更加环保的 R134a 系统。

R134a 制冷剂,属于 HFC 类物质(非 ODS 物质),不破坏臭氧层,是当前大多数国家认可并推荐使用的环保制冷剂,其主要特点是:不含氯原子;具有良好的安全性能;物理性能与 R12 比较接近,制冷系统的改型比较容易;传热性能比 R12 好,制冷剂的用量少。因此,被广泛地应用于汽车空调系统中。

2)制冷剂消耗的方式

汽车空调不同于一般家用或商用空调,压缩机为半封闭式压缩机,汽车空调系统的使用处于复杂、恶劣的环境,如高温、油、气、水的污染源及颠簸振动,加之汽车空调维修过程中,都会导致汽车空调制冷剂的泄漏,破坏大气臭氧层以及加剧地球的温室效应。

为维修方便,汽车空调制冷系统各主要部件之间均采用快速接头连接,制冷系统运行过程中造成系统内压力和温度变化以及汽车在行驶过程中的振动等因素均会造成制冷系统泄漏。经研究统计,制冷剂泄漏与排放的主要途径有:

(1)汽车空调制冷剂加注过程中人为排放占 50%。

(2)汽车空调系统的自然泄漏占 35%。

(3)汽车空调系统零部件拆换过程占 10%。

(4)其他原因,例如交通事故等占 5%。

由此可见,汽车空调制冷剂的释放与泄漏,60% 与汽车空调维修过程有关,而释放的途径主要是人为排放和自然泄漏。

二、汽车空调维修制冷剂作业工艺

为有序淘汰 CFC-12 制冷剂,2007 年 12 月,国家环保总局、交通部联合发布了《关于汽车维修行业开展二氟二氯甲烷(CFC-12)制冷剂回收利用工作的通知》,该通知要求:汽车维修企业不得将 CFC-12 制冷剂用于冲洗和泄漏检测,维修使用四氟乙烷(HFC-134a)制冷剂的汽车空调时,不得重新使用 CFC-12 制冷剂,从事汽车空调维修的企业应逐步配备 CFC-12 制冷剂回收设备,在汽车空调维修过程中,必须将 CFC-12 制冷剂回收再利用,将汽车空调维修制冷剂的使用、管理提高到了新的高度。

为规范汽车空调维修程序和维修人员作业行为,通过对空调维修企业调研以及工艺研究,交通运输部制定并发布了《汽车空调制冷剂回收、净化、加注工艺规范》(JT/T 774—2010),在技术上使从业人员有章可循。空调维修制冷剂工艺流程,如图 3-25 所示。经维修企业的应用表明，严格执行该技术工艺，能有效遏制制冷剂的排放。

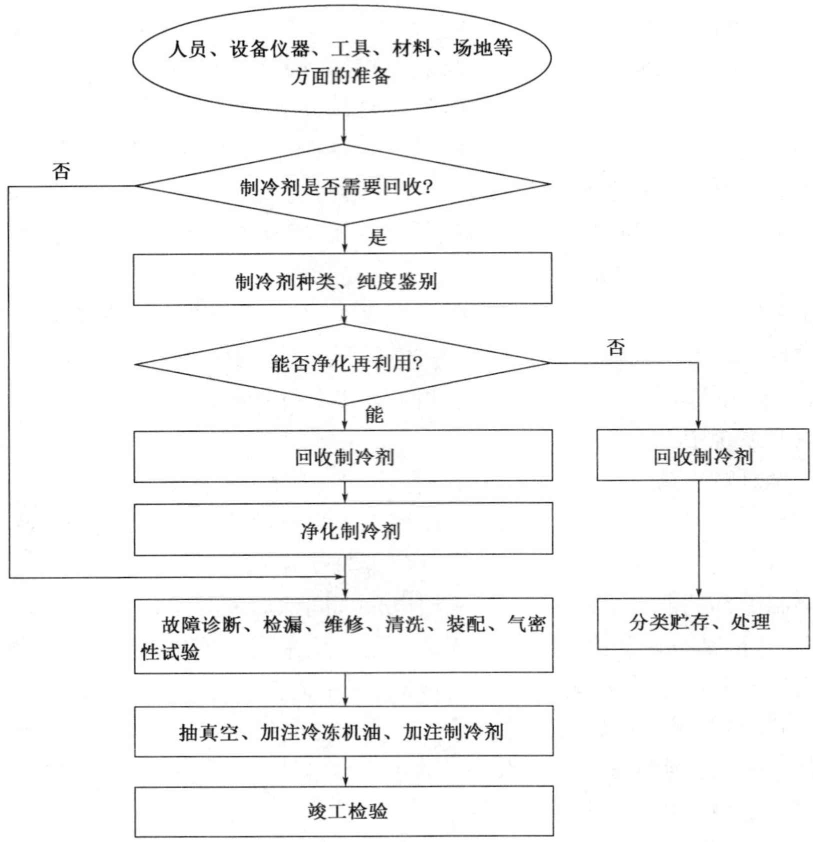

图 3-25　汽车空调维修制冷剂作业工艺流程

1. 制冷剂的回收

制冷剂的回收作业场地应通风良好，禁止明火，作业人员应配备避免吸入制冷剂、冷冻油蒸气及气雾等必要的安全防护设施。

1）制冷剂回收条件

在下列情况下须回收制冷剂：

（1）空调制冷剂不足，需要补充制冷剂。

（2）空调系统吸、排气压值不正常。

（3）在汽车维修过程中，需拆卸制冷装置（指制冷剂循环时所流经的零部件），如压缩机、高低压管道、阀件、冷凝器、蒸发器、过滤器、贮液器等。

（4）制冷装置发生故障或制冷剂不足，需要通过气密性试验查找泄漏点。

2）制冷剂的鉴别

检查汽车发动机舱内的空调系统标识、标牌或标签，查看压缩机、膨胀阀等，根据制冷装置组成部件的不同结构，辨别制冷剂的种类。

HFC134a 制冷系统:冷凝器为平行流式;加注阀为快速接头内螺纹;管接头为公制。

采用制冷剂鉴别仪(图 3-26)检测制冷剂的纯度,如制冷剂种类单一、未被污染且纯度小于 96% 时,应进行净化处理,纯度大于 96% 时可不进行净化处理。

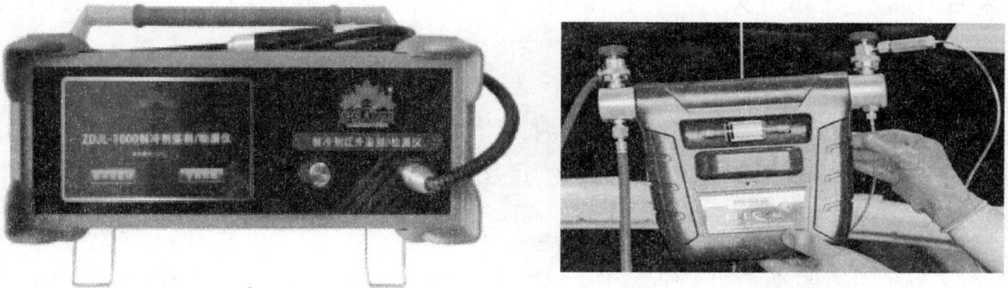

a)　　b)

图 3-26　制冷剂鉴别/检漏仪

3)制冷剂回收的方法和要求

制冷装置中的制冷剂应采用专用回收设备[符合《汽车空调制冷剂回收、净化、加注设备》(JT/T 783—2010)]进行回收,具体方法和要求如下:

(1)回收的制冷剂无论在何种情况下都严禁排放到大气环境中。

(2)回收前应通过抽真空将软管中的空气排尽(回收用的软管应尽量短)。

(3)回收的制冷剂应装在清洁的专用回收罐中,回收罐上应有特殊标识,以避免与洁净的新罐混淆。

(4)不得将回收的不同类别的制冷剂混装在一个罐中,应按制冷剂类型分类回收,回收贮罐上必须带有"制冷剂名称"标识和编号。

(5)回收罐应装有气阀和压力释放装置,气阀和压力释放装置都必须满足相应的标准要求。

(6)制冷剂贮罐必须在其生产日期 5 年后进行一次复测并标明日期。

2. 制冷剂的净化

制冷剂净化是个再循环的过程,在"回收→净化→加注"设备内部完成,过滤器(干燥器)应定期更换,由压缩机作为驱动装置,实现在装置的内部封闭循环。参考美国 SAE J2788《(R) HFC-134a (R134a) Recovery/Recycle/Recharging Equipment for Mobile Air-Conditioning Systems》标准,回收的制冷剂净化后应达到下列标准(推荐)才能使用。

纯度:大于 96%;酸度小于 1.0×10^{-6};湿气小于 15×10^{-6}。

机油:小于 400×10^{-6};非凝性气体(制冷装置中不能凝结为液相的气体,如空气、冷冻机油蒸气):小于 330×10^{-6}。

3. 制冷剂泄漏的检查与判定

如果制冷系统的制冷剂过少,说明系统有泄漏,必须先检漏,检查系统管接头。常用的检漏方法有以下 3 种。

1)加压检漏法

用加压设备在制冷装置中充入 1.5MPa 的氮气,保持压力 1h,如压力表示值下降,应在每一个接头处或可疑位置涂抹肥皂水,若有气泡出现说明该处是漏点。

2)电子检漏法

制冷装置中充入0.5~1.5MPa的氮气或0.35~0.5MPa的制冷剂,采用电子检漏仪,探头靠近元器件和接头约5mm处,反复2~3次。操作时,不要让探头的头部直接接触元器件或接头。

3)荧光检漏法

在制冷装置中充入含有荧光剂的制冷剂,运行10~15min后,用紫外线灯照射每一个接头处和可疑位置,如果发现黄绿色或蓝色荧光,证明该处存在泄漏。

4. 制冷剂的加注

根据制冷剂种类鉴别结果,确定制冷剂类型和加注总量,严禁不同类别的制冷剂混用和错用,不得过量加注。

1)清洗

汽车空调系统维修完成后,在制冷剂加注前,应采用专用的回收/加注设备对制冷装置内部进行封闭性清洗,严禁采用制冷剂对制冷装置进行开放性清洗。

采用专用的回收/加注设备对制冷装置抽真空,运行3~5min,使制冷装置中残留制冷剂和空气充分排除。

2)气密性试验

加注制冷剂前,应对制冷装置进行保压20min的气密性试验,确认装置有无泄漏点。

3)抽真空

抽真空所用设备须使用双级真空泵(加注设备自带的真空泵也应是双级泵),真空表的分辨力应为0.1kPa,抽真空作业程序如下:

(1)将制冷剂回收、净化、加注设备的真空泵与制冷装置连接,可以同时在高压侧和低压侧两处连接。

(2)抽真空前,检查压力表表示值,制冷装置中的压力应低于70kPa,如超过该压力,应重新进行回收操作,直到压力达到要求。

(3)抽真空至系统真空度低于90kPa。

(4)当制冷装置达到要求的真空度后,关闭歧管表上阀门,停止真空泵,检查压力是否回升,如果回升很快,则制冷装置可能仍有泄漏,检查补漏后再重新抽真空。

(5)在达到要求的抽真空时,应继续抽真空操作,持续时间应不少于15min,保持真空度不变,以充分排除制冷装置中的水分。

4)补加冷冻机油

汽车空调使用的冷冻机油应无水、低温流动性好;具有较高的热稳定性;黏度受温度的影响小,与制冷剂的溶解性能好;化学性质要稳定,在制冷系统中不应有石蜡析出。

(1)不同的制冷剂使用不同的润滑油。

对HFC134a类应使用聚烃基乙二醇(PAG)或聚酯类润滑油(POE),禁止使用矿物基润滑油,防止损坏压缩机。

(2)制冷装置补加冷冻机油的油量应根据压缩机油位确定加注量,补加方法如下。

①气密性试验前补加冷冻机油。

②抽真空后静态补加冷冻机油。

(3)利用加注器加油,需将制冷装置保持一定的真空度,将机油加注器软管连接到低压侧加注口上,打开加注器阀门,使润滑剂流入制冷装置低压侧。

5)加注制冷剂

使用汽车空调制冷剂回收、净化、加注设备,进行加注,已回收并经过净化的制冷剂应加注回原系统,需补充新的制冷剂时,必须确保同质加注。

5. 竣工检验

汽车空调系统在维修及制冷剂加注作业完成后,应进行运行检验,以确认所有的故障都得到排除,制冷装置在工作状态时,不应有异响。测试方法如下:

(1)将车辆停在阴凉处,测量并记录环境温度。

(2)打开前车窗、车门和发动机盖。

(3)打开所有空调出风口的百叶窗,调节到全开。

(4)将数字温度计传感器探头插入空调出风口内50mm处。

(5)设置空调控制器:

①外循环位置。

②强冷。

③A/C开。

④风机速度最高。

(6)起动发动机,发动机转速控制在1500~2000r/min之间,使压力表指针稳定。

(7)读取压力和温度值,将之与制造厂性能图表上的读数相比较。

图3-27和图3-28分别为不同车外环境时,典型的吸气压力以及空调出风温度变化状况。

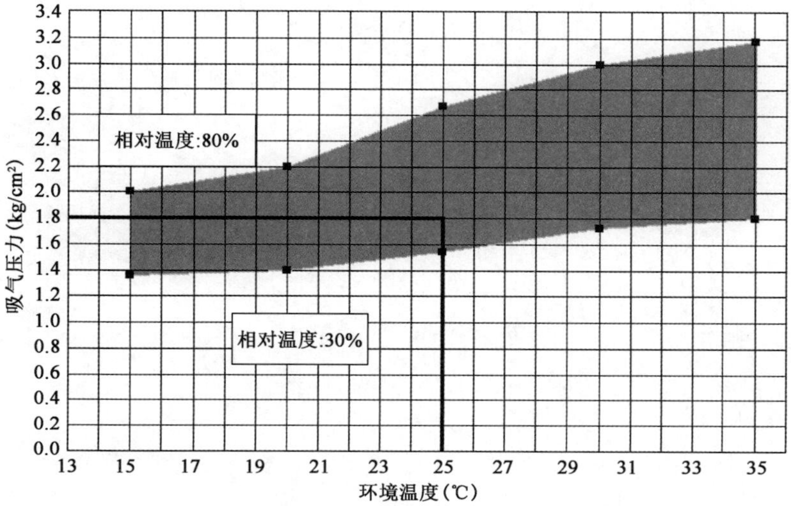

图3-27 吸气压力与周围环境温度

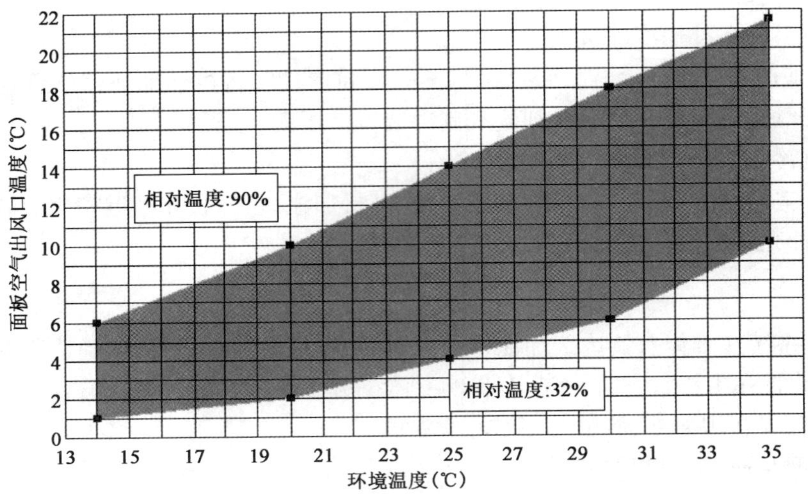

图 3-28　空调出风温度与周围环境温度

第四章

汽车修理技术要求

汽车修理的目的在于及时消除故障，恢复车辆的技术性能，汽车修理分为整车修理和总成修理。汽车修理应遵循“视情修理”的原则，即根据汽车检测诊断和技术鉴定的结果，确定作业范围和深度。

汽车修理应按照国家和行业标准相关规定，以及整车制造厂提供的维修手册、使用说明书和有关技术资料进行。对整车修理、总成修理竣工质量检验合格的，质量检验人员应当签发《机动车维修竣工出厂合格证》，整车修理、总成修理质量保证期为车辆行驶 20000km 或者100 日。

第一节　汽车整车修理技术要求

汽车整车修理包括对所维修车型的整车、各总成(系统)及主要零部件进行修理及更换，恢复汽车的技术状况和运行性能，符合整车修理以及各总成(系统)的技术要求。

一、汽车修理工艺要求

1. 零部件拆解(卸)

(1)汽车拆解前，首先了解技术资料，掌握装配关系及技术要求。

(2)拆解时按顺序进行，对有公差配合的和不应互换的机件、在拆解时应检查和打上装配记号。如气门、连杆与轴承，差速器左、右壳体，柱塞偶件等。

(3)拆卸带有调整垫片的机件时，勿使垫片丢失或损坏，如主减速器的调整垫片，转向机轴承紧度的调整垫片等。

(4)拆卸锈蚀机件时，可用煤油或汽油、松动剂浸润后拆解或采用加热的方式进行拆解，切不可猛敲猛击，以免损坏机件或工具。

(5)拆卸的螺栓螺母，在不影响使用性能的情况下，可装回原位。

(6)拆卸时，为清洗方便，将不同清洗方法的零部件分类放置，如钢铁件、铝合金件、橡胶件、皮质件和摩擦片等。

(7)拆卸时，要保证润滑油不落地，工具不落地，零部件不落地。

(8)拆卸时,零部件应尽量按装配工艺摆放,方便装配。

(9)拆卸时,工具使用注意事项如下:

①旋具、钳子,不准代替锤子和冲子使用,应注意受力大小和方向。

②拆卸时应根据不同的机件选用合理的工具,不可勉强代替。

③拆卸轴、销、衬套等零部件时,用铜棒垫击,切不可直接击打,以免变形,造成装配困难。

④拆卸齿轮、轮、轴承时,应采用拉器或压力机具拆卸。

2.零部件清洗

1)清除积炭

清除积炭有机械法和化学法。

(1)机械法。利用专用金属丝刷装在手电钻上进行刷洗,或用刮刀、铲刀进行刮除。

(2)化学法。利用化学溶剂与积炭层发生化学和物理作用,使炭层软化。清除时溶液温度应保持在80~90℃之间,将积炭浸泡软化后,用毛刷或棉纱擦拭干净。清除积炭后,如果是铝合金零部件,还应用热水冲洗。

2)清除油污

(1)金属零部件的清洗。目前,在国内常用的有以下几种方式。

①有机溶剂清洗:用柴油、汽油或煤油等作清洗剂,用钢丝刷洗涤,清洗后自然晾干或压缩空气吹干。

②蒸汽或高压水清洗:汽车上的基础件如缸体、变速器、主减速器等油垢多而且笨重,采用蒸汽清洗效率高、洗涤质量好。

③化学清洗:是以酸、碱类化工产品为清洗液进行洗涤。对锈斑、水垢有较好的清除效果,但其腐蚀作用强,有色金属和非金属制品不宜采用。

④超声波清洗:利用超声波在清洗溶剂中的空化作用,使物件表面及缝隙中的污垢迅速剥落,从而达到清洗目的。

⑤生物降解清洗:采用无毒无害的生物式清洗剂,通过生物降解的模式,直接把零部件表面的油分解成水和二氧化碳。

(2)非金属零部件的清洗。橡胶件的清洗,如制动皮碗、皮圈等,清洗时可用酒精或制动液,不得使用汽油、碱溶液清洗,以防零部件发胀、变质;皮质件应先用肥皂水洗后,再用清水冲洗,最后用干布擦干;离合器和制动蹄摩擦片一般用少许汽油擦洗。

3)清除水垢

清洗水垢多用酸洗法或碱洗法,因为酸性或碱性溶液对水垢均有溶解作用。修理单位常用盐酸处理水垢。盐酸对于金属的腐蚀性很强,必须在酸中加入缓蚀剂,以减轻酸对金属的腐蚀作用,同时又不减弱对水垢的清洗作用。用盐酸清洗水垢,其溶液浓度以10%~18%为宜,盐酸缓蚀剂的加入量为3~4g/L(水),将溶液加热至50~60℃,清洗持续时间为50~70min。清洗之后用加有重铬酸钾的清水冲洗。

3. 零部件检验

(1)经验法。经验法是通过观察,敲击和比较来检验和判断零部件技术状况的方法。这种方法简单易行,但要求修理工有对配备间隙、扭矩大小和声音的感觉经验。此法对较明显的缺陷较为有效,如零部件表面的粗糙、沟槽、刮伤、剥落、裂纹、缺损、变形、磨损等,对复杂的故障就难以准确判断。

(2)测量法。测量法是利用量具和仪器的测量检验零件参数的方法。它是汽车维修过程中最重要的检验方法。用量具和仪器检验零部件,能够获得较准确的数据,为零部件的维修提供可靠的依据。

(3)探测法。探测法是对零部件隐蔽性缺陷的一种检验方法。例如曲轴、转向节等重要零部件细微裂纹的检验,最好使用探伤仪器进行检测。

4. 零部件装配

(1)所有零部件在装配前,必须经检验合格后方可使用。

(2)所有零件的工作表面上,如有斑点、锤痕、飞边、毛刺、锈蚀等影响质量的缺陷,均应经过锉、磨、刮、削等加工方法修整后方可组装。

(3)发动机和底盘各主要零部件的螺纹部分,如有拉长、变形,均不得再用,螺纹断扣、滑扣在有效范围内超过两牙以上,而且无法修复的,均不能装配。

(4)主要零件、组合件,如飞轮、离合器、曲轴、传动轴等必须进行动平衡试验。

(5)凡有规定扭紧顺序和扭力要求的螺栓(螺母),要按规定的顺序和力矩拧紧。

(6)汽缸盖、进排气歧管、水泵等处的螺栓及双头螺栓的螺纹上,应在安装前涂上红丹油,以利密封。

(7)凡用螺栓连接所使用的平垫圈、弹簧垫圈、开口销、保险锁片等,都要按照规定装配齐全。

(8)装配轴、销、衬套等零部件时,可用铜棒垫击,切不可直接锤击。

(9)对于皮质油封,在安装前应浸入60℃的混合液中(机油和煤油各占50%)中5~8min后使用。如果是胶质的油封,应在摩擦部分涂上齿轮油。

(10)全部润滑油嘴、油杯均应装配齐全,保持畅通,并按规定的润滑要求分别加注润滑脂或润滑油。

(11)在修理装配中使用的所有量具、仪表或其他计量器具应经过检定合格才能使用,以确保其准确性和灵敏性。

二、转向系修理技术要求

1. 转向系的不解体检验

汽车转向系不解体检验包括转向轮横向侧滑量、转向盘最大自由转动量、转向节臂裂纹深度、转向拉杆裂纹深度以及转向球销总成松旷量,测量3次,取3次平均值,并做好检验记录,为转向系视情维修提供数据依据。具体检验方法执行《汽车转向系统不解体检验方法》(JT/T 1165—2017),汽车转向系不解体检验记录单见表4-1。

汽车转向系不解体检验记录单 表 4-1

送检人：	送检日期： 年 月 日			记录单编号：		
号牌号码：	号牌号码种类：	车辆出厂日期： 年 月 日				
项目	检验结果					是否维修
转向轮横向侧滑量(mm/km)	1					
	2					
	3					
	平均值					
转向盘最大自由转动量(°)	1					
	2					
	3					
	平均值					
转向节裂纹深度(mm)	1					
	2					
	3					
	平均值					
转向拉杆裂纹深度(mm)	1					
	2					
	3					
	平均值					
转向球销总成松旷量(mm)		球销 1	球销 2	球销 3	球销 4	
	1					
	2					
	3					
	平均值					
注：球销 1 为直拉杆球销；球销 2 为横拉杆左球销；球销 3 为横拉杆右球销；球销 4 为其他						

2. 转向器

(1)转向器壳体无裂纹、无弯曲变形。

(2)转向器啮合副各零件及轴承滚道无金属剥落和明显的阶梯磨损。

(3)摇臂轴无裂纹，无扭曲变形。

(4)转向器装配后，转向轴在全程范围内转动轻便、灵活，不松旷，无漏(渗)油现象；转向器防尘套密封良好；啮合面及配合间隙应符合原设计规定。

3. 转向操纵机构

(1)转向轴、转向传动轴、万向十字叉、十字轴、转向管柱不得有裂纹。

(2)转向操纵机构转动轻便、灵活，不松旷，无卡滞现象；各部件装配齐全、紧固可靠。

(3)带有保险装置的转向管柱碰撞变形后应更换，不得修理后再使用。

4. 转向传动机构

(1)转向摇臂、直拉杆、横拉杆、转向节、转向节臂及转向球头销不应有裂纹;不得采用焊接加热修理;各部配合符合原设计规定。

(2)转向摇臂不应扭曲,直拉杆无弯曲变形。

(3)转向球头销装配后应转动灵活,不松旷;防护套良好,通气孔畅通。

(4)转向节各部螺纹有效,连接可靠;主销的装配角度和装配间隙符合原设计规定。

5. 转向助力装置

(1)动力转向系统的工作性能指标应符合原设计规定。

(2)助力转向操纵机构应全程助力良好,无卡滞、无异响。

(3)电子控制系统应工作正常,无故障码显示。

三、传动系修理技术要求

1. 离合器

(1)分离彻底,接合平稳,不打滑、不发抖,无异响。

(2)踏板自由行程和有效行程符合原设计规定。

(3)机械式操纵机构操纵轻便,无卡滞,无异响。

(4)液压式操纵机构工作正常,不漏油、不渗油;液压油的品质及油面高度应符合原设计规定。

(5)自动离合器控制系统工作正常。

2. 变速器

1)手动变速器(MT)

(1)外观整洁、无漏(渗)油,通气孔畅通。

(2)各部件齐全、有效,工作正常、可靠、不产生过热。

(3)操纵机构轻便、灵活,不出现自行脱挡、乱挡状况。运转无异响。

(4)齿轮油的品质及液面高度应符合原设计规定。

(5)各部件装配应符合原设计规定。

2)自动变速器(AT)

(1)外观整洁、无漏(渗)油,通气孔畅通。

(2)各部件齐全、有效,工作正常、可靠、无过热。

(3)控制系统工作可靠,报警装置工作正常。

(4)检测各挡位油路油压、压力值应符合原设计规定。

(5)液压油的品质及液面高度应符合原设计规定。

(6)换挡点及换挡品质符合原设计要求。

3. 传动轴

(1)传动轴外观无凹陷、无裂纹;齿套与花键滑动顺畅,不松旷;配合间隙符合原设计规定;花键防尘套完好。

(2)传动轴万向节及中间轴承应工作正常,无松动、抖动、异响及过热现象。

(3)传动轴万向节叉和十字轴无裂纹、无变形、无松旷,万向节叉相对位置应符合原设计规定;连接盘、连接螺栓应完好,锁销齐全有效,紧固力矩应符合原设计规定。

(4)传动轴动平衡应符合原设计规定。

(5)半轴球笼应按原设计规定加注润滑脂,防尘密封完好,不漏(渗)油、无松旷、无异响。

4. 减速器

(1)外观整洁,工作正常;无异响、无过热,不漏(渗)油。

(2)各部件齐全、有效,工作正常、可靠、无过热。

(3)差速器、中间差速器锁止机构应工作可靠,无异响。

(4)主减速器主、从动齿轮的啮合位置及啮合间隙应符合原设计规定。

(5)齿轮油的品质及液面高度应符合原设计规定。

四、行驶系修理技术要求

1. 悬架系统

1)钢板弹簧

(1)钢板弹簧表面无损伤,刚度、片数及厚度应符合原设计规定。

(2)钢板弹簧弧度及其拱高可采用滚压修理,加工后应符合原设计要求。

(3)装配时每片应涂抹润滑脂。定位卡、销齐全有效。

(4)钢板弹簧安装位置应符合原设计要求。

(5)U形螺栓表面不得磨损,螺纹应完整有效,螺栓紧固力矩及装配后螺纹外露部分应符合原设计规定。

(6)钢板弹簧固定销、孔配合良好,应符合原设计规定。

2)螺旋弹簧

(1)使用原设计规定的螺旋弹簧。

(2)左右弹簧自由长度及弹簧弹力应符合原设计规定。

(3)螺旋弹簧应无损伤,垂直度误差应符合原设计规定。

(4)弹簧座及垫块应无裂痕、老化,安装正确,无卡滞、无异响。

3)空气弹簧及油气液压弹簧

(1)空气弹簧及油气弹簧表面清洁,表面无裂痕,无渗漏,密封良好。

(2)空气弹簧及油气弹簧在整个行程内工作有效,安装及调试应符合原设计规定。

(3)控制系统应正常有效,其左右弹簧高度差应符合原设计规定。

4)减振器

(1)外观清洁,不得有凹痕、变形及渗漏。

(2)橡胶支撑套、缓冲块及防尘套无老化和损伤。

(3)螺纹完好无损,紧固良好,螺母锁止可靠,采用一次性自锁螺母的,二次使用时应更换或涂抹螺纹防松胶。

2. 前桥及后桥

(1)前、后桥应安装牢固、可靠,不得有裂纹、变形。

(2)前桥主销承孔与主销的配合及前桥主销孔上下端面对其轴线的垂直度应符合原设计规定。

(3)驱动桥管不得弯曲,变形,应密封良好,不得泄漏。

(4)前桥加工定位尺寸及安装位置应符合原设计规定。

3. 轮胎

(1)轮胎表面不得有凹陷、凸起、龟裂和划伤。

(2)轮胎与轮辋连接处应密封可靠,表面光滑清洁。

(3)同轴轮胎型号及花纹深度应一致并符合规定。

(4)车轮动不平衡量应符合原设计规定,平衡块应安装牢固、可靠。

4. 车轮定位

(1)主销内倾角、主销后倾角、车轮外倾角及车轮前束角(值)应符合原设计规定。

(2)车轮最大转向角符合原设计规定。

(3)车轮横向侧滑量应符合 5km/h 的规定。

(4)汽车直线行驶时转向盘应在中间位置。

五、制动系修理技术要求

1. 主缸与轮缸

(1)制动主缸、轮缸缸筒不得有生锈、腐蚀现象。

(2)主缸活塞、轮缸活塞、密封圈、防尘罩不得有渗漏,活塞表面不得有划痕、裂纹、凹坑、腐蚀和麻点。主缸、轮缸运动灵活,性能可靠。

(3)浮钳盘式制动器导向装置的配合面应光洁完好,并涂有润滑脂;防护套完整有效;螺栓应完整有效,不得使用其他螺栓代替。

(4)制动钳安装架无有裂纹和严重磨损,支撑弹簧不得有断裂和变形,制动块支撑板不应有损伤。

2. 制动盘及制动鼓

(1)制动盘及制动鼓不得有任何裂纹,其工作表面不得有较重划痕、锈斑等。

(2)制动盘表面划痕深度不得大于规定的极限。

(3)装配后制动盘端面全跳动不得大于原设计规定。

(4)装配后制动鼓径向全跳动不得大于原设计规定。

3. 制动蹄摩擦片

(1)摩擦片厚度应不小于规定的极限。

(2)制动蹄工作直径及其铆接沉孔均应符合原设计规定。

(3)摩擦片材料应符合原设计规定。

六、车架及车身修理技术要求

1. 车架

(1)车架及各构件加固修复或更换新件后,应符合原设计规定。

(2)车架及车身各部整形后,外形平整,曲面衔接变化均匀;车架及车身表面应进行除锈及防腐处理。

(3)车架修复后,各基准点及各总成部件的安装定位点应符合原设计规定。

2. 车身

(1)铆接件的接合面应贴紧,并坚实牢固;铆钉应充满钉孔,不得使用螺栓代替。

(2)蒙皮铆钉排列平直整齐、间隔均匀,位置符合原设计规定。

(3)车身骨架焊前应清除表面的油污、铁锈,焊接工艺及焊条的选择应符合原设计规定。

(4)焊缝表面平整,宽度均匀,无咬边、弧坑、烧穿、虚焊、夹渣、裂纹、焊瘤等缺陷。

(5)玻璃钢材质制件可采用黏结的方法进行修复,修复后黏结牢固,表面过渡圆滑平顺。

(6)对使用的旧蒙皮、零部件,涂漆前清除旧漆皮、腻子、底漆及铁锈。

(7)对更换的新板料、零部件,应彻底清除油污及铁锈。

(8)腻子应黏结牢固,打磨平整光滑。

(9)表面漆膜应结合牢固,无脱层、龟裂、起泡、橘皮。

3. 车身表面

(1)各部位表面漆面完整、清洁,无泥沙、裂损、翘曲、锈蚀。

(2)驾驶室、货厢、车身与车架周正(左右差不大于40mm),缝隙均匀,连接紧固,安全可靠。

(3)车身挖补或局部更换的部位外表平整,外形曲面过渡均匀,无裂损;所有铆钉或螺钉应平贴紧固,排列整齐,间距均匀。

(4)车身外表各部位装饰条、防护件安装位置正确、牢固可靠。

(5)车身内部装饰板应平整清洁,曲面过渡均匀,无凹凸变形裂损、皱褶、刮痕;各压条与板之间应密合牢固。

4. 车身附件

(1)车身内饰部件应使用阻燃材料。

(2)汽车安全带及安全气囊装配应符合原设计要求,工作正常,无故障显示。

(3)内外后视镜成像清晰、安装牢固、调节正常。

(4)汽车座椅总成连接牢固、使用可靠,整洁、无污迹破损;座椅调节自如、锁止可靠,操纵轻便、无卡滞。

(5)风窗除雾系统工作正常,应能除去风窗玻璃内外表面上的霜或水。

(6)遮阳板板面清洁,无翘曲、裂损;操纵灵活,并能停止在任意位置。

(7)门泵无裂纹,无缺陷,安装牢固,操纵灵活,密封良好,无卡滞现象。

(8)车门锁的全锁紧、半锁紧,两个位置可靠有效;门锁处于锁止时,操纵外手柄,不能打开车门;门锁运动件灵活,开关轻便,无异常噪声;儿童锁应正常有效;电动锁控制系统正常有效。

(9)车门铰链最大开启、半开启或关闭角度应符合原设计规定。

(10)车门、车窗用密封条齐全有效,密封良好,安装牢固。

(11)玻璃升降平稳,工作可靠无异响。

(12)行李架、牌照支架无裂损扭曲,安装牢固。

(13)排气管支架、油箱支架、备胎支架无裂损扭曲,安装牢固。

(14)燃油箱支架与油箱之间应装衬垫,不允许有摩擦或碰撞现象,油管、放油螺塞安装牢固,无渗油现象。

(15)发动机、变速器和催化转换器应装有隔热装置,安装牢固、可靠。

(16)汽车防护板、导流板及防护装置装配齐全,安全牢固、可靠。

(17)发动机舱盖、行李舱盖、油箱盖等开闭灵活,锁止可靠,二次开启功能正常有效。

七、灯光与电气系统修理技术要求

(1)汽车前照灯、信号灯安装牢固、功能有效,性能符合相关标准规定。

(2)刮水器各部件应齐全有效,刮水器关闭时,刮片应能自动返回至初始位置。

(3)喇叭装置部件齐全有效,按键开关应在方向盘旋转360°连续有效,且工作可靠。

(4)各仪表安装牢固,显示清晰,指示有效。

(5)空调各部件齐全有效,管路畅通,密封良好,不得泄漏。压缩机运转平稳,无异响,传动皮带清洁无油污,张紧度符合原设计规定。

(6)车辆防盗系统应工作正常、有效。

(7)装备有与制动、行车安全有关的电子控制系统的元器件,应按原设计装备齐全,监控有效、工作正常。

八、汽车整车修理竣工检验

汽车整车修理竣工检验项目的设置应尽量全面,要符合整车修理标准的要求。通常,整车修理竣工出厂检验包括总成机构检查和整车性能检验两部分。

总成机构检查主要是通过人工检查的方法,重点检查部件是否齐全有效、外观是否完好,有无漏水、漏油、漏气、漏电等现象,竣工出厂检查记录见表4-2。

整车性能检验需要通过仪器设备测试来完成,没有条件的维修企业可委托汽车检验检测机构来实施,竣工出厂检验记录见表4-3。

汽车整车修理竣工总成机构检查记录 表4-2

进厂编号		牌照号码		厂牌车型	
发动机号码		车架号码		施工日期	

检验项目		检验结果	检验项目		检验结果
转向机构	转向盘		车身及附件	油漆涂层	
	转向轴、转向传动轴			铆接	
	转向器			焊接	
	转向节及臂			驾驶室	
	横、直拉杆及球销			门窗及玻璃	
	车轮定位角			发动机舱盖	
传动机构	离合器踏板的自由行程			行李舱盖	
	离合器踏板的有效行程			后视镜及下视镜	
	变速器			安全带	
	主减速器			安全气囊	
	差速器、轮边减速器			内、外装饰件	
	传动轴及中间轴承		照明和信号装置及电气设备	线路	
	分动器			熔断丝、熔断线及继电器	
行驶机构	车轮圆跳动量			前照灯	
	车轮动不平衡量			前位灯、后位灯	
	轮胎及胎冠花纹深度			转向信号灯、危险警告信号灯	
	悬架、弹簧、减振器			制动灯	
制动机构	制动踏板			牌照灯	
	制动主缸、轮缸			风窗刮水器	
	制动盘/鼓			空调系统	
	制动摩擦片			电子控制元器件	
	制动液			蓄电池	
	制动管路		检验员(签字):		
	制动阀体		年 月 日		
	驻车制动部件				

汽车整车修理竣工性能检验记录 表4-3

车辆单位		进厂编号		牌照号码	
车架号码		发动机号码		厂牌车型	
燃油性质		施工日期		出厂日期	

检测内容			检测结果
结构参数		汽车左、右轴距差	mm
结构参数	离地高度差	保险杠	mm
		翼子板	mm
		驾驶室	mm
		货厢	mm
转向操纵性		转向盘自由转动量	(°)
		前轮最大转向角	(°)
		前轮横向侧滑量	m/km
		转向盘操纵力	N
制动性能		制动踏板自由行程	mm
		制动踏板有效行程	mm
		最大制动效能时的踏板力	N
		制动气压达标时间	min
		静态测试(气压降)	kPa
		动态测试(气压降)	kPa
	轴荷	一轴	kg
		二轴	kg
		三轴	kg

检测内容			检测结果
制动性能	行车制动	整车	%
		前/后轴	
	制动不平衡率	一轴	%
		二轴	%
		三轴	%
	车轮阻滞率	一轴	%
		二轴	%
		三轴	%
	制动协调时间		s
	驻车制动		%
动力性	额定功率		kW
	校正驱动轮输出功率		kW
前照灯性能	远光发光强度		cd
	近光光束垂直偏移量		mm/10m
	近光光束水平偏移量		mm/10m
	远光光束垂直偏移量		mm/10m
	远光光束水平偏移量		mm/10m
经济性	百公里燃料消耗量		L/100km

检测内容			检测结果
排放性能	汽油车	CO	%
		HC	$\times10^{-6}$
		NO_x	$\times10^{-6}$
	柴油车	光吸收系数	m^{-1}
		NO_x	$\times10^{-6}$
滑行性能	滑行阻力		N
	滑行距离		m
噪声	客车车内噪声		dB(A)
	驾驶员耳旁噪声		dB(A)
喇叭	喇叭声级		dB(A)
备注:			
检验员(签字): 年 月 日			

注:1. 制动系根据车辆实际轴数调整。
2. 整车排放性能检测依据现行国家排放标准检测。

第二节 汽车主要总成修理技术要求

一、发动机总成修理

1. 点火系(汽油机)

(1)点火系统高、低压特性符合原设计规定,无异常现象。

(2)断电器触头(白金)工作正常,间隙符合技术要求。

(3)无触点式点火信号发生器绝缘良好,工作正常。

(4)分电器、点火线圈、火花塞、高(低)压线性能符合原设计规定。

(5)电控点火系统可靠有效,工作正常。

(6)点火正时符合原设计规定。

2. 燃油供给系

(1)燃油供给系统在各种工况下工作正常,无漏油、渗油、溢油现象。

(2)燃油箱及管路内部清洁通畅,连接可靠,无泄漏。油箱盖开启方便,工作正常。油箱液位指示传感器工作正常。

(3)燃油泵工作正常,无漏油,无异响。

(4)燃油系统工作压力、流量、喷油正时等应符合原设计规定。

3. 进、排气系统

(1)空气滤清器安装牢固,密封垫齐全、密封良好、工作正常。

(2)空气滤芯清洁、齐全、完整,无破损。

(3)节气门体内外清洁,操纵机构灵活有效。

(4)怠速控制稳定有效,电动节气门应按原设计规定进行初始化设置。

(5)进气系统真空度应保持稳定,不允许有泄漏现象。

(6)曲轴箱通风阀应清洁、畅通,工作正常。

(7)排气系统工作正常,密封良好,无堵塞,无泄漏,无异常噪声。

(8)三元催化转换器应安装正确,牢固可靠,工作正常。

(9)增压装置应按原设计进行装配和检验,增压器工作应正常。

4. 冷却系

(1)散热器应安装牢固,位置正确。

(2)散热器内部畅通无积垢,不漏水,散热隔栅清洁无堵塞。

(3)水泵工作正常,无裂损,不松旷,无异响,不渗漏。

(4)风扇工作正常,风扇传动带无老化、开裂现象,张紧度符合原设计规定;风扇离合器、电动风扇工作正常,运转平稳,无异响,温度控制参数符合原设计规定。

(5)节温器工作正常,温度控制参数符合原设计规定。

(6)水管完整无老化、无泄漏,固定可靠。

(7)冷却系统及相关器件应按规定进行压力测试,压力值符合原设计规定。

5. 润滑系

(1)润滑油品质及用量应符合原设计规定。

(2)机油泵工作正常,无异响;发动机各部位润滑良好,润滑滑油压力符合原设计规定。

(3)机油集滤器清洁、通畅;管、罩、网齐全有效。

(4)机油滤清器内外清洁,油道通畅、滤芯完整、效能完好。

(5)机油散热器清洁、通畅;附属件装配齐全、工作正常。

(6)油底壳及衬垫清洁、完好,不漏(渗)油;放油螺栓及衬垫完好有效。

(7)曲轴箱强制通风管工作正常。

6. 起动系及充电系统

(1)起动机运转正常,不打滑、不咬齿、无异响。

(2)蓄电池外观整洁、安装牢固,电解液密度和液面高度符合规定。

(3)发电正常,调节器工作良好,充电指示工作良好。

(4)起动线路连接可靠,工作正常。

7. 配气机构

(1)配气相位应符合原设计规定。

(2)配气机构运转正常,润滑良好,各部件安装牢固,无异响,各部间隙符合规定。

(3)各气门无积炭,开启灵活,密封良好;气门导管、气门油封工作良好,安装符合原设计规定。

(4)可变配气相位控制机构应工作正常、可靠。

8. 曲柄连杆机构

(1)曲柄连杆机构应运转正常,无异响。

(2)各部配合间隙应符合原设计规定;各部螺栓的紧固顺序、紧固力矩应符合原设计规定,锁止销、锁齐全有效。

(3)曲柄连杆机构装配后,曲轴转动均匀轻便,转动力矩符合原设计规定。

(4)曲柄连杆机构各部润滑油路畅通、清洁。

9. 性能要求

1)起动性能

汽油发动机在环境温度不低于 -5℃,柴油发动机在环境温度不低于 5℃时,应能顺利起动。允许起动 3 次,每次不超过 5s。在正常工作温度下,发动机应能在 5s 内一次顺利起动。

2)怠速运转性能

从起动后到正常工作温度,发动机怠速应运转平稳,其怠速转速应符合整车厂规定,并能保证向其他工况圆滑过渡。

3)运转状况

在正常工作温度下,发动机在各种工况下应运转稳定、无异响,不得有过热、异常燃烧和爆震等现象;发动机各工况过渡应平稳,不得有突爆、回火、放炮等异常现象,无失火。

当柴油发动机转速超过额定转速时,调速控制装置应正常有效。紧急停机装置在发动机整个运转过程中可靠有效,不得出现失控现象。

4)额定功率和最大转矩

在标准状态下,发动机额定功率和最大转矩应不低于原设计的 90%。检验方法按《汽车发动机性能试验方法》(GB/T 18297)的规定进行。

环境温度在 288~303K(15~30℃)范围内,考虑海拔高度变化的因素,发动机额定功率可按式(4-1)进行修正。

$$P_{修正} = P_{实测}/k \tag{4-1}$$

式中：$P_{修正}$——修正功率(kW)；

$P_{实测}$——实测功率(kW)；

k——海拔高度功率(转矩)修正系数，见表4-4。

不同海拔高度的输出功率修正系数 表4-4

海拔高度(m)	1000	2000	3000	4000	5000
汽油机修正系数 k	0.87	0.77	0.67	0.57	0.47
柴油机修正系数 k	0.93	0.85	0.77	0.69	0.61

5)燃料消耗量和机油消耗量

燃料消耗率应不大于原设计的114%；机油消耗量应符合原设计规定。

6)排放性能

发动机排放装置齐全有效；车载诊断系统(OBD)应工作正常；排放污染物应符合《柴油车污染物排放限值及测量方法(自由加速法及加载减速法)》(GB 3847—2018)或《汽油车污染物排放限值及测量方法(双怠速法及简易工况法)》(GB 18285—2018)的要求。

10. 竣工检验

汽车维修质量检验员应按标准要求进行竣工检验，核查修理项目完成情况，并填写维修竣工检验记录，竣工质量检验合格后，由维修企业签发竣工出厂合格证。对竣工检验中发现的不合格项目，由维修人员返工作业。发动机总成修理竣工检验项目分人工检查和仪器设备检验项目，见表4-5。

发动机总成修理竣工检验单 表4-5

<table>
<tr><td>进厂编号</td><td></td><td>厂牌车型</td><td></td><td>牌照号码</td><td></td></tr>
<tr><td>发动机号码</td><td></td><td>竣工日期</td><td></td><td>主修人</td><td></td></tr>
<tr><td colspan="3">检验项目及结果</td><td colspan="3">检验项目及结果</td></tr>
<tr><td colspan="3">发动机外观：</td><td colspan="3">曲轴箱压力(kPa)：</td></tr>
<tr><td colspan="3">密封性检查：
油：　水：　电：　气：</td><td colspan="3">增压器压力(kPa)
进口：　出口：</td></tr>
<tr><td colspan="3">润滑油、脂：</td><td colspan="3">稳定调速率：　%</td></tr>
<tr><td colspan="3">冷却液：</td><td colspan="3">机油压力(MPa)
怠速：　高速：</td></tr>
<tr><td colspan="3">起动性能：</td><td colspan="3">实测功率(kW)：　最大转矩(N·m)：</td></tr>
<tr><td colspan="3">怠速转速：　r/min</td><td colspan="3">发动机燃油消耗率：　g/(kW·h)</td></tr>
<tr><td colspan="3">运转状况：
怠速：　中速：　高速：　加速：</td><td colspan="3">机油燃料消耗百分比：　%</td></tr>
<tr><td colspan="3">失火率：　%</td><td colspan="3">OBD系统故障码：</td></tr>
</table>

续上表

<table>
<tr><td colspan="2">进厂编号</td><td colspan="3"></td><td colspan="3">厂牌车型</td><td></td><td colspan="2">牌照号码</td><td></td></tr>
<tr><td colspan="2">发动机号码</td><td colspan="3"></td><td colspan="3">竣工日期</td><td></td><td colspan="2">主修人</td><td></td></tr>
<tr><td colspan="8">检验项目及结果</td><td colspan="4">检验项目及结果</td></tr>
<tr><td colspan="8">发动机异响：</td><td rowspan="4">汽油机</td><td colspan="3">双怠速法：CO： %；HC： $\times10^{-6}$；λ：</td></tr>
<tr><td colspan="8">汽缸压力/MPa</td><td colspan="3">稳态工况法（ASM）；瞬态工况法（VMAS）</td></tr>
<tr><td>1</td><td>2</td><td>3</td><td>4</td><td>5</td><td>6</td><td>7</td><td>8</td><td>CO
（%、g/km）</td><td>HC
（$\times10^{-6}$、g/km）</td><td>NO_x
（$\times10^{-6}$、g/km）</td></tr>
<tr><td></td><td></td><td></td><td></td><td></td><td></td><td></td><td></td><td></td><td></td><td></td></tr>
<tr><td colspan="8">汽缸压力差（MPa）</td><td rowspan="2">柴油机</td><td rowspan="2" colspan="3">光吸收系数 k_{100}： m^{-1}；k_{80}： m^{-1}；
NO_x： $\times10^{-6}$；最大轮边功率： kW；
对应发动机实测转速： r/min</td></tr>
<tr><td colspan="8" rowspan="2">真空度（kPa）
怠速： 波动范围：</td></tr>
<tr><td colspan="4">电控系统有无故障码显示：</td></tr>
<tr><td colspan="8">备注：</td><td colspan="4">质量检验员（签字）：
年 月 日</td></tr>
</table>

二、汽车制动系总成修理

制动系是汽车最重要的主动安全装置，由制动缸及气（油）路、储气筒、制动踏板等多个部件组成。汽车制动时，制动系要完成制动介质传递制动动力源的压力，直至制动执行机构完成制动过程。按制动系介质分为气压制动和液压制动，按制动器结构分为鼓式制动器和盘式制动器。

1. 制动系检查项目与要求

1）行车制动

（1）制动管路。

制动管路稳固，转向及行驶时，金属管路及软管不应与车身或底盘产生运动干涉。

（2）制动缸及气（油）路。

制动缸及气（油）路应符合以下要求。

①制动主缸、轮缸、各类阀门及制动管路无漏气、漏油现象。

②制动金属管及软管无弯折、磨损、凸起和扁平等现象，接头处的连接可靠。

③液压制动助力系统的真空软管不应有磨损、折痕和破裂，接头处的连接可靠。

（3）制动报警装置。

气压制动系统的低气压报警装置工作正常，制动系统故障报警装置无报警信号输出。

（4）弹簧储能装置。

装有弹簧储能制动器的气压制动车辆，弹簧气室气压低时，弹簧储能制动器自锁装置应有效。

（5）储气筒。

储气筒安装稳固，不应有锈蚀、变形等损伤，储气筒排污（水）阀畅通。

（6）制动踏板。

制动踏板无破裂或损坏，防滑面无磨光现象。

2）驻车制动

驻车制动装置机件齐全完好，操纵灵活有效，拉杆无过度摇晃现象。

在空载状态下，驻车制动装置应能保证汽车在坡度为20%（对总质量为整备质量的1.2

倍以下的汽车为15%)、轮胎与路面间的附着系数大于或等于0.7的坡道正反两个方向保持固定不动,时间应大于或等于2min,锁止装置可靠。

3)制动系统密封性要求

(1)采用气压制动的车辆,当气压升至750kPa时,空气压缩机停止运转3min,其气压降低值应不大于10kPa。

在气压750kPa的情况下,空气压缩机停止运转,将制动踏板踩到底,待气压值稳定后观察3min,单车气压降低值应不大于20kPa;汽车列车气压降低值不得超过30kPa。

(2)采用液压制动的车辆,发动机在怠速运转状态下,将制动踏板踩下,保持700N的踏板力并持续1min,踏板不应有缓慢向前移动的现象。

采用真空辅助的系统,当残留的真空耗尽且在制动踏板上持续施加220N(乘用车为110N)的力,在发动机起动时制动踏板应轻微地下降。

2. 鼓式制动器检查与修理

1)制动鼓

(1)制动鼓出现裂纹时应更换。检验方法有目测、敲击检验或渗透探伤检验。

(2)在相互成直角的摩擦表面的宽窄两边缘处测量制动鼓的磨损量;在圆周上每隔45°的各点且在最深沟槽的底部测量制动鼓的直径。制动鼓直径超过基本尺寸4mm;或虽未超过报废尺寸,但经过切削加工后,其直径超过安全修理尺寸2.8mm的制动鼓应更换。

(3)制动鼓摩擦表面圆度误差超过0.15mm的制动鼓,应予以更换,检验方法如图4-1a)所示。制动鼓同轴度误差检验方法如图4-1b)所示。

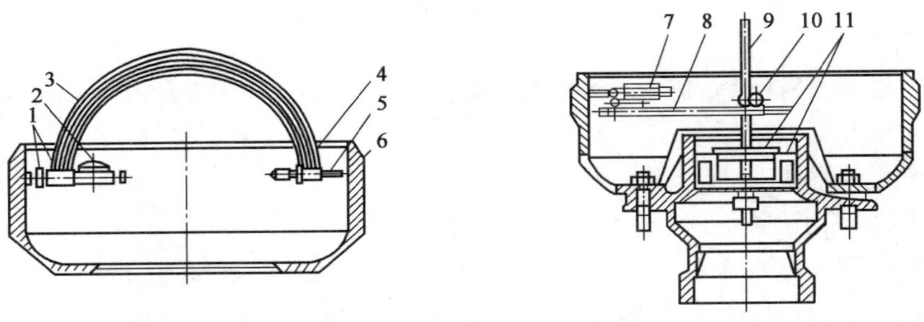

a)制动鼓圆度误差检验

b)制动鼓同轴度误差检验

图4-1 制动鼓磨损与变形检验

1-锁紧装置;2-百分表;3-弓形架;4-锁紧螺母;5-调整杆;6-制动鼓;7-百分表;8-支架;9-中心杆;10-锁紧装置;11-夹具

(4)制动鼓摩擦表面由于制动热能引起金相组织结构发生变化而产生硬点时,应更换。

(5)制动鼓竣工技术要求。

制动鼓摩擦表面的圆度误差或圆柱度误差不大于0.05mm;制动鼓摩擦表面对轮毂轴承孔轴线的径向圆跳动不大于0.12mm。制动鼓的壁厚差不大于1.00mm;同轴上的左右制动鼓的直径差值不得大于0.5mm。

2)制动蹄总成

(1)摩擦片。

①检查制动蹄摩擦片表面;摩擦片有裂纹、老化或烧蚀应更换。

②检查制动蹄摩擦片厚度：摩擦片剩余厚度最薄处小于 7mm 或磨损到距铆钉头 1mm 时应更换。

③制动蹄摩擦片的安装：用清洁溶剂彻底冲洗制动蹄摩擦片，消除全部毛刺和不平整点；从新摩擦片的中心开始安装和紧固连接铆钉，交替向外到两端；检查制动蹄和摩擦片之间的间隙，任意两个铆钉之间，蹄、片的间隙不大于 0.02mm；黏结摩擦片时，其黏结表面必须洁净，黏结剂及黏结强度应符合要求。

④制动蹄摩擦片同轴左、右轮应同时成组更换。

(2) 制动蹄。

①制动蹄有裂纹、表面变形或脱焊应更换。

②制动蹄上的铆钉孔出现椭圆时，应修理或更换。

③清洁制动蹄及消除全部毛边和不平整点。

④制动蹄与支承销的配合间隙使用极限不得大于 0.30mm。

(3) 制动底板。

①制动底板有弯曲变形或裂纹出现，应更换。

②确保制动底板螺栓和用螺栓固定的支承销应按规定力矩拧紧。

③制动底板的蹄凸台应无腐蚀或其他表面缺陷；用砂纸打磨凸台表面的磨损沟槽；砂纸打磨后仍有沟槽，则应更换。

(4) 弹簧。

①制动蹄复位弹簧和压紧弹簧自由长度发生变化及有扭转、弯曲或钩环损坏时，应更换。

②弹簧由于制动器过热而弹性减弱后，应更换。

3. 盘式制动器检查与修理(以某种重型营运货车为例)

盘式制动器(又称为碟式制动器)，主要零部件有制动盘、轮缸、制动钳、油管等，其制动盘用合金钢制造并固定在车轮上，随车轮转动。制动钳沿制动盘两侧面施力，制动轴不受弯矩，径向尺寸小，制动性能稳定。同时，盘式制动器散热快、重量轻、构造简单、调整方便。特别是高负载时，耐高温性能好，制动效果稳定，而且不怕泥水侵袭，耐水稳定性也好。

1) 盘式制动器检查

盘式制动器检查项目与要求见表 4-6。对于摩擦片的磨损，必须检查制动盘和摩擦片的磨损限度。

盘式制动器检查项目与要求 表 4-6

检查对象	检测参数	该车型技术要求
摩擦片(磨损限度)	摩擦片最小厚度	3mm(带底板 11mm)
	最大磨损不均匀量	1mm
制动盘(磨损限度)	最小厚度	37 mm
	每边磨损最大厚度	4 mm
制动钳相对托架的水平滑动	最大阻力	100N

当制动盘和摩擦片磨损到规定的最小厚度时，制动效能降低，必须予以更换；摩擦片烧焦或被油污染应立即更换。

摩擦片更换以组为单元,不能单片更换,更换时须使用规定厂家的摩擦片配件。

2)摩擦片检查

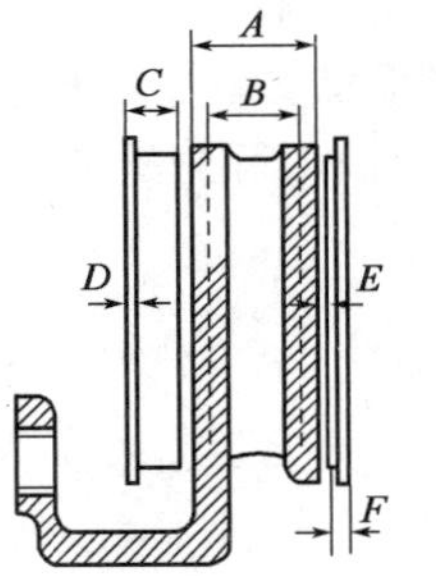

图4-2　制动盘尺寸检查项目 A-新盘制动盘厚度;B-磨损后至一定尺寸,必须更换;C-摩擦片总厚度(新片);D-底板;E-摩擦材料的最小厚度;F-摩擦材料及底板总厚度的最小允许值

(1)开始检查前,确认行车制动、驻车制动及客车用的临时停车制动没有使用,并且将车辆固定好,车轮不能移动。

(2)拆下密封帽,用棘轮扳手逆时针旋转调整螺栓,使摩擦片松开。拆下摩擦片后,按图4-2所示进行测量,从制动块底面(含底板)至摩擦面的距离,最小允许的厚度(含底板)为11mm。

(3)使用游标卡尺选取周向均匀分布4个不同点进行测量,应避开毛边磨损严重位置。同时检查摩擦片是否磨损均匀,最大允许的不均匀量为1mm。如磨损不均匀,检查制动钳在滑销上的滑动功能是否正常,并检查摩擦片底板和整体推盘之间是否有灰尘,以及自调机构的间隙调节功能是否正常。

(4)更换摩擦片时,同一车桥的两制动器的所有摩擦片必须同时更换,而且更换的新摩擦片要选择规定的原装配件。由于车辆行驶轻踩制动踏板频次高的原因,内摩擦片的磨损量可能比外摩擦片大。

3)制动盘检修

(1)制动盘尺寸检查。

如制动盘厚度磨损超过8mm,必须更换制动盘。测量制动盘最薄处的厚度时,由于会有毛边,应避免在制动盘边缘测量厚度。

(2)制动盘表面裂纹检查。

①裂纹深度及宽度小于1.5mm且呈辐射状,长度小于摩擦片接触区域宽度3/4,允许使用。环行沟槽且深度小于1.5mm,允许使用。

②裂纹深入到盘的通风冷却通道或从摩擦片接触区域的内侧贯穿到外侧(径向)是不允许的,此时应更换制动盘。

③若制动盘是免维护的,在更换摩擦片的时候可以不对表面抛光(但抛光会更好些)。

④为满足安全需要,抛光后的制动盘最小厚度必须大于极限厚度2mm。

(3)制动钳滑动功能的检查与调整。

若制动钳的最大滑动阻力超过100N,应检查是否存在灰尘、杂物等妨碍了制动钳的滑动。

(4)间隙调整及技术要求。

将制动钳沿导向销推向内侧,使用适当的工具将整体推盘与内制动块分离,测量推盘与内制动块背板的间隙值应为0.7~1.0mm。如果间隙过大或者过小,自调机构不能正常工作,需进行以下检查:

①打开橡胶帽,用扳手逆时针拧转手调轴的六角螺母,使制动块与制动盘之间产生间隙。

②将扳手放在手调轴的六角螺母上,施加5次制动(大约200kPa),如果自调机构正常工作,则扳手应顺时针转动一段小的距离(随制动次数增加,转动距离递减);自调机构在几次制动后会将间隙调整到正常值。

4.竣工检验

经过修理的制动系应进行制动性能检验。制动性能检验可采取台架检验或路试检验进行，制动效能应符合《机动车运行安全技术条件》(GB 7258)的有关规定。

台架检验采用滚筒反力式制动检验台或平板式制动检验台检验，并根据所检验车辆的轴荷选择相应承载能力的制动检验台，对于前轴驱动的乘用车更适合采用平板式制动检验台检验制动性能。对于部分无法在制动检验台检测的车辆，以及对台式制动性能检验结果有质疑的汽车，采用路试检验制动性能。

1）台架检验

台架检验整车制动率、轴制动率和制动不平衡率应符合表4-7的要求。

台架检验制动性能要求　　表4-7

车辆类型		整车制动率(%)		轴制动率(%)		制动不平衡率(%)
		空载	满载	前轴[①]	后轴[①]	
M_1类乘用车		≥60	≥50	≥60[②]	≥20[②]	前轴≤24 后轴≤30或10[④]
M_2、M_3类客车		≥60	≥50	≥60[②]	≥50[③]	
N_1类货车		≥60	≥50	≥60[②]	≥20[②]	
N_2、N_3类货车		≥60	≥50	≥60[②]	≥50[③]	
牵引车		≥60	≥50	≥60	≥50	
O_3、O_4类挂车	全挂车	—	—	≥55[⑤]	≥55[⑤]	
	半挂车	—	—	—	≥55[⑤]	

注：①前轴是指位于机动车(单车)纵向中心线中心位置以前的轴，除前轴之外的其他轴均为后轴；第二转向桥视为前轴；挂车的所有车轴均视为后轴。

②空载和满载状态下测试均应满足此要求。

③满载测试时不做要求，空载用平板制动检验台检验时应大于或等于35%；总质量大于3500kg的客车，空载用滚筒反力式制动检验台检验时应大于或等于40%，用平板制动检验台检验时应大于或等于30%。

④对于后轴，当轴制动率大于或等于该轴轴荷60%时，不平衡率不大于30%；当轴制动率小于该轴轴荷60%时，不平衡率不大于10%。

⑤满载状态下测试时应大于或等于45%。

车轮阻滞力过大是汽车制动器常见的故障，一般是更换车轮轴承、制动摩擦材料或间隙调整不当等修理所致。过大的车轮阻滞力，使车辆行驶阻力增加，引起制动器过热，加快制动热衰退，制动蹄摩擦片烧蚀，降低车辆制动性能，不利于车辆安全运行。

车轮阻滞力的检验在滚筒反力式制动检验台上与行车制动同步进行，各车轮的阻滞力均不应大于车轮所在轴静态轮荷的10%。

2）路试检验

(1)制动距离。

在规定的初速度下急踩制动时，从脚接触制动踏板(或手触动制动手柄)时起至汽车完全停止时汽车驶过的距离。路试检验制动距离应符合表4-8的要求。

路试检验制动距离　　表4-8

车辆类型	制动初速度(km/h)	空载制动距离(m)	满载制动距离(m)	试验通道宽度[①](m)
M_1类乘用车	50	≤19.0	≤20.0	2.5
N_1类货车	50	≤21.0	≤22.0	2.5

续上表

车辆类型	制动初速度(km/h)	空载制动距离(m)	满载制动距离(m)	试验通道宽度[①](m)
M_2、M_3类客车,N_2、N_3类货车(含半挂牵引车)	30	≤9.0	≤10.0	3.0
汽车列车	30	≤9.5	≤10.5	3.0

注:①制动过程中车辆的任何部位(不计入车宽的部位除外)不超出规定宽度的试验通道的边缘线。

(2)汽车充分发出的平均减速度(MFDD)。

汽车在规定的初速度下急踩制动时,检验汽车充分发出的平均减速度(MFDD)及制动稳定性应符合表4-9的规定。路试检验制动协调时间对液压制动的汽车不应大于0.35s,对气压制动的汽车不应大于0.60s,对汽车列车不应大于0.80s。

路试检验充分发出的平均减速度(MFDD)和制动稳定性 表4-9

车辆类型	制动初速度(km/h)	空载平均减速度(m/s^2)	满载平均减速度(m/s^2)	试验通道宽度[①](m)
M_1类乘用车	50	≥6.2	≥5.9	2.5
N_1类货车	50	≥5.8	≥5.4	2.5
M_2、M_3类客车,N_2、N_3类货车(含半挂牵引车)	30	≥5.4	≥5.0	3.0[②]
汽车列车	30	≥5.0	≥4.5	3.0[②]

注:①制动过程中车辆的任何部位(不计入车宽的部位除外)不超出规定宽度的试验通道的边缘线。
②对车宽大于2.55m的汽车和汽车列车,其试验通道宽度为"车宽(m)+0.5"。

3)汽车制动性能检测不合格项原因分析

汽车制动性能竣工检验结束后,检验结果可能会出现不合格的检验数据。统计表明,不合格的检验数据可分三种情况。

①制动率过小。包括个别轴行车制动率过小、整车行车制动率过小、驻车制动率过小,或充分发出的平均减速度(MFDD)过小、制动距离过长、坡道驻车2min内溜坡、驻车牵引力达不到合格阈值。

②制动力上升迟缓。包括制动协调时间过长。

③左右轮制动力不平衡。包括某轴或某些轴行车制动不平衡率过大、路试制动稳定性较差。

(1)台式制动性能检验结果的分析。

在制动检验台上检测汽车制动性能时,若检测结果判定为不合格,如果排除检测操作规范的问题,则其主要原因是汽车制动系统故障。汽车制动系的常见故障形式有制动力不足、同轴左右车轮制动力平衡不符合要求、制动协调时间过长和车轮的阻滞力过大等。

①液压制动系统检验结果的分析。

A.各车轮制动力均偏低,主要原因为制动踏板自由行程太大,制动液中有空气或制动液变质,制动主缸有故障,增压器或助力器效能不佳或失效。在随后的维修中,应进一步检查制动主缸、增压器、助力器或制动液,必要时,更换或添加制动液。

B. 个别车轮制动力偏小，主要原因是该车轮制动器有故障，若同一制动回路两车轮制动力均偏小，则应检查该制动回路中有无空气或不密封的地方。

C. 同轴左右车轮制动力平衡不符合要求的故障原因与上一条相同，应着重检查车轮制动器间隙是否适当。

D. 各车轮制动协调时间过长，应检查制动踏板自由行程是否过大。若个别车轮制动协调时间过长，则主要可能是该车轮制动器间隙过大；若同一制动回路两车轮制动协调时间都过长，则可能是该制动回路中有空气。

E. 车轮阻滞率都超限的主要原因是制动主缸有故障或制动踏板无自由行程；若个别车轮阻滞率超限，则主要原因是该车轮制动器间隙过小，制动轮缸有故障、制动蹄复位弹簧有故障或轮毂轴承松旷。

②气压制动系统检验结果的分析

A. 各轮制动力均偏低，主要原因是制动踏板自由行程太大，储气筒气压太低或制动控制阀有故障。在随后的维修中，应进一步检查空气压缩机、制动控制阀的工作情况。

B. 个别车轮制动力偏低，主要原因是该车轮制动器间隙过大或控制器有故障。若同一制动回路两车轮制动力都偏低，主要原因是制动管路漏气或某一制动气室膜片破裂，应视情更换制动管路或制动气室。

C. 同轴左右车轮制动力平衡不符合要求的故障原因同上一条，应着重检查车轮制动器间隙是否适当。

D. 各车轮制动协调时间过长，应主要检查制动踏板的自由行程是否过大；若个别车轮制动协调时间过长，则说明该车轮制动器间隙过大。

E. 各车轮阻滞力均超出标准的要求，其主要原因是制动踏板无自由行程或制动控制阀有故障；若个别车轮阻滞力超出标准的要求，则主要原因是该车轮制动间隙过小，制动蹄复位弹簧有故障或轮毂轴承松旷。

F. 带挂车的货车列车，当出现牵引车、挂车制动不协调，应检查制动控制阀的调整是否正确。

(2)路试制动性能检验结果的分析。

①制动距离大于规定值。

A. 对于液压制动系统，需检查系统中有无渗入空气；检查制动主缸，若制动主缸无问题，则再检查制动轮缸；检查制动钳与制动盘或制动蹄摩擦片与制动鼓的间隙是否正常。

B. 对于气压制动系统，需检查制动器间隙；检查制动控制阀、制动气室及真空增压器。

②制动跑偏。

A. 对于液压制动系统，需检查跑偏一侧制动钳与制动盘或制动蹄摩擦片与制动鼓是否变形，检查轮毂轴承是否磨损、松旷，检查前轮定位是否正常，检查悬架固定螺栓有否松动，检查制动轮缸是否发卡或发生气阻。

B. 对于气压制动系统，需要检查左右轮制动器间隙是否一致，检查前轮定位是否正常。检查跑偏一侧制动气室膜片是否破裂和推杆是否变形；检查制动凸轮与支承套、制动蹄与支架销是否锈蚀，检查制动鼓是否变形及其表面有无沟槽。

③制动拖滞。

A. 对于液压制动系统，需要检查制动踏板行程是否太小，制动器间隙是否过小；检查制动轮缸是否卡滞,制动液是否返回储油罐;检查真空助力器是否卡滞;检查制动复位弹簧是否失效、脱落。

B. 对于气压制动系统,需要检查制动踏板行程是否太小,制动器间隙是否过小;检查制动控制阀的排气阀弹簧、橡胶阀是否有效,检查制动气室膜片回位弹簧弹力;检查制动凸轮轴与轴套,制动蹄与支承销是否卡滞。

④制动时有异响。

在路试进行制动时,听到制动系统有关部位有噪声发出时,特别要注意前后车轮轮毂等容易发生异响的部位。若听到"哽、哽"的异响,则一般是制动鼓失圆或摩擦片接触不良;若听到"哗啦、哗啦"的响声,则为制动器弹簧断裂或脱落;若听到"唰、唰"的响声,则说明制动蹄与制动鼓的间隙过小或制动钳与制动盘发生碰擦。

如制动时有异响,则还要检查制动摩擦片的品质、安装情况及磨损量,检查轮毂轴承是否松旷或破裂,检查制动蹄或制动钳有否松动,检查制动钳有无毛刺或锈蚀,检查制动盘或制动鼓有无磨出沟槽或破裂。

⑤制动踏板力偏大。

汽车制动时,驾驶员通过施加在制动踏板的力的大小可以判断制动踏板力是否偏大。一般脚踩下制动踏板的力约为400N,若明显大于该数值,踩踏板感到吃力,则可以判定为制动踏板力偏大。主要检查增压器或助力器是否失效,检查制动主缸是否发卡,检查制动轮缸或制动气室能否复位。

⑥制动鼓发热。

若在汽车行驶制动时,踩下制动踏板后汽车不能立即停止,车轮拖印痕迹比正常范围长很多,用手试摸车轮轮毂外壳时有烫手的感觉,则应检查制动器间隙是否过小,检查制动主缸回油是否顺畅,检查制动蹄复位弹簧是否过软,检查摩擦片是否有裂纹,检查带真空增压装置的真空控制阀是否失灵。

⑦驻车制动操纵杆锁不住。

驻车制动时,在拉紧驻车制动操纵杆后松手时,操纵杆应停止在相应位置,若操纵杆自动退回原位,则应检查棘爪复位弹簧是否脱落或失灵,检查带驻车制动操纵杆棘爪或齿肩是否磨损或损坏。

三、客车车身总成修理

1. 车身修理工艺

现代车身修理不再是简单的外观修复,更重要的是以安全为目的的性能恢复。车身修理应在准确分析车身损伤特征和遵循车身安全性设计思想的基础上,才能对车身进行全方位修复。车身修理通常按图4-3所示工艺进行。

2. 车身结构件校正

车身校正是指通过一定的外力将因事故损坏的部位恢复到事故前车辆状态的过程,是车身修理中最为复杂的工艺,应尽可能采取就位修理的方法。车身校正主要采取拉伸、整形与测量等工艺，通常使用汽车车体校正机[《汽车车体校正机》（JT/T 639—2005）]实施校正和测量，如图 4-4 所示。

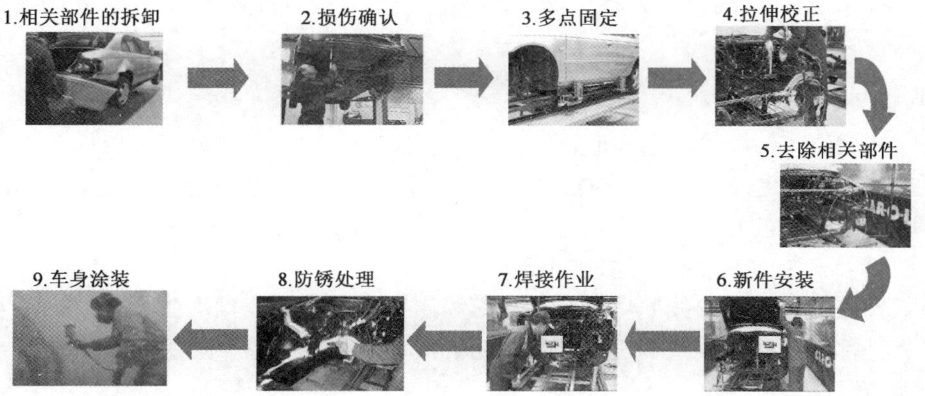

图 4-3　车身修理工艺

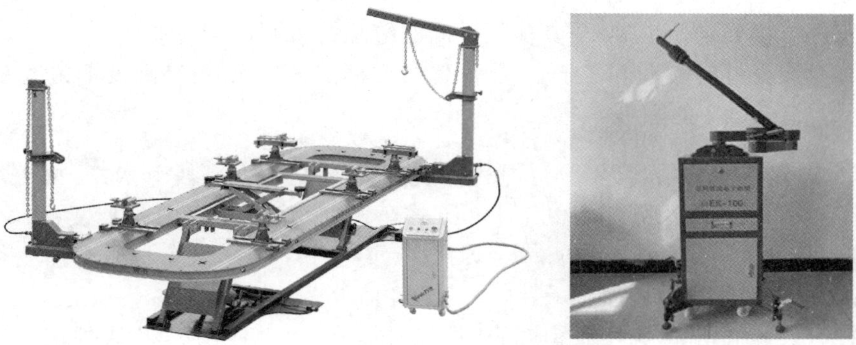

图 4-4　汽车车体校正机与测量系统

拉伸时，应采用多点固定、多点拉伸的方法，每次拉伸使用多个夹钳，并及时改变拉伸方向，防止拉力过大，撕裂夹持部位钢板。

拉伸时，遵循"拉伸—保持平衡—再拉伸—再保持平衡"循环往复的原则；同时，还应采用后进先出、从里到外、先强后弱、先中间后两边、先低后高、先长度后侧向等工艺。

首先校正车身中部部件（乘客区），然后是车身前后部件（发动机舱和行李舱）。若部件（如纵梁）在三个方向都有变形时，先校正长度方向尺寸，再校正宽度方向尺寸，最后校正高度方向尺寸。车身校正质量控制点如下：

（1）应使用专业的拉伸、整形设备和测量工具进行形状和位置恢复。拉伸校正应定位准确、牢靠；拉伸强度、方向合理；每次拉伸前、拉伸中和拉伸后应进行尺寸测量，以防拉伸不足或拉伸过度。

（2）车身结构件应在冷态下进行。对于变形严重，用冷压不易校正时，允许局部加热校正，但应根据材料性质严格控制加热时间和温度。高强度以上钢板加热温度不得高于 200℃，低碳钢钢板加热温度不得高于 700℃，加热持续时间均不得超过 3min，且不得用铁锤直接击打，并自然冷却。

(3)对变形严重,不易校正的构件进行切割、更换时,应采用冷态切割或等离子切割方式,禁止使用氧－乙炔切割高强度钢板件;在进行车身结构件切割作业时,为了不改变设计安全目的,选择切割部位时,切割位置应避开防撞吸能区、强度支撑点和应力集中区,并按规定的切割线进行切割。

3. 车身面板更换

车身面板更换应遵循"弯曲变形就修,折曲变形就换"的原则。如车身板件有严重折曲变形或撕裂的,应予以更换;车门防撞杆、防撞梁、中柱加强板和前后保险杠加强梁等超高强度车身板件,损坏后在冷态下不能校正的,应予以更换。面板更换质量控制点如下:

(1)新板件安装前,三维尺寸必须正确。

(2)板件整体更换时要按原焊缝进行分离和连接,不能任意切割吸能区。

(3)板件部分更换时要按规定的切割线进行切割,切割时要根据新板件连接的方式留好搭接或连接缝。

(4)有加强件的部件,如纵梁、门槛板、立柱等,连接时不能采用插入件对接方式,只能采用偏置对接方式。

(5)覆盖件更换要定位准确,与其他板件间的缝隙符合原设计要求。

(6)对车身覆盖件进行局部修整时,应确保修理部位平整光滑,平整度不超过1mm。

4. 焊接和粘接

现代车身焊接一般采用熔焊、压力焊和粘接,而传统的焊条弧焊和氧-乙炔气焊在现代车身维修中要谨慎采用。焊条弧焊现仅用于车架式车辆以及低碳钢车身的修复;氧-乙炔焊只在一些特殊的工艺中使用。在进行车身钣金焊接时,要采用不会降低车身原有强度和耐久性的最佳焊接方法。焊接质量控制点如下:

(1)焊接方式和焊机型号的选择应符合原设计规定,严禁使用氧-乙炔焊接。对于车身高强度以上钢板不允许使用电弧焊和氧-乙炔焊,只能使用气体保护焊和电阻点焊方式;对于厚度≤0.8mm的钢板,要采用不连续的点焊方式焊接;对于厚度>0.8mm的钢板,要采用分段的连续焊;气体保护焊焊接时对于轿车车身采用75% Ar和25% CO_2的混合气,0.6mm焊丝,对于2mm以上的钢板可以采用100% CO_2,0.8mm焊丝;对于超高强度钢板应采用气体保护焊的塞焊和电阻点焊。

(2)焊接后应按维修技术手册要求对焊件焊接变形进行整形处理,并采取相关措施消除应力。

(3)对于连续焊缝,焊缝平整光滑,宽度均匀,无焊穿、脱焊、漏焊、夹渣等缺陷;对于塞焊焊点,要在原电阻点焊焊点进行焊接,焊点圆整,无焊穿、脱焊、漏焊、夹渣等焊接缺陷;对于电阻点焊焊点,不能在原电阻焊点进行焊接,焊点分布均匀,无脱焊、漏焊、夹渣等焊接缺陷。

现代汽车车身目前采用了钢质车身和铝合金车身,为提高车身焊接和修复质量,通常采用专用的车身修复设备,实施数字化控制技术,如图4-5所示,具有多种钣金缩火、介质、直拉、点焊、压平、波纹线、螺柱、垫片、三角片等全自动焊接功能,也会有效降低使用者的劳动强度,提高工作效率。

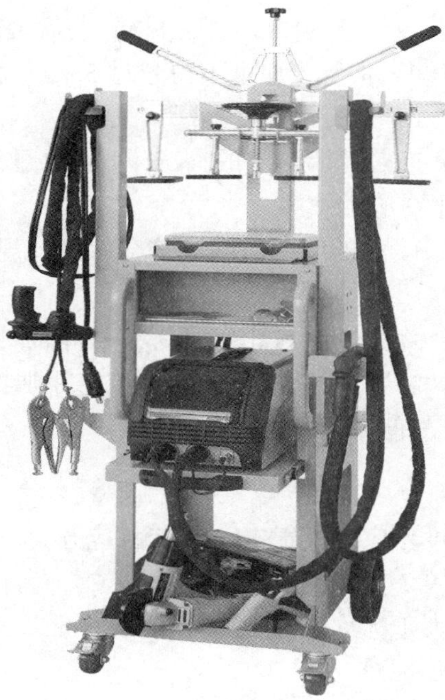

a）铝合金车身修复机

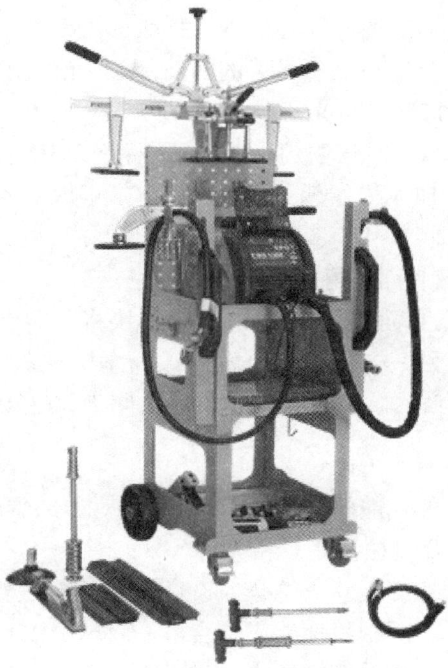

b）多功能钢质车身修复机

图 4-5　车身修复机

5. 车身涂装

车身涂装是对车辆外观、颜色进行恢复的作业过程，工序流程如图 4-6 所示。油漆类型和组分、喷枪气压和速度、喷涂次数、间隔时间、烘烤温度和时间、基础处理质量、腻子填补平整度等都直接影响漆面质量。车身涂装质量控制点为：

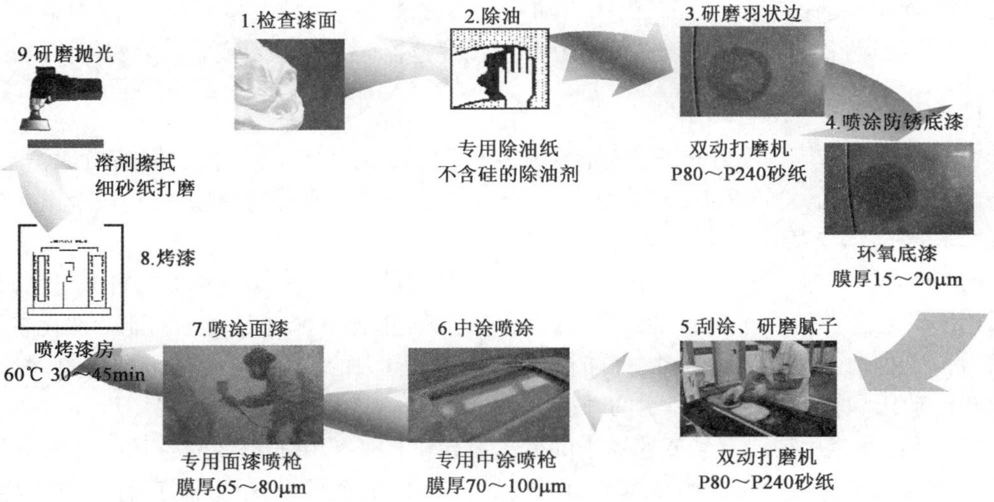

图 4-6　车身涂装作业流程

(1)涂料类型及组分应符合原车设计规定。

(2)喷涂前应彻底清除试件表面的旧漆膜、油污及铁锈,并及时进行防锈、防腐处理。

(3)金属板上不显著的凹凸部位,允许用腻子填平,但腻子厚度不得超过3mm。腻子应黏结牢固,打磨平整光滑。

(4)底漆、喷漆使用时都要用稀释剂稀释,在没有黏度计测定的情况下,可根据漆液重量的100%加入稀释剂,以使漆液能顺利喷出,不要过稀或过稠。

(5)底漆和面漆喷涂次数、漆膜厚度以及每道漆喷涂的间隔时间应符合原设计规定,并视情对面漆表面进行抛光处理。

底漆和面漆喷涂完成后,应尽快将车辆放置于无尘、恒温烤漆房烘烤,一方面加快油漆干燥速度,另一方面是防止发生漆面垂流现象。烘烤温度、时间应符合车型维修手册的相关规定。没有特殊要求的,推荐烘烤时间为30~45min左右,温度不超过60℃。

6. 竣工检验

(1)外观应整洁周正,车身两侧对称部位的高度差应不大于40mm,装备应齐全,表面无脏污、漏漆及机械损伤。

(2)外廓尺寸应符合原设计文件要求,误差不大于标称值的±3%或±150mm。

(3)防雨密封性能应符合《客车防雨密封性限值》(QC/T 476)的规定。

(4)车窗玻璃应清洁、完好、无松旷,可开窗应开关灵活,锁止可靠,行程应符合原设计文件要求。

(5)车身外部和内部乘员可能触及的任何部件、构件不应有可能使人致伤的尖锐凸起物(如尖角、锐边等)。

四、汽车自动变速器总成修理

自动变速器是相对于手动变速器而出现的一种能够自动根据汽车车速和发动机转速来进行自动换挡操纵的变速装置。目前,汽车自动变速器常见的有四种类型,分别是液力自动变速器(AT)、机械无级自动变速器(CVT)、电控机械自动变速器(AMT)和双离合自动变速器(DCT)。

1. 自动变速器的结构组成

自动变速器的厂牌型号很多,外部形状和内部结构也有所不同,但它们的组成基本相同,主要由液力变矩器、齿轮变速器、供油系统、自动换挡控制系统、换挡操纵机构以及电子控制系统等构成,如图4-7所示。

(1)液力变矩器。液力变矩器位于自动变速器的最前端,安装在发动机的飞轮上,其作用与采用手动变速器的汽车中的离合器相似。它利用油液循环流动过程中动能的变化将发动机的动力传递自动变速器的输入轴,并能根据汽车行驶阻力的变化,在一定范围内自动地、无级地改变传动比和转矩比,具有一定的减速、增矩功能。

(2)齿轮变速机构。自动变速器中的变速齿轮机构所采用的形式有普通齿轮式和行星齿轮式两种。采用普通齿轮式的变速器,由于尺寸较大,最大传动比较小,只有少数车型采用。目前,绝大多数轿车自动变速器中的齿轮变速器采用的是行星齿轮式。

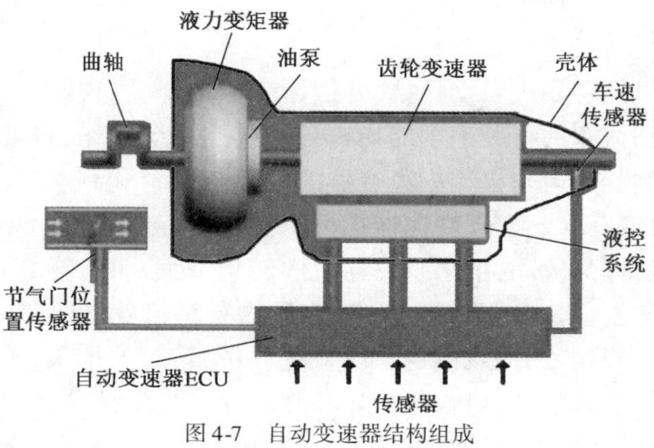

图 4-7　自动变速器结构组成

(3)供油系统。自动变速器的供油系统主要由油泵、油箱、滤清器、调压阀及管道所组成。油泵是自动变速器最重要的总成之一,它通常安装在变矩器的后方,由变矩器(壳)后端的轴套驱动。在发动机运转时,不论汽车是否行驶,油泵都在运转,为自动变速器中的变矩器、换挡执行机构、自动换挡控制系统部分提供一定油压的液压油,油压的调节由调压阀来实现。

(4)自动换挡控制系统。自动换挡控制系统能根据发动机的负荷(节气门开度)和汽车的行驶速度,按照设定的换挡规律,自动地接通或切断某些换挡离合器和制动器的供油油路,使离合器接合或分开、制动器制动或释放,以改变齿轮变速器的传动化,从而实现自动换挡。

(5)换挡操纵机构。自动变速器的换挡操纵机构包括手动选择阀的操纵机构和节气门阀的操纵机构等。驾驶员通过自动变速器的操纵手柄改变阀板内的手动阀位置,控制系统根据手动阀的位置及节气门开度、车速、控制开关的状态等因素,利用液压自动控制原理或电子自动控制原理,按照一定的规律控制齿轮变速器中的换挡执行机构的工作,实现自动换挡。

(6)电子控制自动换挡系统。很多现代汽车装有电子控制的自动换挡装置,能更有效地控制变速器换挡,电子控制系统原理如图 4-8 所示。电子控制单元根据传感器检测得到节气门开度、车速、水温等运转参数,以及各种控制开关送来的当前状态信号,经运算比较和分析后按设定的程序,向各个执行器发出指令,操纵阀总成中各种控制阀的开始工作,从而最终实现对自动变速器的控制,达到增进驾驶性能、节省燃油消耗的效果。

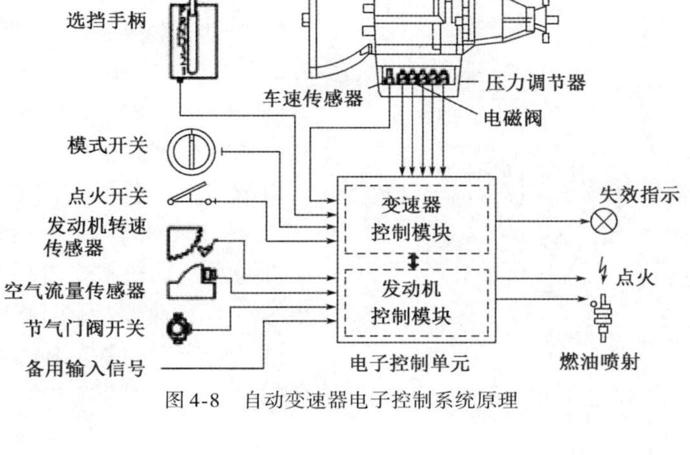

图 4-8　自动变速器电子控制系统原理

2. 自动变速器工作原理

自动变速器之所以能够实现自动换挡,是因为工作中驾驶员踩下加速踏板的位置或发动机进气歧管的真空度和汽车的行驶速度能指挥自动换挡系统工作,自动换挡系统中各控制阀不同的工作状态将控制变速齿轮机构中离合器的分离与接合和制动器的制动与释放,并改变变速齿轮机构的动力传递路线,实现变速器挡位的变换。

液力变矩器利用液体的流动,把来自发动机的转矩增大后传递给行星齿轮机构,同时,液压控制装置根据行驶需要(节气门开度、车速)来操纵行星齿轮系统,使其获得相应的传动比和旋转方向,实现升挡、降挡、前进或倒退。以上过程中,转矩的增大、节气门开度和车速信号对液压控制装置的操纵、行星齿轮机构传动比和旋转方向的改变,都是在变速器内部自动进行的,不需要驾驶员操作,即进行自动换挡(变速)。

传统的液力自动变速器根据汽车的行驶速度和节气门开度的变化,自动变速挡位。其换挡控制方式是通过机械方式将车速和节气门开度信号转换成控制油压,并将该油压加到换挡阀的两端,以控制换挡阀的位置,从而改变换挡执行元件(离合器和制动器)的油路。这样,工作液压油进入相应的执行元件,使离合器接合或分离,制动器制动或松开,控制行星齿轮变速器的升挡或降挡,从而实现自动变速。

电控液力自动变速器是在液力自动变速器基础上增设电子控制系统而形成的。它通过传感器和开关监测汽车和发动机的运行状态,接收驾驶员的指令,并将所获得的信息转换成电信号输入到电控单元。电控单元根据这些信号,通过电磁阀控制液压控制装置的换挡阀,使其打开或关闭通往换挡离合器和制动器的油路,从而控制换挡时刻和挡位的变换,以实现自动变速。

3. 自动变速器故障诊断

故障诊断是对自动变速器的电子控制系统、液压控制系统、机械操纵系统等进行测试和分析,最后确定故障的具体部位、原因和具体故障部件。故障诊断的程序如图4-9所示。

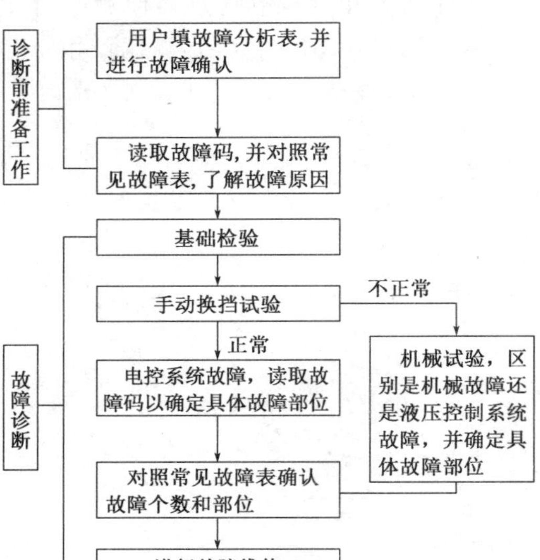

图4-9 自动变速器故障诊断的程序

1)自动变速器故障诊断

(1)电控系统故障诊断:需用专用设备(如解码仪、示波器等)对电控系统故障进行分析。

(2)机械故障诊断:根据解体分析,对机械零件的几何尺寸和配合间隙分析、检查。

(3)液压系统故障诊断:通过压力测试,结合液压系统拆解分析诊断。

2)故障诊断过程注意事项

(1)首先要排除由于油位不当、油质不佳、联动机构及发动机本身等的状态不佳和漏油等引起的自动变速器故障,所以故障诊断的第一步是自动变速器的基本检查。

(2)要区分故障是电子控制系统引起的,还是由机械操纵系统和液压控制系统引起的，可以通过电控自动变速器的手动换挡试验来鉴别。

（3）机械操纵系统和液压控制系统故障的区别要通过机械试验（即液压试验、失速试验、时间滞后试验、变矩器试验、道路试验等）来进行。

（4）对不同系统的故障采用不同的诊断方法，以确定故障的具体部位。

4. 自动变速器常见故障

统计表明，自动变速器常见的故障有：

汽车不能行驶、自动变速器打滑、换挡冲击、升挡过迟、不能升挡、频繁跳挡、不能强制降挡、挂挡后发动机熄火、无超速挡、无前进挡、无锁止、无倒挡和自动变速器异响等。

导致自动变速器故障的原因很多，诊断时必须综合分析，切不可盲目拆修。几种典型故障原因与排除如下。

1）汽车不能行驶

（1）故障现象。

无论操纵手柄位于倒挡或前进挡，汽车都不能行驶；汽车起动后只能行驶一段路程，热车后就不能行驶。

（2）故障原因分析。

①换挡操纵手柄及手动阀摇臂之间的连杆或拉锁松脱，使手动滑阀保持在空挡或停车位置。

②自动变速器油底壳被撞坏，自动变速器漏油，使液面过低。

③油泵进油滤网堵塞或油泵损坏。

④主油路严重损坏。

（3）故障诊断与排除。

①首先检查换挡操纵手柄及手动阀摇臂之间的连杆或拉锁是否松脱，位置是否合适。

②检查自动变速器的液面高度，若过低应查找漏油原因及部位，及时修补和补充油液。

③检查主油路油压，若油压过低应进一步检查输入轴、输出轴和行星齿轮机构，损坏部位应进行修理或更换。

④检查油泵进油滤网是否堵塞，必要时进行清理或更换。

⑤检查油泵是否损坏，若油泵损坏，应修理或更换。

2）自动变速器打滑

（1）故障现象。

变速器打滑造成驱动无力，当汽车起步时踩下加速踏板，发动机的转速很快升高，但车速升高缓慢；行驶中踩加速踏板加速时，车速不能随发动机转速上升而迅速提高；汽车在平坦道路上行驶时基本正常，但上坡无力，且发动机转速异常高。

（2）故障原因分析。

①自动变速器漏油使液面太低。

②自动变速器油面太高，运转中被行星齿轮机构剧烈搅动后产生大量气泡。

③离合器、制动器摩擦片、制动带磨损过甚或烧焦。

④油泵磨损过甚或主油路泄漏，造成供油压力过低。

⑤单向离合器打滑。

⑥离合器或制动器活塞密封圈损坏,导致漏油。

(3)故障诊断与排除。

①确保自动变速器油液面高度符合规定。

②自动变速器油液若有大量气泡,则是因油压油温过高,行车中应停车降温或拆检变速器。

③检查离合器、制动器摩擦片、制动带磨损情况,若磨损严重、变形或烧焦,应及时修理或更换。

④检查单向离合器是否打滑,若打滑应拆开检查滚柱或内外齿圈。

⑤检查离合器或制动器活塞密封圈情况,若漏油应更换密封圈。

3)自动变速器换挡冲击过大

(1)故障现象。

在汽车起步时,由停车挡或空挡挂入前进挡或倒挡时,汽车自动变速器的动作不良,并产生很大的冲击振动;在汽车行驶过程时,自动变速器换挡过程中出现较大的冲击现象。

(2)故障原因分析。

①发动机怠速过高。

②节气门拉索或节气门位置传感器调整不当,或主油路调压电磁阀有故障,使主油路压力过大,液压系统工作不良。

③变速器与发动机的支承胶垫磨损,连接螺栓松动,传动系的间隙过大或松旷。

④蓄压器故障或作用在蓄压器背部的减振缓冲油压工作不正常。

⑤换挡执行元件,如制动器或离合器的摩擦元件的工作间隙不正常;单向离合器打滑或锁止不良而出现运动干涉;换挡前的离合器或制动器的分离时间过长或分离不彻底等。

⑥自动变速器的换挡点不正确。

⑦油压电磁阀不工作。

⑧电控部分故障。

(3)故障诊断与排除。

①首先检查自动变速器怠速,若过高应进行调整。

②检查节气门拉索或节气门位置传感器,若不当应进行调整。

③检查主油路油压,若主油路压力过大或液压系统工作不良,应拆开调压阀修理。

④检查自动变速器各调整部位是否合适,控制电磁阀、换挡执行元件及电控系统是否有损坏、断路及短路故障,若有故障应及时进行排除。

4)自动变速器异响

(1)故障现象。

在汽车行驶时,自动变速器内始终有异响,而停车挂空挡后异响消失。

(2)故障原因分析。

①油泵磨损过度,自动变速器油液面过高、过低。

②液力变矩器的锁止离合器、导轮或单向离合器等损坏。

③行星齿轮机构有故障。

④换挡执行元件异响。

(3)故障诊断与排除。

自动变速器的异响主要发生在机械和液压两个系统上。

异响声源主要有:齿轮机构、轴承、油泵、摩擦片、主减速器及液力变矩器液流噪声等。诊断时,首先应确定异响声源的部位,再进行相关零部件的故障排除。

①首先检查自动变速器油液面高度,若过高或过低应进行调整。

②确定异响部位,若前部异响,则油泵、液力变矩器、锁止离合器、导轮及单向离合器等有故障,应拆开进行修理。

③若后部异响,则行星齿轮机构有故障,应拆开进行修理。

④若换挡时有异响,则换挡操纵机构、离合器和制动带等换挡执行元件有故障,应拆开进行修理。

5. 自动变速器修理作业过程要求

自动变速器总成修理应执行交通运输行业标准《汽车自动变速器维修通用技术条件》(JT/T 720—2008),作业过程要求如下:

(1)根据故障诊断结果进行检查,确诊发生故障的部位。

(2)拆解变速器前应对其外部进行彻底清洗,防止拆解时污染内部零件。在拆解过程中应使用专用工具。

(3)拆解的各个零件清洗后,采用自然晾干或压缩空气吹干的方法使其干燥。

(4)装配时应注意:

①装配前仔细检查各个零件和总成,发现零件损坏应进行更换。发现总成损坏,应进行分解维修。

②更换离合器和制动器内的摩擦片,在装配前应将其放入变速器油中浸泡至少15min。

③一次性使用零件,如开口销、密封元件等,每次修理时都应更换。

④更换关键部件时,应使用性能不低于原厂的配件。

⑤所有密封圈、离合器摩擦副元件、旋转元件和滑动表面,在装配时都应涂抹变速器油。

⑥所有滚针轴承与座圈轨道都应保证正确的位置和安装方向。

⑦密封件上不应使用密封胶。

⑧ 确认卡簧两端没有对准任何切口后再将其装入定位槽。

⑨重要的螺纹连接件应使用扭力扳手以标准力矩拧紧。

6. 主要零部件的检查与修理

1)液力变矩器

(1)外观检查:进行几何尺寸、外表感官及油质检查。

(2)性能检测:结合路试,对液力变矩器减速、增矩、锁止性能进行检测。

(3)相关数据检测:参照维修手册,对变矩器相关数据进行检测。

维修后的液力变矩器按《液力变矩器　性能试验方法》(GB/T 7680—2005)进行试验。

2)行星齿轮机构

(1)检查太阳轮、行星齿轮、齿圈的齿面、行星架,有过度磨损或疲劳剥落已超过原车使用极限应更换整个行星排。

(2)检查行星齿轮与行星架之间的间隙,其标准间隙应符合原厂规定。

(3)太阳轮、行星轮、行星架、齿圈等零件的轴颈或轴承处的磨损达到使用极限时应更换。

(4)检查单向离合器滚柱、滚柱保持架,内外圈滚道的磨损状况,在锁止方向上不应出现打滑,或在自由转动方向上不应出现卡滞现象。

3)离合器

(1)检查离合器的摩擦片,应无烧焦、表面粉末冶金层脱落或翘曲变形,观察摩擦片磨损记号或测量摩擦片的厚度,变形量和磨损超过原厂规定应更换。

(2)检查钢片有无磨损或翘曲变形,磨损及变形量应符合原厂规定。

(3)检查压板的摩擦面变形及磨损情况。

(4)检查离合器和制动器的活塞,其表面应无损伤或拉毛。

(5)检查离合器活塞上的单向阀,其球阀应能在阀座内活动自如,用压缩空气或煤油检查单向阀的密封性。

(6)检查离合器鼓,其液压缸内表面应无损伤或拉毛,与钢片配合的花键槽应无异常。

(7)测量活塞复位弹簧的自由长度,同组弹簧自由长度应保持一致,若自由长度超过原厂规定应更换。

(8)用厚薄规或者千分表测量离合器的自由间隙,若自由间隙不符合要求,可采用更换不同厚度的卡环或压板的方法来调整。

4)制动器

(1)片式制动器:检查制动器的摩擦片,应无烧焦、表面粉末冶金层脱落或

翘曲变形、龟裂等异常现象,观察摩擦片磨损记号或测量摩擦片的厚度,变形量和磨损超过原厂规定应更换。

(2)带式制动器:检查制动带内表面,不得有烧焦、表面粉末冶金层脱落或表面符号已被磨去现象。检查制动器伺服机构部件应无磨损和划痕,检查制动器的活塞,其表面应无损伤或拉毛,其液压缸内表面应无损伤或拉毛。

(3)检查挡圈的摩擦面磨损状况。

(4)测量活塞复位弹簧的自由长度,同组弹簧自由长度应保持一致,若自由长度超过原厂规定应更换。

(5)用厚薄规测量制动器的自由间隙,自由间隙不符合标准,可采用更换不同厚度的卡环或压板的方法来调整。

(6)制动带调整:用扭力扳手以10N·m力矩拧紧制动带调整螺杆,然后再松三圈左右之后锁紧螺母。

5)油泵

(1)检查油泵元件:有肉眼可见的磨损痕迹应更换新件。

(2)齿轮泵:用厚薄规分别测量油泵内齿轮外圆与油泵壳体之间的间隙、小齿轮及内齿轮的齿顶与月牙板之间的间隙、小齿轮及内齿轮端面与泵壳平面的端隙,测量结果应符合相应车型的原厂技术要求,如不符合要求,应更换齿轮、泵壳或油泵总成。

(3)叶片泵:用厚薄规分别测量凸轮、环间隙、转子叶轮与控制活塞的间隙、密封环与密封

槽之间的间隙,测量结果应符合相应车型的原厂技术要求,如不符合要求,应更换组件或油泵总成。

(4)检查油泵运转性能:将组装后的油泵插入液力变矩器中,转动油泵,运转应平顺,无异响。

6)液压阀体

(1)检查控制阀阀芯表面,有轻微刮伤痕迹,可用金相砂纸抛光。

(2)检查各弹簧阀损坏情况,测量各弹簧阀的长度,如不符合规定要求,应更换。

(3)检查滤油器,如有损坏或堵塞,应更换。

(4)检查隔板,如有刨伤或损坏,应更换。

(5)更换隔板上的纸质衬垫。

(6)更换所有塑胶球阀。

(7)检查电磁阀的滤网,如有损坏,应更换。

(8)检查控制阀,若卡死在阀孔中,应更换阀体总成。

7. 自动变速器修理竣工性能测试

自动变速器维修后,根据实际情况在自动变速器综合试验台架上进行性能项目的测试,必要时进行道路试验。

1)台式法

在自动变速器综合试验台架上进行以下性能项目的测试,测试结果应符合原厂的技术要求。

(1)常规检查。

(2)装配阻力测试。

(3)油压试验。

(4)换挡试验。

(5)液力变矩器工况试验。

(6)换挡时滞试验。

(7)冷却散热油流量试验。

(8)输出转矩及效率测试。

(9)换挡冲击及异响试验。

(10)密封性试验。

2)路试法

进行道路性能检验前,应对汽车外观及安全项目进行检查,并对发动机润滑油和自动变速器油进行检查,使之达到试验要求。道路试验一般进行如下项目的检验:

(1)起步工况检测。

(2)汽车加速驱动传动性能检测。

(3)匀速行驶传动系性能检测。

(4)大负荷高速行驶传动系性能检测。

(5)汽车变速器减速滑行性能检测。

(6)自动换挡检测。

(7)发动机制动性能检测。

(8)强制降挡功能检测。

(9)液力变矩器的锁止功能检测。

第三节　汽车发动机电子控制系统修理技术要求

汽车发动机电子控制系统是比较复杂的系统,在维修前要全面掌握电控系统的结构、原理和线路连接方法,明确电控系统中各部分可能产生的故障以及故障对整个系统的影响,运用科学的故障诊断方法对系统故障现象进行综合分析、判断,确定故障的性质和可能产生此类故障的原因和范围,制定合理的诊断程序进行诊断检查和故障排除,彻底恢复汽车性能和技术指标。

一、发动机电子控制系统

1.汽油发动机

1)汽油发动机控制系统

汽油发动机是以汽油作为燃料,将内能转化成动能的发动机。由于汽油黏度小,蒸发快,汽油喷射系统将汽油喷入汽缸,经过压缩达到一定的温度和压力后,用火花塞点燃,使气体膨胀做功。汽油机的特点是转速高、结构简单、质量轻、造价低廉、运转平稳、使用维修方便。

汽油发动机电控燃油喷射控制系统主要由传感器、控制单元和执行机构三部分组成,如图4-10所示。传感器包括空气流量计、进气温度传感器、水温传感器、转速传感器和氧传感器等;电子控制单元(ECU);执行元件包括燃油泵、燃油蒸发排放控制电磁阀、喷油器、点火控制器及点火线圈、油压调节器、怠速控制阀和废气再循环(EGR)等。

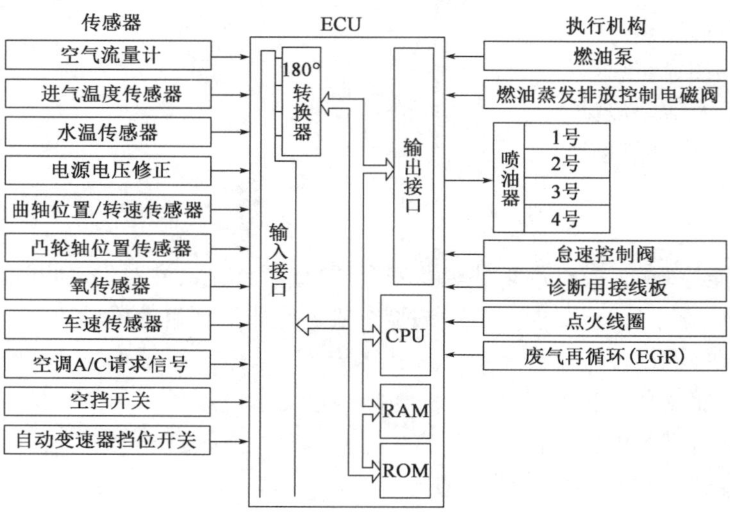

图4-10　汽油发动机电控燃油喷射控制系统的组成

2)汽油发动机控制原理

图4-11为典型的多点喷射(MPI)汽油发动机电控燃油喷射控制原理图。

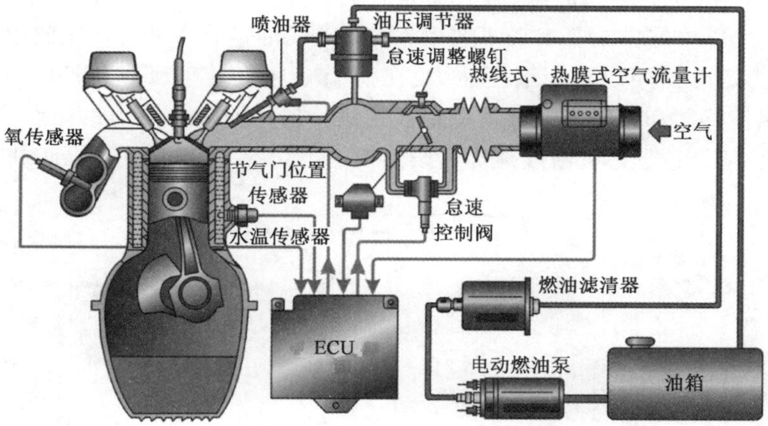

图4-11 典型汽油发动机电控燃油喷射控制原理

由空气流量计检测发动机的进气量,发动机转速及曲轴位置传感器提供发动机转速信号和曲轴转角信号,电子控制单元根据发动机运行工况,从存储单元的数据中查出相对应工况下的最佳空燃比(A/F),依据进气量利用转速及曲轴转角信号计算出每循环的供油量,实现对喷油器喷油量的控制,同时通过节气门位置、水温、空气温度和氧含量等传感器检测到的反映发动机运行工况的表征信号,对喷油量、喷油时间进行修正,从而使发动机始终具有一个最佳的空燃比(A/F),从而保证处于最佳的运行状态。

2. 柴油发动机

1)柴油发动机控制系统组成

由于柴油挥发性差,黏度高,柴油发动机是采用喷油嘴向汽缸内部喷油,压燃汽缸中的混合气。柴油发动机功率大、经济性能好,适用于重型汽车,特别是营运车辆。目前,柴油发动机主要向高压共轨系统、涡轮增压技术方向发展,以改善柴油发动机的经济性和排放的颗粒物和NO_x。典型的柴油机高压共轨燃油喷射结构如图4-12所示。

高压共轨柴油机控制系统由传感器、控制单元和执行机构三部分组成。

传感器包括曲轴转速传感器、凸轮轴相位传感器、加速踏板传感器、增压压力传感器、空气质量流量计、共轨压力传感器及水温传感器等;电子控制单元(ECU);执行元件包括燃油箱、输油泵、燃油滤清器、油水分离器、高低压油管、高压油泵、带调压阀的燃油共轨组件和喷油器等。

高压共轨燃油喷射系统包括低压供油部分和高压供油部分。

低压供油部分包括:燃油箱(带有滤网、油位显示器、油量报警器)、输油泵、燃油滤清器、低压油管以及回油管等。

共轨喷射系统的高压供油部分包括:带调压阀的高压油泵、燃油共轨组件(带共轨压力传感器)以及电磁阀式喷油器等。

2)柴油发动机控制原理

如图4-12所示,电子控制单元(ECU)借助于传感器得知驾驶员的要求及发动机和车辆的实时工作状态,它处理由传感器产生并经数据导线输入的信号,对发动机进行控制和调节,曲轴转速传感器测定发动机的转速,凸轮轴相位传感器确定喷油顺序和相位,加速踏板传感器提供电子控制单元(ECU)转矩的信息,空气质量计告知电子控制单元(ECU)发动机实时的进气、空气质量流量,以根据排放要求来匹配相应的基本喷油量。在带有增压压力调节的增压柴油机上,增压压力传感器用以测定增压压力,在低温柴油机处于冷机状态时,电子控制单元(ECU)根据水温传感器和进气空气温度传感器的信号值。确定合适的喷油点,预喷油量和其他参数的额定值,从而达到最大限度地提高柴油机输出功率、降低油耗和减少排放的目的。

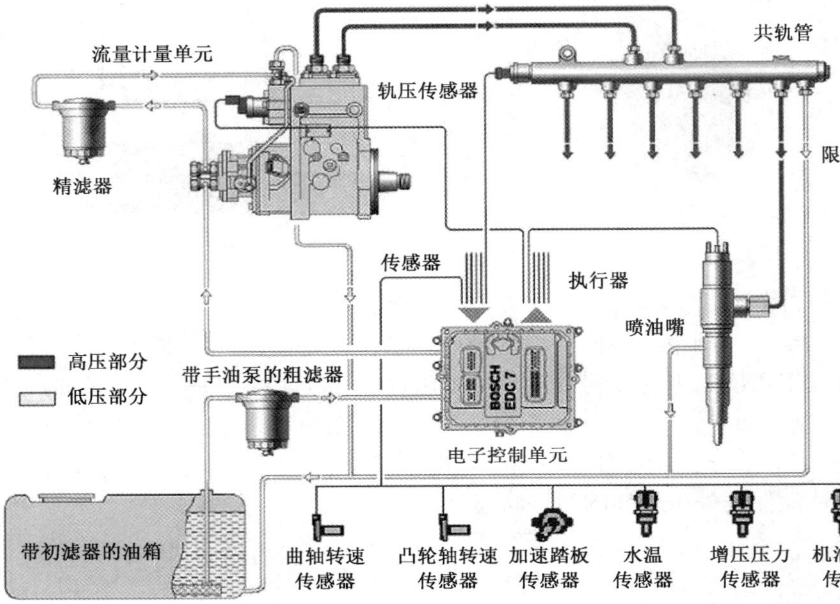

图4-12　典型的柴油机高压共轨燃油喷射系统

二、发动机电子控制系统故障诊断方法

1. 故障码诊断法

1)故障码的读取

自诊断系统检测到故障信号,经判断为故障后,即将故障信息以故障码的形式存储到ECU存储器中。通过一定操作程序将故障码或故障资料按特定的方式显示出来。

2)故障码的清除

故障排除后,故障代码仍存在ECU中,清除的方法是:关掉点火开关后,从熔断丝盒中拆下熔断丝(如EFI)20s以上即可。拆除蓄电池负极线也可清除故障码,但这种方法一般会导致时钟和音响等装置中的信息也被清除。

2. 数据流分析法

通过诊断仪读取汽车运行状态下的动态数据是汽车故障诊断重要的方法之一,将读取的数据流与标准值进行比对,确定各传感器及电子元器件工作参数是否正常。汽车专用故障诊断仪应具有读取数据流的功能。一般方法如下:

(1)连接故障阅读器,输入地址码;继续操作,选择功能;读取测量数据块。

(2)输入显示组号码,进行确认;可选择显示组号码表,显示屏显示测量数据块。

3. 波形分析法

发动机故障有时属于间歇性故障,时有时无,很难用数据流分析和判断,同时在电子控制系统中,很多传感器和执行器的信号采用电压、频率或其他数字形式表示。在发动机实际运转过程中,由于信号变化很快,很难从这些不断变化的数字中发现问题所在,但用示波器显示的波形可以捕捉到故障中细小的、间断的变化。它利用发动机正常工作时各种传感器信号(包括曲轴位置传感器、凸轮轴位置传感器、氧传感器信号及某些空气流量计信号、喷油器信号等)所描述的波形图与有故障时的波形图比较,若有异常之处,则表示该信号的控制线路或元件本身出了问题。专用诊断仪增加了对汽车控制系统数据扫描的功能,并能显示出控制系统中传感器等元器件的实际运行参数(即数据流),以便检修人员快速分析、诊断出故障部位。

三、发动机电子控制系统检修作业

1. 发动机检查

(1)检查蓄电池的连接状况,应牢靠;蓄电池电压应符合车型技术要求。

(2)机油应无乳化、变质,机油液位应符合车辆技术要求。

(3)冷却液、制动液、动力转向液(液位)应位于最高刻度和最低刻度之间,液位不符合要求应查明原因并调整液位至规定高度。

(4)真空管路、燃油管路、制动管路等应连接正确、可靠,无泄漏。

(5)线路应布局合理,无干涉、老化、破损等;导线连接器应连接可靠,无松脱。

(6)传感器、执行器、ECU 等的外观应完好,无明显损伤,安装牢靠。

2. 发动机检测诊断

(1)检测发动机汽缸压力、燃油压力、进气管真空度、排气背压等,各参数应符合所修车型的汽车维修手册要求。如检测结果异常,应依据检测结果确定故障部位并进行相应维修。

(2)检查点火或喷油正时,点火或喷油正时应符合所修车型的汽车维修手册要求,如有故障应进行维修或调整。

3. 故障码诊断

(1)故障检测仪应与发动机电子控制单元建立通信连接,如无法连接,应根据所修车型的汽车维修手册排除通信线路故障。

(2)用汽车故障检测仪在静态(点火开关打开,发动机不运转)下读取发动机电子控制系统的故障码,并记录。

(3)如有故障码的冻结数据,应读取并记录。

(4)用汽车故障检测仪清除故障码,并记录故障码清除结果。

(5)模拟故障发生条件运行发动机。

(6)再次用故障检测仪在静态或动态(点火开关打开,发动机运转)下读取发动机电子控制系统的故障码,并记录。如有相关故障码的冻结数据,则读取并记录。

(7)故障检测仪如具有故障引导功能,应根据引导功能进行故障诊断,并记录诊断结果;如没有故障引导功能,应依据所修车型的汽车维修手册进行故障诊断,并记录诊断结果。

(8)维修后,应模拟故障发生条件进行试车,验证维修效果,并再次读取和记录故障码。

4. 数据流诊断

(1)在待修车辆故障状态下,用故障检测仪读取发动机电子控制系统的动态数据流并做好记录。

(2)根据动态数据流,依据所修车型的汽车维修手册进行数据流分析,确定故障部位,并记录诊断结果。

(3)维修后,应模拟故障发生条件进行试车,验证维修效果,并再次读取和记录数据流。

5. 线路检修

(1)目视检查线路,应无线路相互干涉、老化、破损等异常情况,并记录检查结果。

(2)目视检查导线连接器,连接应可靠,卡扣应有效,并记录检查结果。

(3)脱开导线连接器,目视检查导线连接器,应无损伤、腐蚀等异常情况,并记录检查结果;目视检查导线连接器的端子,应无弯曲、退缩、折断、腐蚀、松脱等异常情况,并记录检查结果。

(4)用汽车专用万用表或等效设备,依据发动机电子控制系统电路图,通过检查相关线路电压、电阻等方式,判定线路无短路、断路、接触电阻过大等情况,并记录检查前结果。必要时,可用示波器检测波形的方式确定故障部位。

(5)对发动机电子控制系统的线路进行维修。线路修复后,应按照电路图对被修复线路进行验证检测,并记录验证检测结果。

(6)模拟故障发生条件进行试车,验证维修效果,并记录验证结果。

6. 元器件检修

(1)对可疑元器件用故障检测仪读取动态数据流,或利用示波器检测相关波形(如:传感器的信号波形、执行器的驱动波形、ECU 的输入输出信号波形等)的方式检测、判定可疑元器件的性能,并记录检查结果。

(2)对可疑元器件在离车状态下,用汽车万用表或等效设备按照所修车型的汽车维修手册的要求检测、判定可疑元器件的性能,并记录检查结果。

(3)必要时,允许采用换件测试的方式判定可疑元器件的性能。

(4)应使用可追溯的符合原厂技术要求的零配件维修车辆,并记录零配件的相关信息。

(5)零配件的安装应符合所修车型的汽车维修手册的要求。

(6)维修后,应模拟故障发生条件进行试车,验证维修效果,并记录验证结果。

7. 系统恢复

(1)按照所修车型汽车维修手册的作业规范,安装检修过程中拆装过的元器件或线路。

(2)对于混合动力车型,应对高压供电系统进行恢复后,再进行1)的操作。

(3)用故障检测仪或等效设备完成必要的编程、设定工作,并记录相关编码信息。

(4)恢复托修方对车辆的个性化设置。

8.试车确认故障

(1)用故障检测仪清除故障记忆,并在故障发生条件下试车,确认托修方报修的故障已排除且无其他新故障出现。

(2)试车后用故障检测仪读取故障码,确认系统正常,无故障码存储。

(3)试车后用故障检测仪读取系统动态数据流,确认系统运行参数均符合所修车型的汽车维修手册要求,无异常数据。

(4)通过试车,如车辆依然存在故障,应进行返工作业,直至发动机电子控制系统工作恢复正常为止。

四、发动机电子控制系统维修注意事项

发动机电子控制系统是一个较为复杂的机电一体化的综合性控制系统,采用了较多的电子元器件和集成电路,这些电子产品对使用环境的要求比较高,尤其对温度、湿度和电源系统电压的平稳性要求更加严格。因此维修时必须注意以下各项,以免造成人为的二次故障,甚至损坏电子元器件。

(1)电子控制单元ECU是精密器件,虽然许多故障可能与ECU相关,但是其故障率是很低的。因此,在确信其他有关电路、元器件没有故障之前,不要轻易处理ECU,更不能随便打开ECU进行检查。

(2)点火开关接通时,不允许拆开任何电器线路,以防线圈自感产生的瞬时电压损坏ECU或传感器。防止水浸入ECU以及预防ECU受剧烈振动。

(3)应注意保持各线束连接器清洁、连接可靠。拆开线束连接器时,不可盲目用力硬拉,安装时注意插接到位。对电路或元件进行检查时,除特殊指明外,必须使用高阻抗数字万用表检查电压、电阻或电流。

(4)在拆装发动机控制电脑或检测控制电路时,应注意防止静电。人体产生的静电电压较高,可能损坏ECU控制电路。故操作前应先使自己接触车身以释放静电。

(5)需断开蓄电池时,点火开关必须关闭。检查自诊故障码时,若有故障码,应记下故障码后再断开蓄电池。蓄电池断开后,ECU中的非固化信息将全部消失,这将给发动机故障的排除带来困难。断开蓄电池前,确定带防盗码的音响设备的编码,否则音响系统自锁解除困难,影响使用。

(6)蓄电池断开后装复,如果出现发动机工作状况不如蓄电池断开以前,先不要轻易更换零部件,因为在这种情况下可能是由于蓄电池断开后,将ECU中的学习修正记忆也消除的缘故。计算机根据厂家储存在只读存储器(ROM)中的数据进行控制,与ECU根据系统目前的实际情况进行学习修正控制,发动机工作状况会有差异。如果是此种原因,待发动机运行一段时间后,ECU自动建立学习修正记忆,发动机工作不良状况会自动消失。

(7)对于电子控制燃油喷射式发动机,进气系统漏气对发动机的工作影响很大,漏气不经

过空气流量传感器的计量，将直接影响可燃混合气的空燃比。因此，如遇发动机工作不良或故障，进行维修时，应首先检查空气流量传感器、节气门、空气阀、EGR 阀、空气软管等部件有无松动、漏气、破损及密封是否良好，不能立即进行发动机电子控制系统检测诊断、维修。

(8)在检查喷油器的性能时，要正确区分喷油器是高电阻还是低电阻型的。高电阻型喷油器的电阻一般为 12 ~ 14Ω，可以直接与蓄电池连接来进行喷油器喷油性能的检测；低电阻型喷油器的电阻一般只有 2 ~ 3Ω，直接连接蓄电池会因电流过大而烧损喷油器，因此，必须采用专用的插接器与蓄电池连接，若使用普通导线，则应串联一个 8 ~ 10Ω 的电阻。

(9)空气流量传感器为精密部件，对发动机的性能影响较大。空气流量传感器上的调整螺钉是用于调整发动机怠速排放量的，在对电子控制发动机维修时，一般情况下，不应随意调整，调整不当将会导致发动机的动力下降、油耗增加、怠速不稳。

如果需要拆下空气流量传感器，要稳拿轻放并保护好。禁止解体空气流量传感器，避免损坏或影响其检测精度，不能用水或清洗液冲洗。

(10)目前，大多数发动机的电子控制系统都有自检功能，当氧传感器或相关部位发生故障时，电脑会自动记忆故障内容，维修人员只需使用专门的解码器读出故障码即可发现故障所在。维护氧传感器时，不要让氧传感器跌落或撞击其他物体，不能用水冷却氧传感器。更换氧传感器时，要使用专门的防黏胶液涂刷螺纹。

(11)冷却液温度传感器长期使用后，性能会发生变化。冷却液温度传感器发生错误信号时，会对燃油喷射、点火时间及燃油泵的工作造成不良影响，冷却液温度传感器的性能参数的改变，往往不能被故障自诊断系统所识别，因此，如果发现发动机工作不良，即使故障自诊断系统未显示冷却液温度传感器的故障码，也不能忽视对冷却液温度传感器的检查、维护。

(12)车辆维修时，应避免未燃烧的混合气进入三元催化转换器。未燃烧的混合气中含有大量的 HC、CO 气体，进入三元催化转换器后，会产生过氧化反应，氧化反应产生的热量会使三元催化转换器因温度过高而损坏。

第四节　事故汽车修复技术规范

据统计，我国每年事故汽车修理量达到维修总量的 40% 左右，而且随着汽车社会化进程的不断加快，事故汽车维修需求将会进一步增加，事故汽车的修理已经成为汽车维修行业新的课题。

事故汽车修复不同于普通故障车辆，损伤机理、损伤特征复杂，损伤不确定因素较多，事故汽车修复的特殊性决定了其修理、检验标准依据的专业性，必须建立与之相适应的技术标准，规范和控制修复过程中各环节的质量。2011 年，交通运输部颁布实施了交通运输行业标准《事故汽车修复技术规范》(JT/T 795—2011)，该标准是我国汽车维修行业首个针对事故汽车修复的专业技术标准，根据事故汽车修复的专业性及特殊性，规定了事故汽车修复的技术要求。

一、事故汽车损伤特征分析

事故汽车主要由碰撞造成损伤，通常分为正面碰撞、侧面碰撞、后面碰撞(追尾事故)，还有倾覆、坠崖、火灾等情况。在交通事故中,发生不同形式碰撞的比例、损伤形式、损伤程度(损伤位置和零部件损伤程度)及损伤特征是不同的,汽车部位以及零部件的损坏程度与交通事故形态具有较强的相关性。

1. 损伤形式的分类

根据事故汽车损伤性质和诱因,损伤形式分为直接损伤和关联损伤。

直接损伤是汽车直接与其他车辆或物体发生碰撞产生的车身及其他部件的损坏,其特征为两客体接触时在碰撞点形成的擦伤、撞痕、撕裂状伤痕或部件的脱落。

关联损伤是在碰撞冲击力的作用下,碰撞接触点之外的零部件损坏,其特征为构件的弯曲、扭曲、断裂、折叠、整体移位以及装配关系破坏等。关联损伤又包括:波及损伤、诱发性损伤、惯性损伤。

1)波及损伤

波及损伤是碰撞冲击力作用于车身上并分解后,其分力在通过车身构件过程中所形成的损伤。根据力传递特性(力传递总是由高强度向低强度分解、传播、转移),碰撞形成的冲击力可以很容易地通过强度、刚度高的构件,但当传到强度、刚度相对较弱的构件时,就会造成车身不同程度的损伤,在这些相对薄弱的构件上形成以弯曲、扭曲、剪切、折叠为主要形态的损坏。

2)诱发性损伤

诱发性损伤是一个或一部分车身构件发生了损坏或变形后,同时引起与其相邻或有装配关系的构件的变形及损坏。与波及损伤的区别在于,这些构件并不承受冲击载荷或承受冲击载荷很少,主要是受到关联件的挤压和拉伸导致的诱发性损坏,以弯曲、折断、扭曲损坏特征为主。

3)惯性损伤

惯性损伤是汽车发生碰撞时,在惯性力的作用下而导致的损伤。在惯性作用下,人或货物被抛起与车身部件发生二次碰撞造成车身损坏和人员伤害。损伤特征为撞伤、拉断或撕裂、局部弯曲变形等。

2. 碰撞损伤与事故形态的关系

研究表明,正面碰撞速度高于侧碰撞和后碰撞(追尾事故),50%以上的正面碰撞事故的速度高于60km/h,而90%的被追尾车辆的速度低于30km/h。正面碰撞或撞击固定障碍物时,车辆前部平均减速度可达300~400g(g为重力加速度,取9.8m/s^2),向后逐渐降低,其质心位置的平均减速度为40~60g,瞬时值可达80g~100g。汽车发生碰撞时,撞击能量被障碍物、彼此的车身变形及零部件损坏所吸收。因此,从力的传递特性和能量衰减规律来看,正面碰撞对车辆致伤程度大,其次为侧碰撞和后碰撞(被追尾车辆)。

随机抽取云南、四川、陕西、新疆、青海、宁夏、山东等省、区、市的事故汽车定损档案和维修档案1070份(其中,货车280辆、轿车535辆、客车255辆),对其事故形态、损伤部位、维修项目、修换的零部件及其他相关信息进行了统计分析。统计结果表明,正面碰撞事故占总数的63.8%,其中一半是车前左侧碰撞;侧碰撞占总数的25.5%;后碰撞(追尾事故)和倾覆、坠崖、火灾事故比例相对较少,损伤形态分布如图4-13所示。

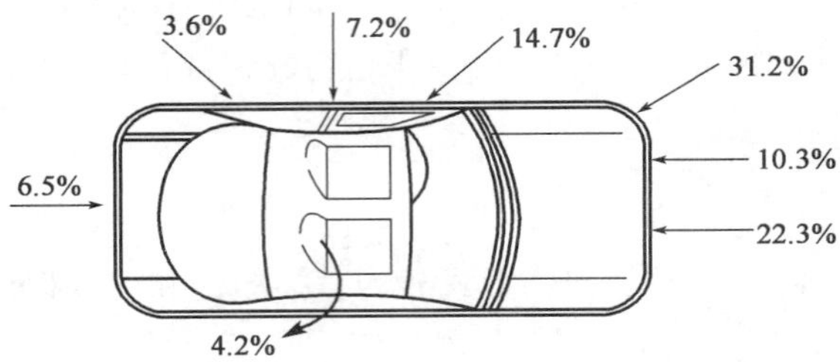

图 4-13　事故汽车损伤形态分布

3. 碰撞事故损伤特征

车辆碰撞部位的损伤概率统计如图 4-14 所示，结果表明：车身部件损伤概率最大，电气系统次之，其次为行驶系、转向系、制动系、发动机总成。

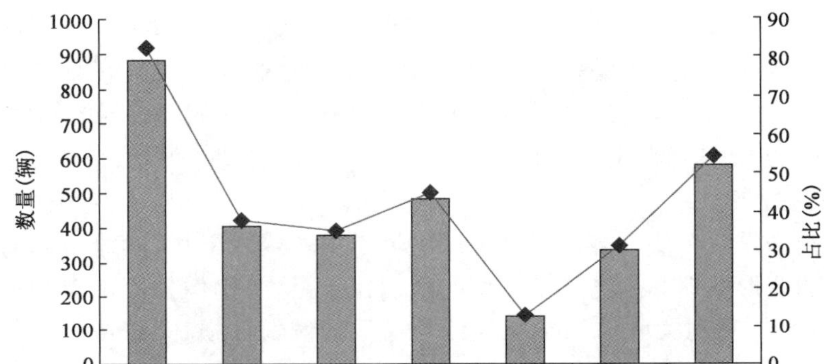

	车身部件	发动机总成	转向系	行驶系	传动系	制动系	电气系统
数量(辆)	883	404	378	483	141	334	581
占比(%)	83	38	35	45	13	31	54

图 4-14　汽车损伤分布图(1070 例)

表 4-10 为按照车型类别对损伤部位分布情况进行的分析，损伤部位基本能反映车型结构特征引起的损伤部位的差异性。对轿车、客车而言，车身涂装面积较大，车身损伤概率较大；对货车、客车而言，底盘结构高，发动机损伤概率相对较低。

主要车型损伤部位分布情况　　表 4-10

项目	货车		轿车		客车	
	数量(辆)	占比(%)	数量(辆)	占比(%)	数量(辆)	占比(%)
车身部件	187	67	486	91	210	82
发动机总成	94	34	274	51	36	14
转向系	121	43	163	30	94	37
行驶系	144	51	211	39	128	50
传动系	42	15	70	13	29	11
制动系	100	36	127	24	107	42
电气系统	172	61	264	49	145	57

二、事故汽车修复工艺过程及要求

为加强事故汽车修复质量控制，按传统维修方式，将事故汽车修复工艺过程划分为三个阶段，即进厂检验、过程检验、出厂检验，并对各阶段作业内容及技术要求作了相关规定，见表4-11。

修复工艺过程及要求　　表4-11

阶　段	实施步骤	作业内容及要求
进厂检验	损伤诊断	1. 调查、询问事故经过及事故形态； 2. 拆检事故汽车； 3. 客观描述损伤特征，记录损伤项目及损伤零部件
	确定损伤项目及零部件	1. 对车身进行准确测量，确定变形量； 2. 借助仪器、设备对其他部件损伤情况进行诊断； 3. 根据损伤情况确定直接损伤项目及关联损伤项目
	损伤等级评定	根据损伤诊断结果，确定受损等级，受损等级分为三级
	确定作业项目	1. 根据损伤诊断结果，确定维修项目； 2. 确定修换配件项目
	制定修复方案	1. 根据受损等级制定修复计划； 2. 确定修复工艺
过程检验	派工、派料	根据修复方案派工、派料
	实施修理	按照标准要求及车型维修技术手册实施修理，对车架/车身校正和整形、焊接、喷涂及总成装配
	建立质量控制点，检查总成装配及关键零部件	1. 对涉及安全、节能、环保的关键工艺建立质量控制点； 2. 对各总成及零部件技术参数进行检测，填写过程检验单
	整车装配	1. 过程检验合格的可根据标准要求及车型维修技术手册进行整车装配； 2. 过程检验不合格的应重新实施修理
出厂检验	竣工检验	1. 按照标准要求进行竣工检验，填写竣工检验单； 2. 不具备检验能力的承修单位，可以委托有资质的维修企业、汽车检测机构进行检测
	路试后检查	1. 按照标准要求对车辆进行路试后检查； 2. 竣工检验及路试后检查不合格的车辆应进行返修
	签发合格证	检验合格的车辆，签发竣工出厂合格证

1. 进厂检验

进厂检验是事故汽车修复的重要且关键的环节，在实施修理前，承修单位应该对车辆零部件、总成（或系统）损伤状况进行充分的检测分析，确定损伤部位及受损件范围，确定作业项目，划分损伤等级，损伤项目中区分事故损伤项目和非事故损伤项目。

损伤等级评定是确定事故汽车损伤程度的重要指标，承修单位可以根据损伤等级确定修复方案、作业项目，并根据损伤等级确定质量保证期和签发合格证。

1）损伤等级评定的对象

评定的对象为整车，是表征事故汽车整车损伤程度的重要指标。

2）损伤等级评定原则

主要以车身（含驾驶室）总成、发动机总成、变速器总成、驱动桥总成、非驱动桥总成、车架（承载式车身）总成、制动系统及转向系统八大总成（系统）损伤程度为界定依据，充分考虑事故带来的零部件损坏情况以及总成功能削减情况，对事故汽车进行损伤等级划分。

3）整车损伤等级划分方法

对可修复损伤车辆，根据损伤程度的大小、修复作业难度及工作量的大小分为：Ⅰ级损伤、Ⅱ级损伤和Ⅲ级损伤三个等级。

（1）Ⅰ级损伤：车架（或承载式车身）和发动机总成之一损坏，或非承载式车身总成、变速器总成、驱动桥总成、非驱动桥总成、制动系统及转向系统中有三个（含）以上总成（或系统）损坏。

（2）Ⅱ级损伤：非承载式车身总成、变速器总成、驱动桥总成、非驱动桥总成、制动系统及转向系统中有一个（含）以上总成（或系统）损坏。

（3）Ⅲ级损伤：未构成总成（或系统）损坏。

各总成（或系统）损伤的界定方法按表4-12进行。统计受损件数量来判定该总成（系统）损伤程度。

各总成（系统）损坏界定表 表4-12

<table>
<tr><th colspan="3" rowspan="2">总成（系统）名称</th><th rowspan="2">受损件名称</th><th colspan="2">受损件界定数量（件）</th><th rowspan="2">受损状况判定项</th></tr>
<tr><th>A类件</th><th>总量</th></tr>
<tr><td colspan="2" rowspan="2">车身（含驾驶室）总成</td><td>A类件</td><td>侧围、车门、发动机舱盖、安全带、安全气囊系统</td><td>2</td><td rowspan="2">4</td><td rowspan="2">有下列情形之一，亦视为车身（含驾驶室）总成损坏：
1. 乘用车立柱严重变形、断裂；或者车身严重折叠，需要更换或者校正修复的；
2. 客车车厢骨架断裂、严重变形或蒙皮破损面积较大，需要彻底修复的；
3. 货车驾驶室严重变形、破裂，或货箱纵、横梁扭曲、变形，底板、栏板破损面积较大，需要彻底修复的</td></tr>
<tr><td>B类件</td><td>前围、后围、顶盖、地板、行李舱盖（或背门）、翼子板、座椅、货箱</td><td>—</td></tr>
<tr><td colspan="2" rowspan="2">车架总成</td><td>A类件</td><td>纵梁、横梁</td><td>1</td><td rowspan="2">2</td><td rowspan="2">车架断裂，或弯曲、扭曲变形逾限，须拆卸其他总成才能进行校正、修理的，亦视为车架总成损坏</td></tr>
<tr><td>B类件</td><td>保险杠、发动机托架</td><td>—</td></tr>
<tr><td rowspan="4">发动机总成</td><td rowspan="2">柴油机</td><td>A类件</td><td>缸体、缸盖、喷油泵、曲轴、凸轮轴、连杆</td><td>2</td><td>4</td><td rowspan="4">有下列情形之一，亦视为发动机总成损坏：
1. 有异响（工作时轴承发响和产生活塞敲缸等杂音）；
2. 缸体破裂</td></tr>
<tr><td>B类件</td><td>增压器、起动机、发电机、柴油喷射器、散热器、风扇、空气滤清器</td><td>—</td><td rowspan="3">4</td></tr>
<tr><td rowspan="2">汽油机</td><td>A类件</td><td>缸体、缸盖、曲轴、电控燃油喷射系统（包括ECU、节流阀体、喷油器、传感器）、凸轮轴、连杆</td><td>2</td></tr>
<tr><td>B类件</td><td>燃油泵、起动机、发电机、增压器、散热器、风扇、空气滤清器</td><td>—</td></tr>
</table>

续上表

<table>
<tr><th colspan="3" rowspan="2">总成(系统)名称</th><th rowspan="2">受损件名称</th><th colspan="2">受损件界定数量(件)</th><th rowspan="2">受损状况判定项</th></tr>
<tr><th>A类件</th><th>总量</th></tr>
<tr><td rowspan="4">变速器总成</td><td rowspan="2">手动变速器</td><td>A类件</td><td>壳体、齿轮、离合器</td><td>2</td><td>4</td><td rowspan="4">有下列情形之一,亦视为变速器总成损坏:
1. 壳体破裂;
2. 有异响要拆卸才能排除故障的</td></tr>
<tr><td>B类件</td><td>轴类、轴承、换挡机构组件、同步器</td><td>—</td><td rowspan="3">4</td></tr>
<tr><td rowspan="2">自动变速器</td><td>A类件</td><td>壳体、离合器(自动变速器用液体耦合器)、自动变速器控制模块(ECU)</td><td>2</td></tr>
<tr><td>B类件</td><td>齿轮机构(或摩擦轮与钢带)、轴类、轴承、换挡机构组件、油泵、分动器</td><td>—</td></tr>
<tr><td colspan="2" rowspan="2">驱动桥总成</td><td>A类件</td><td>半轴、减振器、悬架弹性元件</td><td>2</td><td rowspan="2">4</td><td rowspan="2">有下列情形之一,亦视为驱动桥总成损坏:
1. 桥壳、主减速器壳、差速器壳破裂;
2. 传动轴、半轴弯曲、扭曲、断裂,需要校正或彻底修复的</td></tr>
<tr><td>B类件</td><td>壳体、差速器、传动轴、主减速器、车轮总成(包括轮胎)</td><td>—</td></tr>
<tr><td colspan="2" rowspan="2">非驱动桥总成</td><td>A类件</td><td>悬架弹性元件、减振器</td><td>2</td><td rowspan="2">3</td><td rowspan="2">车轴变形、断裂,需要校正或彻底修复的,亦视为非驱动桥总成损坏</td></tr>
<tr><td>B类件</td><td>车轴、车轮总成(包括轮胎)</td><td>—</td></tr>
<tr><td rowspan="4">制动系统</td><td rowspan="2">液压制动</td><td>A类件</td><td>制动主缸、制动轮缸、助力器、制动器</td><td>2</td><td rowspan="2">3</td><td rowspan="4">—</td></tr>
<tr><td>B类件</td><td>ABS控制单元、制动踏板机构、驻车制动装置</td><td>—</td></tr>
<tr><td rowspan="2">气压制动</td><td>A类件</td><td>制动阀、制动气室、助力器、制动器、空气压缩机</td><td>2</td><td rowspan="2">4</td></tr>
<tr><td>B类件</td><td>ABS控制单元、制动踏板机构、驻车制动装置、制动蹄促动器、储气筒</td><td>—</td></tr>
<tr><td rowspan="4">转向系统</td><td rowspan="2">动力转向</td><td>A类件</td><td>转向器、转向器摇臂、转向助力油泵、转向管柱、转向节、转向节臂</td><td>2</td><td rowspan="2">5</td><td rowspan="4">—</td></tr>
<tr><td>B类件</td><td>转向控制阀总成、转向盘、转向轴及万向节、横拉杆、直拉杆、梯形机构</td><td>—</td></tr>
<tr><td rowspan="2">非动力转向</td><td>A类件</td><td>转向器、转向器摇臂、转向管柱、转向节、转向节臂</td><td>2</td><td rowspan="2">4</td></tr>
<tr><td>B类件</td><td>转向轴及万向节、转向盘、转向横拉杆、转向直拉杆、梯形机构</td><td>—</td></tr>
</table>

注:若受损车辆原设计没有配置本表规定的零部件,则相应地减少其受损件界定数量。

①A类件受损界定数量。

②A、B类件受损总界定数量。

③受损状况判定项。

4)关键零部件的更换原则

维修配件的品质,特别是重要安全部件的品质,是影响事故汽车修复质量的重要因素。为了使汽车性能得到最大程度的恢复,有效指导保险公司定损和修理厂对维修配件的修换,从技术角度归纳得出了总成或系统损坏后予以更换的关键零部件,见表4-13。所换用的零部件须是符合原设计要求的,托修方自备配件及辅料的,应在汽车维修合同或者结算清单中记载相关信息,由托修方签字确认。

需更换的关键零部件 表4-13

总成或系统		关键零部件名称
发动机总成	柴油机	汽缸体、汽缸盖、喷油泵、曲轴、凸轮轴、轴瓦、连杆、起动机、发电机、散热器
	汽油机	汽缸体、汽缸盖、曲轴、凸轮轴、轴瓦、连杆、发电机、起动机、散热器
变速器总成	手动变速器	壳体、齿轮、轴、离合器、同步器
	自动变速器	壳体、齿轮、轴、离合器(自动变速器用液力耦合器)、油泵
驱动桥总成		半轴、减振器、悬架弹性元件、差速器、轴承、主减速器
非驱动桥总成		悬架弹性元件、减振器、轴承
制动系统	液压制动	制动主缸、制动轮缸、助力器、制动器、ABS控制单元、制动鼓(盘)、制动摩擦片、制动软管
	气压制动	制动阀、制动气室、助力器、制动器、ABS控制单元、制动鼓(盘)、制动摩擦片、制动软管
转向系统	动力转向	转向器、转向器摇臂、转向助力器、转向管柱、转向节、转向节臂、拉杆球头(销)
	非动力转向	转向器、转向器摇臂、转向管柱、转向节、转向节臂、拉杆球头(销)

2.过程检验

事故汽车,特别是Ⅰ级损伤事故汽车,整个修复过程相当于汽车的“二次生产”,对修复质量要有其严格的要求。

(1)对关键的安全部件的检修和装配、关键工艺过程较之其他技术标准而言,更侧重于安全修复。对车架、车身、安全带、安全气囊、转向机构、制动机构以及电子控制系统等安全部件要求较高,要作为事故汽车修复过程检验的主要依据。

(2)根据车辆结构重点加强对发动机、转向机构、传动机构、行走机构、制动机构、车身及附件、电气系统的检验,保障部件的完整性、总成功能的有效性及装配的合理性,对总成或机构技术状况恢复程度进行核查。

3.出厂检验

1)竣工检验

竣工检验主要从外形尺寸恢复和整车性能恢复角度对事故汽车修复质量进行综合评价。

几何尺寸是对车架、车身修复质量的重要评价指标,几何尺寸超限,会直接影响整车装配质量,更严重的是影响车辆行驶能力和操纵稳定性。鉴于此,应对车辆外廓尺寸参数(长、宽、高)、整备质量,轴距左右差、对称部位离地高度差等重要参数进行严格限制,确保车辆外观、外形恢复完好。

对于整车性能,主要从汽车的安全性(制动、侧滑、转向、前照灯等性能参数)、可靠性(异响、紧固、焊接等)、动力性、经济性、排放性能及噪声和密封性角度进行评价,检验方法可根据维修企业的实际情况选择路试或台架试验,对于不具备检验能力的承修单位,可以委托有资质的维修企业、汽车检测机构施行检测。

2)路试后的检查

对于路试(一般为50km或1.5h左右)后的车辆,应进行车辆静态检查,主要检查对象为液压元件、管路及线路的泄漏检查、摩擦副的发热检查、紧固件的松紧检查。具体要求如下:

(1)各连接部件无漏水、漏油、漏气现象。

(2)变速器、分动器、驱动桥润滑油温度、发动机润滑油温度以及各齿轮油温度正常。

(3)制动鼓、轮毂和传动轴中间支承轴承等处不得有过热现象(相对环境大气温度小于20℃为宜)。

(4)再次检查并拧紧转向机构各部螺栓、传动轴万向节凸缘连接螺栓、前后钢板弹簧U形螺栓、半轴螺母及轮胎螺母,各种螺栓、螺母拧紧力矩均应符合原设计要求。

三、质量保证

考虑到事故汽车损伤的特殊性和修复项目的复杂性,应根据损伤等级确定质量保证期,事故汽车修复质量保证期自维修竣工出厂之日起开始计算。

(1)Ⅰ级损伤、Ⅱ级损伤和涉及漆面部件的Ⅲ级损伤事故汽车的质量保证期为行驶20000km或者100日。

(2)Ⅲ级损伤(漆面部件除外)事故汽车的质量保证期为行驶2000km或者10日。

第五章

汽车维修服务质量

汽车维修服务是机动车维修经营者向托修方(客户)提供汽车维护、检测、诊断、修理、救援等业务服务过程的总称,维修经营者应按照备案的经营范围开展汽车维修服务。为适应国家加快发展服务业的总体要求,加快解决维修行业发展中存在的服务不规范、信用缺失、信息不对称等突出问题,交通运输部不断完善机动车维修行业的服务标准体系,以提升行业服务意识,改善营商环境,规范服务行为,提高汽车维修服务质量。

第一节　汽车维修服务和行为规范

一、维修服务规范

为规范汽车维修服务行为,交通运输部发布了交通运输行业标准《机动车维修服务规范》(JT/T 816—2021),对机动车维修服务流程、节点管理等方面提出了明确要求,是机动车维修经营者提供服务应达到的基本要求,也是企业加强管理、提升服务质量的基础标准,更是社会和客户衡量、评价机动车维修服务质量的主要依据。

1. 维修经营者信息公开

(1)经营者应在经营场所的醒目位置悬挂统一式样的机动车维修标志牌。

(2)经营者应将主要维修项目收费价格、维修工时定额、工时单价报所在地道路运输管理机构备案。发生变动时,应在变动实施前重新报备。

(3)经营者应在业务接待室等场所醒目位置公示以下信息:

①营业执照。

②业务受理程序。

③服务质量承诺。

④投诉受理程序和受理方式。

⑤所在地道路运输管理机构监督投诉电话。

⑥经过备案的主要维修项目收费价格、维修工时定额、工时单价,常用配件现行价格。

⑦维修质量保证期。

⑧企业负责人、技术负责人及业务接待员、质量检验员及主要维修技术人员等信息。

⑨提供汽车维修救援服务的，应公示服务时间、电话、收费标准等。

2. 维修服务流程及要求

维修服务基本流程如图5-1所示，经营者可依据自身规模、作业特点建立适用本企业的维修服务流程。关键节点的控制与要求如下：

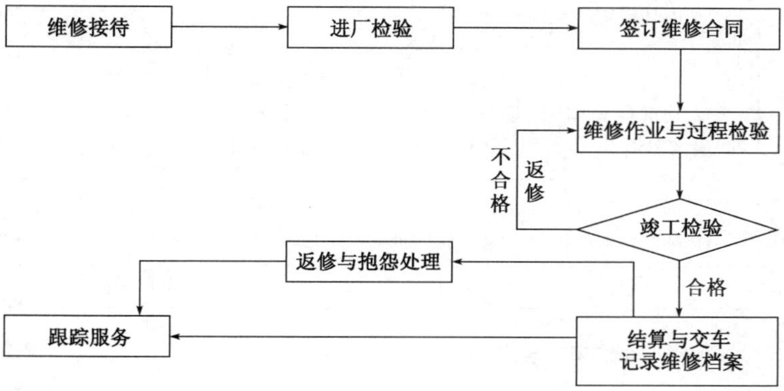

图5-1 维修服务基本流程

1)维修接待

维修接待主要包括进厂维修接待、预约维修接待、维修救援接待。

业务接待员应着装整齐，遵守礼仪规范，主动热情，真诚友好，仪表端庄，语言文明；业务接待员应能规范、熟练、及时为托修方提供咨询服务。

(1)进厂维修接待。

业务接待员应完整、准确记录托修方服务需求。包括查验车辆相关证件，与托修方一起进行绕车检查，填写车辆进厂交接单，见表5-1。车辆进厂交接单是托修方将待修车辆交给维修经营者时的交接凭证，应如实填写，至少一式两份，经托修方签字确认，其中的一份交由托修方保存。

在检查过程中，应对可能造成污损的车身部位进行必要防护，提醒托修方对车内物品进行清理，并将贵重物品随身带走。若托修方需要提供寄存随车物品服务，应在车辆进厂交接单上详细记录，并妥善保管。

(2)预约维修接待。

经营者可采用电话、短信、微信等方式为托修方提供预约维修服务。业务接待员应详细记录预约维修的托修方和车辆信息，并根据托修方提供的信息、意愿和企业条件，与托修方商定作业内容、进厂时间和预计竣工时间。经双方确认后，经营者应做好人员、场地、设备、配件准备，按约安排车辆维修。

(3)维修救援接待。

经营者可采用电话、短信、微信等方式为托修方提供救援服务。

经营者接到救援信息后，应详细记录托修方姓名、车牌号码、品牌型号、故障现象、车辆位置、联系电话等信息。经营者实施维修救援服务应执行《汽车维修救援服务规范》(JT/T 1372—2021)。

车辆进厂交接单 表 5-1

<table>
<tr><td>车牌号码</td><td></td><td>车辆型号</td><td></td><td>车辆颜色</td><td></td></tr>
<tr><td>VIN 码</td><td></td><td>托修方联系方式</td><td></td><td>进厂日期</td><td></td></tr>
<tr><td>托修方财产确认</td><td colspan="5">□随车工具 □千斤顶 □三角警示牌 □备胎 □钥匙(____把)
□儿童座椅 □前牌照 □后牌照 □行驶证
□车内其他物品____________________(□托修方带走 □寄存)</td></tr>
<tr><td>车辆功能检查
(正常√,异常×)</td><td colspan="5">□中控门锁 □音响 □刮水器 □点烟器 □安全带
□发动机舱盖开启 □行李舱开启 □储物箱开启 □后视镜折叠 □后视镜加热
□倒车影像 □手机充电 □全车升降器 □座椅调节 □座椅加热</td></tr>
<tr><td>液位
(正常√,异常×)</td><td colspan="5">□机油 □冷却液 □制动液 □洗涤液
□自动变速器油 □动力转向液 □动力电池冷却液(仅对新能源汽车)</td></tr>
<tr><td>仪表显示</td><td colspan="2">□故障灯(__________)</td><td>里程表数</td><td colspan="2">______ km</td></tr>
<tr><td>燃油表指示
(画线标出)</td><td colspan="2"></td><td>动力电池电量指示
(仅对新能源汽车)</td><td colspan="2"></td></tr>
<tr><td colspan="3">外观检查</td><td colspan="3">托修方报修项目</td></tr>
<tr><td colspan="3">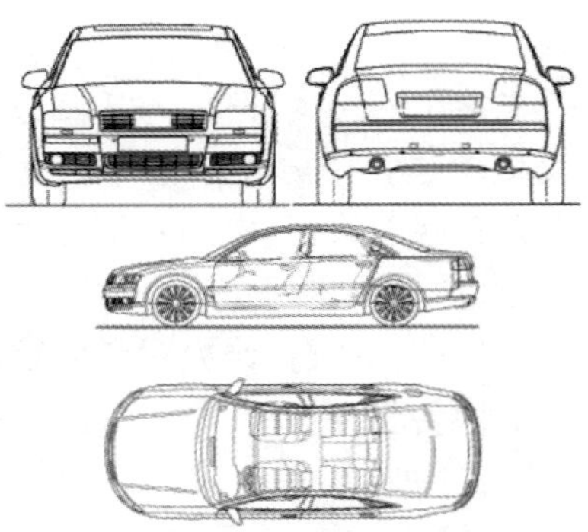
△凹凸 ○划痕 ×石击 □油漆</td><td colspan="3"></td></tr>
<tr><td colspan="3">内饰检查(划痕和异常填写在下方)</td><td colspan="3" rowspan="2">1. 变更上述项目是否需要经双方认可: □需要 □不需要
2. 进厂检查中发现的异常是否需要维修:□需要 □不需要
3. 维修过程中更换下来的旧件是否带走:□带走 □不带走
4. 预计工时费____元、诊断费____元,材料费____元。
5. 预计完工时间: 年 月 日。
6. 其他:</td></tr>
<tr><td colspan="3"></td></tr>
<tr><td>业务接待员签字</td><td colspan="2"></td><td colspan="3">上述各项记录无误,托修方签字:</td></tr>
</table>

年 月 日

①可以通过对话可解决的，应详细解答，具体指导，及时帮助处理。

②确需现场救援的，应提出可行的维修救援方案，主动告知救援收费标准，组织救援人员在规定时间内赶到救援现场。

③需拖拽进厂维修的，应经托修方同意，并对被拖拽车辆外观进行检查，在客户签字确认检查结果后，及时实施拖拽服务。

2）进厂检验

（1）业务接待员应根据托修方陈述，结合机动车维修档案对车辆进行初步诊断。必要时，应安排相应维修技术人员进行技术诊断并告知可能产生的维修费用。

（2）经营者应在专用的工位或区域，对车辆进行进厂检验，确定维修类别和作业项目，做好进厂检验记录。如车辆需要拆检或路试，应征得托修方同意。

（3）进厂检验后，应告知托修方诊断结果、拟订维修方案、建议维修项目、需要更换的配件和维修费用预算，并交由托修方在机动车维修合同（托修单）上确认签字。

3）签订维修合同

（1）业务接待员应根据车辆进厂检验结果和托修方需求，本着自愿、合法、适用的原则，与托修方协商签订汽车维修合同，经营者应将维修合同存入汽车维修档案。

（2）经营者对机动车进行二级维护、总成修理、整车修理的，宜使用当地主管部门推荐的汽车维修合同示范文本。

（3）维修过程应严格按照合同约定进行。确需增加维修项目的，经营者应及时与托修方沟通，征得同意后，按规定签订补充合同。

4）维修作业与过程检验

经营者应根据机动车维修合同（托修单）确认的维修类别和作业项目，开具派工单。派工单应详细注明维修项目、作业部位、完成时间和其他要求。经营者不应擅自扩大维修作业范围。

（1）维修过程中，维修人员应采用合理措施防护车身内外表面等部位。

（2）维修作业人员应按照派工单、相关标准要求及机动车生产企业维修手册、使用说明书和有关技术资料进行维修作业。

（3）质量检验人员应实施车辆维修过程检验，并做好检验记录。检验不合格的作业项目应返工，返工后应重新进行检验，并保留重新检验记录。

（4）业务接待员应跟踪车辆维修情况，视需向托修方反馈维修进度；当维修工期延长或维修项目变更时，应及时与托修方沟通，征得托修方同意后签字确认。

（5）车辆维修竣工后，维修人员应对车辆外表和内饰进行清洁，将车辆停放在竣工区域。

5）竣工检验

车辆维修竣工后，质量检验人员应核查维修作业项目完成情况，并进行维修竣工检验，填写维修竣工检验记录。

（1）对于进行二级维护、总成修理、整车修理的车辆，竣工检验合格后应由质量检验人员签发《机动车维修竣工出厂合格证》。

（2）对竣工检验中发现的不合格项目，应填写返工单，由维修人员返工作业。如因返工导致不能按时交车，业务接待员应及时联系托修方，与托修方协商交车时间变更情况。

(3)竣工检验不合格的车辆不得交付托修方。

6)结算与交车

竣工检验合格的车辆,业务接待员应查看车辆外观,清点随车物品,通知托修方验收接车,并将维修作业项目、配件材料使用、维修竣工检验情况,以及出厂注意事项、质量保证期等内容告知托修方。

(1)业务接待员应配合托修方验收车辆,填写车辆验收交接单,由托修方签字确认后,引导并陪同托修方办理结算手续。

(2)经营者应严格按照备案并公示的维修工时定额及单价、配件价格等核定维修费用。

(3)托修方对维修作业项目和维修费用有疑问时,业务接待员应认真听取托修方的意见并做出合理解释。

(4)经营者应使用规定的结算票据,并向托修方交付维修结算清单。维修结算清单应符合《机动车维修费用结算清单》(JT/T 1133)的要求。

(5)完成结算手续后,业务接待员应为托修方办理交车手续,交付车辆钥匙、托修方寄存物品、托修方支付过费用的剩余维修材料及更换下的配件(与环保或安全有关的配件除外,但应向托修方说明)。

7)记录维修档案

(1)经营者应建立机动车维修档案,并实行机动车维修档案的电子化管理。机动车维修档案应包括维修合同(托修单)、维修项目、维修人员及维修费用结算清单等。进行二级维护、总成修理、整车修理的,机动车维修档案还应包括质量检验单、质量检验人员、《机动车维修竣工出厂合格证(副本)》等。

(2)经营者应按照《汽车维修电子健康档案系统》(JT/T 1132)的规定如实填报、及时上传承修车辆的维修电子数据记录至汽车维修电子健康档案系统。

(3)经营者应能将机动车维修档案提供给托修方查阅或复制。

8)返修与抱怨处理

经营者应建立车辆返修与抱怨处理制度,做好车辆返修与抱怨处理记录,对返修与抱怨项目进行分析,制定和落实应对和改进措施。

(1)经营者应严格执行托修方抱怨处理制度,明确受理范围、受理部门或人员及其职责、处理部门或人员及其职责、受理时限、处理时限等。

(2)在质量保证期和承诺的质量保证期内,车辆出现返修时,经营者应安排专人对车辆进行检验确认,确属维修质量问题的,应及时无偿返修,不得故意拖延或无理拒绝,并按照竣工出厂时间重新计算返修项目质量保证期。

(3)托修方无法与经营者就抱怨事宜达成共识时,应告知托修方其他投诉处理的合法途径和相关机构。

(4)经营者应将托修方抱怨的解决措施和处理结果及时反馈给托修方。

(5)经营者应留存返修和抱怨办理的记录,定期进行分析、总结。

9)跟踪服务

跟踪服务应覆盖所有托修方。

(1)车辆维修竣工出厂后,经营者可通过意见卡、电话、短信、微信等方式回访托修方,征询托修方对车辆维修服务的意见和建议,并做好记录。对托修方的意见和建议应及时沟通并妥善处理。

(2)回访人员应统计分析托修方意见,并及时反馈给经营者处理。对返修和抱怨处理后的结果应继续跟踪。

(3)经营者应及时关注、留存和处理来自媒体的报道和反馈的本企业相关信息。

3. 服务质量控制与改进

经营者应按规定建立维修服务质量管理体系,制定服务质量方针,加以实施并持续改进。

(1)经营者应开展客户满意度调查,对客户满意度、投诉率、投诉处理满意率,以及一次维修合格率、返修率等机动车维修服务指标进行收集和分析。

(2)经营者应定期对维修服务实际成果进行定期检查,并记录检查结果。对检查中发现的问题,应采取针对性的整改措施。

二、汽车维修行业行为规范

加强汽车维修行业精神文明建设和建立汽车维修行业信用机制,是社会主义核心价值观在汽车维修行业的具体体现。建立汽车维修行业行为规范,有利于营造良好的汽车维修市场经济秩序,切实保障车辆所有人的合法权益,也是汽车维修诚信企业评选的主要依据,汽车维修经营者应共同遵守,自觉执行,相互监督。

1. 守法经营,接受监督

遵守国家法律、法规和规章,端正经营行为,全面公开汽车维修作业规范、收费标准、监督电话;严格按照国家有关规定合理结算费用,依法开具发票。自觉接受行政监督、舆论监督、社会监督。

2. 诚信为本,公平竞争

坚持诚信为本,以优质服务、用户满意为宗旨参与市场竞争。公证签订并忠实履行汽车维修合同,不擅自减少作业项目,不使用假冒伪劣配件,不做虚假广告宣传。

3. 尊重客户,热忱服务

牢固树立"质量第一,客户至上"的观念,从业人员持证上岗,亮牌服务,举止文明;建立客户档案,定期跟踪回访,主动征求意见;开展提醒服务,答复客户咨询,排除客户疑虑;努力满足客户要求,维护客户正当权益。

4. 弘扬职业道德,建设精神文明

发展企业文化,建立服务品牌。倡导爱岗敬业精神,树立团队合作意识。充分调动企业员工积极性,开创奋发向上的比、学、赶、帮新局面。开展服务规范化达标活动,树立行业新风尚。

5. 规范操作,保证质量

建立健全汽车维修质量保证体系,全面贯彻执行国家标准、行业标准和企业标准,认真做好汽车维修检验记录,按规定签发汽车维修出厂合格证,及时受理客户投诉,承担质量保证责任。

6. 文明生产,保护环境

搞好文明生产和安全生产,防止污染,保护环境,不断完善服务设施和服务功能,做到厂区整洁,环境优美,布局合理;实现作业现场安静;维修工具、机件、场地、人身清洁;工具、机件、油水不落地。

7. 自我管理,自我发展

自觉抵制非法行为,勇于同侵害行业利益的行为作斗争,捍卫行业合法权益;通过正常渠道反映企业的意见与要求,不断提升行业整体素质。

8. 科技兴业,开拓创新

确立科技兴业新思路,积极推广应用汽车维修新技术、新工艺、新材料、新设备;更新管理理念,优化企业管理,增强市场竞争能力;加强行业培训与交流,开展业内的横向联合与协作,加速行业技术进步。

第二节　汽车售后服务客户满意度评价

汽车售后服务是指客户在购买汽车之后,汽车企业与经销商所提供的和车辆使用属性相符合的多种形式服务的总称。

科学准确的汽车售后服务满意度测评是汽车企业了解自身服务现状,改进与提升服务水平的重要依据之一。

多年以来,国际上较为接受的汽车服务类别的客户满意度指标是由美国的 J. D. Power 公司制定执行的。但 J. D. Power 是从汽车生产厂家的角度出发,为改进服务流程而设计,并不能完全客观地反映消费者对于服务的主观印象和满意程度。从执行效果分析来看,所设计的满意度指标在符合中国消费者需求实情、指标设计可测量性、指标可控制性等方面都还存在一些不适应性。

为科学评价汽车售后服务客户满意度,交通运输部颁布了《汽车售后服务客户满意度评价方法》(JT/T 900—2014),在汽车维修行业建立了一套相对完善的、规范化的售后服务测评体系和行业服务满意度评价方法。

一、客户满意度评价指标

1. 维度

汽车售后服务客户满意度评价指标分为以下六个维度。

(1)规范性。汽车维修企业遵守国家法律法规、行业管理规范的情况。

(2)公开性。汽车维修服务价格、项目以及维修过程对消费者公开的程度。

(3)人性化。汽车维修过程中服务态度以及为消费者提供的服务围绕消费者展开的程度。

(4)便捷性。汽车到达维修场所及维修过程的方便程度。

(5)专业性。汽车维修企业人员技能以及在维修质量上的专业化程度。

(6)服务费用合理性。汽车维修企业在工时以及配件价格计费等方面的客户满意情况。

2. 评价指标及内容

客户满意度(Consumer Satisfaction Index,CSI),是指客户期望值与客户体验的匹配程度,即客户通过对一种产品可感知的效果与其期望值相比较后得出的指数。汽车售后服务客户满意度评价指标及内容见表5-2。对各维度进行细化分解后,形成六个维度下的25个评价指标,并赋予相应的权重,构成了立体的满意度指标体系。

汽车售后服务客户满意度评价指标及内容　　表5-2

维度	评价指标	评价内容	权重
规范性	整体规范度	客户对机动车维修企业遵守法律法规及相关技术标准的总体满意度感知程度	5.00%
	工单交付完整度	机动车维修企业进行维修作业任务前是否向客户交付工单	1.00%
	配件交付标准度	机动车维修企业完成维修任务作业后配件是否交由客户处理	1.00%
	结算清单交付标准度	机动车维修企业完成维修作业任务后是否按规定向客户交付结算清单	1.00%
	维修结算清单分列标准度	机动车维修企业完成维修或维护任务作业后向客户提交的结算清单是否清楚并分列各项	1.00%
	签发竣工出厂合格证标准度	机动车维修企业完成维修任务作业后是否按照相应行业管理部门规定要求为客户签发竣工出厂合格证	1.00%
公开性	价格公开度	机动车维修企业对所有服务项目价格是否按照相应行业管理部门规定要求对客户公开,以及客户对此的满意度感知程度	4.80%
	维修过程透明标准度	机动车维修企业是否将维修过程透明化,以及客户了解维修过程的满意度感知程度	4.20%
	修前项目和费用解释标准度	机动车维修企业是否在维修服务前对客户进行项目和费用解释,以及客户对此的满意度感知程度	3.00%
	修后项目和费用解释标准度	机动车维修企业是否在维修服务结束后进行项目和费用解释,以及客户对此的满意度感知程度	3.00%
人性化	服务人员礼貌热情标准度	客户对机动车维修企业服务人员的礼貌和热情态度的满意度感知程度	4.20%
	服务人员主动为您着想标准度	客户对机动车维修企业服务人员在服务时主动考虑到客户的要求和感知的满意度	4.80%
	客户休息区舒适性	客户对机动车维修企业所提供的客户休息区的舒适性的满意度感知程度	4.60%
	等待时间休闲方式多样性	客户对机动车维修企业所提供的在店等待时候打发时间的娱乐项目的多样性的满意度感知程度	3.90%
	提醒服务完成度	客户对机动车维修企业所提供的提醒服务的满意度感知程度	2.50%
便捷性	网点到达便利性	客户对到达机动车维修服务企业网点的到达便利程度的满意度感知程度	3.90%
	维修等待便捷性	客户对在机动车维修服务企业网点的等待维修服务的时长的满意度感知程度	6.10%

续上表

维度	评价指标	评价内容	权重
专业性	诊断故障正确度	客户对在机动车维修服务企业对车辆故障的诊断准确度的满意度感知程度	6.00%
	任务完成度	客户对在机动车维修服务企业对车辆进行维修任务完成情况的满意度感知程度	5.90%
	人员专业度	客户对机动车维修服务企业服务和技术人员的专业性水平的满意度感知程度	9.40%
	一次修复率	机动车维修服务企业是否一次性完成与客户既定的维修任务	3.70%
服务费用合理性	工时计时合理性	客户对在机动车维修服务企业所提供的项目所用工时数量计算的合理程度的满意度感知程度	5.00%
	工时单价合理性	客户对在机动车维修服务企业所提供的项目工时单价的合理程度的满意度感知程度	5.00%
	配件价格合理性	客户对在机动车维修服务企业所提供的配件价格的合理程度的满意度感知程度	5.00%
	与汽车相关的附加服务费用合理性	客户对在机动车维修服务企业所提供的与车辆有关的附加服务费用的满意度感知程度	5.00%

二、客户满意度调查方法

1. 调查对象

车辆初次注册登记起1～5年，车主或经常使用车辆并对车辆维修起决策作用的使用者。

2. 调查方式

将客户满意度评价指标构成要素问卷化，通过对调查对象进行抽样，以一对一面谈，进行问卷调查访问的方式，获得客户满意度评价指标得分。

3. 抽样方法

1)配额抽样

调查人员将调查总体样本按各种取值在总体中所占的比例分类或分层，确定各类(层)单位的样本数额，在配额内任意抽选样本的抽样方式。

根据汽车品牌、车型类别和保有量确定相应抽样数量。

2)随机抽样

执行调查访问时，同一品牌同一车型级别的车主样本选取，不加任何分组、划类、排队等，完全随机抽取。

3)样本数量

在置信水平为95%，允许最大抽样误差百分比为0.6%的条件下，计算全国样本数量；对于单个城市样本量不低于300个，每款车型样本量不低于50个。

4. 评分标准

被调查对象针对各项评价内容进行逐项评分，评分采用 10 分制，如图 5-2 所示。

非常不满意	1	2	3	4	5	6	7	8	9	10	非常满意

图 5-2　评分标准

三、客户满意度计算方法

1. 评价指标计算

各项评价指标得分等比例转化为百分制，所得数值保留至小数点后两位，得分按式(5-1)～式(5-6)计算：

$$S_{i(i=1,2\cdots6)}=\frac{1}{n}\sum_{j=1}^{n}a_{ij}\times\frac{100}{10} \tag{5-1}$$

$$O_{i(i=1,2\cdots4)}=\frac{1}{n}\sum_{j=1}^{n}a_{ij}\times\frac{100}{10} \tag{5-2}$$

$$H_{i(i=1,2\cdots5)}=\frac{1}{n}\sum_{j=1}^{n}a_{ij}\times\frac{100}{10} \tag{5-3}$$

$$C_{i(i=1,2)}=\frac{1}{n}\sum_{j=1}^{n}a_{ij}\times\frac{100}{10} \tag{5-4}$$

$$P_{i(i=1,2\cdots4)}=\frac{1}{n}\sum_{j=1}^{n}a_{ij}\times\frac{100}{10} \tag{5-5}$$

$$R_{i(i=1,2\cdots4)}=\frac{1}{n}\sum_{j=1}^{n}a_{ij}\times\frac{100}{10} \tag{5-6}$$

式中：S_i——规范性维度对应的六个指标；
O_i——公开性维度对应的四个指标；
H_i——人性化维度对应的五个指标；
C_i——便捷性维度对应的两个指标；
P_i——专业性维度对应的四个指标；
R_i——服务费用合理性维度对应的四个指标；
a_{ij}——第 j 个客户对第 i 个指标的评价值；
n——有效样本数量。

2. 维度分值计算

各维度得分按式(5-7)～式(5-12)计算：

$$S=\sum_{i=1}^{6}S_iF_i \tag{5-7}$$

$$O=\sum_{i=1}^{4}O_iF_i \tag{5-8}$$

$$H=\sum_{i=1}^{5}H_iF_i \tag{5-9}$$

$$C=\sum_{i=1}^{2}C_iF_i \tag{5-10}$$

$$P=\sum_{i=1}^{4}P_iF_i \tag{5-11}$$

$$R=\sum_{i=1}^{4}R_iF_i \tag{5-12}$$

式中：S——规范性维度值；

O——公开性维度值；

H——人性化维度值；

C——便捷性维度值；

P——专业性维度值；

R——服务费用合理性维度值；

F_i——对应指标的权重。

3. 客户满意度计算

售后服务客户满意度(CSI)按式(5-13)计算：

$$\mathrm{CSI}=S+O+H+C+P+R \tag{5-13}$$

四、客户满意度评价结果

(1)评价采用量化方法，满分为100分。

(2)售后服务客户满意度评价结果分为以下五个等级：

①非常满意：CSI为90分及以上。

②满意：CSI在85～90分之间，含85分。

③一般：CSI在80～85分之间，含80分。

④不满意：CSI在75～80分之间，含75分。

⑤非常不满意：CSI在75分以下。

五、汽车售后服务客户满意度评价的应用

中国汽车售后服务客户满意度项目(英文全称为China Automobile After－sales Customer Satisfaction，CAACS，中文简称：卡思调查)，以《汽车售后服务客户满意度评价方法》(JT/T 900—2014)为依据，已在汽车维修行业得到了推广应用，2019年卡思调查统计结果如下。

1. 4S店体系

2019年，卡思调查4S店体系总体客户满意度得分为87.4，豪华品牌、合资品牌、自主品牌

的客户满意度得分分别为88.3、87.5、86.8。各品牌得分见表5-3~表5-5。

1)豪华品牌

豪华品牌满意度得分 表5-3

排　　名	豪华品牌	满意度得分
1	凯迪拉克	88.9
2	宝马	88.7
3	奔驰	88.7
4	奥迪	88.6
5	雷克萨斯	88.4
6	路虎	88.4
7	沃尔沃	87.8
8	英菲尼迪	87.8
9	进口大众	87.2
10	JEEP	87.1

2)合资品牌

合资品牌满意度得分 表5-4

排　　名	合资品牌	满意度得分
1	广汽本田	88.3
2	广汽丰田	88.3
3	东风悦达起亚	88.2
4	一汽大众	88.2
5	东风日产	88.2
6	长安马自达	88.0
7	上汽大众斯柯达	88.0
8	上汽大众	87.8
9	一汽丰田	87.4
10	斯巴鲁	87.3
11	东风本田	87.2
12	上汽通用雪佛兰	86.9
13	一汽马自达	86.9
14	东风雪铁龙	86.8
15	北京现代	86.8
16	上汽通用别克	86.5
17	东风标致	86.5
18	长安福特	86.4
19	广汽三菱	86.1
20	东风雷诺	86.1

3）自主品牌

自主品牌满意度得分 表 5-5

排　　名	自 主 品 牌	满意度得分
1	广汽传祺	88.2
2	比亚迪	88.0
3	吉利	87.7
4	海马汽车	87.4
5	宝骏	87.2
6	上汽荣威	86.8
7	上汽名爵	86.7
8	一汽奔腾	86.6
9	华晨中华	86.6
10	长安汽车	86.5
11	奇瑞	86.3
12	长城	85.8
13	北京汽车	85.7
14	东南汽车	85.5
15	北汽新能源	85.4
16	东风风行	85.0
17	东风风光	84.7
18	东风日产启辰	84.7

2. 快修连锁经营体系

2019 年，卡思调查快修连锁体系的总体客户满意度得分为 88.1，各快修连锁品牌得分见表 5-6。

快修连锁品牌满意度得分 表 5-6

排　　名	快修连锁品牌	满意度得分
1	中鑫之宝	92.7
2	途师傅	91.7
3	车工坊	91.1
4	车奇士	90.7
5	小拇指	90.5
6	精典	89.9
7	国合快车	89.3
8	爱义行	88.6
9	博世车联	87.8
10	车仆	87.4
11	驰加	86.8
12	车享家	85.9
13	华胜	85.3
14	普利司通·车之翼	85.1

3. 商用车服务站体系

2019 年,卡思调查商用车服务站体系的总体客户满意度得分为 85.5,客车和重型货车体系的客户满意度得分分别为 83.2、87.5,各商用车品牌的客户满意度得分见表 5-7、表 5-8。

(1)客车

客车品牌满意度得分

表 5-7

排 名	客车品牌	满意度得分
1	郑州宇通	84.6
2	厦门金旅	83.9
3	苏州金龙(海格)	83.8
4	福田欧辉	82.3
5	安凯客车	82.2
6	中通客车	82.1
7	厦门金龙	81.3

(2)重中型货车

重中型货车品牌满意度得分

表 5-8

排 名	重中型货车品牌	满意度得分
1	一汽解放	89.4
2	北奔	88.3
3	华菱	88.0
4	大运	87.9
5	江淮格尔发	87.7
6	福田欧曼	87.6
7	东风商用车	87.3
8	红岩	86.6
9	中国重汽	86.2
10	陕汽重卡	85.9

统计近几年调查评价,表明国产汽车品牌售后服务水平显著提升,虽然整体上和主流合资品牌及豪华品牌还有差距,但差距逐步缩小,并涌现出广汽乘用车、比亚迪汽车、吉利汽车等售后服务水平全面赶超合资品牌的优秀国产品牌,不仅展示出中国汽车品牌的实力,也向消费者传递了中国汽车品牌的诚意和决心,调查结果的发布同时为国产汽车品牌的发展起到了宣传和促进作用。卡思调查对主流合资品牌、豪华品牌也起到了有效的监督。

从行业发展上来看,今后汽车售后服务体系应当继续沉淀优秀服务经验,提升服务的质感,使售后服务行业不仅在流程规范性上获得客户的认可,也在服务品质上赢得客户的信任,最终推动整个汽车售后服务水平不断进步和完善。

第三节 汽车修理质量检查评定

汽车修理质量一般由维修企业依据修理技术标准进行评价。为客观、公正、全面考核汽车维修企业的修理质量，采取修理质量检查评定的方式，按照《汽车修理质量检查评定方法》（GB/T 15746—2011），对维修企业修理质量进行综合评定，主要包括整车修理、发动机修理、车身修理，考核评价修理过程中维修档案完善程度和修理竣工质量指标。

一、检查评定指标要求

1. 汽车维修档案

建立健全汽车维修档案，有利于规范维修经营者的管理、保证维修质量，并可以作为分析维修质量事故原因、维修质量纠纷处理的主要依据之一。同时，也是为保障汽车修理质量提供的基础工作。

评价修理过程中维修档案完善程度，包括核查维修合同，修理进厂检验单、过程检验单和竣工检验单，机动车维修竣工出厂合格证，维修工时费和材料费结算清单共6个核查项目，其中机动车维修竣工出厂合格证为关键项，其他为一般项。

1）汽车维修合同（或委托书）

合同填写应字迹清晰；合同条款中应明确维修项目（含补充项目）、维修费用和完工时间；合同应由托、承修双方签字或盖章确认。

2）进厂检验单

检验单填写应字迹清晰并包括下列内容：进厂编号；品牌/型号（发动机型号和编号）；车辆识别代号（或底盘号）、发动机装备及附件、车身附件；里程表记录；整车装备及附属设施；客户主述及检验记录；检验日期；承修方处理意见；检验员签字；托修方签字。

3）过程检验单

检验单填写应字迹清晰；过程检验项目应与维修合同中规定的作业项目一致；检验结果记录应真实准确；检验单应有编号、检验日期、主修人员及检验员签字。

4）竣工检验单

整车修理竣工检验项目应符合《汽车整车修理竣工出厂技术条件　第1部分：载客汽车》（GB/T 3798—2005）、《汽车整车修理竣工出厂技术条件　第2部分：载货汽车》（GB/T 3798.2—2005）的相关规定；发动机修理竣工检验项目应符合《商用汽车发动机修理竣工出厂技术条件　第1部分：汽油发动机》（GB/T 3799.1—2005）、《商用汽车发动机修理竣工出厂技术条件　第2部分：柴油发动机》（GB/T 3799.1—2005）的相关规定；车身修理竣工检验项目应符合《大客车车身修理技术条件》（GB/T 5336—2005）的相关规定。检验结果记录应真实准确并有检验员签字。

5）机动车维修竣工出厂合格证

应使用由交通运输主管部门规定的机动车维修竣工出厂合格证；合格证填写应字迹清晰并有质量检验员签字。

6)汽车维修工时费、材料费结算清单

清单中应列出工时费及材料费明细,并注明所更换配件类别(原厂配件、副厂配件、修复件)。

2. 修理竣工质量

1)汽车整车修理竣工质量评定

汽车整车修理竣工质量的评定包括整车外观及装备检查、总成机构检查及主要技术性能测试3大类核查项目,具体要求见表5-9。

汽车整车修理竣工质量的评定　　表5-9

序号	核查项目	技术要求
1	整车	
1.1	外观	整车外观应整洁、完好、周正,各处无漏油、漏水、漏电、漏气现象
1.2	整车装备	附属设施及装备应齐全、有效,各连接部件紧固完好
1.3*	整备质量	由修理改变的整备质量,应不超出原车规定整备质量的3%
1.4	左右轴距差	应不大于原设计的1/1000
1.5	润滑及其他工作介质	各总成应按原设计规定加注规定品质与数量的润滑油(脂)及其他工作介质
2	总成	
2.1	发动机	
2.1.1	起动性能	汽油发动机在环境温度不低于－5℃,柴油发动机在环境温度不低于5℃时,应能顺利起动。允许起动3次,每次不超过5s
2.1.2	怠速运转性能	从起动后到正常工作温度,发动机怠速应运转稳定,其怠速转速应符合原设计规定
2.1.3	运转状况	发动机在各种工况下应运转稳定、无异响;改变工况时应过渡圆滑;急加速或减速时不得有突爆声
2.1.4	压缩压力	在正常工作温度下,汽缸压缩压力应符合原设计规定;其压力差汽油机应不超过各缸平均压力的5%,柴油机应不超过8%
2.1.5	机油压力	正常工作温度和规定转速下,机油压力应符合原设计要求
2.2	转向操纵机构	
2.2.1	转向盘	应转动灵活、操纵轻便,无偏重和卡滞现象;车辆直线行驶时,转向盘应处在中间位置
2.2.2	转向盘最大自由转动量	应符合《机动车运行安全技术条件》(GB 7258)中有关条款的规定
2.2.3	车轮定位、最大转向角	车轮定位、转向轮的最大转向角应符合原设计规定
2.2.4	转向轮横向侧滑量	转向轴采用非独立悬架的汽车,转向轮横向侧滑量应符合《机动车运行安全技术条件》(GB 7258)中有关条款的规定
2.2.5	转向连接件	转向横、直拉杆及转向连接球销应无松旷、裂纹和损伤,且不得拼焊
2.3	传动机构	
2.3.1	离合器	应接合平稳、分离彻底,不得有异响、抖动或打滑现象
2.3.2	离合器踏板	踏板力不大于300N;踏板自由行程应符合原设计规定
2.3.3	变速器	手动变速器的互锁和自锁装置可靠有效,不得有乱挡和自行跳挡现象;挂挡平顺,无干涉,运转无异响
		自动变速器的操纵装置除位于P、N外的任何挡位,发动机均应不能起动;当位于P挡时,应有驻车锁止功能

续上表

序号	核查项目	技术要求
2.3.4	传动轴	运转时不应有振抖和异响
2.3.5	主减速器、差速器	应工作正常、无异响,正常工况下不得过热
2.4	行走机构	
2.4.1	车轮总成	横向摆动量和径向跳动量应符合《机动车运行安全技术条件》(GB 7258)中有关条款的要求
2.4.2	轮胎	胎冠花纹深度应符合《机动车运行安全技术条件》(GB 7258)中有关条款的要求;同轴上装用的轮胎规格、花纹应一致;转向轮不得装用翻新轮胎
2.4.3	减振器	应作用正常有效,不允许有明显渗漏油现象
2.4.4	钢板弹簧、气体弹簧	钢板弹簧应无裂纹和断片现象,弹簧形式、片数应符合原厂规定;气体弹簧应作用正常有效,无异响
2.4.5	车桥与悬架	车桥与悬架之间的各种拉杆和导杆应无变形;各接头和衬套不得松旷和移位
2.5	制动机构	
2.5.1	行车制动踏板行程	制动踏板的自由行程应符合原设计规定;采用液压制动的汽车踏板行程应符合《机动车运行安全技术条件》(GB 7258)中有关条款的规定
2.5.2	行车制动踏板力	行车制动在产生最大制动效能时的踏板力,对于乘用车应不大于500N,其他车辆应不大于700N
2.5.3	驻车制动操纵杆或踏板	应有足够的储备行程,其有效行程应符合《机动车运行安全技术条件》(GB 7258)中有关条款的规定
2.5.4	驻车制动操纵力或踏板力	驻车制动在产生规定的制动效能时,手操纵力或脚踏板力应符合《机动车运行安全技术条件》(GB 7258)中有关条款的规定
2.5.5	制动系统密封性	应符合《机动车运行安全技术条件》(GB 7258)的相关规定
2.6	车身、驾驶室	
2.6.1	车身、驾驶室外观	应周正完好、曲面过度均匀;蒙皮平整,无裂损、无锈蚀
2.6.2	车身、驾驶室、货箱、保险杠和翼子板	应左右对称,对称部位离地高度差:货箱不大于20 mm,其他不大于10mm;货箱边板、铰链应铰接牢固、启闭灵活,边板关闭后,各边缝隙不应超过5mm
2.6.3	车身、驾驶室漆面	应色泽均匀,漆膜附着牢固,漆面和漆层无流痕、脱层、裂纹、起泡、皱纹和漏漆等缺陷
2.6.4	座椅及安全带	驾驶员座椅的前后位置应可以调整,并锁止有效;乘客座椅排列应符合相关规定;安全带应牢固、有效
2.6.5	车门、车窗	应启闭灵活、锁止可靠,闭合严密、无漏水现象
2.6.6	门窗玻璃	应采用安全玻璃,并符合《机动车运行安全技术条件》(GB 7258)中有关条款的要求
2.7	照明和信号装置及其他电气设备	
2.7.1	照明和信号装置	灯光、信号、电气设备等及其控制装置应齐全有效,各元器件性能良好,工作正常,符合原设计要求
2.7.2	仪表	各仪表应运行正常,指示正确

续上表

序号	核查项目	技术要求
2.7.3	电气线路	应布置合理、连接正确;线束包扎良好、牢固可靠,通过孔洞处应有防护设施,且距离排气管不小于300mm
2.7.4	发电机	运转平稳、无异响,输出电压符合原设计要求
2.7.5	空调系统	应工作正常,符合原设计要求
2.7.6	前照灯	前照灯远光光束发光强度和远、近光光束照射位置应符合《机动车运行安全技术条件》(GB 7258)中有关条款的要求
3	主要性能	
3.1*	动力性	汽车动力性应符合《汽车动力性台架试验方法和评价指标》(GB/T 18276)的要求
3.2	经济性	汽车百公里燃料消耗量应不大于该车型原设计规定的相应车速等速百公里燃料消耗量的114%
3.3*	排放性能	排放装置应齐全、有效;车载诊断系统(OBD)应工作正常;排气污染物排放应符合国家标准的规定
3.4*	行车制动性能	行车制动性能应符合《机动车运行安全技术条件》(GB 7258)的有关规定
3.5*	驻车制动性能	驻车制动性能应符合《机动车运行安全技术条件》(GB 7258)的有关规定
3.6	滑行性能	滑行性能应符合《机动车运行安全技术条件》(GB 7258)中有关条款的规定
3.7	转向轻便性	转向轻便性应符合《机动车运行安全技术条件》(GB 7258)中有关条款的规定
3.8	喇叭声级	应符合《机动车运行安全技术条件》(GB 7258)的有关规定

注:带*号的项目为关键项,其余为一般项。

2)汽车发动机修理竣工质量评定

汽车发动机修理竣工质量的评定应包括发动机外观及装备检查,起动性能、运转状况检查,动力性、经济性、排放性能检测11大类核查项目,具体要求见表5-10。

汽车发动机修理竣工质量的评定　　表5-10

序号	评定项目	技术要求
1	外观及装备	
1.1	外观	发动机的外观应整洁、无油污,各部无漏油、漏水、漏气、漏电现象
1.2	装备	发动机装备应齐全、有效
1.3	润滑油(脂)及冷却液	发动机应按原设计规定加注润滑油、润滑脂及冷却液
2	起动性能	
2.1	冷机起动	汽油发动机在环境温度不低于－5℃,柴油发动机在环境温度不低于5℃时,应能顺利起动。允许起动3次,每次不超过5s
2.2	热机起动	在正常工作温度下,发动机应能在5s内一次顺利起动
3	运转状况	
3.1	怠速运转性能	从起动后到正常工作温度,发动机怠速应运转稳定,其怠速转速应符合原设计规定
3.2	运转状况	发动机在各种工况下应运转稳定,改变工况时应过渡圆滑
3.3	加速或减速	发动机在急加速或减速时,不应有突爆声

续上表

序号	评定项目	技术要求
3.4	异响	发动机在正常工况下运转时，不应有异常响声
4	进气歧管真空度	在正常工作温度和标准状态下，发动机怠速运转时，进气歧管真空度应符合原设计规定；其波动范围6缸汽油发动机一般不超过3kPa，4缸汽油发动机一般不超过5kPa
5*	汽缸压缩压力	在正常工作温度下，汽缸压缩压力应符合原设计规定；其压力差汽油机应不超过各缸平均压力的5%，柴油机应不超过8%
6	机油压力	正常工作温度和规定转速下，机油压力应符合原设计要求
7	紧急停机装置	柴油发动机紧急停机装置应可靠有效
8	额定功率	应符合《商用汽车发动机修理竣工出厂技术条件　第1部分：汽油发动机》（GB/T 3799.1—2005）、《商用汽车发动机修理竣工出厂技术条件　第2部分：柴油发动机》（GB/T 3799.2—2005）的要求
9	最大转矩	应符合《商用汽车发动机修理竣工出厂技术条件　第1部分：汽油发动机》（GB/T 3799.1—2005）、《商用汽车发动机修理竣工出厂技术条件　第2部分：柴油发动机》（GB/T 3799.2—2005）的要求
10	燃料消耗率	发动机最低燃料消耗率不应大于原设计标定值的114%
11*	排放性能	发动机排放装置齐全有效；车载诊断系统（OBD）应工作正常；排气污染物排放应符合国家标准的规定

注：带*号的项目为关键项，其余为一般项。

3）汽车车身修理竣工质量评定

汽车车身修理竣工质量的评定应包括外观尺寸、内外蒙皮及油漆的外观检查，货箱、行李舱、门窗、座椅及附件的检查等19个核查项目，具体要求见表5-11。

汽车车身修理竣工质量的评定　　表5-11

序号	评定项目	技术要求
1	外廓尺寸	应符合原设计规定
2	整备质量	车身修竣后汽车整备质量及轴荷分配不得超过原设计的3%
3*	外蒙皮	外蒙皮外表应平整光滑，曲面过度均匀，无裂损，无严重锈蚀
4	内蒙皮（围板）	内蒙皮（围板）应无裂损、翘曲。软质内顶篷不应出现折皱、松弛、破损
5*	油漆涂层	外观应色泽均匀，表面漆膜附着牢固，漆面和漆层无流痕、脱层、裂纹、起泡、皱纹和漏漆
6	货厢	边板和底板应平整完好，无裂损、无锈蚀；左右边板应平行，其高度差应不超过10mm，边板关闭后，各边缝隙不应超过5mm；货箱边板、铰链应铰接牢固、启闭灵活
7	车门、车窗	车门和车窗应启闭轻便，锁止可靠，不得有自行开启现象；门窗应密封良好，无漏水现象；自动门窗防夹装置有效、可靠；安全门的技术性能应符合原设计规定
8	门窗玻璃	应采用安全玻璃，并符合《机动车运行安全技术条件》（GB 7258）中有关条款的要求
9	行李舱	舱门应无翘曲变形，关闭严密、启闭灵活、锁止可靠
10	发动机舱盖	应无裂损、变形，盖合严密，附件齐全有效，开启灵活、支撑牢固
11	空调系统	各管路接头应无泄漏，冷凝器应清洁通畅，风道结构及出风口应符合原设计要求

续上表

序号	评定项目	技术要求
12	座椅及卧具	座椅架及卧铺架应无裂损、变形、锈蚀，安装牢固，排列整齐，间距符合原设计规定；座椅、卧具的调节机构应灵活、有效、锁止可靠，安全带应牢固、有效
13	仪表板	应无裂损、凹瘪、松动，仪表齐全，各开关、指示灯完好，刻度清晰，标志分明
14	刮水器	应工作可靠，有效刮水面应达到原设计要求
15	后视镜	应成像清晰，调节灵活，支架无裂损及锈蚀，安装牢固
16	遮阳板	无翘曲、裂损，支架松紧适宜、作用良好
17	保险杠	应周正完好，安装牢固
18	散热器面罩	应安装牢固，完好可靠
19	照明灯具	应齐全完好，工作有效

注：带*号的项目为关键项，其余为一般项。

二、检查评定规则与判定标准

1. 检查评定规则

(1)对汽车维修档案完整性的核查以查阅历史资料为主。

(2)对汽车修理竣工质量核查以抽查竣工检验记录单和现场指定车辆进行竣工检验相结合的方式，必要时可抽查竣工的车辆到具备资质的检验检测机构进行竣工检验，查看检测报告单。

(3)每个核查项目的内容全部符合技术要求，即可判定该项目为合格，否则判定为不合格。

(4)核查项目按其重要程度分为“关键项”和“一般项”，“关键项”中出现一项不合格的，即可判定该汽车修理质量为不合格。

“关键项”均合格时，综合项次合格率按式(5-14)计算。

$$\beta_0 = \left(k_1 \frac{n_1}{m_1} + k_2 \frac{n_2}{m_2}\right) \times 100\% \tag{5-14}$$

式中：β_0——综合项次合格率(%)；

n_1——汽车维修档案核查合格项目数之和(个)；

n_2——汽车修理竣工质量核查合格项目数之和(个)；

m_1——汽车维修档案应核查项目数之和(个)；

m_2——汽车修理竣工质量应核查项目数之和(个)；

k_1——汽车维修档案核查的权重系数，取 $k_1 = 0.2$；

k_2——汽车修理竣工质量核查的权重系数，取 $k_2 = 0.8$。

2. 汽车修理质量检查评定结果

汽车修理质量评定结果用综合项次合格率表示，分为优良、合格、不合格三个等级。检查评定指标中“关键项”均合格的条件下，汽车修理质量的综合判定标准见表5-12。

汽车修理质量的综合判定标准　　表 5-12

等　　级	综合判定标准
优良	"关键项"均合格，且 $\beta_0 \geq 95\%$（大型营运货车为 $\beta_0 \geq 90\%$）
合格	"关键项"均合格，$85\% \leq \beta_0 < 95\%$（大型营运货车为 $80\% \leq \beta_0 < 90\%$）
不合格	"关键项"均合格，$\beta_0 < 85\%$（大型营运货车为 $\beta_0 < 80\%$）

注：大型营运货车：是指总质量大于或等于 25000kg 的营运货车。

第四节　汽车维修质量信誉考核

为加强汽车维修市场管理，加快汽车维修市场诚信体系建设，建立和完善优胜劣汰的市场竞争机制及退出机制，引导和促进机动车维修企业依法经营、诚实守信、公平竞争、优质服务，道路运输管理机构（维修管理部门）对机动车维修行业维修企业进行质量信誉考核工作，并向社会公布考核结果。

一、考核指标

汽车维修企业质量信誉考核指标包括以下 7 个方面。

（1）从业人员素质指标：维修技术人员获取从业资格证件情况。

（2）安全生产指标：安全生产制度实施情况及安全生产状况。

（3）维修质量指标：质量保证体系建设和实施情况。

（4）服务质量指标：服务公示情况、有责投诉次数、服务质量事件和用户满意度。

（5）遵章守纪指标：守法经营和违规情况。

（6）环境保护指标：环保设施设备技术状况和运用情况，废气、废水、废油以及空调制冷剂等维修废物回收处理情况。

（7）企业管理指标：质量信誉档案建立情况、企业形象、获奖情况、连锁经营情况。

二、考核标准

（1）一、二类汽车维修企业质量信誉考核采用记分方法进行评价，考核总分为 1000 分，加分为 100 分。

在考核总分中从业人员素质考核占 100 分；安全生产考核占 150 分；维修质量考核占 200 分；服务质量考核占 200 分；遵章守纪考核占 150 分；环境保护考核占 150 分；企业管理考核占 50 分。

企业管理指标中企业形象、获奖情况、连锁经营情况为加分项，占 100 分。

（2）所有项目的考核分，不计负分，扣完本项目规定分数为止。

（3）连锁经营是指企业总部按照统一采购、统一配送、统一标识、统一经营方针、统一服务规范和价格的要求，建立连锁经营的作业标准和管理手册，并由企业总部对连锁经营服务网点经营行为实施监管和约束。

三、考核程序

对汽车维修企业进行质量信誉考核,依照下列程序进行:

(1)汽车维修企业所在地的县级道路运输管理机构应当根据本行政辖区的机动车维修企业质量信誉管理档案,对汽车维修企业报送的质量信誉材料进行核实。发现不一致的,应当要求汽车维修企业进行说明或者组织调查。核实结束后,应当根据各项考核指标的初步结果进行打分,对汽车维修企业质量信誉等级进行初评,并将各项考核指标数据和所得分数、初评结果上报设区的市级道路运输管理机构。

汽车维修企业所在地为设区市的,由所在地设区的市级道路运输管理机构负责对汽车维修企业质量信誉情况进行核实,并对企业质量信誉等级进行初评。

(2)设区的市级道路运输管理机构应当将汽车维修企业的考核数据、所得分数和初步考核结果书面通知被考核机动车维修企业。

(3)设区的市级道路运输管理机构将辖区汽车维修企业的各项考核指标数据、所得分数和初步考核结果,在当地主要新闻媒体、本机构网站或本级交通主管部门网站上进行为期15天的公示。

(4)被考核企业或其他单位、个人对公示结果有异议的,可在公示期间向设区的市级道路运输管理机构书面申诉或举报。

举报人应如实签署姓名或单位名称,并附联系方式,否则不予受理。

道路运输管理机构应当为举报人保密,不得向其他单位或个人泄漏举报人的姓名及有关情况。

(5)公示结束后,设区的市级道路运输管理机构应当对企业的申诉和社会反映的情况进行调查核实,根据调查核实结果对企业的质量信誉等级进行评定,并将考核结果上报省级道路运输管理机构。

四、质量信誉等级

1. AAA 级企业

(1)考核期内未发生一次死亡1人及以上的安全生产责任事故和重大、特大恶性服务质量事件。

(2)考核期内未出现超越许可事项或使用无效、伪造、变造机动车维修经营许可证件,非法从事机动车维修经营的违法违章行为。

(3)考核期内未出现使用假冒伪劣配件维修机动车、承修已报废的机动车、擅自改装机动车或利用配件拼装机动车的违法违章行为。

(4)考核总分和加分合计不低于850分,且企业从业人员素质、安全生产等考核分数在该项总分的80%以上。

2. AA 级企业

(1)未达到AAA级企业的考核条件。

(2)考核期内未发生一次死亡1人及以上的安全生产责任事故和重大、特大恶性服务质量事件。

(3)考核期内未出现超越许可事项或使用无效、伪造、变造机动车维修经营许可证件,非法从事机动车维修经营的违法违章行为。

(4)考核期内未出现使用假冒伪劣配件维修机动车、承修已报废的机动车、擅自改装机动车或利用配件拼装机动车的违法违章行为。

(5)考核总分和加分合计不低于700分,且企业从业人员素质、安全生产等考核分数在该项总分的65%以上。

3. A级企业

(1)未达到AA级企业的考核条件。

(2)考核期内未发生一次死亡1人及以上的安全生产责任事故和特大恶性服务质量事件。

(3)考核期内未出现超越许可事项或使用无效、伪造、变造机动车维修经营许可证件,非法从事机动车维修经营的违法违章行为。

(4)考核期内未出现使用假冒伪劣配件维修机动车、承修已报废的机动车、擅自改装机动车或利用配件拼装机动车的违法违章行为。

(5)考核总分和加分合计不低于600分,且企业从业人员素质、安全生产等考核分数在该项总分的60%以上。

4. B级企业

考核期内有下列情形之一的,质量信誉等级为B级:

(1)发生一次死亡1人及以上的安全生产责任事故或特大恶性服务质量事件。

(2)出现超越许可事项或使用无效、伪造、变造机动车维修经营许可证件,非法从事机动车维修经营的违法违章行为。

(3)出现使用假冒伪劣配件维修机动车、承修已报废的机动车、擅自改装机动车或利用配件拼装机动车的违法违章行为。

(4)考核总分和加分合计低于600分或者企业从业人员素质、安全生产等考核分数在该项总分的60%以下的。

重大恶性服务质量事件是指由于企业原因,对社会造成不良影响,而受到省级以上交通主管部门(或者道路运输管理机构)通报批评的服务质量事件。

五、质量信誉档案的建立

汽车维修企业应当建立质量信誉档案,并及时将相关内容和材料记入质量信誉档案。主要内容包括:

(1)企业基本情况,包括企业名称、法人代表名称、机动车维修经营许可证件、工商执照、分公司名称及所在地、从业人员情况等。

(2)安全生产事故记录,包括每次事故的时间、地点、事故原因、死伤人数、经济损失及处理情况。

(3)服务质量事件记录,包括每次事件的时间、原因、社会影响、通报部门或机构。

(4)违规经营情况,包括每次违章经营的时间、责任人、违章事实、查处机关、行政处罚和通报情况。

(5)投诉情况,包括每次投诉的投诉人、投诉内容、受理部门、投诉方式、曝光媒体名称、社会影响及处理等情况。

(6)企业管理情况,包括质量信誉档案建立情况、连锁经营情况、服务人员统一标志及持证上岗情况,以及获得市(厅)级以上集体荣誉称号的情况。

第六章

汽车维修信息化建设

通过运用“互联网 + 汽车维修”思维和信息化手段，以客户与维修车辆为中心进行全方位的信息管理，记载、引导、控制维修服务的全过程，促进信息交流和数据共享，是加快汽车维修业由传统服务业向现代服务业转变的重要措施之一。汽车维修信息化在先进的管理理念指导下，应用现代计算机网络技术去整合企业的资源，为维修企业业务管理和车主提供准确、及时、完整、有效的信息，以便针对维护(修)流程、节点、数据、活动等做出相应的反应和规定。

第一节　汽车维修信息化管理的功能与要求

汽车维修行业对汽车维修实施信息化管理，需建立信息管理系统。信息系统应符合《汽车维修管理信息系统技术规范》(JT/T 640)、《交通信息基础数据元　第7部分：道路运输信息基础数据元》(JT/T 697.7)、《汽车维修电子健康档案系统》(JT/T 1132.1～4)以及《机动车维修服务规范》(JT/T 816)的要求。

一、系统分类和数据信息

汽车维修管理信息系统是指对汽车维修业务相关信息进行输入、存储、处理、输出和控制等管理的互联网信息系统。

1. 系统分类

汽车维修管理信息系统分为汽车维修行业管理信息系统和汽车维修企业管理信息系统。

2. 数据信息

(1)汽车维修行业管理信息系统的数据信息应符合《交通信息基础数据元　第7部分：道路运输信息基础数据元》(JT/T 697.7)和《汽车维修电子健康档案系统》(JT/T 1132.1～4)的相关要求。

(2)汽车维修企业管理信息系统的数据信息应包括但不限于维修企业名称、企业人员、供应商、客户、维修车辆、维修工作单、维修项目、维修配件、工具设备、维修派工、抱怨管理等相关信息，且应符合《交通信息基础数据元　第7部分：道路运输信息基础数据元》(JT/T 697.7)、《汽车维修电子健康档案系统》(JT/T 1132.1～4)和《机动车维修费用结算清单》(JT/T 1133)

的相关要求。

二、汽车维修行业管理信息系统要求

(1)汽车维修行业管理信息系统的功能要求、性能要求和安全要求应符合《汽车维修电子健康档案系统　第1部分:总体技术要求》(JT/T 1132.1)的相关要求。

(2)汽车维修行业管理信息系统的数据采集应符合《汽车维修电子健康档案系统　第2部分:数据采集技术要求》(JT/T 1132.2)的相关要求。

(3)数据交换与共享应符合《汽车维修电子健康档案系统　第4部分:数据交换与共享》(JT/T 1132.4)的相关要求。

三、汽车维修企业管理信息系统

1. 功能要求

1)基本功能

(1)应能对系统运行的各种基础参数进行设置,如维修企业编号、维修企业名称、企业内部机构设置等参数。

(2)应能对企业人员、供应商、客户、维修车辆、维修项目以及工具设备等档案信息录入、修改、保存、打印、查询和统计。

2)车辆维修

(1)维修预约。

应能提示客户采用预约维修服务并记录待修车辆的维修预约信息。

(2)维修业务接待。

应能记录并打印车辆维修接待信息,包括但不限于客户信息、维修车辆信息、维修类别、故障描述等基本内容。其中,维修类别宜以《汽车维修术语》(GB/T 5624)中界定的汽车维护类别和汽车修理类别为准。

(3)维修生产调度。

应能录入、查询和修改维修项目、维修配件、维修责任人、派工时间、完工时间、维修领料、维修退料等信息,并打印相应的单据。

(4)维修质量检验。

应能录入维修车辆在厂检验的各项数据,并可打印出机动车维修竣工出厂合格证。

(5)维修费用结算。

应能对维修工作单进行结算操作并打印出维修费用结算清单。维修费用结算清单的内容和格式应符合《机动车维修费用结算清单》(JT/T 1133)的相关要求,维修结算后应按照《汽车维修电子健康档案系统　第2部分:数据采集技术要求》(JT/T 1132.2)的要求自动上传汽车维修电子记录。

(6)车辆维修档案。

车辆维修档案应包括车辆基本信息和车辆维修信息。其中,车辆维修信息包括维修合同、维修项目、维修人员及维修费用结算清单等信息,进行二级维护、总成修理、整车修理等项目维修,车辆维修信息还应包括质量检验单、质量检验人员、竣工出厂合格证等。

(7)返修信息处理。

应能记录车辆的返修信息,包括返修时间、维修项目、费用等。

(8)抱怨信息处理。

应能按照《机动车维修服务规范》(JT/T 816)的相关要求记录客户的抱怨信息,包括维修工作单号、受理时间、受理人、抱怨内容、处置情况等。

(9)查询统计。

应能按不同的条件查询统计维修接待记录、维修量、维修车辆、维修项目、维修配件、维修工时和维修人员等信息。

3)维修配件管理

(1)采购进货。

应能录入、查询和统计配件的订货、入库、采购退回等信息,并打印出相应单据。

(2)维修配件编码。

应能为入库的配件建立唯一性编码,并能实现对零部件的配件编码管理,如查询、统计等。

(3)维修配件销售

应能录入、查询和统计配件报价、配件销售、配件退回等信息,并打印出相应单据。

(4)库存管理。

应能按不同的条件查询统计配件的库存情况并与库存账上记录数据进行核对,应能显示、打印相关查询统计结果。

(5)账务管理。

应能设置维修工时单价等相关信息;记录对客户、供应商收、付款等事项,并可根据不同的条件进行查询和统计。

4)设备工具管理

应能录入、查询和统计维修工具设备的采购、入库、借出、归还、报修、报废等信息,并打印出相应单据。

5)人员管理

应能录入、保存、打印、查询和统计企业人员档案信息。

2. 系统配置

(1)能对系统操作者进行不同权限分配和控制,控制级别应至少到菜单级;系统应能对界面的功能按钮进行控制;系统应能记录并导出用户的使用操作日志。

(2)具有数据备份和恢复功能。

(3)具有数据查询统计的自定义功能,统计图形分析功能。

(4)具有报表的自定义功能,如设计生成新报表、自定义报表数据项目等。

(5)应开放相关数据接口,并符合以下要求:

①系统数据接口应有可扩展性和开放性。

②应符合《汽车维修电子健康档案系统　第2部分:数据采集技术要求》(JT/T 1132.2)的相关要求,并能实现与其他相关管理信息系统的接口对接。

3. 性能要求

(1)安全性。

应具有安全控制能力,对已保存的数据修改应能有相应权限的人员进行确认,并防止他人非法操作,造成数据丢失、上传失败、被篡改等情况,确保数据真实性。

(2)可靠性。

应对用户输入的数据信息具有容错能力和数据校验能力,在用户误操作时能保证系统数据的安全,系统应能保证数据的完整性和有效性。

(3)扩展性。

应能进行相应的功能扩展并易于维护,如具有移动端服务平台的系统应建立移动端服务机制。

4. 系统安装和维护要求

(1)应安装简单、操作便捷,用户可根据系统的操作说明自行操作、恢复工作程序。

(2)应具备满足以下要求的用户文档,如操作手册、使用指南等。

①指明正常运行该系统所需的数据、控制命令、运行条件。

②指明所有的出错信息、含义及修改方法。

③具有将用户发现的错误或问题通知系统提供方(或软件开发商)的方法。

(3)系统更新或升级时,不应造成系统数据丢失、被篡改等情况。

第二节 汽车维修电子健康档案系统建设

汽车维修电子健康档案是指以车辆识别代码(VIN 码)为唯一标识的汽车,从购置到报废全寿命周期的汽车维修电子记录的总和,一车一档,类似于汽车的"电子病历"。主要包括汽车维修企业、维修车辆、维修时间、故障描述、维修配件、维修项目以及结算信息等汽车维修过程相关内容的电子化记录信息。汽车维修电子健康档案系统建设与运行管理应符合《汽车维修电子健康档案系统》(JT/T 1132.1 ~4)的要求。

一、总体技术要求

汽车维修电子健康档案系统包括部级汽车维修电子健康档案系统(简称"部级系统")和省级汽车维修电子健康档案系统(简称"省级系统"),总体技术架构如图 6-1 所示。包括系统功能要求、性能要求、安全要求等,适用于汽车维修电子健康档案系统的建设、管理、应用和维护。

1. 功能要求

1)部级系统功能

(1)数据交换与共享。

应汇总省级系统上传的汽车维修电子记录,并根据车牌属地将异地汽车维修电子记录推送至其所属地省级系统,实现汽车维修电子记录在部级系统与省级系统的交换与共享。

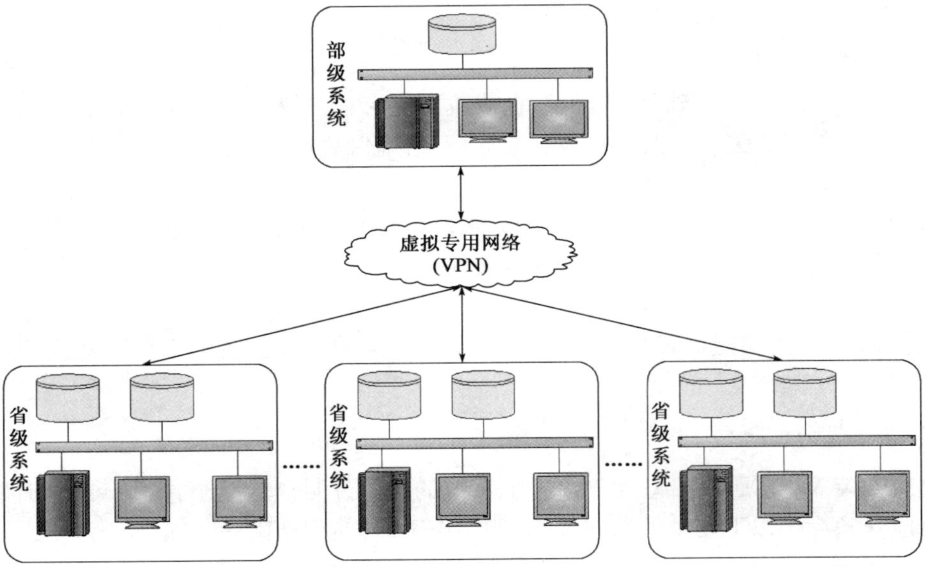

图 6-1　总体技术架构

(2)行业统计与分析。

应汇总省级系统上报的汽车维修行业统计数据,对全国范围内维修企业、维修量、维修车辆、从业人员、维修服务评价等数据进行统计分析。

(3)统一公众服务。

应提供统一的汽车维修电子健康档案系统信息服务网站和移动端服务平台,根据属地服务原则调用各省级系统公众服务功能为社会公众提供服务。

2)省级系统功能

(1)数据采集和交换。

应自动采集辖区内汽车维修企业的汽车维修电子记录,并与部级系统进行数据交换与共享,实现省级系统对本省属地车辆在全国范围内的汽车维修电子记录进行汇总。

(2)汽车维修电子健康档案查询。

应能通过车主注册和车辆认证查询汽车维修电子记录明细,实现全国范围内汽车维修电子记录的查询服务。

(3)维修服务评价。

应包括基于汽车维修电子记录的维修服务评价及投诉。

维修服务评价应包括对维修过程中服务态度、维修质量、维修效率、价格透明度和店面环境等内容的评价。

(4)维修企业查询。

应提供汽车维修企业相关信息的查询服务。

查询的内容应包括汽车维修企业基础信息、质量信誉信息及维修服务评价信息等。

(5)行业统计与分析。

应为省、市、县(区)各级行业管理部门提供辖区内汽车维修行业各项数据的统计与分析。行业统计与分析的内容应包括汽车维修企业、维修量、维修车辆、从业人员、维修服务评价等。

(6)信息发布与交流。

应包括发布汽车维修行业管理信息以及与汽车维修企业和车主的互动交流等,实现省、市、县(区)各级行业管理部门、汽车维修企业和车主的信息交流与共享。

2. 性能要求

1)部级系统

部级系统应满足下列性能要求:

(1)接口响应时间:弱交互类接口平均响应时间不超过2s,强交互类接口平均响应时间不超过5s。

(2)业务吞吐率:不低于6000KB/s。

(3)资源利用率:峰值内存、磁盘、通信占用率保持50%以下。

(4)数据交换与共享并发用户数:不低于300个。

(5)公众服务并发用户数:不低于20000个。

(6)数据存储:存储时间不低于15年。

(7)稳定性:年宕机时间不超过全年时间的1%。

2)省级系统

省级系统应满足下列性能要求:

(1)接口响应时间:弱交互类接口平均响应时间不超过2s,强交互类接口平均响应时间不超过5s。

(2)业务吞吐率:不低于6000KB/s。

(3)资源利用率:峰值内存、磁盘、通信占用率保持50%以下。

(4)维修企业并发用户数:不低于3000个。

(5)公众服务并发用户数:不低于2000个。

(6)数据存储:存储时间不低于15年。

(7)稳定性:年宕机时间不超过全年时间的1%。

3. 安全要求

汽车维修电子健康档案系统应采取安全保护措施,符合《信息安全技术 网络安全等级保护基本要求》(GB/T 22239—2019)和《信息安全技术 网络安全等级保护安全设计技术要求》(GB/T 25070—2019)中网络安全等级保护第三级的要求。

二、数据采集技术要求

主要包括数据的采集存储、传输、管理和应用,维修记录数据采集应符合以下技术要求。

1. 基本要求

1)数据采集方式

省级汽车维修电子健康档案系统应通过数据接口接收汽车维修企业自动上传的汽车维修

电子记录。

2)数据采集内容

汽车维修企业上传的汽车维修电子记录应包括维修企业名称、车辆识别代码、车牌号码、送修日期、送修里程、结算日期、结算清单编号、故障描述、维修项目、维修工时、配件名称、配件编码和配件数量13个数据元。

3)数据采集时效

汽车维修企业在完成结算后应实时上传汽车维修电子记录信息,最迟不得超过次日24时。

2. 数据格式及约束条件

1)数据格式

采集汽车维修电子记录的数据格式应符合《汽车维修电子健康档案系统　第3部分:数据元》(JT/T 1132.3)的要求。

2)约束条件

约束条件见表6-1。

约束条件　表6-1

符　号	约束条件
F	固定长度
V	可变长度
1	有且只能填1项
N	小数,例子"N4,2"代表整数位长度4,小数位长度2
*	0..n,可以没有,也可以有多项
?	0..1,可选项

3. 数据采集接口要求

1)接口协议

数据采集接口协议应满足:

(1)传输方式采用HTTPS(超文本传输安全协议)传输。

(2)采用POST邮件方法提交。

(3)数据格式为JSON格式。

(4)字符编码采用UTF-8。

2)交换过程

汽车维修企业为数据上传的发起方,省级系统为数据上传的接收方。汽车维修企业发送报文后30s内未收到应答报文,应中断发送后重新进行一次请求。

3)报文结构

报文结构包括报头(header)和报体(body)节点,报文结构字段解释见表6-2。

报文结构 表 6-2

序号	层级	父元素名称	元素名称	约束	类型	长度	描 述	取值
1	0	—	transaction	1	—	—	交易报文的主节点	—
2	1	transaction	header	1	—	—	报文头	—
3	1.1	header	date	1	字符串	F8	请求日期	YYYYMMDD
4	1.2	header	time	1	字符串	F6	请求时间	hhmmss
5	1.3	transaction	body	?	字符串	—	具体交易的 JSON	—

4. 接口功能

1)维修企业账户注册

汽车维修企业在其所属省级系统进行维修企业账户注册,注册成功后获得维修企业编码。

2)身份校验

汽车维修企业通过维修企业编码和维修企业登录密码进行身份校验,获取接口调用凭证,进行接口调用。接口调用凭证的存储空间应不少于 512B。每次获取接口调用凭证的有效期为 2h。

3)新增汽车维修电子记录

维修企业将新增的汽车维修电子记录上传至省级系统,新增汽车维修电子记录成功后返回成功标识。

三、数据元要求

主要包括系统数据元的名称、分类、编码规则及格式规范,汽车维修电子健康档案系统的设计、开发与应用的数据元内容应符合以下要求。

1. 数据元编制规则

汽车维修电子健康档案系统数据元的基本属性、数据类型、数据格式应符合《交通信息基础数据元 第 1 部分:总则》(JT/T 697.1)的规定,数据格式中使用的字符表示含义见表 6-3。

汽车维修电子健康档案系统数据格式字符含义 表 6-3

字 符	字 符 含 义
a	字母字符
n	数字字符
an	字母数字字符
jpeg	二进制图片文件
..p,q	最长 p 个数字字符,小数点后保留 q 位,p,q 均为自然数
..	从最小长度到最大长度,前面附加最小长度,后面附加最大长度
YYYYMMDDhhmmss	"YYYY"表示年份,"MM"表示月份,"DD"表示日期,"hh"表示小时,"mm"表示分钟,"ss"表示秒。可以视实际情况组合使用

示例 1:an5(aannn)表示定长 5 个字母数字字符,前 2 个为字母字符,后 3 个为数字字符。

示例 2:n..17,2 表示最长 17 个数字字符,小数点后保留 2 位。

示例 3:an3..8 表示最小长度为 3、最大长度为 8 的不定长的字母数字字符。

2. 数据元编号结构

(1)汽车维修电子健康档案系统数据元编号结构长度为11位,从左至右由汽车维修电子健康档案业务领域代码、数据元一级、二级、三级分类顺序号和数据元顺序号组成,编号结构如图6-2所示。

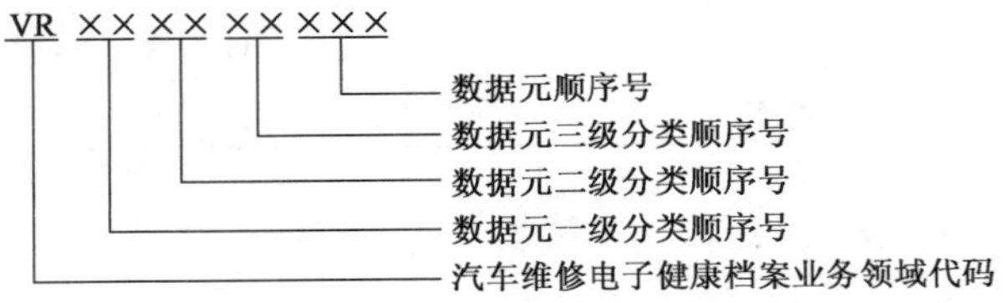

图6-2 系统数据元编号结构

(2)汽车维修电子健康档案系统数据元的编号应满足以下要求:

①汽车维修电子健康档案业务领域的代码为VR。

②数据元一级分类顺序号从01开始,最大编号为99。

③数据元二级分类顺序号从01开始,最大编号为99,若无该级分类时,则该级编号为00。

④数据元三级分类顺序号从01开始,最大编号为99,若无该级分类时,则该级编号为00。

⑤数据元顺序号代表某一级分类下的数据元的序号,从001开始顺序编码。

3. 数据元分类

汽车维修电子健康档案系统数据元分为维修企业信息、维修车辆信息、汽车维修电子记录信息、系统用户信息和维修服务评价信息5大类,具体分类及分类编号见表6-4。

汽车维修电子健康档案系统数据元分类及编号　表6-4

分类及编号	名　称	分类及编号	名　称
VR01	维修企业信息	VR03	汽车维修电子记录信息
VR0101	维修企业基本信息	VR04	系统用户信息
VR0102	维修企业从业人员信息	VR0401	普通用户信息
VR0103	消费者评价信息	VR0402	道路运输企业用户信息
VR02	维修车辆信息	VR05	维修服务评价信息

4. 数据元版本

采用数据元版本为VR1.0。

5. 汽车维修电子健康档案系统部分数据元值域

1)维修企业编码

维修企业编码由12位汽车维修企业经营备案号和3位顺序号组成,并由汽车维修电子健康档案系统自动生成,如图6-3所示。

2)维修企业经营业务类别

维修企业经营业务类别值域代码:01为一类维修经营业务;02为二类维修经营业务;03

为三类维修经营业务。

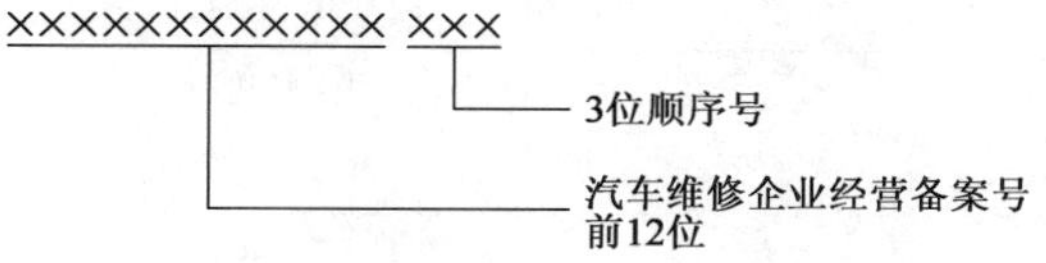

图 6-3　汽车维修企业编码规则

3)车辆类型

车辆类型应符合《汽车维修企业开业条件》(GB/T 16739.1-2)的要求,车辆类型值域代码:01 小型车;02 大、中型客车;03 大型货车;99 其他。

4)用户类型

用户类型值域代码:01 普通用户;02 道路运输企业用户。

四、数据交换与共享要求

主要包括汽车维修电子健康档案系统数据交换与共享的方式、内容、时效和接口要求。部级系统与省级系统之间的数据交换与共享应符合以下要求。

1. 基本要求

1)数据交换与共享方式要求

部级系统与省级系统应通过数据接口的方式实现数据的交换与共享。

2)数据交换与共享内容要求

(1)省级系统与部级系统交换与共享的汽车维修电子记录内容应符合《汽车维修电子健康档案系统　第 2 部分:数据采集技术要求》(JT/T 1132.2)的电子记录要求。

(2)省级系统上报至部级系统的统计数据应包括维修量统计、维修车辆统计、维修服务评价统计、维修企业统计、从业人员统计及系统用户统计等信息。

3)数据交换与共享时效要求

数据交换与共享时效要求包括:

(1)省级系统应将采集的汽车维修电子记录数据实时上报至部级系统,最迟不得超过当日 24 时。

(2)部级系统应将汇总的省级系统异地汽车维修电子记录数据实时下发至汽车属地省级系统,最迟不得超过当日 24 时。

(3)省级系统应按日将规定的统计数据上报至部级系统。

2. 数据格式及约束条件

1)数据格式

数据交换与共享的数据格式应符合《汽车维修电子健康档案系统　第 3 部分:数据元》(JT/T 1132.3)的要求。

2)约束条件

约束条件见表 6-5。

约束条件　　表6-5

符　号	约束条件
F	固定长度
V	可变长度
1	有且只能填1项
N	小数,例子"N4,2"代表整数位长度4,小数位长度2
*	0..n,可以没有,也可以有多项
+	1..n,至少有一项,也可以有多项
?	0..1,可选项

3. 接口要求

1)接口协议

数据交换与共享接口协议应满足以下条件。

(1)传输方式采用HTTP传输。

(2)采用POST方法提交。

(3)数据格式为JSON格式。

(4)字符编码采用UTF-8。

(5)采用VPN安全校验机制。

2)交换过程

交换过程包括:

(1)部级系统接收省级系统上传数据:省级系统为服务的发起方,部级系统为服务的接收方,省级系统发送报文后30s内未收到应答报文,应中断发送后重新进行一次请求。

(2)省级系统接收部级系统下发数据:部级系统为服务的发起方,省级系统为服务的接收方,部级系统发送报文后30s内未收到应答报文,应中断发送后重新进行一次请求。

3)报文结构

报文结构应包括报头(header)和报体(body)节点。报文结构字段要求见表6-6。

报文结构字段　　表6-6

序号	层级	父元素名称	元素名称	约束	类型	长度	描　述	取值
1	0	—	transaction	1	—	—	交易报文的主节点	—
2	1	transaction	header	1	—	—	报文头	—
3	1.1	header	date	1	字符串	F8	请求日期	YYYYMMDD
4	1.2	header	time	1	字符串	F6	请求时间	hhmmss
5	1.3	transaction	body	?	字符串	—	具体交易的JSON	—

五、汽车维修电子健康档案系统实施效果

推进汽车维修电子健康档案系统建设与实施是交通运输部的民生工程,并纳入了交通运输部部门规章《机动车维修管理规定》(交通运输部令2019年第20号)。《汽车维修电子健康

档案系统》(JT/T 1132.1～4)自实施以来,标准研究成果在全行业得到了应用,并不断创新升级,为汽车消费者提供了多样化的服务平台,打造了一系列民生服务品牌。

汽车维修电子健康档案系统建设采取“覆盖全国、服务社会、评价客观、查询方便”的总体思路,通过“网页端、APP端、微信端”的“车主服务平台、维修企业服务平台、行业管理服务平台”组成的“三网三端”基础系统,分别为车主提供了维修企业查询、维修记录查询、维修服务评价,为维修企业提供了维修记录查询、维修服务评价管理,也为管理部门提供了全国维修行业统计与分析、维修记录采集、数据交换共享、信息发布交流和统一公众服务等功能,满足系统公益性服务需要。

为有效实施汽车排放检验与维护制度,汽车维修电子健康档案系统的使用功能也在不断扩展,逐步建立与汽车排放检验信息系统数据交换和共享机制,为查询排放超标车辆检测信息、跟踪超标车辆故障诊断、维修质量等提供信息数据以及排放超标治理证据。

截止2020年底,汽车维修电子健康档案系统建设已涵盖31个省、自治区、直辖市,并实现了部、省数据互联互通,累计采集维修记录超过4.2亿辆次,为1亿多辆汽车建立健康档案;注册10万余家维修企业,覆盖90%以上一类维修企业、70%以上二类维修企业以及部分三类专项修理企业;79家整车生产企业通过系统实现汽车售后服务对接,包含90个汽车品牌。通过信息化手段建立健全了汽车维修大数据系统,为提升行业管理和服务水平提供了有力支撑。

第三节　汽车维修信息公开与目录

建立实施汽车维修技术信息公开制度,是在我国进入汽车社会新形势下深化汽车维修行业改革、促进汽车维修市场公平竞争、推动汽车维修技术进步、保护消费者合法权益的重要措施,对于保障全社会汽车维修质量、改善道路交通安全、促进大气污染防治具有重要作用,也有利于我国汽车维修市场管理与国际接轨。

一、汽车维修技术信息公开管理要求

为贯彻落实《中华人民共和国大气污染防治法》《国务院关于促进市场公平竞争维护市场正常秩序的若干意见》(国发〔2014〕20号)以及交通运输部等十部委联合印发的《关于促进汽车维修业转型升级提升服务质量的指导意见》(交运发〔2014〕186号)有关要求,交通运输部、环境保护部、商务部、国家工商总局、国家质检总局、国家认监委、国家知识产权局、中国保监会联合制定了《汽车维修技术信息公开实施管理办法》(交运发〔2015〕146号),规定了汽车维修技术信息公开的要求。

1. 汽车维修技术信息

汽车维修技术信息,是指汽车在使用过程中,为维持或恢复汽车出厂时的技术状况和工作能力,延长汽车使用寿命,确保汽车符合安全、环保使用要求所进行的汽车诊断、检测、维修作业必需的技术信息资料的总称。

汽车维修技术信息公开,是指为确保市场公平竞争,提升汽车维修质量,保障消费者安全、合理使用汽车的合法权益,由汽车生产者履行义务,通过设立一定信息渠道,向维修经营者、消

费者及相关经营者(包括维修诊断工具及设备制造商、零部件制造商、出版商、保险企业、培训机构等)提供其所销售汽车的维修技术信息的活动。

汽车维修技术信息用户,分为直接用于汽车维修目的的用户和用于其他经营目的的用户,前者包括各类维修经营者和消费者,后者包括维修诊断工具及设备制造商、零部件制造商、出版商、保险企业、培训机构等。

2. 汽车维修技术信息公开主要要求

(1)汽车生产者应制定本企业汽车维修技术信息公开工作规范,明确责任部门及职责,负责公开本企业获得中国强制性产品认证(CCC 认证)并且已上市销售汽车车型的维修技术信息。汽车生产者应对所公开信息的真实性、准确性、完整性负责。

(2)汽车生产者应向交通运输部备案以下工作信息。

①汽车生产者基本信息。

②本企业已上市销售汽车车型目录。

③信息公开方式,即汽车生产者自行组织或委托第三方机构进行信息公开,包括信息公开的方式、渠道、网站名称、网址等信息。由第三方机构承担信息公开的,还应提供其有关信息及联系方式。

④汽车生产者关于依法履行汽车维修技术信息公开义务,并保护商业秘密、专利、商标等知识产权权利的声明。

⑤用于政府部门监管、可免费登录信息公开网站的监管账号和密钥。

企业备案信息发生变化的,汽车生产者应及时更新备案。汽车生产者应按年度向交通运输部报告本企业维修技术信息公开情况。

(3)汽车生产者应公开的汽车维修技术信息的具体内容及要求按照《汽车维修技术信息公开目录》执行,公开内容原则上应采用中文表述,并在有关信息发生变化时及时更新。

汽车生产者在制作、生成整车维修技术信息过程中,需要整车生产配套零部件供应商提供有关零部件信息的,零部件供应商应配合提供。

(4)汽车生产者应采取必要措施,以确保信息公开系统具备以下功能,可提供有关服务,并符合有关要求。

①具备中文版,具备用户注册、信息索引、查询及在线打印、在线支付等功能,确保用户能够通过车型年款或车辆识别代号(VIN)等信息快速、准确地关联、查询有关车型及其维修技术信息。

②安全可靠,确保用户信息安全,能够向用户提供稳定、不间断的信息访问服务。

③明示可用于访问、浏览网站所需的计算机终端的最低硬件配置和软件要求;需要软件客户端或相关阅读软件浏览信息的,应免费提供软件客户端,或推荐采用较为普遍使用的文档浏览、阅览软件。

④明示网站所刊载汽车维修技术信息的版权、有偿使用规则以及侵权法律责任。

⑤明示可为信息用户提供的信息服务项目、资费标准及付费方式,以及开展相关维修操作所应具备的技术基础。

⑥明示、标记修改或调整过的维修技术信息项目或内容,提醒用户及时了解有关信息更新

更正,防止信息被错用、误用,导致严重后果。

⑦提供网站使用说明和必要的使用帮助。

⑧提供汽车生产者和信息提供者的联系地址、电话、邮箱等联系方式。

⑨具备用户投诉、建议等交互式服务功能。

⑩支持与交通运输部汽车维修技术信息公开监督与服务网络平台、第三方网站的相互链接。

3. 维修信息用户的责任和义务

(1)维修经营者应按照《机动车维修管理规定》要求,建立健全汽车维修质量管理制度,依法履行维修质量责任。维修经营者应按照国家、行业标准以及汽车生产者提供的维修技术信息开展维修作业,确保维修质量;按规定签发《机动车维修竣工出厂合格证》,履行机动车维修质量保证期责任。

(2)维修诊断工具及设备制造商、零部件制造商应积极运用维修技术信息,研发、生产各类汽车维修诊断工具、设备及合格配件,为维修经营者、消费者提供充分的市场选择。

(3)所有信息用户、承担维修技术信息公开的第三方机构,应遵守国家知识产权保护的有关法律法规,不得以任何形式侵犯汽车生产者的维修技术信息版权。信息用户应遵守相关约定,不得超出汽车生产者规定范围使用信息。未经汽车生产者授权,信息用户不得将所获取的维修技术信息用于转售、出版、公开或其他商业用途。

4. 实施汽车维修技术信息公开制度的时间要求

(1)各汽车生产者应在 2015 年 12 月 31 日前,向交通运输部备案其汽车维修技术信息公开的有关信息。

(2)对于"新定型"车型的规定。汽车生产者自 2016 年 1 月 1 日起,对于取得 CCC 认证的乘用车和客车,要在车型上市之日起 6 个月内公开维修技术信息;自 2017 年 1 月 1 日起,对于取得 CCC 认证的货车和半挂牵引车,要在车型上市之日起 6 个月内公开维修技术信息。

对于"老车型"的规定。汽车生产者要在 2017 年 1 月 1 日前,公开 2008 年 7 月 1 日后取得 CCC 认证并上市销售的乘用车和客车的维修技术信息,同时公开 2015 年 1 月 1 日后取得 CCC 认证并上市销售的货车和半挂牵引车的维修技术信息。

(3)截至 2016 年 12 月 31 日前,单一车型累计销售量未达到 1000 辆(不含)的乘用车,以及单一车型累计销售量未达到 200 辆(不含)的客车、货车、半挂牵引车,可以向交通运输部申请不上网公开相关车型维修技术信息,但应以纸质文件、数据光盘等媒介形式公开,并以公众便于知晓的方式公布索取方式。

二、汽车维修技术信息公开目录

汽车生产者公开的汽车维修技术信息以基本车型为主,个别车型改款和变型可归入相关基本车型,但应做出说明。

"基本车型"是指国家认监委发布《强制性产品认证实施规则——汽车》所规定的车辆型号。汽车生产者需公开的汽车维修技术信息内容,原则上应采用中文表述,应包括但不限于以下内容：

1. 车辆型号

车辆识别代号（VIN）的编码规则以及车辆识别代号中汽车生产者自定义码段的编码规则（可以不包括VIN后6位的生产顺序号），或其他有效的将具体车辆与所属车型进行关联、识别的方法。

2. 汽车维修手册

汽车维修手册应包括但不限于以下系统和部件的信息。

（1）动力总成及排放控制系统：发动机（含附件）和变速器，也包括新能源汽车的驱动系统，如驱动电机、电池等；排放控制系统，包括燃油供应系统、蒸发控制系统、排气后处理系统、噪声控制系统及其他系统，如增压器、排气再循环系统（EGR）等。车上有车载诊断系统（OBD）的，也应包括在内。

（2）底盘系统：动力传动系统、制动系统、转向系统、行驶系统，包括离合器、变速器、分动器、传动轴（驱动半轴）、主减速器、差速器、制动器、转向器、悬架、轮胎和轮毂等。

（3）电气系统：包括供暖、通风和空调系统、仪表、灯光、扬声器、定位导航和多媒体、数据总线等。

（4）车身及附件：车身和车架、座椅、气囊和安全带、刮水器、车窗、天窗、门锁、后视镜、内外饰件等。

汽车生产者所公开的涉及上述系统和部件的维修技术信息应包括但不限于以下内容：

（1）车辆维护信息：包括车辆定期维护项目、检查内容、维护作业和维护间隔设置依据、方法，以及润滑油、冷却液等油液的规格参数。此条款信息应按照规定方式，由汽车生产者免费向消费者提供。

（2）总成及零部件的拆装方法、技术规范及图示说明，零部件检测方法及鉴别判断的信息。

（3）电路接线图，包括接线图、器件位置、插接件型号规格等。

（4）各电子控制系统（含OBD系统）故障码表（包括通用故障码和汽车生产者自定义故障码）、故障码定义、故障诊断及排除的方法和步骤；用于检测和故障诊断的相关参数信息（即指能够在诊断仪器上显示的各项数据参数及含义、故障出现时的冻结帧、数据参数值的合理范围等）。

（5）排放控制系统信息，包括排放控制系统的安装位置示意图、装配图和维修技术要求，排气后处理系统关键零部件的型号、生产厂家及更换时间等信息。

（6）车身基本尺寸图，如车身及车架的基本尺寸及定位基准；钣金和涂装作业所需的技术信息。

（7）车轮定位参数的标准范围及调整方法。

（8）在零部件更换或维修后，需进行匹配、基本设置等操作所必需的信息（如电动车窗、天窗、节气门、加速踏板、制动踏板等零部件的重新匹配设置所需的信息）。

（9）维修操作安全注意事项及其他必要说明等。

3. 零部件目录

零部件目录包括汽车生产者提供的用于售后服务的原厂零部件的名称、商标和编号，零部件变更、升级、换代信息，以及为方便确定具体车型车款所适用零部件所必需的信息。

4. 电子控制系统

(1)适用具体车型电子控制系统的软、硬件版本识别号(不包含软件本身)。

(2)对车辆电子控制系统需要重新编程的信息(即需要进行重新编程的认定条件及基本操作，但不包含程序软件本身内容)。

5. 检测诊断信息

专用诊断、检测、维修工具和设备及其相关软件信息(如型号、规格、软件版本等)，及其相关购买渠道信息。

6. 车辆认证信息

主要是 CCC 认证证书信息，如车型型号、规格和参数以及零部件供应商信息。

7. 服务通告

技术服务通告，包括由实践经验得到的，针对某类故障，通常影响某一车型或车辆批次问题的解决方案，以及在授权维修网络内可进行免费维修的通告等。

8. 汽车召回

汽车召回信息和缺陷消除措施等。

第七章

汽车维修作业设备

汽车维修作业设备泛指用于汽车维护和修理作业的机械和工具,包括养护及清洗设备、钣金及喷烤漆设备、轮胎设备、维修工具等,如汽车举升机、汽车喷烤漆房、车轮动平衡机、汽车空调维修制冷剂作业设备等主要设备。

从事汽车维修的经营者应按《汽车维修业开业条件》(GB/T 16739.1-2—2014)的要求和维修车型业务等配置设备,配置的数量与维修经营规模相适应,设备技术性能应符合其产品标准规定的要求。

第一节　汽车举升机

汽车举升机是用以支承在汽车底盘或车身的某一部位,使汽车升降的设备。汽车维修过程中汽车移动到举升机工位,通过人工操作可使汽车举升一定的高度,便于汽车维修作业。

举升机在汽车维修作业中发挥着重要的作用,举升机是汽车整车维修企业及综合小修、专项修理经营业户的必备设备,产品执行交通运输行业标准《汽车举升机》(JT/T 155—2021)。为确保产品质量和安全性能,交通运输部将汽车举升机产品列为交通产品认证管理和行业质量监督抽查对象。

一、汽车举升机的分类

1. 按举升机传动方式分类

目前,主要分为机械式、液压式。其中,以液压式居多,机械式次之。

1)机械式举升机

机械式举升机主要有单电机驱动的螺纹传动举升机和双电机驱动的螺纹传动举升机。机械式举升机特点是同步性好,由于一般多为电机驱动、螺杆传动,它不存在漏油污染问题,且自锁保护简单易行。但由于机械磨损,经常需要更换铜螺母以及轴承,使用维护成本高。

2)液压式举升机

液压式举升机的优点是平稳、噪声小、举升力大;缺点是长时间使用后液压系统容易漏油,污染工作环境。但是液压式举升机维护成本低,液缸一般使用 5 ~ 10 年。从举升机的发展趋势上看,是朝着安全、简便、使用寿命长、噪声小的方向发展,因此,液压式举升机是今后举升机市场发展的主流。液压式举升机又分为单缸举升机、双缸举升机。

单缸液压举升机的优点是：同步性好，不存在颠簸现象，带厚底板，举升机的扭力靠底板抵消，容易调平，整机安全性好，对安装地基要求不高。

双缸举升机又分为两种：双柱龙门式举升机和剪式举升机，由于是双缸，需解决举升同步问题，一般采用两根钢丝绳来平衡，液压缸以及钢丝绳要调整得松紧一致，举升机才可以同步。液压式举升机基本工作原理如下：

当按动液压站上起动电机开关时，电机起动，带动油泵，从油箱中吸入压力油送到液压缸中，使活塞运动，此时溢流阀关闭，压力出厂前已调好，保证起重的额定载荷的要求，但系统中压力超过极限时，自动溢流阀卸油。松开起动按钮，停止供油，举升结束，开始作业工作。如果下降时，先拉一下立柱两边保险绳，再按下降按钮，泵站开始卸油，举升滑台开始下降。

2. 按结构形式分类

汽车举升机按结构分为柱式和剪式（无柱式）。柱式分为两柱式、四柱式；剪式分为大剪式、小剪式。

1）两柱式液压汽车举升机结构

两柱式液压汽车举升机结构组成如图 7-1 所示，其结构特点与要求为：

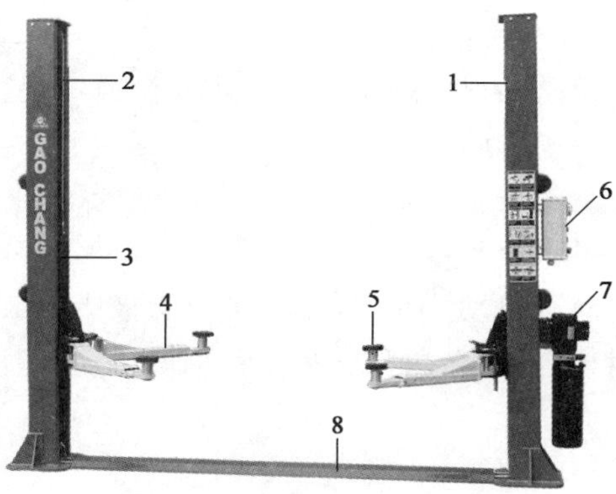

图 7-1 两柱式液压汽车举升机结构组成

1-主立柱及液压缸；2-副立柱及液压缸；3-钢丝绳及滑台；4-托臂及伸缩臂；5-托盘；6-控制盒；7-液压缸及动力单元；8-油管及油管盖板

（1）具有液压锁和机械双齿保险爪双重安全保险装置，安全可靠。

（2）具有液压超载安全保护和防管爆装置，油管爆裂时滑台不会快速下落。

（3）两相同容积液压缸驱动，链条传动、钢丝绳调平系统，升降平稳。

（4）举升机到最大高度的位置时，具有自动停机装置。

（5）托臂固定锁齿安全自锁装置。

（6）防压脚安全保护装置（CE 标准）。

（7）托盘防脱装置。

（8）急停开关，举升机在升降时出现紧急情况时，切断电源，举升机停止动作。

（9）具有停电时手动下降装置。

2）四柱式液压汽车举升机结构

四柱式液压汽车举升机结构组成如图 7-2 所示，其结构特点与要求为：

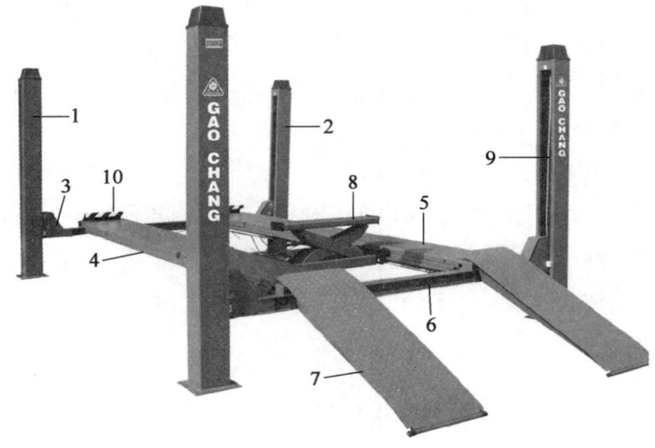

图 7-2　四柱式液压汽车举升机结构

1-主立柱；2-副立柱；3-副横梁；4-主纵梁与液压缸；5-副纵梁；6-主横梁；7-上车引板；8-小型车用升降台；9-钢丝绳及保险机构；10-挡车限位

（1）采用低压控制操作，安全性能好。

（2）具有保险定位机构及防断绳保险机构等多重安全自锁装置，安全可靠。

（3）具有液压超载安全保护和防管爆装置。

（4）防止钢丝绳突然断裂的安全装置。

（5）举升到最大高度时具有自动停机装置。

（6）举升机在降至一定高度自动停止，提示人员以防被压或被碰（CE 标准）。

（7）加长双级后轮侧滑板，前轮转角盘安装位置可调，适应多种车型。

（8）防止车辆滑出平台面。

（9）具有停电时手动下降装置。

（10）急停开关，举升机在升降时出现紧急情况时，切断电源举升机停止动作。

3）大剪式（子母双层）汽车举升机结构

大剪式（子母双层）汽车举升机结构组成如图 7-3 所示。其结构特点与要求为：

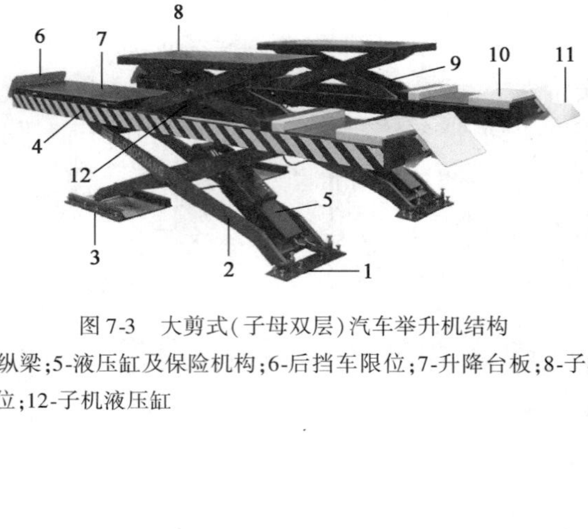

图 7-3　大剪式（子母双层）汽车举升机结构

1-安装底座；2-连杆；3-滑座；4-纵梁；5-液压缸及保险机构；6-后挡车限位；7-升降台板；8-子机升降台（二次举升）；9-子机连杆；10-转角盘；11-前挡车限位；12-子机液压缸

(1)液压容积同步油缸,平台运行同步。

(2)具有液压锁和机械齿保险爪双重安全保险装置,下降自动开启,通过锁定操作可以使保险爪实现反靠定位,安全可靠。

(3)具有液压超载安全保护。

(4)具有防管爆装置,油管爆裂时平台不会快速下落。

(5)采用免加油超耐磨材料滑动块。

(6)水平调节能力强,水平精度精确可调,适合于汽车四轮定位检测。

(7)具有停电时手动下降装置。

(8)举升机到最大高度的位置时,具有自动停机装置。

(9)电开关可以控制两平台意外不同步时切断电源,保护升降台升降安全(CE 标准)。

(10)低位限位开关。举升机在降落时,防止人员脚被压(CE 标准)。

(11)升降台前后安装挡车板限位装置,防止车辆滑出平台面。

(12)急停开关,举升机在升降时出现紧急情况时,切断电源,举升机停止动作。

4)小剪式(平板)液压汽车举升机结构

小剪式(平板)液压汽车举升机结构组成如图 7-4 所示,结构特点与要求为:

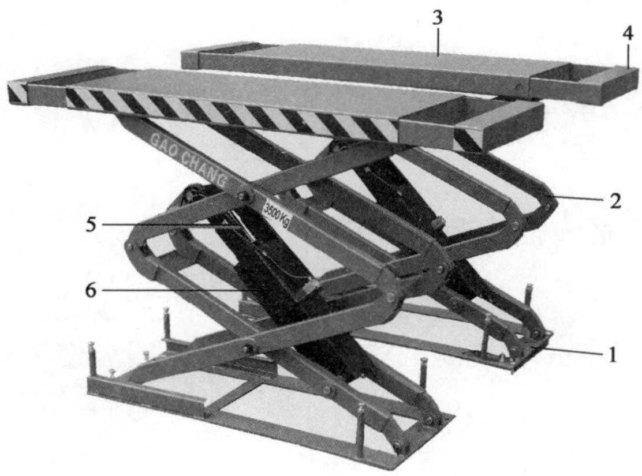

图 7-4 小剪式(平板)液压汽车举升机结构

1-安装底座;2-连杆;3-升降台;4-伸缩部件;5-液压缸;6-保险机构

(1)承载平台长度可调,适应多种车型。

(2)独立控制箱,低压控制,安全性能好。

(3)液压容积同步油缸,保障承载平台运行同步。

(4)具有液压锁和机械双齿保险爪双重安全保险装置,下降自动开启,通过锁定操作可以使保险爪实现反靠定位,安全可靠。

(5)具有液压超载安全保护和防管爆装置,油管爆裂时承载平台不会快速下落。

(6)具有停电时手动下降装置。

(7)举升机到最大高度的位置时,具有自动停机装置。

(8)电开关可以控制两承载平台意外不同步时切断电源,保护升降台升降安全(CE 标准）。

（9）低位限位开关，举升机在降落到小于120mm高度时碰上限位开关，机器停止下降，提示防止人员脚被压（CE标准）。

（10）急停开关，举升机在升降时出现紧急情况时，切断电源，机器停止动作。

3. 产品认证单元的分类

综合考虑举升机结构形式、传动方式、额定举升质量（最大举升质量不大于20000kg），实施交通产品认证的认证单元划分见表7-1。

汽车举升机产品认证单元 表7-1

产品名称	单元划分	产品标准	备注
四柱式举升机	额定举升质量≤3000kg	《汽车举升机》（JT/T 155—2021）	不同结构形式、传动方式（液压传动或机械传动）的举升机应作为不同的认证单元
	3000kg < 额定举升质量≤12000kg		
	12000kg < 额定举升质量≤20000kg		
两柱式举升机	额定举升质量≤3000kg		
	3000kg < 额定举升质量≤12000kg		
	12000kg < 额定举升质量≤20000kg		
剪式举升机	额定举升质量≤3000kg		
	3000kg < 额定举升质量≤12000kg		
	12000kg < 额定举升质量≤20000kg		

二、汽车举升机产品认证的技术要求

汽车举升机属汽车维修生产安全设备，具有高频率、高强度使用特征，生产制造受主要原材料、关键零部件选型、焊接工艺、装配工艺的影响较大，对设备使用的安全性、可靠性和耐久性要求较高。

1. 主要原材料和关键零部件

汽车举升机主要原材料和关键零部件控制清单见表7-2。

汽车举升机主要原材料和关键零部件控制清单 表7-2

品名	控制项目（参数）	说明
钢丝绳或链条	破断拉力（kg）	柱式
托臂	材质（大、小截面面积）	两柱式
钢板	板厚、材质	柱式、剪式
液压泵	压力（MPa）、排量（mL/r）	液压式
电机	产地、型号、电压、功率、转速	液压式、机械式
液压缸	缸径、杆径、行程、密封性	液压式

2. 举升机技术参数

举升机主要技术参数有最大举升高度、最低支承面距地面高度、托臂回转角度、升降速度，见表 7-3。

举升机技术参数　　表 7-3

<table>
<tr><th rowspan="3">额定举升质量(kg)</th><th colspan="2">最大举升高度(mm)</th><th rowspan="3">最低支承面
距地面高度(mm)</th><th rowspan="3">托臂回转角度
(底盘接触式)(°)</th><th colspan="4">升降速度(mm/s)</th></tr>
<tr><th rowspan="2">车轮接
触式</th><th rowspan="2">底盘
接触式</th><th colspan="2">液压传动</th><th colspan="2">机械传动</th></tr>
<tr><th>升</th><th>降</th><th>升</th><th>降</th></tr>
<tr><td>≤</td><td colspan="2">≥</td><td>≤</td><td>≥</td><td>≥</td><td rowspan="4">20 ~ 40</td><td colspan="2">≥</td></tr>
<tr><td>3000</td><td>1500</td><td>1650</td><td>200</td><td rowspan="3">90</td><td rowspan="2">20</td><td>20</td><td>25</td></tr>
<tr><td>12000</td><td>1400</td><td>1600</td><td>300</td><td>15</td><td>20</td></tr>
<tr><td>20000</td><td>1200</td><td>1400</td><td>350</td><td>15</td><td>10</td><td>15</td></tr>
</table>

注:1. 举升机的最大举升高度应小于 2000mm。
2. 举升机在额定举升质量工况的上升速度应小于 150mm/s,其下降速度应小于 100mm/s。

3. 举升机相对位移量

举升机无负荷状态时的相对位移量、额定举升质量状态的相对位移量、120% 额定举升质量状态的相对位移量见表 7-4。

举升机相对位移量(单位:mm)　　表 7-4

项 目 类 别	无 负 荷 状 态	额定举升质量状态	120% 额定举升质量状态
升降台、托臂从最低位置 H_1 上升到最大举升高度位置 H_2 时的距离为 H,其立柱 H_2 点向内(-)、向外(+)倾斜量(单柱)	$\leqslant +0.006H$	$\leqslant -0.006H$	$\leqslant -0.008H$
升降台、托臂从最低位置 H_1 上升到最大举升高度位置 H_2 时的距离为 H,其立柱 H_2 点向前(-)、向外(+)倾斜量(单柱)	$\leqslant \pm 0.001H$	$\leqslant \pm 0.002H$	$\leqslant \pm 0.003H$
托臂式举升机各支承面的相对高度差(托臂完全伸展状态)	≤15		≤20
距立柱最远点的托臂支承面相对下降量(托臂完全伸展状态)	—	≤40	≤50
当纵梁长度为 L_1 时,两纵梁的挠度(二次举升用副纵梁相同)	$\leqslant +0.002L_1$	$\leqslant 0.0035L_1$	$\leqslant 0.005L_1$
当横梁长度为 L_2 时,两横梁的挠度(二次举升用副横梁相同)	$\leqslant +0.002L_2$	$\leqslant 0.003L_2$	$\leqslant 0.0045L_2$
当升降台面两端 A 点到 B 点的长度为 L_3 时,升降台四角的高度差	$\leqslant 0.001L_3$	$\leqslant 0.002L_3$	$\leqslant 0.003L_3$
当升降台面两端 A 点到 B 点的长度为 L_3 时,升降台 A 点与 B 点的高度差	$\leqslant 0.001L_3$	$\leqslant 0.002L_3$	$\leqslant 0.003L_3$

4. 汽车举升机的安全要求

(1)传动系统。

①金属油管连同终端部件的爆破压力与设计工作压力的安全系数应不小于 2.5。

②液压软管连同终端部件的爆破压力与设计工作压力的安全系数应不小于 3。

(2)锁止装置。

锁止装置应在举升机垂直行程不大于500mm时起作用。柱式举升机每两级锁止装置之间举升行程应不大于100mm;剪式举升机每两级锁止装置之间举升行程应不大于150mm。

(3)液压系统。

①液压系统应有防止过载和冲击的安全装置,采用溢流阀时,溢流阀设定的最高工作压力不应大于系统工作压力的1.1倍,同时不应大于液压泵的额定压力。

②液压式举升机应设有钢丝绳及链条突然断裂、油管突然爆裂的保险装置,且该装置应安全可靠。

③液压式举升机在出现油管泄漏情况时,升降台、托臂下降速度应不大于1.5倍正常下降速度。

(4)托臂。

①靠托臂举升工作的举升机托盘销应穿透托臂,托盘在承受大于1000 N的水平拉力时不应脱离托臂。

②靠托臂举升工作的举升机应设置托臂回转角度锁紧装置,调整好托臂回转角度后,托臂承载时回转方向应被锁紧。在托臂完全展开,锁紧装置在某一级锁止状态下,托盘的晃动摆幅应不大于托盘直径。

③在托臂完全展开状态下,托臂每两级锁紧装置之间的托盘移动摆幅应不大于托盘直径。

④靠托臂举升工作的举升机的托臂回转角度锁紧装置在举升机上升时应自动锁止,且不应使锁紧装置人为脱离。在托臂完全展开时,该锁紧系统应能承受不小于4.5%的额定举升质量的载荷(载荷最低值应不小于1500N)而无永久变形,或能承受不小于6.75%的额定举升质量的载荷(载荷最低值应不小于2250N)而无断裂。

(5)车轮接触式举升机,应配备防止车轮滚动、滑动的装置。

(6)预防操作人员压脚保护功能。

①升降台、托臂底部最小离地距离大于120 mm。

②升降台、托臂下降到其底部离地面距离小于120 mm时,能自动暂停或能通过电控装置报警。

5.汽车举升机使用耐久性

在额定举升质量工况下,举升机全行程往复工作1000次,各零部件不应失效,焊接件应无开焊、电动机应无故障、液压系统应无故障。

6.汽车举升机产品认证检验项目及判定

对汽车举升机产品进行认证时,产品检验由检验机构在被检样机安装的现场实施,一般情况下,产品检验和工厂检查同时进行。

产品检验的样机应与认证单元一致,样机应从当年正常生产经工厂出厂检验合格的产品中抽取,产品检验数量为1台。抽取样机的同时,还应抽取0.6m的钢丝绳或链条进行相应的力学性能检验,钢丝绳或链条的规格应与被检样机的设计、使用相一致。汽车举升机产品认证检验项目及判定见表7-5。

汽车举升机产品认证检验项目及判定　　表 7-5

序号	检验项目	判定标准	备　注
一	主要零部件要求		
1	升降台对角线差	当升降台面对角线为 L 时，升降台两对角线的差值不大于 $0.002L$	四柱式、剪式
★2	钢丝绳	1. 举升用钢丝绳应符合《钢丝绳通用技术条件》（GB/T 20118）和《起重机　钢丝绳　保养、维护、安装、检验和报废》（GB/T 5972）的规定或品质在同等标准以上的制品，推荐使用线接触钢丝绳，其安全系数应为最大静拉力的七倍以上； 2. 钢丝绳端和钢丝绳端固定装置的破断拉力值，应为最大静拉力的七倍以上	抽样 2 根（0.6 m），其中 1 根带绳端和固定装置
★3	链条	应符合《板式链、连接环和槽轮尺寸、测量力和抗拉强度》（GB/T 6074）的规定或品质在同等标准以上的制品，其安全系数应为最大静拉力的五倍以上	抽样 1 根（0.6m）
4	滑轮		
4.1	绳轮比	滑轮直径与举升钢丝绳直径的比值应大于 18； 滑轮直径与平衡用钢丝绳直径的比值应大于 10	四柱式
4.2	防滑轮跳出装置	滑轮应有防止钢丝绳跳出绳槽的装置	四柱式
二	焊接		
★1	焊接表面	焊接表面要求应平整均匀，不应有裂纹、焊穿、脱焊、漏焊等缺陷	
三	涂装		
1	涂装前处理	涂装前，应对金属表面进行除污、除油、除锈处理	
2	涂装表面	涂装表面要求均匀、光洁、附着力强、不应有露底、破裂、气泡和明显的流痕、橘皮等现象	
四	外观		
外观应清洁，不应有裂纹、毛刺、裸露的金属表面及其他缺陷			
五	整机性能		
★1	同步装置	具有两个以上升降台、托臂的举升机应设有保持同步升降的装置，在升降的有效工作行程范围内，举升机上升和下降的不同步性应小于 3mm/10s	
2	电气系统		
★2.1	电气系统保护装置	电气系统应根据负荷的大小装有断路器，电机控制应有过载、断相保护装置	

续上表

序号	检验项目	判定标准	备注
★2.2	安全电压	如设有照明装置应采用36V以下安全电压,其电源应与动力电源分设	
★2.3	操作装置	1. 操作装置控制电源应采用36V以下的安全电压; 2. 升降台、托臂、上升、下降到最大行程的位置时,应具有自动停机装置; 3. 以控上升级下降为目的的操作装置,原则上应采用"手离即停"操作方式; 4. 如果采用"手离持续"的方式,升降台、托臂在最低位置及最大举升高度的位置时,这种持续功能应被自动地解除; 5. 采用"手离持续"方式的设备,应配备紧急停止装置	
★2.4	绝缘电阻	电气系统应有良好的绝缘性能,绝缘电阻不得小于5MΩ	
★2.5	接地电阻	电气系统应有可靠的接地装置和明显的接地标志,接地电阻值不大于4Ω	
3	安全防护		
★3.1	防下降安全装置	举升机应设有正常工作时防止被举升车辆自然下降的安全装置	
★3.2	安全自锁和失效保护装置	机械式举升机,任何工作点都能安全自锁,且设有工作螺母失效保护装置	
★3.3	保险装置	液压式举升机应设有钢丝绳及链条突然断裂、油管突然爆裂的保险装置,且该装置应安全可靠;当出现油管泄漏时,升降台、托臂的下降速度应不大于1.5倍正常下降速度	
★3.4	机械锁止装置	液压式举升机除液压系统能自锁外,还应设有机械锁止装置	
★3.5	防车轮滚动装置	平板组合式升降台式举升机,应配备防止车轮滚动的装置	
3.6	防车顶损伤装置	门式举升机应配备防止损伤汽车车顶的装置	
★4	无负荷运行	举升机在无负荷运行工况时,动作状况应平稳、没有异响或异常现象	
★5	满载运行状况	举升机在额定举升质量工况时,动作状况应平稳、没有异响或异常现象,各部分不应有永久变形、破损及其他异常情况	
★6	液压系统	液压系统工作应平稳、无振动、无爬行现象	
★7	操作装置、安全装置有效性	操作、安全装置动作有效、灵敏、安全可靠	
8	噪声	举升机额定负荷工况时,其噪声不得超过75dB(A)	

续上表

序号	检验项目	判定标准	备注
9	温升		
★9.1	液压式油温	液压式举升机在额定举升质量工况时，全行程连续往复升、降5次，液压油油温应不高于环境温度40℃	
9.2	机械式传动部件表面温度	机械式举升机在额定举升质量工况时，全行程连续往复升、降5次，其主要传动部件的表面温度应不高于环境温度40℃	
★10	下沉量	将120%额定举升质量，举升到900mm高度，在安全装置非锁止状态下停放10min后测量升降台、托臂的下沉量应不大于2mm，举升8h后测量下沉量应不大于8mm	
11	耐负荷稳定性		
★11.1	120%耐负荷稳定性	在机械锁止装置未工作、托臂完全伸展的状态下，在前后方向分别按6∶4和4∶6的载荷分布比例施加额定举升质量的120%的载荷，部件不应有破损以及其他异常情况	
★11.2	150%耐负荷稳定性	在托臂完全伸展的状态下，升降台、托臂在最大举升高度位置时，机械锁止装置工作和未工作的两种状态下，在前后方向按6∶4和4∶6的载荷分布比例施加额定举升质量的150%载荷，部件不应有永久变形、破损以及其他异常情况	
六	标志		
1	安全标志	在举升机醒目的位置应设有禁止标志、警告标志和提示标志，禁止标志应符合《安全标志及其使用导则》(GB 2894—2008)中基本形式要求	
2	产品标志	产品铭牌应固定在举升机项目的位置，产品铭牌应包括下列内容：制造厂名、产品名称及型号、额定举升质量、最大举升高度、制造日期和出厂编号	

注：★为检验项目中关键项(参数)，其中有一项不合格，即判定该举升机不合格。

三、汽车举升机的维护

(1)柱式举升机维护主要项目见表7-6。

柱式举升机维护主要项目 表7-6

日维护	周维护	月维护	年维护
每天检查保险机构动作灵活可靠	每周检查一次钢丝绳扭曲变形、磨损情况，发现有断股应立即停止使用并与制造厂联系更换	所有轮轴处，每月油嘴加注润滑油一次	每年更换一次液压油，油位应长期保持在上限

续上表

日　维　护	周　维　护	月　维　护	年　维　护
每天检查伸缩臂的限位螺栓是否松动	每周检查链条滑轮轴是否松动、磨损	保险爪及钢丝绳等移动部位，每月加一次润滑脂	—
每天检查上限位开关是否可靠	每周检查调平钢丝绳固定螺母是否有松动现象	—	—
每天检查液压系统的有无漏油现象	每周检查托臂机械结构是否有永久性变形、焊接裂纹的现象	—	—

（2）剪式举升机维护主要项目见表7-7。

剪式举升机维护主要项目　　表7-7

<table>
<tr><th>日　维　护</th><th>周　维　护</th><th>月　维　护</th><th>年　维　护</th></tr>
<tr><td>每天检查限位开关动作可靠性</td><td>每周检查举升平台的机械结构是否有变形、刮碰</td><td>所有支铰轴处，每月油嘴加注润滑油一次</td><td>侧滑板每年分解一次并加注润滑脂</td></tr>
<tr><td>每天检查支铰轴是否有松动，螺栓及紧固件位置有无松动</td><td>—</td><td>保险齿条及上下滑块等移动部位，每月加一次润滑脂</td><td rowspan="3">每年更换一次液压油，油位应长期保持上限更换液压油时，须将举升机降至最低，将油箱内旧油放空加注新油时应经滤油器过滤</td></tr>
<tr><td>每天检查保险机构动作灵活，锁齿有效</td><td>—</td><td>—</td></tr>
<tr><td>每天检查液压系统有无渗油</td><td>—</td><td>—</td></tr>
<tr><td>每天检查保险机构动作灵活，锁齿有效</td><td>—</td><td>—</td><td>—</td></tr>
</table>

四、汽车举升机的安全操作要点

（1）操作者要熟悉所用举升机操作要领。

（2）举升车辆的质量要小于举升机的额定举升质量。

（3）举升前要检查确认设备各部位技术状况正常。

（4）按车辆使用说明书的要求选择正确的车辆支撑位置。

（5）车辆举升离地约10cm时，暂停举升，并从车辆侧面晃动车辆，确认举升无误后，方可继续举升。

(6)液压举升机举升到工作高度后,要确认安全锁止装置有效后,方可进行维修作业。

(7)举升机落地前,须将托架下方台面清理干净,防止因有异物垫起托架而影响下端限位开关的正常工作而导致产生托架“落空”现象。

(8)对于螺旋副传动举升机,每周要检查螺母磨损指示线的位置,防止因螺母磨损超限而发生安全事故。

(9)定期加注润滑油和润滑脂,以保证丝杠、丝母得到有效润滑。

(10)发现异常情况要立即停机检修。

第二节　汽车喷烤漆房

汽车喷烤漆房是汽车车身维修涂装用的主要设备,如图7-5所示。《汽车整车维修企业开业条件》(GB/T 16739.1-2—2014)中规定一、二类及汽车车身维修三类汽车维修企业须配备汽车喷烤漆房。汽车喷烤漆房既为维修企业汽车涂装修复提供了一个安全、洁净、卫生、高效的作业环境,又兼有涂装材料排放净化功能,因此,汽车喷烤漆房是一种集安全、环保、节能于一体的光、机、电设备。

a)外观　　b)内部结构(电加热式)

图7-5　汽车喷烤漆房

随着汽车喷烤漆房的广泛应用,在产品设计、生产质量和使用过程中暴露出许多安全隐患,导致火灾事故和排放有机挥发物超标,严重危害公共安全和污染环境。因此,汽车喷烤漆房纳入交通产品认证管理,产品检验执行交通运输行业标准《汽车喷烤漆房》(JT/T 324—2008)。对汽车喷烤漆房实施产品认证,能从源头上控制其产品质量。

一、汽车喷烤漆房分类与原理

1.分类

汽车喷烤漆房按标准要求,能够实现洁净喷漆和快速烘烤两种功能。

1)按加热方式分

按加热方式可分为燃油、燃气加热和电加热。

(1)燃油加热型喷烤漆房:以燃烧液态燃料(煤油、柴油)产生的热量间接加热空气介质,并在其中进行喷漆、烘烤作业的装置。

(2)燃气加热型喷烤漆房:以燃烧气态燃料(天然气、城市煤气、液化气等)产生的热量间接加热空气介质,并在其中进行喷漆、烘烤作业的装置。

(3)电加热型喷烤漆房:以电能转化的能量通过辐射或直接加热空气介质并在其中进行喷漆、烘烤作业的装置。按加热单元和安装方式又分为:

①分布式电加热装置。在电加热型汽车喷烤漆房作业区内分散安装的多组电加热器(如红外辐射)。

②集中式电加热装置。在电加热型汽车喷烤漆房作业区外集中安装于送风系统内的一组电加热器。

2)按喷烤漆房作业区长度(L)分

小型($L \leqslant 8$m)、中型(8m $< L \leqslant$ 12m)、大型(12m $< L \leqslant$ 16m)、特大型($L > 16$)。

2. 主要组成和工作原理

汽车喷烤漆房主要由房体、底座、送排风系统、空气净化系统、加热系统、照明系统、控制系统、排气净化系统等组成,其结构和喷漆、烤漆工作原理如图7-6、图7-7所示,车身完成喷涂工序后,通过控制系统启动加热器定时、定温进行自动烘烤。

喷、烤漆作业时,外界空气经初级过滤和亚高效过滤后,由送风设备以一定风速和风压,压入喷烤漆房作业区,在作业区内形成微正压,以防外界不洁气体进入,确保涂装质量(洁净度)。

一台设计合理、质量优良的汽车喷烤漆房可为涂装作业提供清洁的环境和良好的涂层质量,同时减少油漆、涂料等有害物质(苯系物)对大气环境的污染,并使飞溅的漆雾始终处于作业人员的呼吸带之下,从而有效地保证作业人员的身体健康。

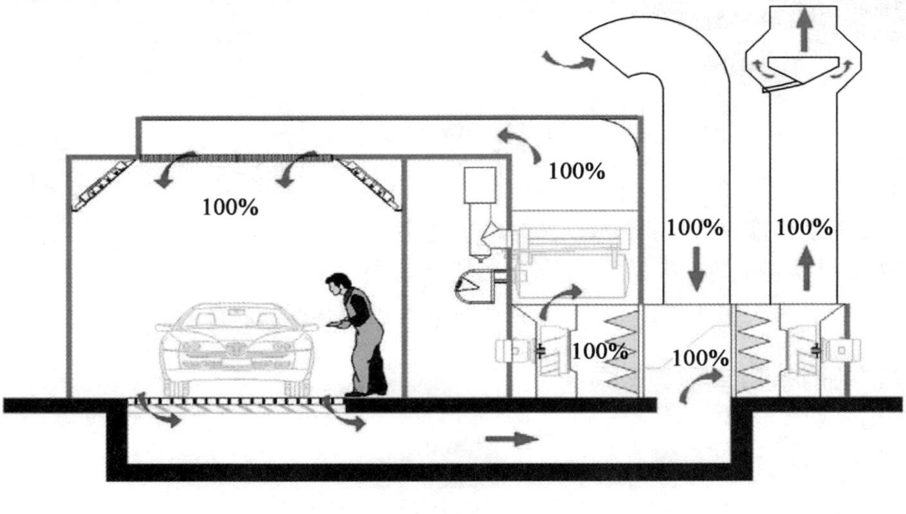

图7-6　喷漆工作原理

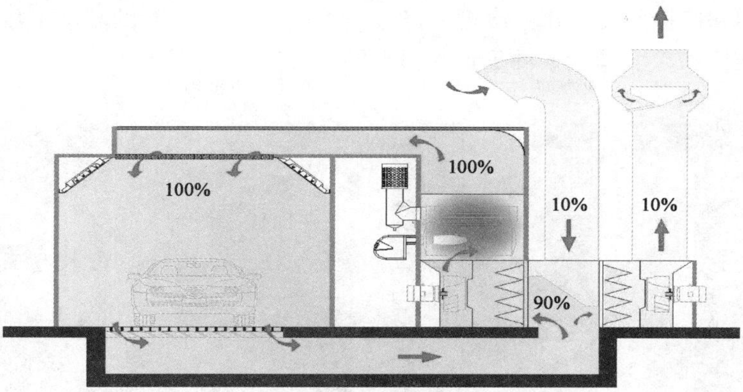

图 7-7　烤漆工作原理

二、汽车喷烤漆房主要技术要求

1. 整机性能

汽车喷烤漆房整机性能要求见表 7-8。

汽车喷烤漆房整机性能　　表 7-8

<table>
<tr><th colspan="3" rowspan="2">主要参数</th><th colspan="3">类　型</th></tr>
<tr><th>小型</th><th>中型</th><th>大型</th></tr>
<tr><td rowspan="4">升温时间(min)
20℃ ±10℃ ~60℃</td><td colspan="2">燃油加热型</td><td>≤10</td><td>≤20</td><td>≤30</td></tr>
<tr><td colspan="2">燃气加热型</td><td>≤10</td><td>≤25</td><td>≤35</td></tr>
<tr><td rowspan="2">电加热型</td><td>分布式</td><td>≤20</td><td>≤35</td><td>—</td></tr>
<tr><td>集中式</td><td>≤15</td><td>≤25</td><td>≤35</td></tr>
<tr><td rowspan="4">能源消耗量</td><td colspan="2">燃油消耗量(L/h)</td><td>≤10</td><td>—</td><td>—</td></tr>
<tr><td colspan="2">燃气消耗量(m³/h)</td><td>≤15</td><td>—</td><td>—</td></tr>
<tr><td rowspan="2">电加热装置耗电量(kW · h)</td><td>分布式</td><td>≤25</td><td>—</td><td>—</td></tr>
<tr><td>集中式</td><td>≤55</td><td>—</td><td>—</td></tr>
<tr><td colspan="3">作业区风速(m/s)</td><td colspan="3">0.38 ~ 0.67</td></tr>
<tr><td colspan="3">作业区内、外压差(Pa)</td><td colspan="3">10 ~ 50</td></tr>
<tr><td colspan="3">噪声 [dB(A)]</td><td colspan="3">≤85</td></tr>
<tr><td colspan="3">洁净度(个/m²)</td><td colspan="3">直观评定:疵点数目小于或等于 8 个/m²</td></tr>
<tr><td colspan="3">作业区照度值(lx)</td><td colspan="3">≥1000</td></tr>
</table>

2. 房体

房体是汽车喷烤漆房的支撑结构,要有一定的刚度和强度,大型、特大型喷烤漆房房体需采用骨架结构。采用轻型复合板拼装结构的房体,板厚要不小于 50mm,单层钢板厚度不小于 0.5mm。轻型复合材料主要有聚氨酯(价格高、耐 120℃、刚度好);岩棉(价格较高、耐高温、刚度差);聚苯乙烯(价格低、易收缩、分解出有毒物质,防火安全性较差)。

对房体复合材料的考核,要在 100℃ 的温度下放置 8h,不收缩、变形和融化,以上三种主要复合材料试验结果如图 7-8 所示,试验表明聚氨酯变形量最小,岩棉次之,聚苯乙烯变形量较大。喷烤漆房门和门框间要采用耐高温的橡胶材料密封,在100℃的温度下放置8h,无硬化和变形。上述两项检验在实验室条件下置于恒温箱内进行。

a)聚苯乙烯材料

b)岩棉材料

c)聚氨酯材料

图7-8 房体复合材料(厚度50mm)在100℃、8h后的状态

由于喷漆现场为一类防爆场所,欧美等国家要求房体复合材料、过滤材料符合CE、UL认证,喷烤漆房房体复合材料和过滤材料要阻燃。

3. 底座

装有底座的喷烤漆房,要适应作业区的大小和车型,空载质量配置要符合承载要求的底座围体、隔栅、防滑底板和支柱。如小型喷烤漆房,其底座的承载能力试验符合以下要求。

图7-9 承载能力试验

车轮所接触的隔栅或防滑底板要有承载1t负荷的能力,在此负荷下静压3h,不得产生断裂、开焊和不可恢复的变形。乘用车整备质量一般不超过3t,每个轮荷为0.75t,取1.3倍安全系数,得出0.975t,并以此作为承载能力试验的局部载荷,试验状态如图7-9所示。

为保障底座良好的稳定性,要采用钢结构并进行横向的固定;对非承载式隔栅或防滑底板,无承载能力要求。

4. 送、排风系统

1)送风系统

汽车喷烤漆涂装作业属于易爆炸性环境,因此,对送风系统使用的驱动电机安全性要求较高。当送风系统的驱动电机内置时,要选用防爆型(防护等级不低于 IP44),绝缘等级不低于 F 级;若采用非防爆型驱动电机时,电机应外置,典型外置形式如图 7-10 所示。

a)　　b)

图 7-10　送风系统电机典型外置形式

绝缘等级是指电动机或变压器绕组采用绝缘材料的耐热等级。电机绕组常用的绝缘材料,按其耐热性一般分为 A、E、B、F、H 五种等级,每一绝缘等级的绝缘材料都有相应的极限允许工作温度(即电机绕组最热点的温度),电机运行绕组绝缘最热点的温度不得超过其规定,否则,将加速绕组绝缘老化,缩短电机寿命;如果温度超过允许值,绝缘性能也会损坏,导致电机自动烧毁。

2)排风系统

排风系统不得采用轴流式风机,驱动电机应外置,如图 7-11 所示。如排风电机未外置,处于易爆炸环境,长期使用、未及时清理维护,易导致电机外壳表面覆盖大量油漆,导致电机发热而引起燃烧,引起火灾。

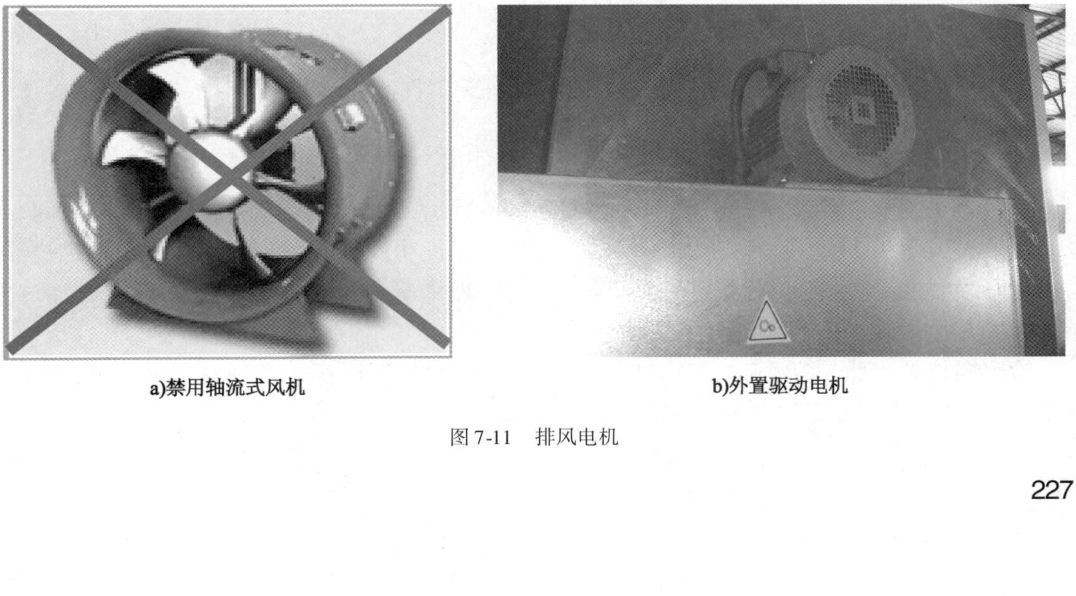

a)禁用轴流式风机　　b)外置驱动电机

图 7-11　排风电机

3)其他方面

当电机总输入功率超过 11kW 时,不得直接起动,要采用起动补偿装置或分时起动方法,并检查风机外壳上的旋转方向以及排风口与进风口高度差,进、排风口的高度差不小于 3m。

进、排风口要装有防护网,以防止纸片或其他杂物吸入燃烧室,被炽热的热交换器引燃后进入作业区,此时,如遇非阻燃型过滤棉,油漆漆雾将引发火灾。

5. 空气净化系统

进入作业区的空气要至少经过三级净化,典型空气净化系统如图 7-12 所示。初级净化不得采用浸油式过滤器,中级或高级净化应采用亚高效或高效过滤,过滤棉要阻燃,在安全条件下,对其施以明火,不得产生有焰燃烧,允许有熔融、卷曲、结炭、滴落等现象,过滤棉容尘量应不小于 $400g/m^2$。排气净化要安装漆雾过滤和有害挥发物净化装置,空气净化装置要便于定期更换。

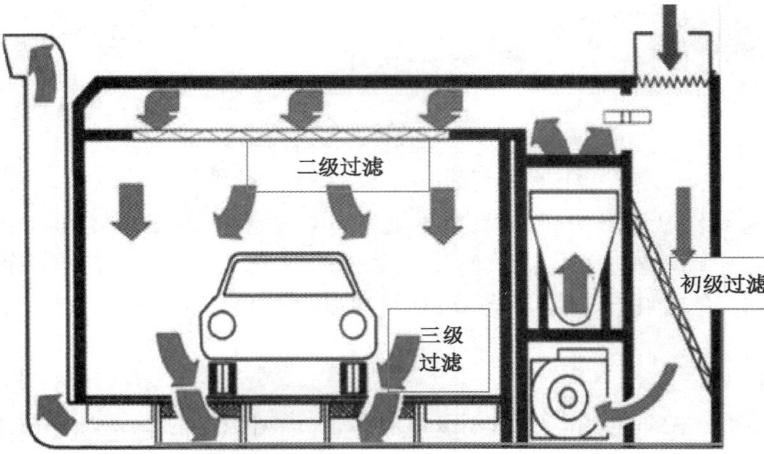

图 7-12　典型空气净化系统

6. 加热系统

加热系统是汽车喷烤漆房的核心,直接影响其安全性。主要包括燃烧器(燃油、燃气)或电加热器、热交换器、油路和油箱、热循环装置等。

1)燃烧器

燃烧器是汽车喷烤漆房的关键部件,如图 7-13 所示,要有不小于 8s 的扫膛延时时间。一般使用秒表或手表测量,并具有点火超时断油、断气保护功能,如这些功能失效,包括燃烧器喷嘴选择不当、油泵磨损、控制器、电磁阀故障等,导致燃油雾化不良,燃烧不好,形成燃油过多,导致爆燃甚至爆炸。

检查燃烧器点火成功率时,如超过 3 ~ 5 次失败,不可继续点火,否则易产生爆燃,此时,应调整风门,清洗油路滤芯及喷嘴。

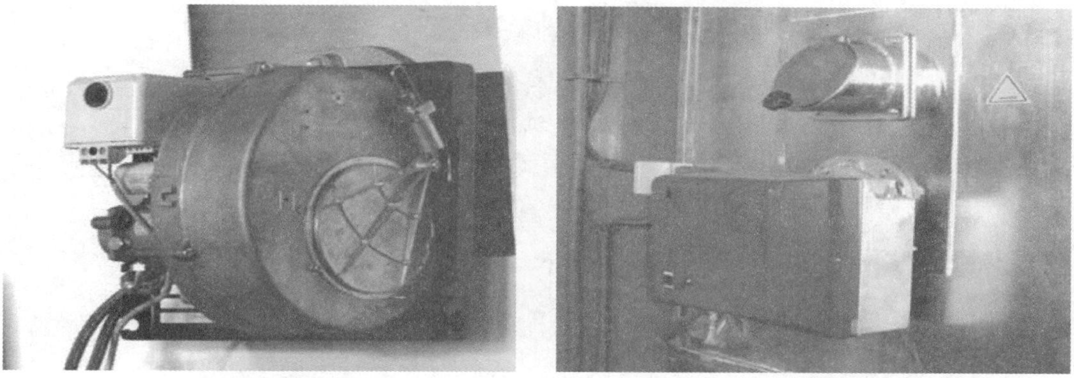

a)内部结构　　　　b)外观

图 7-13　燃烧器

2)热交换器

热交换器是汽车喷烤漆房的安全部件,结构如图 7-14a)所示。检查热交换器,不应有泄漏、开焊、穿孔、变形,应满足以下要求:

(1)热交换器要使用耐热、防锈和具有良好导热性的不锈钢材料。

(2)热交换器壁厚不小于 2mm。

(3)热交换器的热交换效率不小于 70%(散热管)。

(4)热交换器须有泄压装置,其泄压口面积不小于 $175cm^2$,如图 7-14b)所示。

a)热交换器外观　　　　b)泄压孔面积测量

图 7-14　典型热交换器结构

3)油路连接

油路连接件要连接可靠、牢固,不得有渗漏现象。燃油加热型喷烤漆房的油路进口要加装燃油单向截止阀(进油管最前端);如图 7-15 所示,燃油加热型喷烤漆房要使用专用燃油箱,并与加热装置隔离。

4)电加热器

(1)采用分布式电加热装置时(含移动式电加热装置),如图 7-16 所示,电加热器表面工作温度不应超过涂装溶剂的引燃温度。

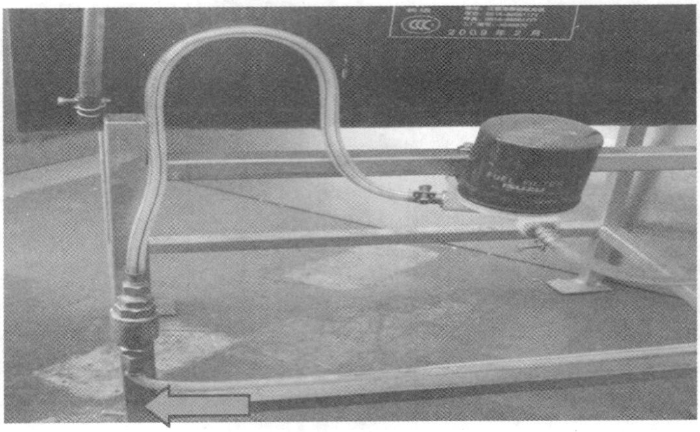

图 7-15 单向截止阀的安装位置

a)电加热装置总体布置

b)电加热装置单元

图 7-16 分布式电加热器

(2)分布式电加热装置应置于箱体内,箱体应装有箱体门和金属防护罩。喷漆作业时,箱体门应处于关闭状态,电加热器无法启动。

(3)分布式电加热装置不应用于加温喷漆作业。

(4)分布式电加热装置与供电导线的连接应采用隔爆装置,其连接位置应便于检查。

(5)电加热装置(分布式和集中式)的供电线路应采用高温导线。

(6)电加热装置(分布式和集中式)与金属支架间应有良好的电气绝缘,常温状态下的绝缘电阻应不小于4MΩ,电加热装置应与控制系统接地端可靠相连。

(7)集中式电加热装置与支撑底座的连接应牢固。

5)循环加热方式

为防止作业区内的可燃气体产生积聚,降低油耗、提高升温速度,禁止采用完全循环加热方式,一般使用风门执行器来调节喷、烤漆的循环方式,如图 7-17 所示。风门应当具有良好的密封性,动作有效,如果是手动风门,喷漆时应处于关闭位置。烤漆烘干作业时,房体外板表面温度不超过环境温度的 15℃。

a)气动风门执行器(可靠性差)

b)电动风门执行器(可靠性好)

图7-17 风门执行器

7. 照明系统

照明灯具均处于高温环境中，会加快导线的老化程度。绝缘层被破坏的导线，如产生短路和火花，易发生人身伤害、火灾等事故，因此，作业区照明电路要选用耐高温导线，导线应装在绝缘护套(管)内并固定。一般抽取照明导线样品一段，在安全场所对其施以明火，样品不得燃烧和融化。

照明电路要采用单独的断路器或熔断器作短路保护，不得借用其他电路的保护器件，作业区照明应选用安装在密封罩壳内的荧光灯，照明灯具箱的玻璃应防爆。

8. 控制系统

1)电气元件装配要求

(1)电气元件、部件、插接件装配牢靠，布线合理、整齐、焊点光滑、无虚焊、错焊。

(2)导线线径选择合理，其载流容量应保证运转安全。

(3)系统应根据负荷的大小装有断路器或熔断器，电机控制应有过载、断相保护装置。

(4)电缆线穿过金属物体时，应加装绝缘套管。

2)控制系统的温度示值误差

将数字温度计传感器放置在喷烤漆房作业区内温度传感器附近，启动加热器，测量并记录数字温度计在30℃和60℃时喷烤漆房温控装置的温度显示值，温度示值误差为±3℃。

3)超温报警保护

温控系统除具有工作温度设定及控制功能外，还要有超温报警保护功能，超温时，系统能自动关闭加热装置并报警。一般设定超温报警温度(低于烘烤设定温度5℃)，启动燃烧器，当作业区温度达到超温报警温度时，燃烧器要停止工作，系统应使用声光警告。

4)送风系统应与加热系统联锁

为防止热交换器烧穿泄漏，当送、排风统未启动时，加热装置启动开关无效；关闭送风系统，按动燃烧器启动开关，燃烧器要无响应。

5)送风驱动电机发生过载或断相故障时，自动关闭加热装置

启动燃烧器后，将送风电机热继电器电流调节旋钮调至最小值，驱动电机停机后，检查燃烧器是否停止工作。

为准确控制喷、烤漆状态,提高车身涂装质量和安全作业,先进的汽车喷烤漆房还配备有喷漆、烤漆实时监控系统,如图 7-18 所示。

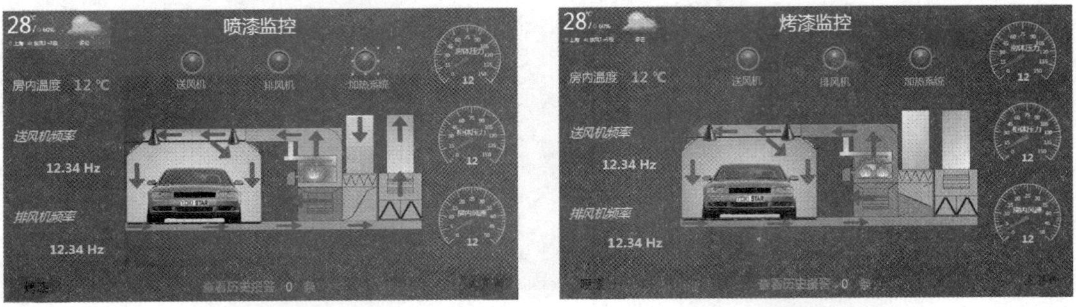

a)喷漆状态监控　　b)烤漆状态监控

图 7-18　喷漆、烤漆监控系统

9. 排放要求

喷烤漆房主要排放物是以苯系物为主的有机挥发物(VOCs),因此配有专用排气净化装置,包括漆雾过滤与废气净化。苯系物等气体排放应符合《大气污染物综合排放标准》(GB 16297)和国家现行法规的规定,作业区内 1.5m 以上(作业人员呼吸带)苯系物最高允许浓度应符合《涂装作业安全规程　涂漆工艺安全及其通风净化》(GB 6514)的规定。

对汽车喷烤漆房排放的有机挥发物(VOCs)治理,通常采用活性炭吸附浓缩和脱附催化燃烧组合方式,专用治理装置如图 7-19 所示。

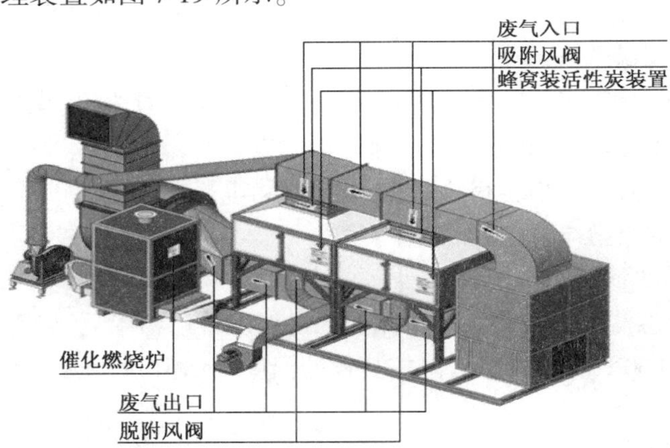

图 7-19　汽车车身涂装 VOCs 排放治理装置

汽车喷烤漆房产品质量关乎社会公共安全和人民群众的切身利益,汽车喷烤漆房产品的认证,促进了《汽车喷烤漆房》(JT/T 324)的标准应用,规范了交通产品市场经济秩序,杜绝了不合格产品进入汽车维修市场,防治了汽车喷烤漆房的安全事故和对环境的污染,促进了我国汽车维修行业产品质量和管理水平的提高。

三、汽车车身涂装作业注意事项

(1)汽车车身湿磨过程中产生的废水,主要含有打磨过程中产生的粉尘,应在降尘处理后排放。

(2)对喷涂件进行贴护时,应使用环保的贴护纸、贴护膜或其他环保性材料。

(3)在调漆房作业时,要开启风机,做好通风。

(4)易挥发的涂料和有机溶剂在使用完毕后,应及时盖好封盖,保存入库。

(5)在涂漆时,推荐使用高流、低压(HVLP)喷枪,如图7-20所示。喷枪在使用后推荐采用洗枪机进行清洗。

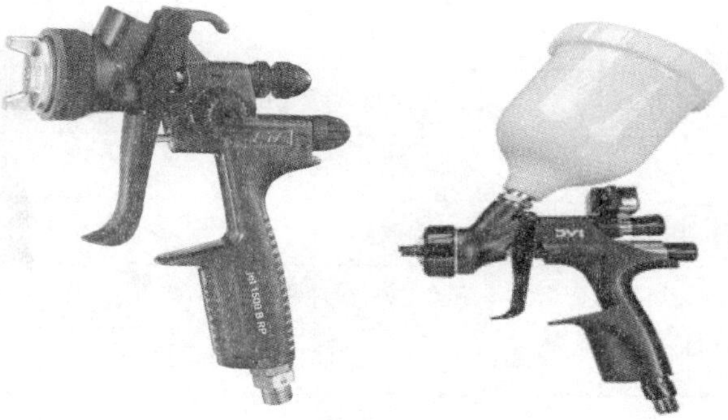

图7-20 汽车涂漆专用喷枪

HVLP喷枪可以提高涂漆的使用率,传统喷枪的油漆有效使用率(又称涂料传递效率)为30%~40%,而HVLP环保系列喷枪的油漆有效使用率高达65%以上。HVLP喷枪与一般喷枪对比见表7-9。由此可见,HVLP喷枪提高了上漆率和工作效率,降低了涂料成本,减少了挥发性有机化合物(VOCs)的排放,改善了工作场所的环境,有利于保护喷漆作业人员的身体健康,同时也降低了处理废漆的费用。

HVLP喷枪与一般喷枪对比 表7-9

喷 枪 比 较	HVLP喷枪	一 般 喷 枪
涂料传递效率	65%以上	30%~40%
环保效果	降低VOC排放,减少浪费	浪费油漆多,成本提高
工作效率	高	低
喷枪口压力	不超过0.7bar①	2.5~3bar

注:1bar = 10^5 Pa。

(6)在打磨工序中,建议采用全程干磨工艺,打磨时要开启吸尘装置,所收集的粉尘应集中收集存放,干磨工艺与水磨工艺对比见表7-10。

干磨工艺与水磨工艺对比 表7-10

干磨/水磨工艺比较	干 磨 工 艺	水 磨 工 艺
环保效果	粉尘可收集	粉尘随水排放
工作效率	高	低
工艺质量	平整度好,无水,漆面质量好	容易产生橘皮,气泡,沙痕等缺陷
劳动强度	机械打磨,劳动强度小	人工打磨,不规则部位的精磨有一定优势,劳动强度大
使用设备	干磨机	无

(7)对大客车和大货车进行涂漆作业时,鼓励有条件的维修企业采用无气喷涂和静电喷涂方式。

(8)汽车车身喷涂作业,建议使用水性漆,以有效减少油漆中的 VOCs 含量,水性漆与油性漆对比见表 7-11。

水性漆与油性漆对比 表 7-11

水性漆/油性漆比较	水 性 漆	油 性 漆
环保效果	底漆 VOCs 排放降低 65%	VOCs 排放高
价格	约高 4%	低
工作效率	效率高	一般
工艺质量	附着力好、色漆流平	一般
设备要求	需改造喷烤漆房的机构与功能	一般

(9)汽车喷烤漆房应符合《汽车喷烤漆房》(JT/T 324)标准,须安装废气净化装置,并对该设备进行定期检查和维护。定期根据计时器、维修记录检查更换顶部过滤棉、初效进风过滤棉、地网玻璃纤维过滤棉、排气过滤棉和活性炭。

①1 个月内定期对压缩空气系统的过滤部分进行清洁、排污、维护。

②2 个月内定期对照明灯光、墙板上的污垢和漆渣进行清理。

③房体内地网下玻璃纤维过滤棉使用 80~120h 后,应进行吸尘处理或更换。

④房体内顶部过滤棉一般使用 350~400h 后,需进行吸尘处理,若空气过滤不清,则需更换顶棉。

⑤初效进风过滤棉一般使用 70~100h 后,应进行吸尘处理或更换。

⑥活性炭一般使用 450h 后,需进行更换。

四、在用汽车喷烤漆房安全评价

在用汽车喷烤漆房安全评价是指对已安装并投入使用的汽车喷烤漆房的安全使用技术状况进行检查所开展的活动,用于衡量在用汽车喷烤漆房安全隐患和可能产生后果的严重程度。分为高、中、低三个等级。

(1)高等级风险:直接影响在用汽车喷烤漆房的使用安全,存在较大可能构成危险的情形或因素。

(2)中等级风险:间接影响在用汽车喷烤漆房的使用安全,存在一般可能构成危险的情形或因素。

(3)低等级风险:暂无迹象表明在用汽车喷烤漆房已构成危险,但存在人为或外界等其他可能构成危险的情形或因素,是一种可以接受的风险。

开展在用汽车喷烤漆房安全评价,执行《在用汽车喷烤漆房安全评价规范》(JT/T 937—2014),用于判定其风险等级,对发现的问题及时整改,确保汽车喷烤漆房的使用安全。

1. 管理要求

(1)机动车维修经营者应建立安全生产组织机构,配备喷烤漆房设备管理人员、维护人员和操作人员。人员要求如下:

①设备管理人员应掌握与喷烤漆房相关的安全生产知识与技术。

②维护人员应经喷烤漆房生产企业培训。

③操作人员应持有相关部门颁发的涂漆岗位资格证书,经喷烤漆房生产企业培训,熟悉并掌握作业场所和工作岗位存在的危险因素、防范措施及事故应急措施,并能熟练操作。

(2)机动车维修经营者应建立与喷烤漆作业内容相适应的安全生产管理制度和劳动保护制度。建立设备档案,编制安全操作规程,制定维护计划并定期实施,做好相关记录。

(3)进入喷烤漆房作业,应穿戴符合《涂装作业安全规程　安全管理通则》(GB 7691)要求的服装和安全防护用具。

2. 安全技术评价

在用汽车喷烤漆房安全技术评价项目、技术要求及方法见表7-12。

汽车喷烤漆房安全技术评价项目、技术要求及方法　　表7-12

编号	评价项目		技术要求	评价方法
1*	送、排风系统	驱动电机	送风系统驱动电机内置的,应为防爆型,且绝缘等级不应低于F级;非防爆型电机应外置	检查
2*			排风系统驱动电机应外置	检查
3*			送、排风驱动电机防尘盖应完好无损	检查
4*			送、排风驱动电机外壳应定期清理,无油漆残留物、污垢及杂物堆积	检查并查阅维护记录
5*			所有电缆应无老化、无破损,电缆穿过孔洞处应加装绝缘护套	检查
6*			送、排风驱动电机应工作平稳,无异响	启动风机,检查轴承、联轴器或皮带轮工作状况
7*		风机	风机叶片应定期清理,无油漆残留物、污垢堆积	检查并查阅维护记录
8			风机皮带应无老化、开裂现象	检查
9*		进风口	进风口应设置防护网	检查

续上表

编号	评价项目			技术要求	评价方法
10*	加热系统	燃油（气）加热系统	供油（气）装置	燃油应存放在专用油箱内	检查
11*				供油管路及接头密封完好，无渗漏，进油管应装有燃油单向截止阀	检查
12*				供气管路及接头应连接完好，无破损和漏气现象	用检漏液（如肥皂溶液等）检查
13*			燃烧器	燃油燃烧器应能在三次内点火成功，燃气燃烧器应能在两次内点火成功	进入烤漆状态，进行点火性能测试
14*				应具有点火超时断油保护功能	切断供油（气），启动燃烧器，待管路内燃油（气）耗尽后，燃烧器应能自动停机且燃烧器上的指示灯开启
15*				扫膛延时时间应不小于8s	进入烤漆状态，用秒表记录燃烧器开始扫膛到点火成功所用时间
16*			热交换器	应无开焊、穿孔、严重变形等缺陷	检查
17*				壁厚应不小于2mm	采用超声波测厚仪测量。测量前应清理测量接触面，使其保持清洁，测量探头和测量接触面应通过耦合剂接触良好。测量接触面选择外壁时，应在热交换器侧面和前、后壁分别选择三处测量；测量接触面选择内壁时，应在热交换器内侧壁选择两处，在前内壁处选择一处测量，每处测量三次，取最小值
18*				泄压口面积不小于$175cm^2$	用游标卡尺测量、计算
19*				外表面应无油漆附着	检查
20		电加热系统	电加热装置	加热装置应装有防护网且固定牢靠	检查
21*				加热装置表面应定期清理，不应附着油漆残渣	检查
22*				嵌入式加热装置（直接嵌入墙体）与墙壁间应装有不小于1cm的阻燃隔热材料；分体式加热装置（用支架与墙壁分离）与墙壁之间距离应不小于3cm	检查、测量
23*			导线	加热装置导线应为耐高温导线，与加热装置连接可靠，且无老化、破损和焦痕	检查
24*				作业区内，电加热装置导线应放置在耐高温的线槽中	检查
25*				电加热装置导线对金属支架间的绝缘电阻应不小于4MΩ	切断外部供电，用数字兆欧表测量各电加热装置导线与金属支架间的电阻

续上表

<table>
<tr><th>编号</th><th colspan="2">评 价 项 目</th><th>技 术 要 求</th><th>评 价 方 法</th></tr>
<tr><td>26*</td><td rowspan="3">空气循环系统</td><td rowspan="3">空气净化装置</td><td>空气净化装置应齐全完好，不得因漆雾、灰尘、残渣而堵塞</td><td>检查</td></tr>
<tr><td>27*</td><td>顶棉应具有阻燃性</td><td>剪取小块顶棉，在无风，无易燃、易爆气体的安全场所对其施以明火（火焰高度7～8mm，顶棉与火焰角度约45°），若产生有焰燃烧，则顶棉不阻燃</td></tr>
<tr><td>28</td><td>应定期更换顶棉、底棉和活性炭</td><td>查阅维护记录</td></tr>
<tr><td>29*</td><td rowspan="2"></td><td>风道</td><td>风道中漆雾经过的所有路径应定期清理，无油漆、污垢堆积</td><td>检查并查阅维护记录</td></tr>
<tr><td>30*</td><td>风门</td><td>燃油、燃气加热型喷烤漆房应采用无风门形式或自动风门形式，并保证有外部空气进入循环系统。若采用自动风门形式，风门应工作可靠，在关闭状态应密封良好</td><td>检查、测试</td></tr>
<tr><td>31</td><td rowspan="6">控制系统</td><td rowspan="3">控制柜</td><td>除温度传感器和超温报警的温度设置装置外，所有电路控制部件都应安装在控制柜中，操作开关安装在控制面板上</td><td>检查</td></tr>
<tr><td>32</td><td>控制柜内部布线应整齐规范</td><td>检查</td></tr>
<tr><td>33</td><td>控制面板操作开关标识应清晰、完整</td><td>检查</td></tr>
<tr><td>34*</td><td rowspan="3">控制装置</td><td>控制开关应能准确可靠地控制喷烤漆房各系统状态</td><td>检查</td></tr>
<tr><td>35*</td><td>除电加热方式外，送风系统与加热系统连锁功能应有效</td><td>关闭送风电机，按下燃烧器启动开关，检查燃烧器响应情况，若无响应则功能有效；启动送风电机和燃烧器，通过送风电机过载、断相保护装置关闭送风电机，检查燃烧器响应情况，若能随之自动停止加热则功能有效</td></tr>
<tr><td>36*</td><td>除电加热方式外，超温报警保护功能应有效</td><td>设定超温报警温度（应低于烤漆温度5℃以上），进入烤漆状态，当温度示值达到超温报警设定温度时，检查加热装置的响应情况，若能随之自动停止加热，并发出声光报警信号则为功能有效</td></tr>
</table>

续上表

<table>
<tr><th>编号</th><th colspan="2">评价项目</th><th>技术要求</th><th>评价方法</th></tr>
<tr><td>37*</td><td rowspan="3">控制系统</td><td rowspan="2">控制柜</td><td>温控装置温度设定及温度控制有效</td><td>通过温控装置设定一工作温度，使加热系统正常工作，当温度示值达到设定温度时，检查加热装置的响应情况，若能自动停止加热则为功能有效</td></tr>
<tr><td>38</td><td>温控装置示值误差不应超过±3℃</td><td>将数字温度计安装在喷烤漆房温度传感器等高位置附近，启动加热装置，当数字温度计在60℃时，读取喷烤漆房温度 t，示值误差 $\Delta t=(t-60)$℃</td></tr>
<tr><td>39*</td><td>电气保护装置</td><td>根据电机负荷，每台电机电路应加装过载、断相保护装置，且功能有效</td><td>启动所有电机，分别断开各电机过载、断相保护装置，检查相应电机的响应情况，若能自动停机则功能正常</td></tr>
<tr><td>40*</td><td rowspan="6">照明系统</td><td rowspan="2">电气保护装置</td><td>根据照明负荷，照明电路应加装单独的短路保护装置，且功能有效</td><td>启动照明后，断开照明电路短路保护装置，若除照明熄灭外其他装置状态不变则为功能有效</td></tr>
<tr><td>41*</td><td>系统应有接地装置和标志，并接地</td><td>检查</td></tr>
<tr><td>42*</td><td rowspan="3">导线</td><td>作业区内的照明导线应为耐高温导线</td><td>现场截取导线端部，施以明火，持续时间为30s，若导线无持续燃烧和融化现象则为耐高温导线</td></tr>
<tr><td>43</td><td>主照明导线应装有绝缘套管并固定</td><td>检查</td></tr>
<tr><td>44*</td><td>所有导线应无老化、无金属导体裸露现象，导线穿过孔洞处应加装绝缘护套</td><td>检查</td></tr>
<tr><td>45</td><td>灯箱</td><td>灯箱罩壳及玻璃应齐全完好，密封有效</td><td>检查</td></tr>
<tr><td>46</td><td rowspan="3">安全防护</td><td>安全门</td><td>烤漆房应设置安全门，并具有泄压功能</td><td>检查</td></tr>
<tr><td>47</td><td>安全维护文字标志牌</td><td>喷烤漆房外应设有醒目的安全维护文字标志牌，且内容清晰</td><td>检查</td></tr>
<tr><td>48</td><td>安全标志</td><td>喷烤漆房作业区内、外应粘贴醒目的“禁止吸烟”“禁止明火”的安全标志</td><td>检查</td></tr>
</table>

续上表

编号	评价项目		技术要求	评价方法
49*	安全防护	灭火装置	应在喷烤漆房外2m范围内的醒目位置处放置检定有效的灭火装置	检查
50*		环境要求	喷烤漆房内应保持清洁、干燥、无其他易燃、易爆物品残留;周边环境应通风良好,无其他易燃、易爆物品	检查

注:标有"*"的为关键项,其余的为一般项。

3. 评价结果

(1)关键项存在不合格的,喷烤漆房的风险等级为"高等级风险"。

(2)关键项全部合格,存在一般项不合格的,喷烤漆房的风险等级为"中等级风险"。

(3)评价项目全部合格的,喷烤漆房的风险等级为"低等级风险"。

第三节　汽车空调维修制冷剂作业设备

在汽车空调制冷系统维修过程中,常常要抽出(或更换、加注)制冷系统制冷剂。制冷剂对环境是有污染的,不容许直接排放至大气中。因此,必须回收制冷剂,这些回收的制冷剂净化后还可以再利用。

按规定,当汽车空调制冷系统需要加注制冷剂时,必须使用专用设备,即汽车空调制冷剂回收、净化、加注设备,如图7-21所示,成为汽车空调制冷系统维修过程中必备设备。该设备产品执行《汽车空调制冷剂回收、净化、加注设备》(JT/T 783—2010),为实施《汽车空调制冷剂回收、净化、加注工艺规范》(JT/T 774—2010)提供了有效的技术手段,目前该设备实施交通产品认证管理。

图7-21　汽车空调制冷剂回收、净化、加注设备

随着市场需求的不断增加和引进国外先进技术,我国汽车空调制冷剂回收、净化、加注设备产品数量和质量达到一定的规模和水平,有的已经接近或达到国外同类产品的技术水平,并远销国外。

一、产品分类

1)按设备功能分

(1)回收设备,代号 R。

(2)回收、净化设备,代号 RR。

(3)回收、净化、加注设备,代号 RRR。

2)按设备工作系统分

(1)单系统,代号Ⅰ。

(2)双系统,代号Ⅱ。

(3)多系统,代号Ⅲ。

二、产品结构组成及功能

汽车空调制冷剂回收、净化、加注设备产品结构组成如图 7-22 所示。包括制冷剂罐、油分离器(罐)、冷凝蒸发器(罐)、高低压管路、压缩机等主要零部件,这些部件组成产品的基本功能,即回收、净化、抽真空和加注 4 种功能。

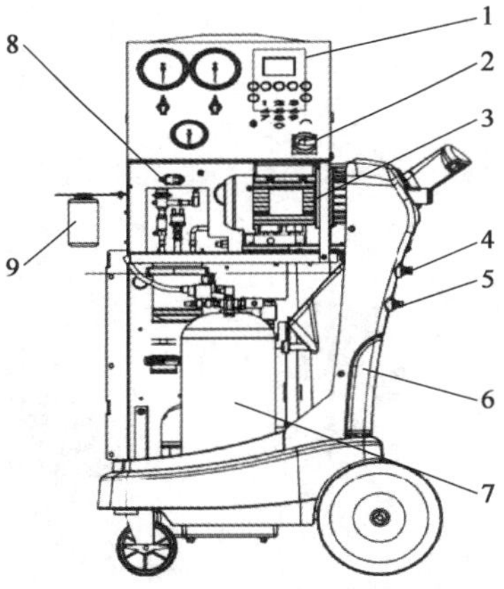

图 7-22　汽车空调制冷剂回收、净化、加注设备组成

1-面板;2-总电源开关;3-真空泵;4-快速接头固定座;5-快速接头固定座;6-排油瓶;7-工作罐;8-继电器;9-注油瓶

(1)回收功能。能收集汽车空调系统内的制冷剂(如 R134a)。

(2)净化功能。能将从空调系统中抽出来的制冷剂通过干燥过滤器进行处理,除去其中的杂质,如固态颗粒物、冷冻机油、水分和空气等,以便重新利用(这一功能也叫再生)。

(3)抽真空功能。将空调系统中的空气和水分彻底抽出来。

(4)加注功能。依靠电子计量系统或称重传感器等技术,实现制冷剂的定量加注。

三、主要技术要求

1. 材料及外观

(1)装配选用的零部件如橡胶软管、密封圈、润滑油，必须与制冷剂品种相适应。R134a制冷剂系统通常使用聚醚类润滑油(PAG油)或聚酯类润滑油(POE油)，采用四层橡胶软管。因此，密封橡胶材质应为聚丁腈橡胶(H-NBR)、氯丁橡胶或三聚乙丙橡胶。

(2)设备应在明显位置制作有安全操作及维护的文字标识。

(3)压力表的安装位置应便于操作者观察和清洁。

2. 计量装置

制冷剂加注量与工作罐(回收罐)的压力以及制冷剂质量等因素有关，制冷剂加注量检验计量装置如图7-23所示。

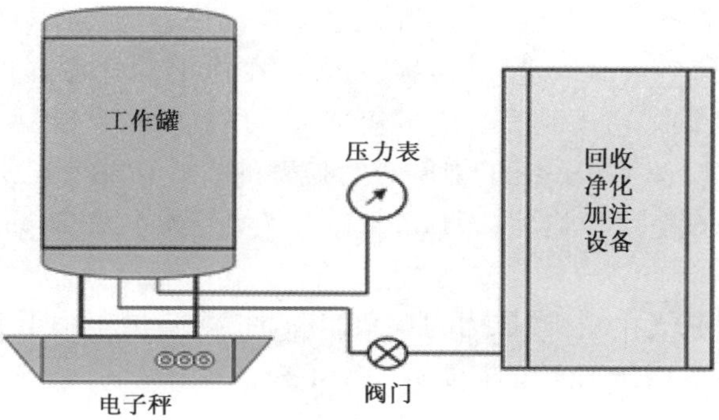

图7-23 制冷剂加注量检验装置示意图

制冷剂加注量误差确定的依据：参照SAE J2788《(R)HFC-134a(R134a)Recovery/Recycle/Recharging Equipment for Mobile Air-Conditioning Systems》的限值，同时考虑我国汽车空调制冷剂回收、净化、加注机产品质量的实际情况。制冷剂加注量计量检验方法如下。

当给工作罐(空回收罐)加注制冷剂达满量程时，称重装置的示值误差为±3g，其要求如下：

(1)压力表准确度等级不低于1.6级，压力传感器准确度等级不低于1.0级。

(2)电气系统。

①显示屏显示清晰完整，不应有影响读数的缺陷。

②电缆线束应使用护线套(管)等给予防护，并可靠的固定。

③设备电气系统应有良好的绝缘性能，绝缘电阻应不小于5MΩ。

④设备应有可靠的接地装置，接地端应有醒目耐久的接地标志。

⑤在施加交流电压1500V/50 Hz时，1min内不应出现击穿及飞弧现象。

⑥电气系统应根据负荷大小设有断路器或熔断器等保护装置。

3. 安全装置

设备应具有安全装置，防止发生事故，具体要求如下：

(1)制冷剂罐体应安装安全阀,以便及时释放压力及非凝性气体。

(2)设备工作罐体应具有空罐、满罐自动报警功能,当制冷剂空罐及罐内制冷剂容量超过80%满罐时,设备应具有自动报警或自动停机功能,防止意外事故发生。

(3)汽车空调制冷剂回收、净化、加注设备应该具有压力保护性能,防止设备工作系统压力过大。

当系统内部压力超过2.5MPa ±0.2MPa时,压力保护开关开启,压缩机应停止工作。当系统压力降到1.0MPa ±0.2MPa时,压力保护开关恢复工作状态。

4. 密封性能

密封性能是衡量该设备质量的重要指标之一,如果设备工作系统密封性能不能达到要求,其他指标的测量结果则缺乏可信度。

密封性能通过两个指标衡量,一是设备工作系统真空度,二是设备工作系统的密封性能。系统真空度通过系统抽真空,在规定的时间内评价其变化值。系统密封性能的检验使用氦气或氮气,因为空气含杂质和水分,空气进去后会污染零部件,并且空气的测量效果不如氦气和氮气。因此,要求使用氦气或氮气进行检漏试验。高精度的氦气泄漏检测仪可以在很短的时间内找到非常微小的泄漏。考虑到氦气成本较高,也可以使用氮气检漏。具体要求为:

(1)设备应具有对设备工作系统的泄漏进行检查的自检功能或提供自检方法。

(2)工作系统内的真空度应达到 -94kPa的压力(真空度),在20min内真空度变化值应小于5kPa。

(3)工作系统使用氦气检漏:当压力为0.98MPa时,泄漏量应小于1×10^{-6}Pa · m^3/s;当压力为1.2MPa时,系统1h内压力下降幅度不大于1%。

5. 回收速度

制冷剂机回收速度反映该设备的工作效率,回收速度快会增加设备的制造成本。反之,则影响设备使用工作效率。

制冷剂机回收速度与压缩机功率以及制冷剂的状态有关,压缩机功率大,制冷剂回收速度快,液态制冷剂回收速度大于气态回收速度。考核压缩机不同工作状态的性能,将两种状态的速度分别考核,根据产品结构形式以及工作效率,规定在环境温度为25℃ ±2℃时,液态制冷剂回收速度为≥210g/min;气态制冷剂回收速度为≥120g/min。

6. 制冷剂净化

制冷剂净化指用专用设备将回收的制冷剂进行循环过滤,去除其中的油、水、酸和其他杂质,使其能够重新使用的过程。考虑到目前产品的技术水平及检验能力,净化后的制冷剂只要求经过滤的制冷剂纯度不低于96%。具有净化功能的设备应设置油分离器、换热器和干燥过滤器,过滤油污和杂质。净化功能要求为:

(1)应具有分离制冷剂中润滑油及水分的功能。

(2)应具有排出非凝性气体的功能。

(3)当干燥过滤器达到设计的使用寿命时,设备应具有提示用户更换干燥过滤器的信息。

7. 抽真空能力

真空度是衡量气体稀薄程度的物理量，常用单位是 kPa。它是以理论上存在的真空为参照基准，得出的压力值比理论上的“真空”的压力值大，所以是正值，通常也叫“极限真空”“绝对真空度”“绝对压力”。它是指将真空泵与检测容器相连，进行长时间连续抽气，当容器内的气体压力不再下降而维持某一定值时，此压力称为泵的极限真空。

普通真空表测得的真空值采用相对真空度表示，常用单位也是 kPa。是以“一个大气压”作为参照物，是被测气体压力与大气压的差值。由于得出的压力值比“一个大气压”的压力值小，所以是负值。通常称为“表压”“相对真空度”“相对压力”。

汽车空调制冷剂采用相对真空度表示系统抽真空所能达到的相对压力，在对空制冷剂罐进行抽真空操作时，在初始压力为标准大气压的情况下，设备通过抽真空功能，10min 内工作系统的真空度应达到 −94kPa 的压力（真空度），当真空泵达到设计的维护周期时，设备应具有提示更换真空泵的信息。

8. 制冷剂加注

（1）设备应显示制冷剂加注过程中加注量及显示加注过程中压力变化。

（2）在环境温度为 25℃ ±2℃ 条件下，加注 1kg 制冷剂时，误差不大于 20g。

（3）在环境温度为 25℃ ±2℃ 条件下，能将汽车空调制冷系统内制冷剂回收 90% 以上。

四、安全使用注意事项

（1）使用时，在与汽车空调高低压接头连接过程中，设备应处于关机状态。

（2）设备必须可靠接地，否则会影响设备的正常使用及操作人员的安全。

（3）定期检查所有的安全装置和压力表，压力表压力值异常时，应停机检查，以确保系统正常工作。

（4）不要使用未经安全认证的管件。

（5）禁止私自拆装所有的电磁阀与压力传感器。

（6）禁止私自拆卸设备管路。

（7）使用过程中，按照设备显示屏提示、警告等操作。

第四节　汽车车轮动平衡机

汽车的车轮是由轮胎、轮辋、轮毂组成的一个整体，当质量分布不均匀时，汽车车轮高速旋转，就会形成动不平衡状态，造成车辆在行驶中车轮上下抖动、左右摆动、转向盘振动的现象，严重影响汽车行驶的平顺性、安全性，还会加剧轮胎和引起底盘总成零部件的磨损。为了避免这种现象或是消除已经发生的这种故障，在车轮动态情况下通过增加配重的方法，校正车轮各边缘部分的平衡。这个校正的过程就是车轮的动平衡。

汽车使用一定时间后，应对轮胎磨损情况和车轮动不平衡进行检查、校正。尤其是在对轮胎、轮辋进行修复或更换新轮胎后，应当做车轮动平衡检查，一般采用汽车车轮动平衡机检测，

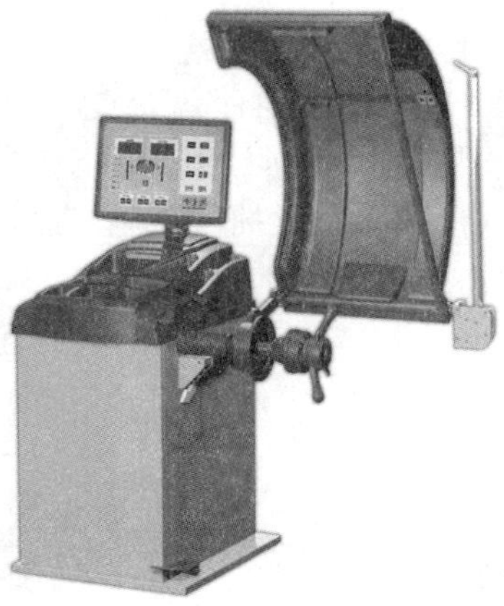

图 7-24　汽车车轮动平衡机(卧式)

如图 7-24 所示,测量车轮不平衡质量的大小和相位,并进行配重、校正。

一、轮胎和车轮检查

1. 轮胎的使用安全要求

(1)轮胎的胎冠、胎壁不得有长度超过 25mm 或深度足以暴露出帘布层的破裂和割伤,以及凸起、异物刺入等影响使用的缺陷,并装的轮胎间应无异物嵌入。

(2)具有磨损标志的轮胎,胎冠的磨损不得触及磨损标志;无磨损标志或标志不清的轮胎,乘用车和挂车的胎冠花纹深度应不小于 1.6mm;其他车型的转向轮的胎冠花纹深度应不小于 3.2mm,其余轮胎胎纹深度应不小于 1.6mm。

(3)同轴两侧应装用同一型号、规格和花纹的轮胎,轮胎螺栓、半轴螺栓应齐全、紧固;轮胎规格应符合整车制造厂的规定。

(4)装用轮胎的速度级别应不低于车辆最高设计车速的要求。

(5)轮胎的充气压力应符合规定值。

(6)客车和危险货物运输车的所有车轮不得装用翻新的轮胎,其他车辆的转向轮不得装用翻新的轮胎。

(7)不应出现螺栓、螺母和螺柱丢失或未紧固,螺柱孔出现严重磨损,车轮凸缘断裂、轮胎锁环断裂或末端互相接触,轮毂损毁或破裂等情形。

2. 子午线轮胎

子午线轮胎是轮胎的一种结构形式,代号为“R”。轮胎的钢丝带束层帘线与胎体帘线之间形成的角度,就像地球的子午线一样,因此该轮胎被称为“子午线轮胎”。由于子午线轮胎耐磨及耐刺穿性能好,使用寿命长;滚动阻力小,油耗低;承载能力大;减振性能好等,因此得到广泛应用。子午线轮胎结构如图 7-25 所示。

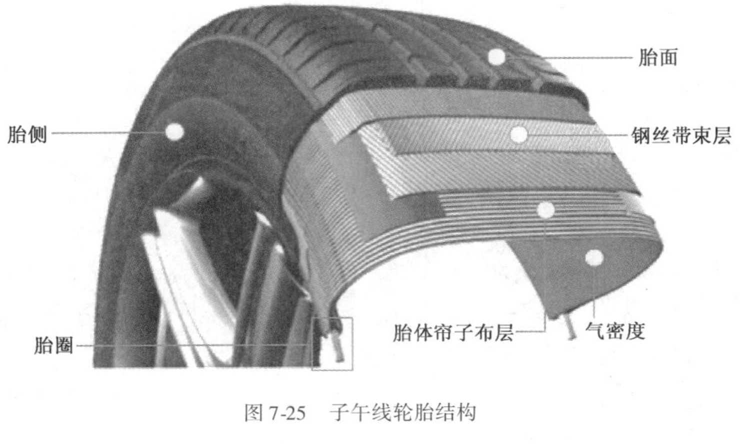

图 7-25　子午线轮胎结构

子午线轮胎胎体的帘线排列不同于斜交轮胎，子午线轮胎的帘线不是相互交叉排列的，而是与外胎断面接近平行，帘线角度小，一般为0°，胎体帘线之间没有维系交点，当轮胎在行驶过程中，胎冠部周围应力增大，会造成周向伸张，胎体成辐射状。因此，子午线轮胎的缓冲层采用接近周向排列的帘线层，与胎体帘线角度呈90°相交，一般为70°～78°，形成一条几乎不能伸张的刚性环形带，把整个轮胎固定，限制轮胎的周向变形，这个缓冲层承受整个轮胎60%～70%的内应力，成为子午线轮胎的主要受力部件，故称之为子午线轮胎的带束层。斜交胎的主要受力部件不在缓冲层上，其80%～90%的内应力均由胎体的帘布层承担。由此可见，子午线轮胎带束层设计很重要，必须具有良好的刚性，可采用多层大角度，高强度而且不易拉伸的纤维材料，如钢丝或者芳纶纤维等。

子午线轮胎可以根据材料不同分为：全纤维子午线轮胎、半钢丝子午线轮胎、全钢丝子午线轮胎。

图7-26所示为子午线轮胎的标识，"R"是英文"RADIAL"的第一个大写字母。例如，斜交胎"9.00－20"，其同规格子午线轮胎为"9.00R20"。对于子午线轮胎，不同国家有不同的表示法，但在逐渐采用统一标志。例如，法国米其林用"X"表示子午线结构，俄罗斯则用"P"表示子午线结构。无内胎子午线轮胎一般在胎侧用汉字标明"无内胎轮胎"字样，出口轮胎或引进技术生产的轮胎一般用英文"TUBE LESS"，简称"TL"。

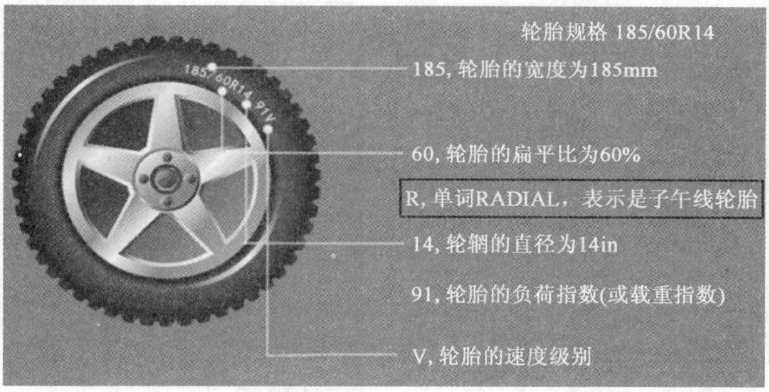

图7-26 子午线轮胎的标识

斜交轮胎的帘线按斜线交叉排列，故而得名。其特点是，胎面和胎侧的强度大，胎侧刚度较大，舒适性差，由于高速时帘布层间移动与摩擦大，不适合高速行驶。随着子午线轮胎的不断改进，斜交轮胎将逐步被市场所淘汰。

3. 轮胎的检查

轮胎是汽车与道路唯一接触的部分，是汽车安全行驶的重要保障，许多重特大事故都与轮胎技术状况密切相关，汽车使用者和汽车维修企业应高度重视，全面、仔细地对其进行检查，重点是轮胎外观、花纹深度，特别是转向轮轮胎。轮胎常见的损伤和缺陷如图7-27所示。

轮胎两侧肩部处一般模刻出指明胎面磨耗标志位置的▲标记，通常每个轮胎圆周内的花纹深度标志不少于4个。

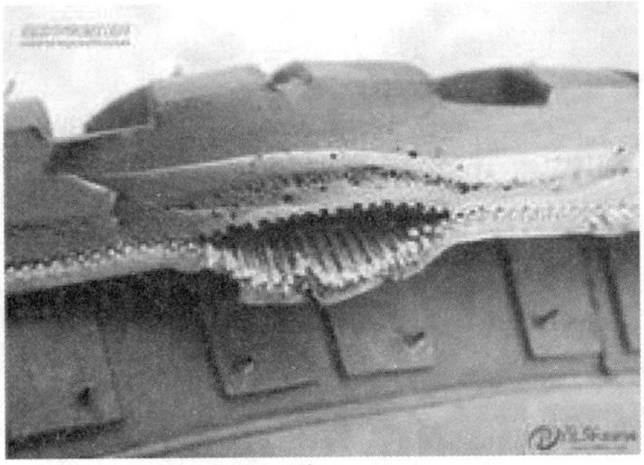

a)裂口

b)脱落

c)凸起

d)变形

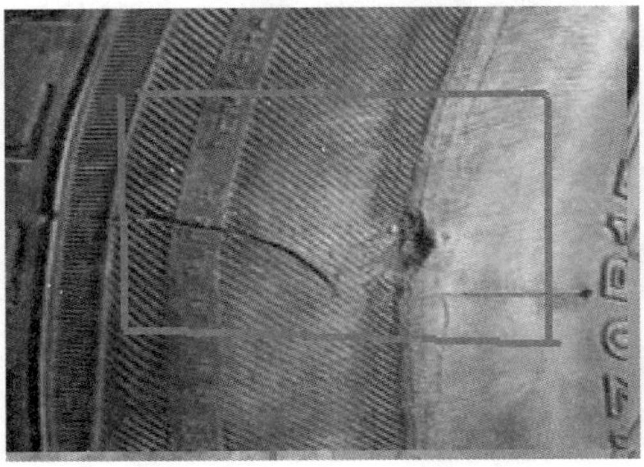

e)割伤

f)裂纹

图 7-27　轮胎常见的损伤和缺陷

检查轮胎花纹深度时，首先查看轮胎胎冠磨损是否触及磨损标志（图 7-28），无磨损标志或标志不清的轮胎（图 7-29），可通过目视定性判断，当其花纹深度与规定限值接近而无法准确判定时，应采用轮胎花纹深度尺或专用设备在胎冠磨损程度最严重的部位测量花纹深度，如图 7-30 所示。

汽车所装用轮胎的速度级别不应低于该车最大设计车速的要求（装用雪地轮胎时除外）。轮胎速度级别符号与最高行驶速度的对应关系见表 7-13。

图 7-28　磨损标记

图 7-29　磨损最严重部位

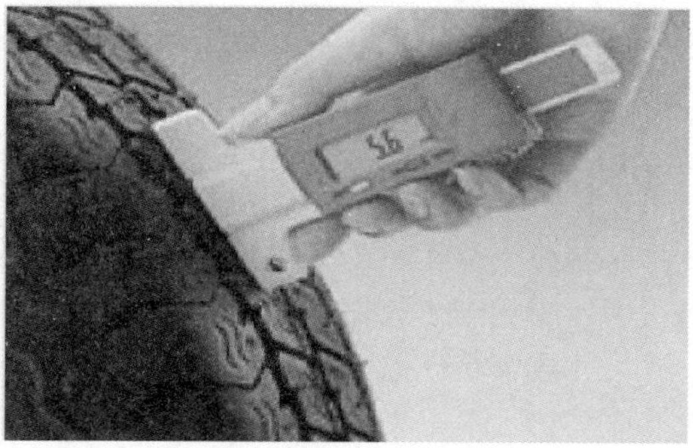

图 7-30　测量花纹深度

轮胎速度级别与最高行驶速度的对应关系　　表 7-13

速度级别	最高行驶速度（km/h）	速度级别	最高行驶速度（km/h）	速度级别	最高行驶速度（km/h）
A1	5	D	65	Q	160
A2	10	E	70	R	170
A3	15	F	80	S	180
A4	20	G	90	T	190
A5	25	J	100	U	200
A6	30	K	110	H	210
A7	35	L	120	V	240
A8	40	M	130	W	270
B	50	N	140	Y	300
C	60	P	150	—	—

轮胎气压以及轮胎完好程度对制动性能、燃料消耗量、转向轮侧滑量有较大的影响。进行该项检查时，可采用目视的方法核实轮胎的气压状况，必要时使用气压表测量，并保证轮胎气压正常。

二、车轮不平衡的检测原理

车轮不平衡分为静不平衡和动不平衡两种。静不平衡会产生车辆颠簸和跳动，动不平衡会使车轮摇摆，令轮胎产生波浪形磨损。因此，定期检测校正车轮平衡，不但能延长轮胎寿命，还能提高汽车行驶时的稳定性、安全性，避免在高速行驶时因车轮摆动、跳动而造成交通事故。

1. 车轮不平衡产生的主要原因

(1)车轮定位参数不好，尤其是前束和主销倾角，不仅会影响汽车的操纵性和行驶稳定性，而且会造成轮胎偏磨。这种胎冠的不均匀磨损与轮胎不平衡会形成恶性循环，因而使用中出现车轮不平衡，也可能使车轮定位参数失准。

(2)轮胎和轮辋以及挡圈等，因几何形状失准或密度不均匀而形成的重心偏离。

(3)由于轮毂和轮辋定位误差，使车轮安装中心与旋转中心不重合。

(4)车轮维修拆装过程中改变了车轮综合质心，破坏了原有的良好平衡状态。如轮毂、制动鼓、轮胎螺栓、轮辋、内胎、衬带、轮胎等拆卸后重新组装成车轮时，累计的不平衡质量或形位偏差太大，破坏了原来的平衡。

(5)轮毂螺栓质量不等、轮毂质量分布不均匀或径向圆跳动、端面圆跳动较大。

(6)轮辋直接变小，运行中轮胎相当于轮辋在圆周方面滑移，从而发生波状不均匀磨损。

(7)轮胎质量分布不均、尺寸或形状误差太大、使用中变形或磨损不均、使用翻新胎或垫、补胎情况。

(8)汽车高速行驶中，由于制动抱死而引起的纵向和横向滑移，导致轮胎局部的不均匀磨损。

检查轮胎发现前后轮胎单侧偏磨、驾驶时转向盘过重或飘浮发抖、直行时汽车向左或向右跑偏，以及更换新轮胎或发生碰撞事故维修后，应当进行车轮动平衡检测校正。

2. 车轮不平衡检测原理

1)车轮静不平衡

车轮静平衡是指车轮质心与其旋转中心重合。简单的检验方法是：支起轮轴，调整好轮毂轴承的松紧度，用手轻转车轮，使其旋转至自然停转，此时在车轮离地最低点作一个记号。重复上述试验多次，如果每次离地最低点相同，说明车轮存在静不平衡。若上述试验每次自然停转位置各不相同，则说明车轮是静平衡的。

对于静平衡的车轮，其重心与旋转中心重合；对于静不平衡的车轮，其重心与旋转中心不重合，在车轮旋转时将产生离心力，如图 7-31 所示。

车轮旋转产生的离心力 F：

$$F = mr\omega^2 \tag{7-1}$$

式中：m——不平衡点质量(kg)；

ω——车轮旋转角速度(rad/s)，$\omega = 2\pi n$；

n——车轮转速(r/min)；

r——不平衡点质量离车轮旋转中心的距离(mm)。

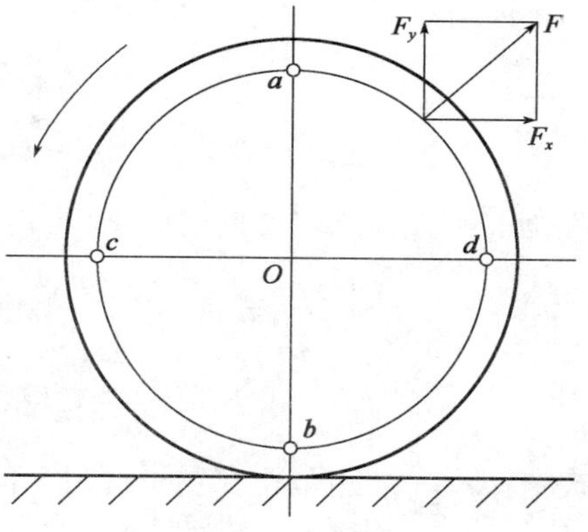

图 7-31　车轮旋转产生的离心力

从式(7-1)中可以看出,车轮转速 n 越高、不平衡点质量 m 越大,不平衡点质量离车轮旋转中心的距离 r 越长,车轮旋转产生的离心力 F 就越大。

离心力 F 可分解为水平分力 F_x 和垂直分力 F_y。在车轮旋转一周中,垂直分力 F_y 有两次落在通过车轮中心的垂线上,一次在 a 点,一次在 b 点,方向相反,均达到最大值,使车轮上、下跳动,并由于陀螺效应引起前轮摆振。水平分力 F_x 有两次落在通过车轮中心的水平线上,一次在 c 点,一次在 d 点,方向相反,均达到最大值,使车轮前后窜动,并形成绕主销往复摆动的力矩,造成前轮摆振。当左、右轮的不平衡质量相互处于 180°位置时,前轮摆振最为严重。

2)车轮动不平衡

静平衡的车轮在高速旋转时可能产生不平衡力矩,出现动不平衡,使车轮产生摆振。如图 7-32a)所示,在车轮的两平面内,有作用半径相同、质量相等,但相位相反的两个质点 m_1、m_2,该车轮是静平衡的。但是在车轮旋转时,两质点产生的离心力形成力偶,使车轮处于动不平衡[图 7-32b)]。如果该车轮是转向轮,在力偶的作用下转向轮就会绕主销左右摆动。如果在 m_1、m_2 同一作用半径的相反方向上配置相同质量的 $m_1' = m_1$、$m_2' = m_2$,则车轮处于动平衡,如图 7-32c)所示。由此可见,静平衡的车轮不一定是动平衡的,但动平衡的车轮一定是静平衡的。因此,对车轮一般应进行动平衡检验。

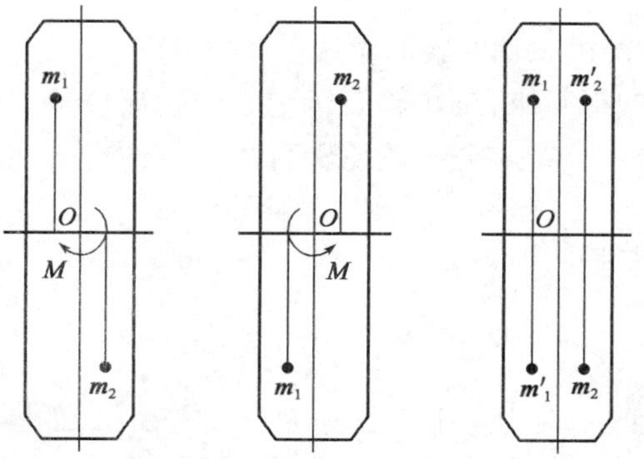

a)车轮静平衡　b)车轮静平衡但动不平衡　c)车轮动平衡

图 7-32　车轮静平衡与动平衡

车轮动平衡检测校正分为离车式和就车式两种方式,车轮维修时主要采用离车式硬支撑车轮动平衡机。图 7-33 所示为离车式车轮动平衡机的典型结构原理。所谓硬支承是指支承刚度很大,车轮支承系统振动较小,此时,车轮的惯性力可以略去不计。

假设有不平衡质量 m_1、m_2,集中在两侧轮辋的边缘处,且在同一(角度)方向。车轮旋转时产生离心力,图 7-33 中 F_1、F_2 为这两个离心力在传感器平面的投影,N_1、N_2 为车轮动平衡机主轴左、右支承点测得的动反力。

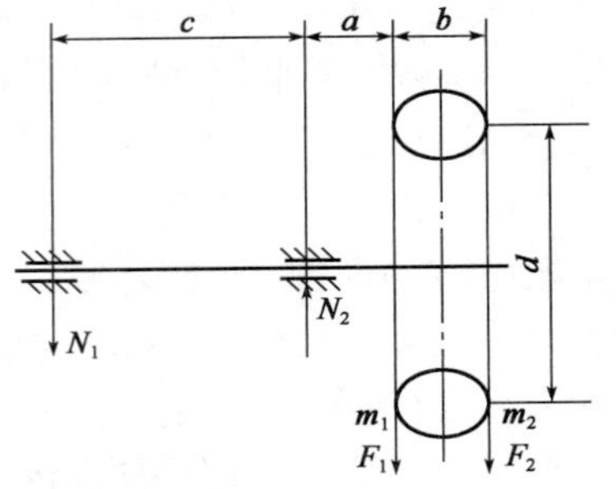

图 7-33　离车式硬支撑车轮动平衡机的典型结构原理

根据力和力矩的平衡条件有：

$$\sum F_y = 0, N_1 - N_2 + F_1 + F_2 = 0 \tag{7-2}$$

$$\sum M = 0, N_1 c - F_1 a - F_2 (a + b) = 0 \tag{7-3}$$

联合求解方程式(7-2)、式(7-3)可得：

$$F_1 = -\frac{a+b+c}{b}N_1 + \frac{a+b}{b}N_2 \tag{7-4}$$

$$F_2 = \frac{a+c}{b}N_1 - \frac{a}{b}N_2 \tag{7-5}$$

式中：a——被测车轮在动平衡机上的安装尺寸(mm)，由动平衡机上提供的专用工具测得；

b——被测车轮轮辋宽度(mm)，可用专用卡规测量；

c——动平衡机主轴两支撑点之间的距离(mm)，为已知动平衡机的结构参数；

N_1、N_2——支撑处动反力(kg)，由力传感器转换成电信号后测出。

由式(7-4)和式(7-5)计算出 F_1、F_2 后，再根据离心力计算公式 $F = m\omega^2 r$ 求出车轮不平衡点的质量 m_1、m_2。

$$m_1 = \frac{F_1}{\omega^2 r} = \frac{2F_1}{\omega^2 d} \tag{7-6}$$

$$m_2 = \frac{F_2}{\omega^2 r} = \frac{2F_2}{\omega^2 d} \tag{7-7}$$

式中：ω——车轮平衡时平衡机主轴的转动角速度(rad/s)；

r——不平衡质量(即平衡块)到车轮旋转中心的距离(mm)，一般平衡块安装在轮辋边缘，所以 $r = d/2$，d 是被测车轮轮辋直径，可根据轮胎型号规格读取。

三、离车式车轮动平衡机

1. 分类与结构

离车式车轮动平衡机的主轴为水平布置称为卧式平衡机，如图 7-34a)所示。主轴垂直布置称为立式平衡机，如图 7-34b)所示。

卧式平衡机的优点是被测车轮装卸方便，机械结构和传感装置较为简单，造价也较低廉，因此深受维修企业欢迎，同时也是产品制造厂的首选机型。但因车轮在悬臂较长的主轴上形成较大的静态力矩，会影响传感系统的初始设定状态，尤其是垂直传感器的预紧状态，长时间使用后精度、零漂变化较大，但其平衡精度仍然能满足一般营运车辆的要求，其灵敏度能达到 10g。

立式平衡机虽然装卸车轮不如卧式平衡机方便，但其车轮重量直压在主轴中心线上，不但不形成较大的力矩，垂直传感器受到的静载反而比车轮重量还小。应变件是一块与工作台面同大的方形应变板，水平传感器设计成左右各一个，比卧式平衡机的单个水平传感器的力学结构要稳定得多,方形应变板上开有多个空槽以减小应变板的刚性,从而提高了传感系统的灵敏度。因此,立式平衡机的检测精度高,灵敏度可达到3g,且具有良好的重复性和稳定性。

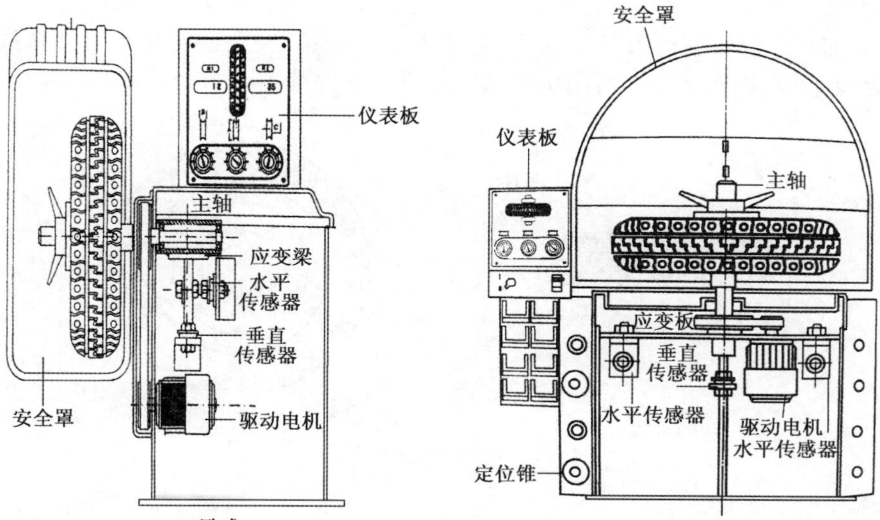

a)卧式　　b)立式

图7-34　离车式车轮动平衡机

按动平衡测量原理,离车式车轮平衡机既可以检测不平衡力,也可用以测定不平衡力矩,车轮拆离车桥装于动平衡机主轴上,车轮结构和安装基准都已确定,所以无须自标定过程,因此动平衡机的构造和电测系统都较简单,平衡操作时只要将被测车轮的轮辋直径和轮辋宽度以及安装尺寸输入电测电路即可完成动平衡作业,动平衡机仪表即会自动显示轮胎两侧的不平衡质量 m_1、m_2 及其相位。

2. 显示与操作系统

离车式动平衡机的参数显示和操作系统采用CRT显示或用发光二极管显示,其外形结构差异很大,但其基本操作内容则大同小异。前者显示形象美观,并有屏幕提示便于操作,但造价较高;后者结构简单,工作可靠,参数调整方便,成本低廉。图7-35所示为典型的一种操作面板。旋钮8设定轮辋宽度 B;旋钮7设定轮辋直径 D;旋钮6则设定安装尺寸 H(相当于图7-33中的 a),对于立式平衡机是轮辋直径外缘面至顶面安全罩的距离(安全罩转下处于工作状态),对于卧式平衡机 H 值是轮辋直径外缘面至平衡机箱体的距离(a)。

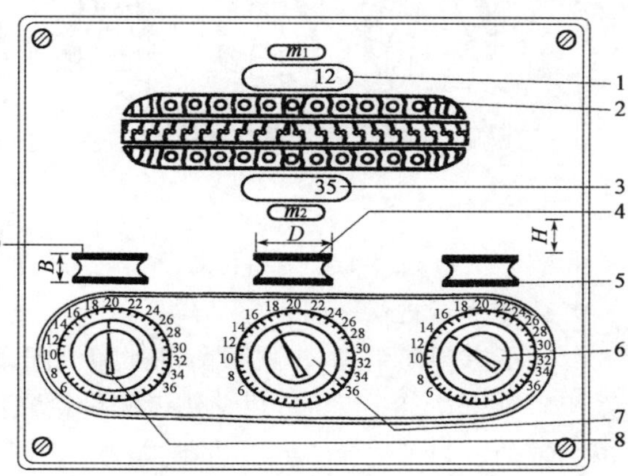

图7-35　车轮动平衡机显示界面

1-上平衡量;2-上平衡相位显示;3-下平衡量;4-轮辋直径;5-安装位置;6-安装位置设定;7-轮辋直径设定;8-轮辋宽度设定;9-轮辋宽度

车轮由专用的定位锥和紧固件安装就绪后,即可启动电机实施动平衡检测,待转数周期累积足够时,上下(或左右)不平衡质量 m_1

和 m_2 即有数字显示，届时即可停机。待车轮完全停止后即可用手转动车轮，这时发光二极管即会随转动而左右（或上下）跳闪，如将上排光点调至中点，这时就可在车轮的轮辋平面上正对外缘（操作者方向）处加装 m_1 平衡块，显示的平衡块相位如图 7-36 所示，用同样方法加装 m_2 平衡块。加装完毕后进行第二次试验，观察剩余不平衡量是否满足要求。具体的操作步骤不同机型略有差异，操作者应按所用机型的使用说明书进行操作。

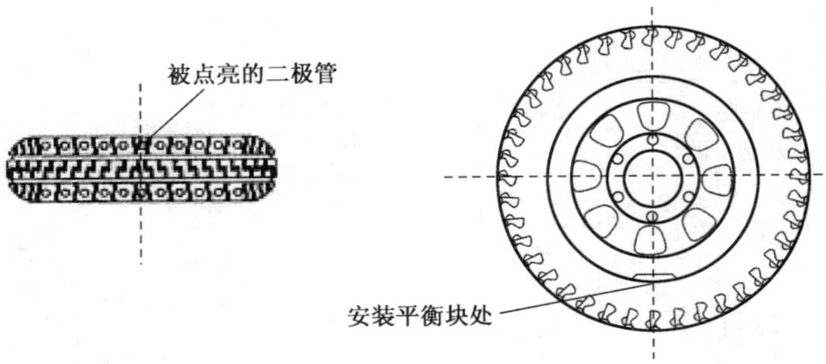

图 7-36　安装平衡块位置

3. 辅助工具与平衡块

1）定位锥体

车轮在动平衡机主轴上的定位至关重要，为了确保不同形式和不同规格的车轮的中心都能与主轴中心精准配合，离车式车轮平衡机均配有数个规格不等的定位锥体，如图 7-37 所示。锥体内孔与主轴高精度配套，外锥面与轮辋中心孔紧密接合，并由专用快速蝶形压紧螺母紧压于主轴定位平台上。使用时注意：对立式平衡机，车轮的外侧向下；对卧式平衡机，车轮的外侧向内。

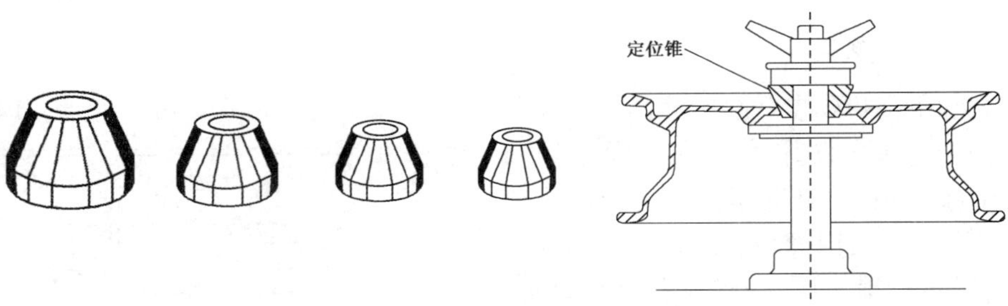

图 7-37　定位锥体及安装位置

2）专用卡规

为了方便使用，离车式平衡机都随机配备一个专用卡规（也可在设备上设计有自动测量系统），如图 7-38 所示，以供使用者测量轮辋直径 D 和轮辋宽度 B，因为轮辋宽度用直尺是难以测量的。为了适应不同计量制式，平衡机上的标尺一般都同时标有英制和公制刻度，专用卡规测量允许误差为 ±0.5mm。

3）平衡块

车轮动平衡机的平衡块也称配重块，按结构分为夹片式平衡块［图 7-39a）］和粘贴式平衡块[图7-39b)]。夹片式平衡块用于大多数轮辋有卷边的车轮，对于铝合金轮辋，因无卷边可夹，则使用粘贴式平衡块，其外弯面有不干胶粘贴于轮辋内表面。

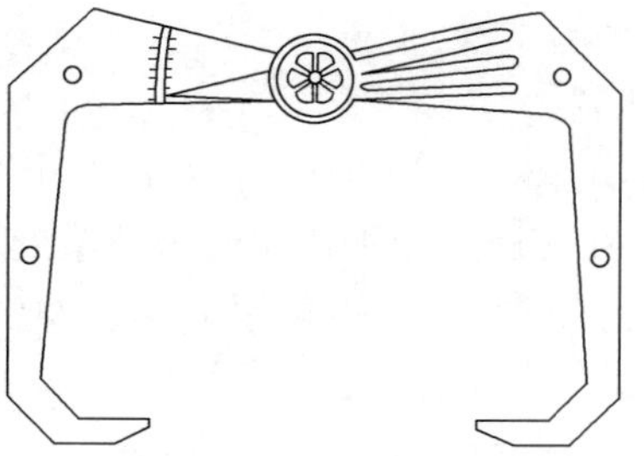

图7-38　专用卡规

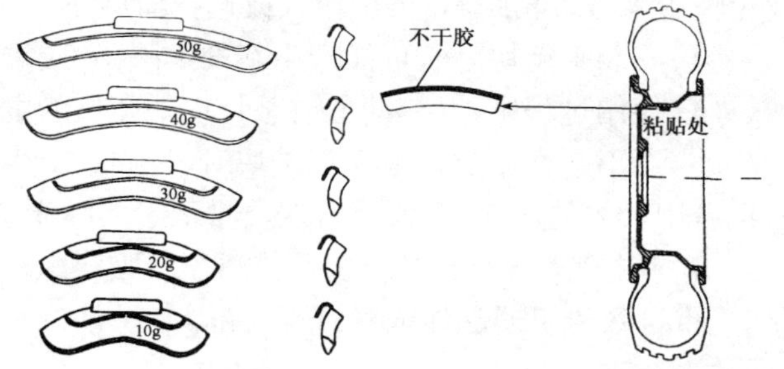

a)夹片式平衡块　　b)粘贴式平衡块

图7-39　车轮平衡块

平衡块质量应符合《汽车车轮平衡块》(QC/T 199—2013)的要求，质量及公差见表7-14。当粘贴式平衡块叠加使用时，应保证叠加后质量的公差要求。

平衡块的质量及公差(单位：g)　　表7-14

平衡块质量	5	10	15	20	25	30	35	40	45	50	55	60	65	70	75	80	90	100	110	120	150	200	250	300
质量公差	±1.0			±1.5			±2.0						±2.5				±3.0			±4.0				

四、主要技术要求

汽车车轮动平衡机应符合《车轮动平衡机校准规范》(JJF 1151—2006)中规定的技术要求。

1. 一般要求

(1)平衡机应有清晰的铭牌，标明规格型号和最大平衡质量等。

(2)对指针式显示，表盘清晰，指针摆动平衡。

(3)对数字式显示，显示应清晰完整，配有打印装置时，打印结果应清晰，并与显示数字相一致。

(4)各开关、旋钮、按键功能正常，操作灵活可靠，应有明显文字或符号标志。

2. 计量性能

(1)最小可达剩余不平衡量(e_{mar})值不大于200g・mm/kg。

(2)分离比不大于1∶8。

(3)重复性误差不大于$0.3e_{mar}$。

(4)在动平衡机上施加$10e_{mar}$的试重时，相位允许误差为 $-15°\sim15°$。

(5)主轴径向圆跳动优于0.05mm；主轴轴向定位盘端面圆跳动优于0.05mm。

五、使用注意事项

(1)检查轮胎气压，视必要充气至规定值。

(2)根据轮辋中心孔的大小选择锥体,准确装上车轮,用大螺距螺母拧紧。

(3)用专用卡规测量轮辋宽度、轮辋直径(也可由胎侧标识读出),用动平衡机上的标尺测量轮辋边缘至机箱距离,再用输入或选择器旋钮对准测量值,将以上参数值输入控制装置中。

(4)安装平衡块后有可能产生新的不平衡,应重新进行平衡试验,直至不平衡量 $<5g$。

(5)使用过程中,严禁冲击或敲打动平衡机的主轴及传感器。

(6)当不平衡量超过最大配重块时,可用 2 个以上配重块并列使用,但此时要注意因多个配重占用较大的扇面,会使其有效质量低于实际质量,因此,在使用多个平衡块时须慎重处理。

(7)在检修车轮动平衡机时,传感器的固定螺栓不得任意松动,当这一预紧力方式发生变化时,将导致传感器晶体电算过程失准。

第八章

汽车维修诊断设备

汽车不解体检测诊断技术随着电子技术、自动化控制技术、传感技术的发展而得到广泛应用,借助先进的仪器设备与维修技术人员相结合,对出现的各种故障进行诊断分析,做到准确判断、及时反馈信息,以排除各类汽车故障,成为现代汽车维修的重要标志。

汽车维修诊断设备是指用于判断汽车故障,并用数据、图形或曲线等方式表征汽车故障现象的仪器设备,如汽车故障电脑诊断仪、万用表、读码卡、示波器及四轮定位仪、汽车悬架性能检测诊断设备等。维修企业选购的维修诊断仪器设备性能应符合其产品标准规定的要求。

第一节　汽车故障电脑诊断仪

汽车故障电脑诊断仪(又称汽车解码器或 OBD 诊断仪,简称诊断仪)是按照汽车自诊断系统遵循的通信协议与汽车自诊断系统进行通信,获得汽车自诊断系统中与汽车有关数据参数并解析的仪器,如图 8-1 所示。利用汽车故障电脑诊断仪可以快速地读取汽车电控系统和排放系统中的故障,并通过液晶显示屏显示故障信息,查明发生故障的部位及原因,适用于汽车维修企业、汽车检验检测机构使用。

a)　　　　b)

图 8-1　汽车故障电脑诊断仪

汽车故障电脑诊断仪分为专用型和通用型。专用型是针对某一特定汽车厂商开发,一般诊断单一车系,不能检测其他公司生产的汽车,主要在汽车 4S 店内使用。通用型一般适用于检验检测机构,可以检测诊断多种不同汽车制造厂家所生产的多款汽车。

一、故障诊断原理与功能

1. 诊断原理

汽车故障电脑诊断仪可诊断汽车电控系统的传感器、执行器以及 ECU 的工作状态,通过诊断 ECU 的输入和输出电压,判断电控系统工作是否正常。当电控系统中的某一电路出现超出规定的信号时,该电路及相关的传感器反映的故障信息以故障码的形式存储到 ECU 内部的存储器中,检测或维修人员可利用该诊断仪来读取故障码,并使其显示出来。

用于汽车排放故障检测诊断的汽车故障电脑诊断仪一般由主机、VCI、接头、延长线、充电器等配件组成。其工作原理是,主机通过 VCI 蓝牙设备与车辆相连,如图 8-2a)所示,通过协议自动扫描与被检车辆建立通信连接并读取车辆数据,主机通过协议对接与检测线设备无线网络相连,同时调取数据到检测站内部信息管理平台。

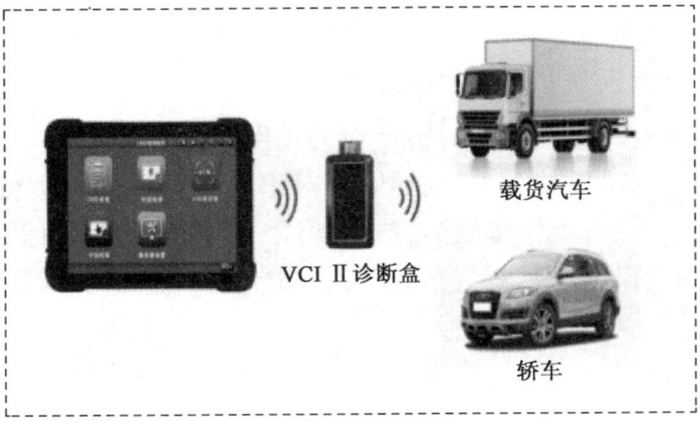

a)

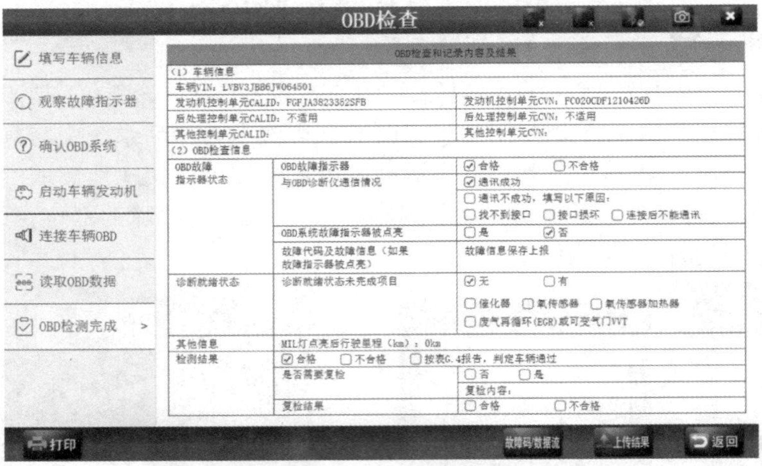

b)

图 8-2　用于汽车排放故障检测诊断的系统

对配置有 OBD 系统的在用汽车,在完成车辆外观检验后,连接车辆 OBD 系统,将汽车故障电脑诊断仪诊断头接入车辆 OBD 接口,如选择不符时,检测结果不合格;在读取 OBD 数据时,界面显示出读取出来的 OBD 数据信息。

OBD 数据信息分为七类:车辆信息、OBD 信息、故障码、就绪状态、实际监测频率(IUPR)数据、实时数据流、冻结帧数据。检测未发现故障时,表明已到达检查记录内容及结果界面,如发现故障时,再进行复检,最后 OBD 系统检测完成并生成检测诊断报告,如图 8-2b)所示。

2. 主要功能

汽车故障电脑诊断仪产品执行交通运输行业标准《汽车故障电脑诊断仪》(JT/T 632—2018)。

汽车故障电脑诊断仪的主要功能包括读取故障码和清除故障码,特殊测试功能还包括动态数据流测试、执行器测试、功能设置、快速学习(自适应)数据记录和动态波形显示等。

(1)读取故障码。可将存储在车用电脑中的故障码和含义显示在屏幕上,以便阅读。

(2)清除故障码。利用诊断仪,通过简单的操作即可清除存储在车用电脑上的故障码。

(3)数据流测试。利用诊断仪可对传感器和执行器的动态参数进行实时监测。例如发动机转速、节气门开度、喷油脉冲宽度、点火提前角、车速以及发动机怠速开关、空调开关、继电器、变速器挡位状态等。

(4)动作元件测试。利用诊断仪可通过车用电脑向执行元件发出指令,并执行相应动作。例如,喷油器喷油、节气门打开、散热器风扇运转等。

(5)系统匹配。利用诊断仪可对汽车电子控制系统进行基本调整和设置,例如发动机的怠速设定、节气门开度的初始化、匹配钥匙等。

(6)电脑编码。诊断仪的编码功能随测试软件的版本而异,也随被测车系和年款不同而不同,有的能检测几个系统,有的能检测一个系统。

(7)其他功能。有些诊断仪具有万用表、示波器、汽车维修数据库、打印输出和网络升级等。

3. 电源适应性要求

(1)使用直流供电的诊断仪,电源额定电压为12V时,应能在9~16V直流电源条件下正常工作。当电源额定电压为24V时,应能在18~32V直流电源条件下正常工作。

(2)使用交流供电的诊断仪,应能在电压220V±22V、频率50Hz±1Hz条件下正常工作。

二、OBD的故障诊断

OBD由硬件和相应的软件构成,硬件主要由传感器、执行器、ECU、OBD连接接口、故障指示灯等与发动机排放控制相关的系统组成。软件包括故障诊断策略、部件或功能监控器、发动机标定数据和发动机控制系统运行环境。带有OBD-Ⅱ的发动机管理系统如图8-3所示。

1. OBD的诊断工作过程

汽车在正常运行时,汽车电控系统输入和输出的信号具有一定的变化规律,当某个信号出现异常且在规定的时间周期内持续时,ECU则判断与该信号异常相关的部件或功能出现故障,故障指示灯点亮,同时监控器把该故障以代码的形式存储起来,在车辆维护时可以通过故障诊断仪读取,有针对性地进行检修。如果故障消失,监控器在规定的时间周期内未接收到相关异常信号,则故障指示灯熄灭,再经过规定的时间周期后,故障码会被从存储器中清除。

2. OBD的监控对象

要求检测每个与排放有关的部件或系统,监控重点为三元催化转换器、失火、氧传感器和蒸发系统等。OBD 系统监控的主要分为三类。

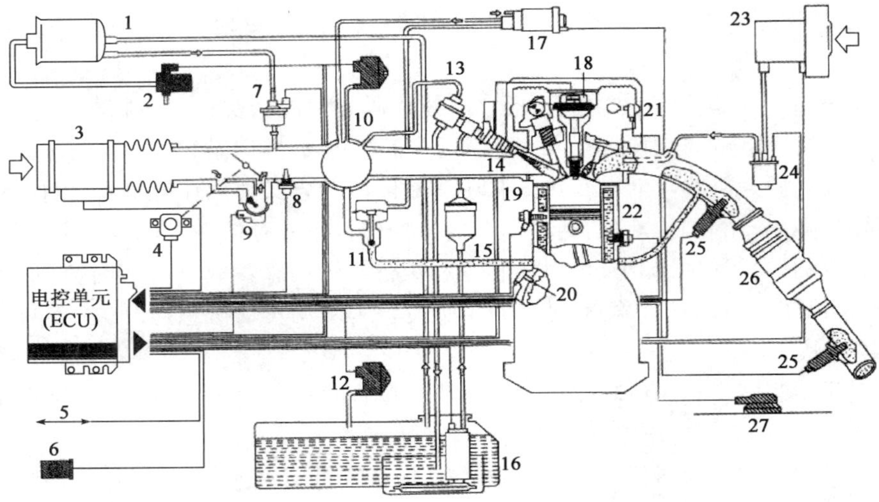

图 8-3　OBD-Ⅱ的发动机管理系统

1-炭罐;2-炭罐电磁阀;3-空气流量计;4-节气门位置传感器;5-诊断接口;6-故障指示灯;7-清污阀;8-进气温度传感器;9-怠速阀;10-真空度传感器;11-EGR 电磁阀;12-油箱压力传感器;13-燃油压力调节器;14-喷油嘴;15-燃油滤清器;16-燃油泵;17-EGR 压力控制器;18-点火线圈;19-爆震传感器;20-曲轴位置传感器;21-凸轮轴位置传感器;22-水温传感器;23-二次空气泵;24-二次空气阀;25-氧传感器;26-催化器;27-车身和底盘传感器

第一类为传感器或执行器的电路完整性,比如电路是否存在断路短路。

第二类为功能性,比如输入输出信号是否正常,执行器是否有动作。

第三类为系统测试,比如是否有失火,三元催化转换器效率是否正常,EGR 控制是否满足要求,怠速控制是否稳定等。

根据检测到的信号异常或功能丧失或系统性能超标,OBD 系统进行故障码的储存擦除、故障灯的点亮或熄灭。

3. OBD 诊断故障码

汽车某一系统或部件出现故障时,位于仪表板上的故障指示灯(MIL)或检查发动机警告灯(CHECK ENGINE)点亮,同时动力总成控制模块(PCM)将故障信息存入存储器。当故障车辆进入修理厂维修时,维修人员能通过故障诊断仪将故障码从 PCM 中读出。维修人员根据故障码的提示,可以迅速准确地确定故障的部位和性质,有效地对故障进行修复。

故障指示灯的显示由制造厂规定,故障码对维修过程起重要的指导作用。SAE J2012 的各种诊断故障码的定义中规定了统一格式的工业标准。这个格式给制造厂分配了字母和数字代码,并对与这些代码有关信息进行了定义,对于没有分配故障码的故障,可由制造厂自行规定其故障码。

SAE J2012 规定了标准故障码共有 5 位,由字母与数字组合而成。如故障码 P1352,第 1 位为英文代码 P,代表测试的系统,一般用 P 表示动力驱动链电脑控制系统(Powertrain),C 表示底盘电脑控制系统(Chassis),B 表示车身电脑控制系统(Body),U 表示未定义系统(Undefined)。故障码第 2 ~ 5 位为数字码,其中第 2 位是数字码,其定义范围为 0 ~ 3,且用 0 表示由

SAE 统一制定的故障码,用 1 表示由厂家各自制定的故障码,用 2 ~ 3 表示预留的故障码。故障码第 3 位也是数字码,代表更细节的系统,如用 3 表示发动机的点火系统。最后两位数字码代表该系统的故障码。具体定义见表 8-1。

故障码的定义 表 8-1

第 一 位	第 二 位	第 三 位	第四位和第五位
故障码的功能	谁负责定义故障码	产生故障码的系统	包含的区域
P = 动力系	0 = SAE	0 = 所有系统	00 ~ 99
B = 车身	1 = 制造厂	1、2 = 燃油/空气控制	
C = 底盘		3 = 点火系统/失火	
		4 = 辅助排放控制	
		5 = 发动机怠速/转速控制	
		6 = PCM 和输入/输出	
		7 = 变速器	
		8 = 非 PCM 动力系	

例如,出现故障码 P0108,表示进气歧管绝对压力(MAP)传感器电压过高。P = 动力系;0 = SAE控制;1 = 燃油/空气控制;08 = 包含的区域(零件的顺序)。

三、诊断接头与通信协议

汽车故障电脑诊断仪的诊断接头与通信协议通过 CAN、LIN 通信模块可以实现与车载内各电子控制装置 ECU 之间的对话,传送故障码以及发动机的状态信息,因此,需要统一汽车故障电脑诊断仪的诊断接头与通信协议,并与国际接轨。

1. 诊断接头

诊断接头是指汽车故障电脑诊断仪与汽车数据链路连接器(DLC)连接的部分。诊断仪应至少配备符合 SAE J1962(诊断连接器,Diagnostic Connector)的诊断接头。符合 SAE J1962 诊断接头的引脚定义应满足图 8-4 和表 8-2 的要求。

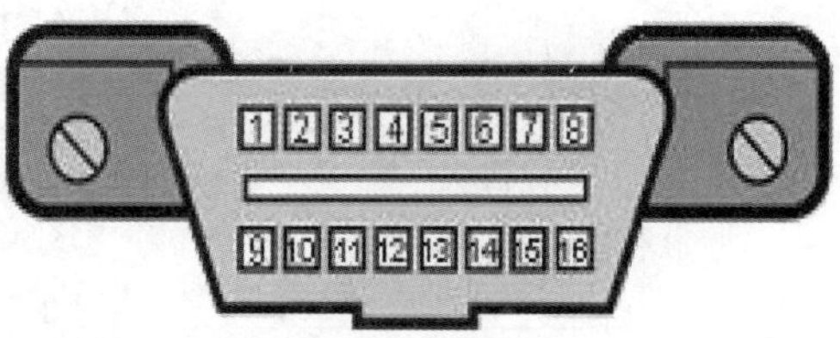

图 8-4 SAE J1962 诊断接头(OBD-II DLC16)的引脚定义示意图

符合 SAE J1962 诊断接头的引脚定义 表 8-2

引 脚 号	常 规 定 义
1	保留,由汽车制造商定义
2	SAE J1850(B 类数据通信网络接口)的 BUS + 信号线
3	保留,由汽车制造商定义
4	车身搭铁
5	信号接地
6	ISO 15765-4(道路车辆 控制器局域网络的诊断通信(DoCAN) 第 4 部分:排放相关系统的要求)的 CAN_H 信号线

续上表

引 脚 号	常 规 定 义
7	ISO 9141-2(道路车辆　诊断系统　第2部分:数字信息交换的CARB要求); ISO 14230-4(道路车辆　诊断系统　关键词协议2000　第4部分:相关排放系统的要求)的K线
8	保留,由汽车制造商定义
9	保留,由汽车制造商定义
10	SAE J1850(B类数据通信网络接口)的BUS-信号线
11	保留,由汽车制造商定义
12	保留,由汽车制造商定义
13	保留,由汽车制造商定义
14	ISO 15765-4(道路车辆　控制器局域网络的诊断通信(DoCAN)　第4部分:排放相关系统的要求)的CAN_L信号线
15	ISO 9141-2(道路车辆　诊断系统　第2部分:数字信息交换的CARB要求); ISO 14230-4(道路车辆　诊断系统　关键词协议2000　第4部分:相关排放系统的要求)的L线
16	蓄电池电压

2. 通信协议

诊断仪通信协议应具备将检测、诊断等数据和结果输出的功能以及查询与显示汽车检测诊断相关技术信息的功能。具体性能要求应满足表8-3的规定。

通信协议类型和指标　　表8-3

序号	通信协议类型	指　标
1	ISO 9141 SAE J1978 通信协议	道路车辆　诊断系统: 对数字信息交换的要求;数字信息交换的CARB要求;车辆和OBD Ⅱ扫描工具之间的通信验证
2	ISO 14230 通信协议	道路车辆　K-Line(DoK-Line)诊断系统: 物理层;数据链路层。 道路车辆　诊断系统　关键词协议2000: 应用层;相关排放系统的要求
3	ISO 15031 通信协议	道路车辆　车辆和外部设备之间的排放相关诊断通信: 一般信息与使用实例定义;术语、定义、缩写词和首字母缩略语导则;诊断连接器和相关电路的规范及使用;外部测试设备;排放相关的诊断服务;故障诊断编码定义;数据链路安全性
4	ISO 15765 通信协议	道路车辆　控制器局域网络的诊断通信(DoCAN): 一般信息和用例定义;传输协议和网络层服务;排放相关系统的要求。 道路车辆　控制器局域网络的诊断(CAN): 统一标准诊断服务的实施
5	SAE J1850 通信协议	B类数据通信网络接口
6	ISO 27145 SAE J1939 通信协议	重型车辆网络的串行控制与通信:顶层文件;物理层—250Kb/s,屏蔽双绞线;非车载诊断连接器;物理层—250Kb/s,非屏蔽双绞线(UTP);波特率自动检测过程;数据链路层;网络层;车辆应用层;应用层—诊断;网络管理;遵循协议;重型组件和车辆的OBD通信符合性测试案例

四、选配与使用

(1)汽车维修企业根据维修业务,适应汽、柴油发动机功能版本可分别购置。为使用方便起见,也可选用汽、柴油发动机功能通用版本。

(2)具有 OBD 检测诊断、故障排除、故障存储功能。

(3)车型数据库完备,车型覆盖广泛,更新及时。

(4)车辆系统支持全面,至少能读取发动机排放控制系统、制动防抱装置(ABS)和电动助力转向系统(EPS)及其他与行车安全相关的故障信息。

(5)侧重读取和清除故障码功能。

(6)根据维修、检测车型适时更新诊断数据库。

第二节　汽车四轮定位仪

汽车四轮定位,是指以汽车后轴(轮)平均的推进方向为定位基准,来测量及校正汽车四轮相关的定位角度,使车辆在行驶时底盘各部零件与车轮能保持适当的几何关系,使驾驶员能够安全、舒适地驾驶车辆,确保汽车的操纵稳定性,还能减少轮胎磨损、悬架系统磨损和降低车辆燃料消耗,延长底盘相关零件的使用寿命。

四轮定位仪用于测试汽车的车轮定位参数,并与原厂的设计参数进行比较,对车轮定位参数进行相应的调整,使其基本符合原设计要求,以达到理想的汽车行驶性能,即操纵轻便、行驶稳定可靠。汽车的主要四轮定位参数,主要包括车轮前束(Toe-in)、车轮外倾角(Camber)、主销后倾角(Caster)、主销内倾角(SAI)等。

四轮定位仪有前束尺和光学水准定位仪、拉线式定位仪、CCD 定位仪、激光定位仪和 3D 影像定位仪等,其中,CCD、3D 和激光类产品是目前市场上的三大主流产品。从技术发展上以 CCD 和 3D 定位仪产品为主导,测量方式先进、测量快捷,已进入成熟阶段。

一、车轮定位参数

1. 车轮前束

车轮前束包括单轮前束及总前束,结构原理如图 8-5 所示(同轴左右车轮俯视图)。图中 A—B 为车辆纵向轴线。

1)单轮前束

单轮前束分为单轮前束角(°)和单轮前束值(mm)。左、右车轮的旋转平面相对汽车纵向轴线(几何中心线)在水平面内的夹角称为单轮前束角(θ_l 或 θ_r),车轮前端偏向汽车纵向轴线方向为正,反之为负。单轮前束值 $l_l(l_r)$ 计算为:

$$l_l(l_r) = d \times \sin\theta_l(\theta_r) \tag{8-1}$$

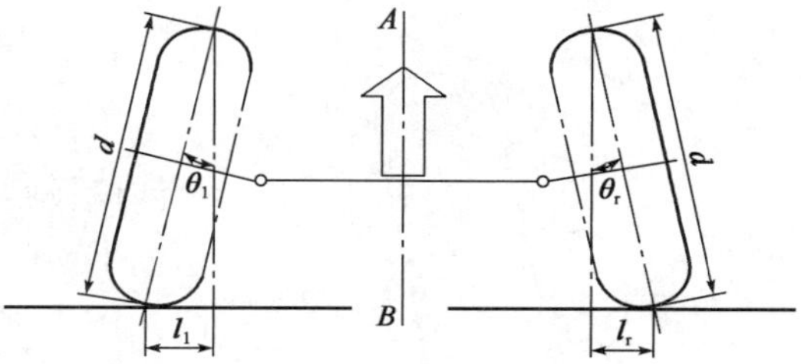

图 8-5　车轮前束

式中:$l_l(l_r)$——左(右)侧单轮前束值(mm);

d——车轮前束测量点处的直径(mm);

$\theta_l(\theta_r)$——左(右)侧单轮前束角(°)。

2)总前束

总前束分为总前束角(°)和总前束值(mm),是同轴左、右轮前束之和。

总前束角 θ_T 计算为:

$$\theta_T = \theta_l + \theta_r \tag{8-2}$$

式中:θ_T——总前束角(°);

θ_l——左侧单轮前束角(°);

θ_r——右侧单轮前束角(°)。

总前束值 L_T 计算为:

$$L_T = l_l + l_r \tag{8-3}$$

式中:L_T——总前束值(mm);

l_l——左侧单轮前束值(mm);

l_r——右侧单轮前束值(mm)。

2. 车轮外倾角

车轮外倾角 α 为车轮轴线与支承车辆平面之间所夹锐角,如图 8-6 所示(车辆左侧车轮后视图)。

3. 主销后倾角

主销后倾角 β 为实际主销轴线或虚拟主销轴线(转向节上两球铰中心空间连线)在车辆纵向平面的投影线与支承车辆平面的法线所夹锐角,如图 8-7 所示(车辆左侧车轮左视图),图中 $C—D$ 为主销轴线在车辆纵向平面上的投影线。

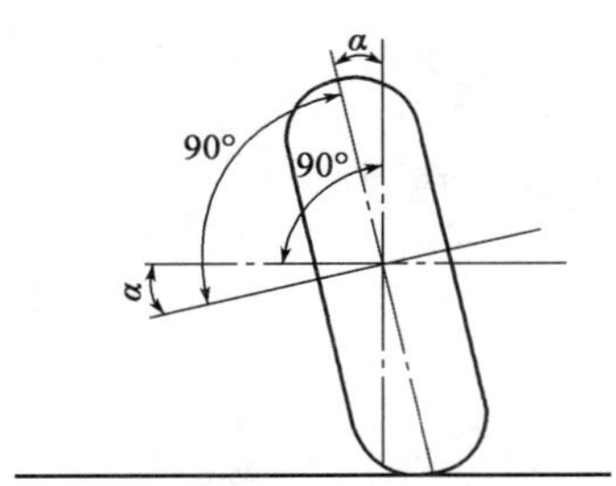

图 8-6　车轮外倾角

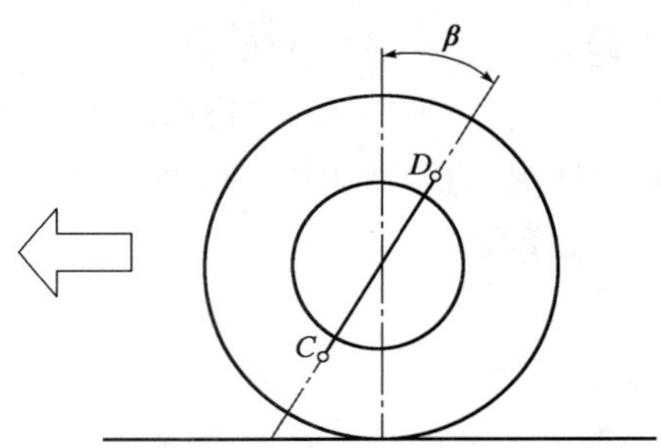

图 8-7　主销后倾角

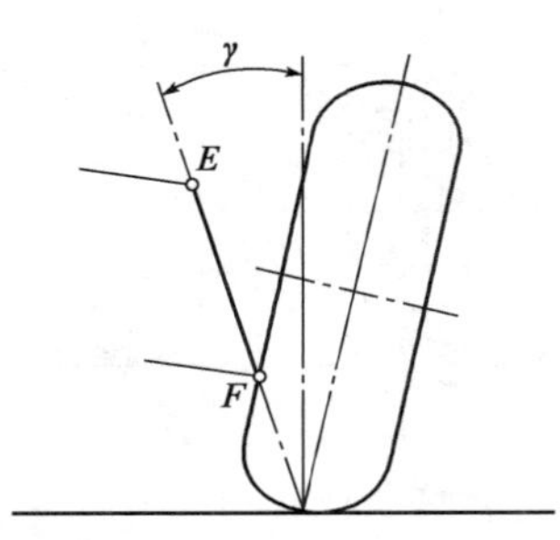

图 8-8　主销内倾角

4. 主销内倾角

主销内倾角 γ 为实际主销轴线或虚拟主销轴线(转向节上两球铰中心空间连线)在车辆横向平面上的投影线与支承车辆平面的法线所夹锐角,如图 8-8 所示(车辆右侧车轮后视图),图中 $E—F$ 为主销轴线在车辆横向平面上的投影线。

5. 推力角

推力角 θ 是在俯视平面内车辆纵向轴线和推力线(由两

后轮共同确定的后轴行驶方向线，从后轴中心向前延伸）的夹角，如图 8-9 所示。推力线相对纵向轴线向左侧偏斜为正，向右侧偏斜为负。

6. 轴偏角

轴偏角 ω 是在俯视平面内同一轴上两车轮中心连线与车辆横向轴线之间的夹角，如图 8-10 所示。右轮相对于左轮在前为正，反之为负。轴偏角也称为退缩角。

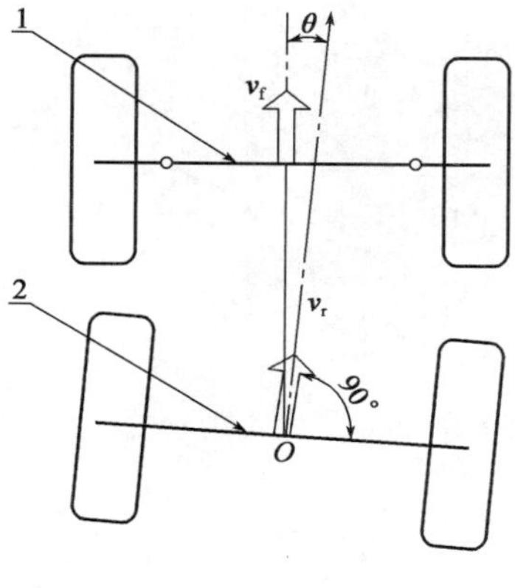

图 8-9　推力角

1-车辆前轴；2-车辆后轴；v_f-车辆在俯视平面内的纵向轴线方向；v_r-后轴推力线方向；θ-推力角

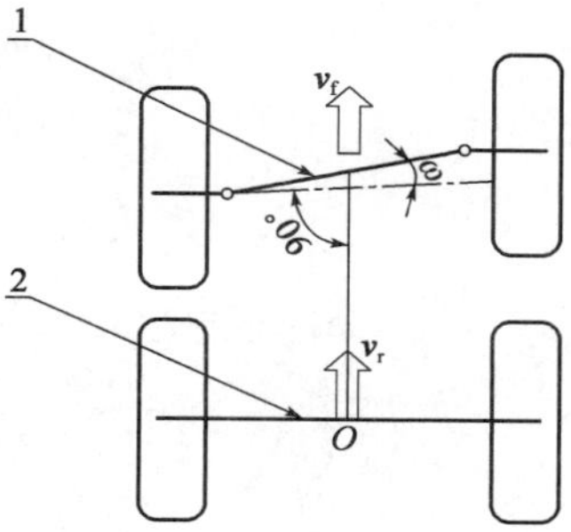

图 8-10　轴偏角

1-车辆前轴；2-车辆后轴；v_f-车辆在俯视平面内的纵向轴线方向；v_r-后轴推力线方向；ω-轴偏角

二、CCD 四轮定位仪

CCD 是一种半导体数字元器件（又称光电耦合器件），为新型半导体集成光电器件，它是在一块硅面上集成了数千个各自独立的光敏元，当光照射到光敏面上时，受光光敏元将聚集光电子，通过移位的方式，将光量输出，产生光位置和光强的信息，因此，CCD 具有测量精度高（0.05°以内）、无温度影响系数、使用寿命长等特点。

1. CCD 四轮定位仪结构与组成

CCD 四轮定位仪通常由机箱机柜及蓝牙无线收发系统、电脑及四轮定位软件、CCD 测量头（传感器）、轮胎夹具、转角盘、转向盘固定器和制动踏板锁固定器组成。一套完整的汽车 CCD 四轮定位仪如图 8-11 所示，其主要部件组成如图 8-12所示。

蓝牙通信系统的主要功能是实现上位机（电脑）和下位机（测量传感器）之间的控制指令传输和测量头测得的数据传输，即将测量传感器测量到的 CCD 数值，实时传输给电脑上的四轮定位专用软件，计算出被检车辆的四轮定位参数值，并实时输出。

图 8-11　CCD 四轮定位仪整机

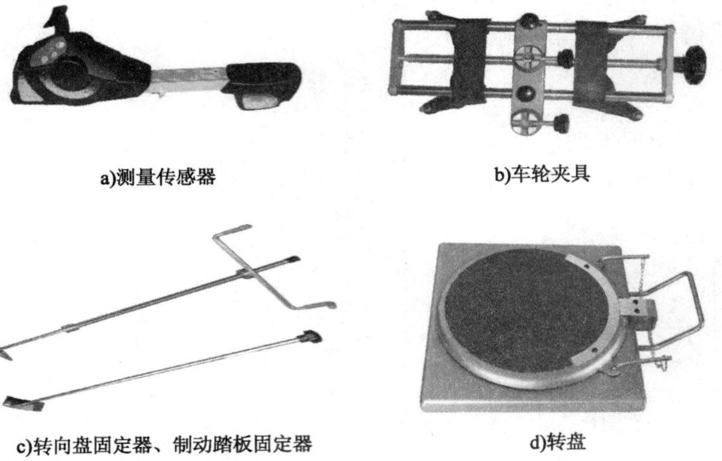

图 8-12　CCD 四轮定位仪主要部件

2. CCD 四轮定位参数测量数学模型

1)双红外 CCD 柱面镜发射接收系统

CCD 四轮定位仪在工作时,红外 CCD 系统都是成对工作的。CCD 柱面镜系统接收对面测量头上发射出来的红外线信号,且这个过程是相互作用的。因此,考虑 CCD 系统实际机械结构的双红外 CCD 系统经过简化后测量原理如图 8-13 所示。

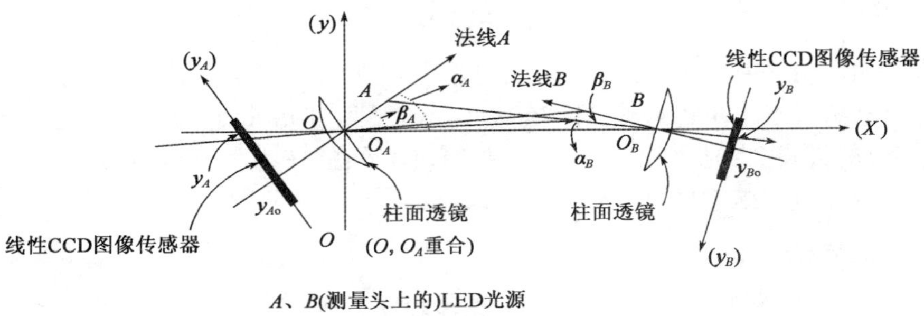

图 8-13　双红外 CCD 柱面镜发射接收系统

α_A-A 测量头透镜法线与 X 轴的夹角;β_A-B 红外 LED 光源在 A 测量头上的入射角;α_B-B 测量头透镜法线与 X 轴的夹角;β_B-A 红外 LED 光源在 B 测量头上的入射角

以通过两相对柱面镜的中心点的直线为 X 轴,左侧光源点与 X 轴的垂线为 Y 轴,建立坐标系 XOY,于是,红外光线入射角和 CCD 读数之间存在的数学关系为:

$$\begin{cases}\alpha_A = f_1(y_A, \alpha_B) \\ \alpha_B = f_2(y_B, \alpha_A)\end{cases} \tag{8-4}$$

式中:f_1、f_2——透镜 A、B 的焦距(mm);

y_A、y_B——被测物高、像高(mm),通过求解方程,得到两组对面测量头红外光源相对 CCD 测量头的入射角度。

2）整机8组CCD柱面镜发射接收测量系统

CCD四轮定位仪在工作时，通常8组CCD红外系统同时工作。将其简化抽象成物理模型，如图8-14所示。

图8-14中，CCD11，CCD12；CCD21，CCD22；CCD31，CCD32；CCD41，CCD42为测量头上CCD的读数值，可以通过采集到的CCD读数值计算出所有相对的CCD测量头的柱面透镜法线相对光心连线的夹角 α_{11}，α_{12}；α_{21}，α_{22}；α_{31}，α_{32}；α_{41}，α_{42}。

3）四轮定位角度参数的测量

将上述角度关系，应用到汽车的四个车轮上，在车身投影平面内，它们的相对关系如图8-15所示，于是，可以得到各四轮定位角度参数和4个测量头的8组CCD值之间的数值关系。

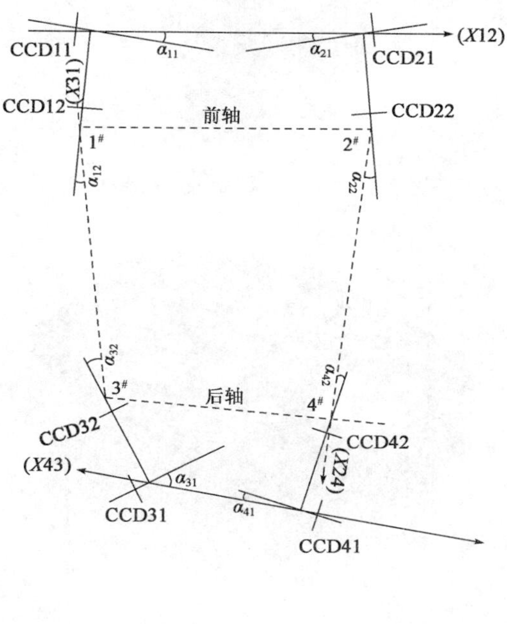

图8-14　8组CCD柱面镜发射接收测量系统示意图

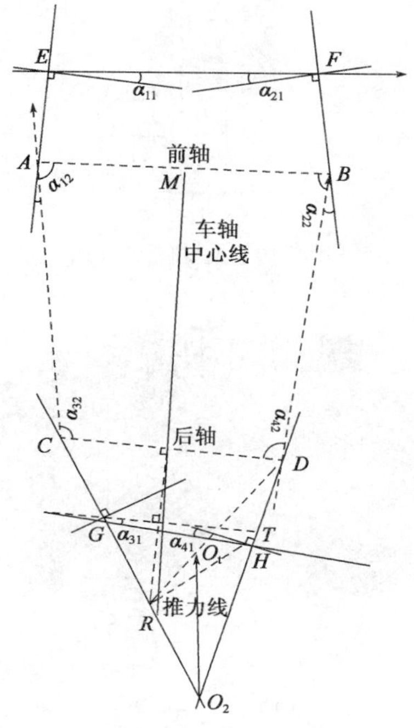

图8-15　四轮定位角度参数计算示意图

三、3D四轮定位仪

1. 3D四轮定位仪结构和组成

3D四轮定位仪通常由安装有2个照相机的横梁总成、电脑及3D四轮定位软件系统、3D相机目标靶、显示器、打印机及车轮夹具、转角盘、转向盘固定器、制动踏板固定器等组成。结构组成如图8-16所示，整机系统如图8-17所示。

3D四轮定位仪的核心部件是工业相机、安装相机的横梁总成、目标靶和3D四轮定位软件。

（1）工业相机如图8-18所示。

（2）目标靶如图8-19所示，目标靶是通过轮胎夹具，安装在被检测四轮定位参数位置。

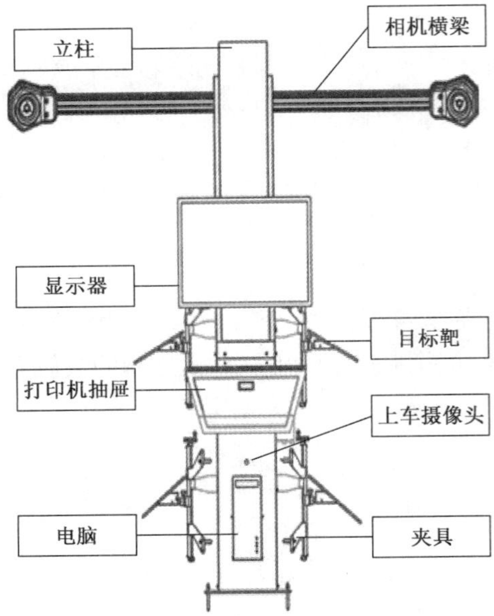

图 8-16　3D 四轮定位仪结构组成

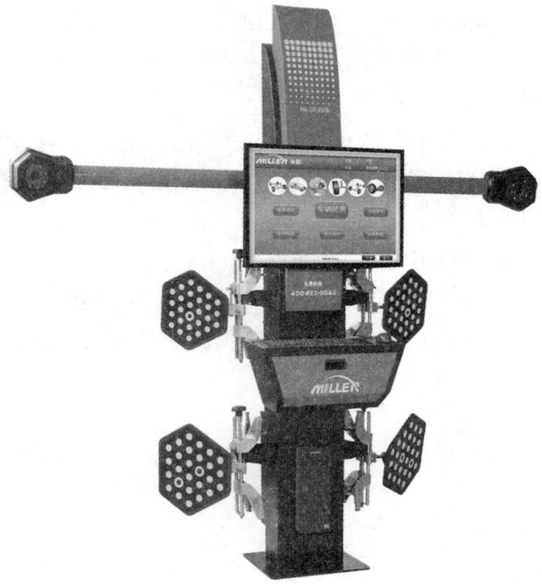

图 8-17　3D 四轮定位仪整机系统

图 8-18　工业相机

图 8-19　目标靶

(3)转角盘及夹卡具系统如图 8-12 所示。

2. 3D 四轮定位参数测量数学模型

3D 四轮定位仪测量方式是采用图像识别技术。通常选择对红外线较为敏感的工业用途红外相机,相机通常使用面阵 CCD 或 CMOS 感光元件,在测量时,四轮定位仪照明系统将红外光照射到安装于车轮上的目标靶上,相机感应到目标靶面上的特征点或特征线的图像。通过对相机感应到的目标靶图像的特征点和线在三维立体空间的位置图像分析,建立汽车四轮定位物理模型,通过坐标系与数值分析,得到汽车的四轮定位参数值。

1)相机成像公式

被测物体、透镜、相机图像传感器的关系如图 8-20 所示,满足以下公式:

$$\frac{B}{A}=\frac{b}{a} \tag{8-5}$$

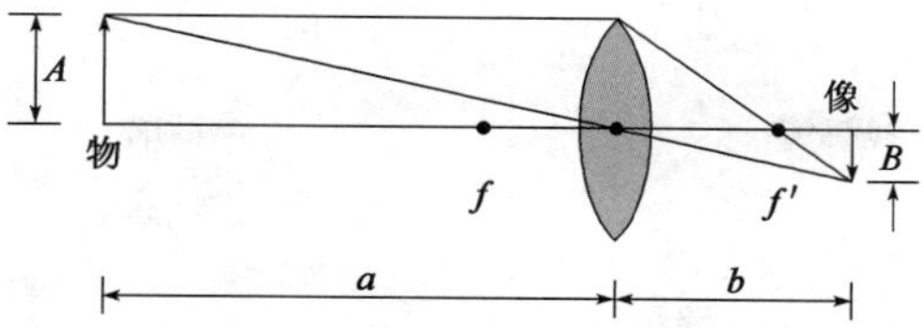

图 8-20　相机成像关系图

a-物距；b-像距；A-物的大小（物高）；B-在焦点平面上的物的大小（像高）；f-透镜的焦距

$$\frac{1}{a}+\frac{1}{b}=\frac{1}{f} \tag{8-6}$$

式中：A——物高（mm）；

B——像高（mm）；

a——物距（mm）；

b——像距（mm）；

f——透镜的焦距（mm）。

2）二维面阵相机成像

二维面阵相机成像原理示意图如图 8-21 所示。

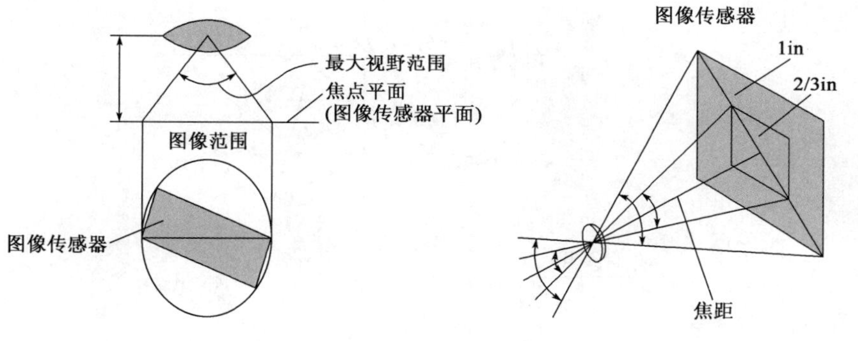

图 8-21　二维面阵相机成像原理图

3）3D 四轮定位仪相机成像系统

3D 四轮定位仪相机成像系统如图 8-22 所示。成像系统中包括图像坐标系、相机（摄像）坐标系、世界坐标系，其坐标相互关系如图 8-23 所示。

（1）图像坐标系—相机坐标系。

图像坐标系为平面成像，坐标系示意图如图 8-24 所示，O_0 为图像平面坐标系原点。

令 u 和 v 分别表示像素位于数组的列数和行数，代表物理位置 $u \times dx$（μm），$v \times dy$（μm），dx、dy 分为相机像素在 x、y 轴上的物理单位。根据图 8-23，图像的坐标 $p(u,v)$ 与相机坐标系下点坐标（x_c，y_c，z_c）的关系如下：

$$u = f \times x_c/(z_c \times d_x), v = f \times y_c/(z_c \times d_y)$$

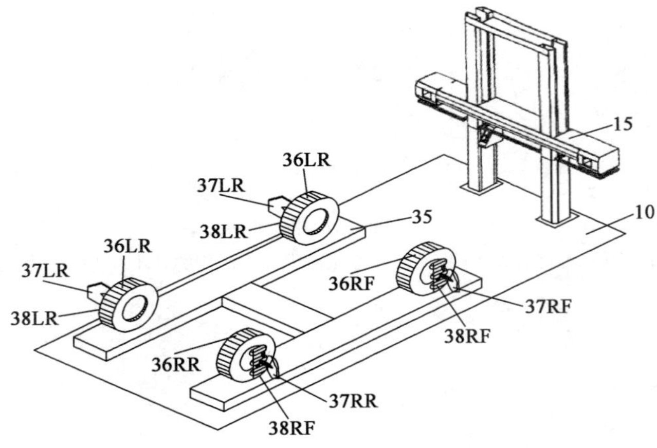

图 8-22　3D 四轮定位仪相机成像系统示意图

10-水平面基准;15-相机横梁;35-举升平台;36-车轮;37-目标靶;38-车轮夹具;LF-左前;RF-右前;LR-左后;RR-右后

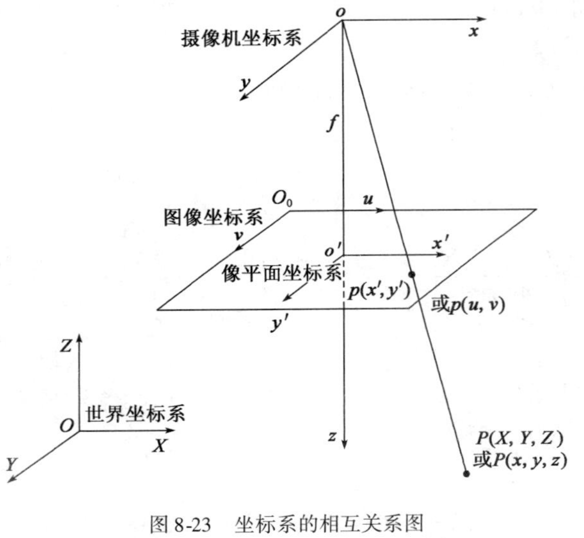

图 8-23　坐标系的相互关系图

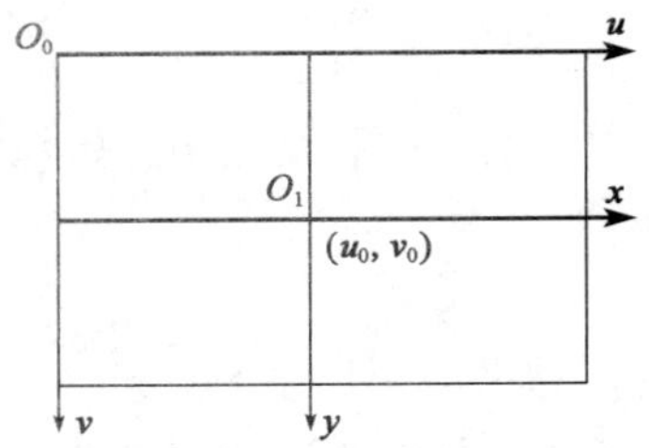

图 8-24　图像平面坐标系

(2)相机坐标系—世界坐标系。

选择世界坐标系来描述相机和物体的位置。坐标原点 O 定义在相机的光心,z_c 轴与光轴重合,x_c、y_c、z_c 轴由相机安装位置决定,对于安装好的相机,他与世界坐标系的关系固定,相机坐标下的(x_c、y_c、z_c)对应于世界坐标系(x_w,y_w,z_w)和旋转矩阵 R_0 的关系,即:

$$\begin{bmatrix} x_c \\ y_c \\ z_c \end{bmatrix} = R_0 \begin{bmatrix} x_w \\ y_w \\ z_w \end{bmatrix} = \begin{bmatrix} r_1 & r_2 & r_3 \\ r_4 & r_5 & r_6 \\ r_7 & r_8 & r_9 \end{bmatrix} \begin{bmatrix} x_w \\ y_w \\ z_w \end{bmatrix} \tag{8-7}$$

相机坐标系是三维坐标系,如图 8-23、图 8-25 所示,坐标系的原点为相机光心 O 点,x 轴

与 y 轴与图像的 X、Y 轴平行，z 轴为相机光轴，与图像平面垂直。若标靶处于 XOY 平面，则标靶上点坐标及其标靶上的点在世界坐标系(x_w,y_w,z_w)就已知，且 $z_w=0$，即：

$$
\begin{aligned}
x_c &= \frac{u \times z_c \times d_x}{f} = r_1 \times x_w + r_2 \times y_w \\
y_c &= \frac{v \times z_c \times d_y}{f} = r_4 \times x_w + r_5 \times y_w
\end{aligned} \tag{8-8}
$$

$$
\frac{x_c}{y_c} = \frac{u}{v} = \frac{r_1 \times x_w + r_2 \times y_w}{r_4 \times x_w + r_5 \times y_w} \tag{8-9}
$$

在标靶上找到三个特征点 P_1、P_2、P_3 的三维坐标 XYZ 及其成像后图像点的坐标(u,v)代入上式，能得到三个方程，求得旋转矩阵 R_0、R_1。

(3)世界坐标系—标靶坐标系。

建立标靶坐标系和世界坐标系的关系，见式(8-10)。

$$
\begin{bmatrix} x_w \\ y_w \\ z_w \end{bmatrix} = R_1 \begin{bmatrix} x_{w1} \\ y_{w1} \\ z_{w1} \end{bmatrix} = \begin{bmatrix} r_{11} & r_{12} & r_{13} \\ r_{14} & r_{15} & r_{16} \\ r_{17} & r_{18} & r_{19} \end{bmatrix} \begin{bmatrix} x_{w1} \\ y_{w1} \\ z_{w1} \end{bmatrix} \tag{8-10}
$$

由式(8-10)可得：

$$
\begin{bmatrix} x_c \\ y_c \\ z_c \end{bmatrix} = R \begin{bmatrix} x_{w1} \\ y_{w1} \\ z_{w1} \end{bmatrix} = R_0 R_1 \begin{bmatrix} x_{w1} \\ y_{w1} \\ z_{w1} \end{bmatrix} = \begin{bmatrix} r_1 & r_2 & r_3 \\ r_4 & r_5 & r_6 \\ r_7 & r_8 & r_9 \end{bmatrix} \begin{bmatrix} r_{11} & r_{12} & r_{13} \\ r_{14} & r_{15} & r_{16} \\ r_{17} & r_{18} & r_{19} \end{bmatrix} \begin{bmatrix} x_{w1} \\ y_{w1} \\ z_{w1} \end{bmatrix} =
$$

$$
\begin{bmatrix} r_1 \times r_{11} + r_2 \times r_{14} + r_3 \times r_{17} & r_1 \times r_{12} + r_2 \times r_{15} + r_3 \times r_{18} & r_1 \times r_{13} + r_2 \times r_{16} + r_3 \times r_{19} \\ r_4 \times r_{11} + r_5 \times r_{14} + r_6 \times r_{17} & r_4 \times r_{12} + r_5 \times r_{15} + r_6 \times r_{18} & r_4 \times r_{13} + r_5 \times r_{16} + r_6 \times r_{19} \\ r_7 \times r_{11} + r_8 \times r_{14} + r_9 \times r_{17} & r_7 \times r_{12} + r_8 \times r_{15} + r_9 \times r_{18} & r_7 \times r_{13} + r_8 \times r_{16} + r_9 \times r_{19} \end{bmatrix} \begin{bmatrix} x_{w1} \\ y_{w1} \\ z_{w1} \end{bmatrix}
$$

依相机坐标系—世界坐标系的转换计算，求得标靶与世界坐标系的三个平面的夹角 YOZ、XOY、XOZ，如图 8-26 所示。

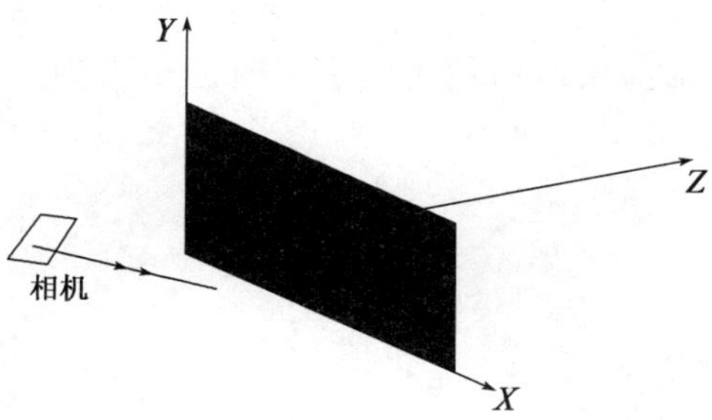

图 8-25 相机坐标系示意图

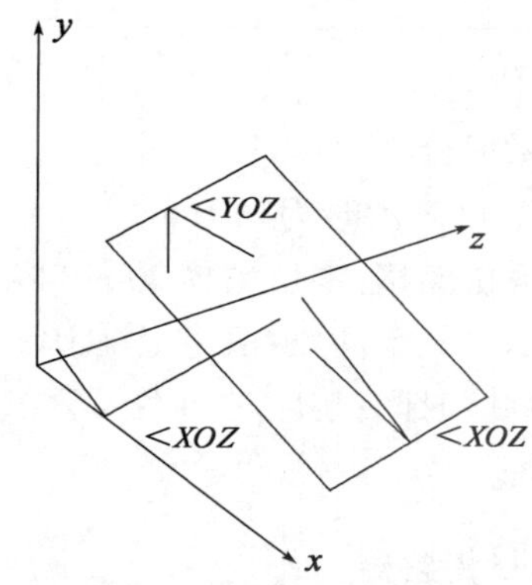

图 8-26 标靶与世界坐标系的三个平面的夹角关系

4)测量结果

通过汽车的四个车轮建立车身平面基准，并建立 3D 四轮定位参数相机坐标系，将标靶平面数值转换为四轮定位参数值,即完成汽车四轮定位参数的测量。

四、主要技术要求

汽车四轮定位仪为整车维修企业(一类、二类)、专项维修业户(四轮定位调整)经营所需设备,具有较高的技术含量,涉及光、机、电和计算机技术。产品执行国家标准《四轮定位仪》(GB/T 33570—2017),交通运输部将四轮定位仪列为交通行业质量监督抽查产品。

1. 功能要求

(1)具有轮辋跳动偏差补偿功能,即在补偿范围内不应影响车轮定位检测精度。

(2)具有测量、保存和打印结果功能。

(3)具有与其他设备通信交换数据功能。

(4)具有调零或清零功能。

(5)具有对影响正常功能性使用的故障做出自诊断的功能。

(6)具有自标定/校准功能。

2. 性能要求

1)测量参数范围及示值误差

四轮定位仪测量参数范围及示值误差见表8-4。

四轮定位仪测量参数范围及示值误差 表8-4

项目	总前束	单轮前束	车轮外倾角	主销后倾角	主销内倾角	推力角	轴偏角
测量范围	±3°	±1°30′	±5°	±16°	−5°~23°	±2°	±2°
示值误差	±4′	±2′	±2′	在±10°范围内为±12′,其余范围为±15′	在0°~15°范围内为±12′,其余范围为±15′	在±1°30′范围内为±3′,其余范围为±5′	在±1°30′范围内为±3′,其余范围为±5′

2)示值要求

(1)示值分辨力:角度分辨力为1′或0.01°,其中前束示值用角度表示时分辨力为1′或0.01°,用长度表示时为0.1mm。

(2)零位漂移:零位漂移30min内不大于2′。

(3)示值稳定性:示值稳定性10 s内为±2′。

(4)响应时间:响应时间不大于0.3 s。

3. 主要部件

1)测量传感器

测量传感器的安装轴/孔直径分别为14mm、16mm、18mm或20mm。

2)车轮夹具

连接测量器的车轮夹具,其卡爪形成的平面与安装测量器的孔/轴的垂直度和径向跳动偏差不大于0.1mm。车轮夹具垂直度如图8-27所示，车轮夹具径向跳动如图8-28所示，图8-27中的P_1、P_2、P_3应在相距0.1mm的两平面内，图8-28中的P_1、P_2、P_3应在径向相距0.1mm的两柱面内。

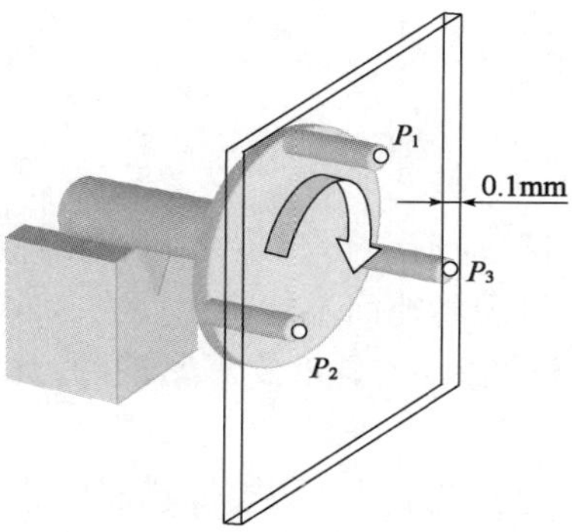

图8-27　车轮夹具垂直度

P_1-车轮夹具第一卡爪端点；P_2-车轮夹具第二卡爪端点；P_3-车轮夹具第三卡爪端点

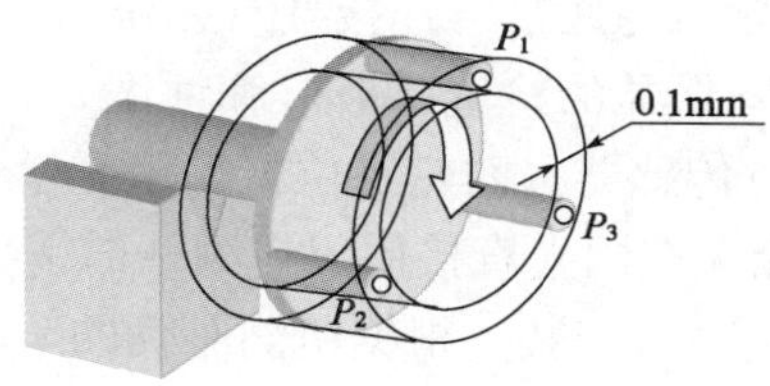

图8-28　车轮夹具径向跳动

P_1-车轮夹具第一卡爪端点；P_2-车轮夹具第二卡爪端点；P_3-车轮夹具第三卡爪端点

车轮夹具与测量传感器轴/孔直径相配套，并能夹持牢固，且有防止跌落的安全保护装置。

3)转盘

(1)用于检测整备质量小于3.5t汽车的转盘直径不小于300mm，最大支承载荷不小于1000kg。

(2)用于检测整备质量不小于3.5t汽车的转盘直径不小于350mm，最大支承载荷不小于2000kg。

(3)转盘的车轮支撑面沿水平面的任意方向平移量不小于40mm。

(4)转盘的旋转角范围不小于$-45° \sim +45°$，应有止动锁紧装置。

(5)机械式转盘指针上应刻有明显的指示标志线。

(6)转盘在负载时应转动自如，无阻滞、卡死现象，其平移和转动摩擦阻力系数小于0.01。

(7)测量用转盘的回转角计量参数：示值误差不大于0.2°；示值稳定性10s内为$\pm 2'$；零位误差不大于0.1°；零位漂移30min内不大于0.1°。

4. 其他辅助工具

(1)后轮支撑滑板：配备左、右移动的2个支撑滑板的四轮定位仪，滑板在空载情况下摩擦阻力不大于10N，位移量不小于50mm，其运动阻力系数小于0.01。

(2)转向盘固定器：四轮定位仪配备的转向盘固定器，且操作轻便、使用可靠。

(3)制动踏板固定器：四轮定位仪配备的制动踏板固定器，且操作轻便、使用可靠。

五、四轮定位仪使用注意事项

车辆在使用过程中，发现方向转向沉重、发抖、跑偏、不正、不归位或者轮胎出现单边磨损、波状磨损、块状磨损、偏磨等不正常磨损时，以及驾驶时，车感漂浮、颠簸、摇摆等现象出现时，就应检查车轮定位值，确定车轮定位参数是否偏差太大，并及时进行调整、修理。

四轮定位仪是一种精密检测设备,操作人员在使用前需经过专门培训,掌握四轮定位仪的操作要求及维护要点,以保证有效、准确的使用好设备。

(1)检测前准备工作。

①检查轮胎的气压、磨损程度、规格、品牌。

②转向机构的检查(松动、磨损、转向助力是否对称)。

③轮毂与底盘各连接处有无松动。

④减振器的检查(漏油、弹性度)。

(2)传感器。四轮定位仪采用光学成像原理进行测试,应避免传感器之间有物体挡住光线;不能在有阳光直接照射探测杆的情况下进行测试;测量现场地面不能产生反光。

(3)夹具安装。根据所测车辆的车轮尺寸对夹具进行调整;夹具爪要靠紧钢圈;夹具爪不能安在有磨损及有铅块的位置上。

(4)安装定位仪。将四个传感器按照对应车轮的位置安装到卡具上,传感器的中心轴在安装到夹具上时两者要靠紧。要注意在传感器的定位轴上要涂抹稀的润滑油(不能涂黄油),以防止长时间插拔后造成定位轴磨损,无法准确安装到位,影响测量精度。

(5)将车开上举升机的注意:车身要摆正;轮胎重心点要尽量与转角盘的中心点重合。

(6)定位调整。做定位调整前,先用转向盘固定器将转向盘固定成水平状,再升起举升机到合适调整的高度,将举升机锁止在水平安全位置。将四个传感器调整为水平状态,再操作定位仪进入定位参数调整。

(7)严格按定位仪显示步骤进行操作,不允许省略。如应按要求做车轮偏差补偿和轮胎检测,轮胎检测的有关内容应按要求输入仪器。

(8)为保证检测的准确性,应按《四轮定位仪校准规范》(JJF 1154—2014),对传感器进行定期校准。

六、车轮定位参数的调整方法

测量车轮定位参数后,将这些参数与该车型的标准定位值进行对比,如果测量值偏离标准值,则需要加以调整,调整失真的定位角度,使其恢复标准值或恢复到合适的范围。如果所测定位参数有相应的调整结构,则应利用这些机构加以调整。否则,应找出故障部件,进行修理或更换。常见汽车行驶故障现象与车轮定位关系见表8-5。

汽车行驶故障现象与原因　　表8-5

故障现象	可能的故障原因
转向盘太重	主销后倾角太大
转向盘发抖	车轮静态或动态不平衡;车轮中心点偏心产生凸轮效应;发动机不平衡发抖;制动盘厚薄不均
偏向行驶	主销后倾角(左、右)或车轮外倾角不良;车身高度左、右不正;左、右轮胎气压不等;左、右轮胎尺寸或花纹不相同;轮胎变形或不良;转向系统回位不良
转向盘不正	后轮前束不良,造成歪的推进线;转向系统不正

续上表

故 障 现 象	可能的故障原因
轮胎块状磨损	车轮静态不平衡;后轮前束不良
轮胎单边磨损	车轮外倾角不良
轮胎锯齿状磨损	前束不良
轮胎凹凸波状磨损	车轮动态不平衡;后轮前束不良

车轮定位参数调整的一般顺序是:先调后轮,再调前轮;后轮先调外倾角再调(后)前束;前轮先调主销后倾角、后调车轮外倾角,最后再调前轮前束。

1. 后轮车轮定位参数的调整

后轮前束和后轮外倾角不正常往往会引起轮胎异常磨损,同时还会造成车辆偏驶。不正常的原因通常是拉杆调整不当、悬架变形、轴头变形、胶套变形等等。实际车型调整时,后轮定位参数的调整方法因车型结构的不同而不同。以下为常用的调整方法。

1)后轮外倾角的调整

(1)垫片调整法:在后桥后短轴与其安装表面之间装有环形调整垫片,调整垫片用后短轴固定螺栓固定,增加后短轴上方的调整垫片将增加正的后轮外倾角;增加后短轴下方的调整垫片将增加负的后轮外倾角。

(2)楔块调整法:在后短轴上方与滑柱间的楔块可调整后轮外倾角。先将滑柱与后短轴间螺栓上的螺母拧松,安装楔块。当后轮外倾角调整好后,重新将螺母拧紧至规定值。

2)后轮前束的调整

(1)改变撑杆长度调整法:转动撑杆改变其长度,可调整后轮前束。

(2)垫片调整法:环形调整垫片不仅可调整后轮外倾角,还可以调整后轮前束。如将环形调整垫片装在后短轴的前面,将增加负的后轮前束值。

2. 前轮定位参数的调整

1)主销后倾角和车轮外倾角的调整

主销后倾角不正常的车辆行驶过程中往往会出现转向太重,转向后不能自动回正,方向始终偏向一边等现象。

前轮外倾角不正常,会引起车辆行驶时方向偏向一边,同时还会引起轮胎单边磨损,前轮外倾角不正常通常是由于调整不当或相关部件松旷以及车架变形而引起的。

主销后倾角和车轮外倾角的调整位置和调整方法,随车型和悬架类型而异。主销后倾角和车轮外倾角的调整根据悬架装置结构不同,可分开进行,也可同时进行。由于单独调整主销后倾角或车轮外倾角,或者同时调整主销后倾角和车轮外倾角都会使前轮前束发生改变,所以一定要在主销后倾角和车轮外倾角调整完毕后,再检查调整前轮前束,调整程序参考相应车型的维修手册。

(1)分别调整主销后倾角和车轮外倾角。

有些车型设有对主销后倾角和车轮外倾角分别进行调整的调节机构,其调整方法为:

①单独调整主销后倾角。对于支撑杆位于下悬架之前或下悬架臂之后的撑杆式悬架或双叉式悬架。调整支撑杆的螺母或垫圈,以改变下悬架臂与支撑杆之间的距离,便可调整主销后倾角。

②单独调整车轮外倾角。对于撑杆式悬架,减振器与转向节之间的连接处,装有一个偏心凸轮机构。改变减振器与转向节之间的相对角度,便可调整车轮外倾角。

(2)同时调整主销后倾角和车轮外倾角。

①如果撑杆式悬架或双叉式悬架中,下悬架臂内端装有一个偏心凸轮式装配螺栓,转动该螺栓,便可将下悬架臂的中点向左或向右移动。由于下悬架臂靠支撑杆支撑,故下悬架臂的中点左、右移动,便使下球节中点斜向移动。这样,便可同时调整主销后倾角和车轮外倾角。

②如果在双叉式悬架中,上悬架臂轴与车架安装面之间有垫片,那么通过增加或减少垫片数目和厚度,便可改变上悬架臂的安装角,即上球节的位置。上悬架臂轴在车架上有两个安装点(前、后各一点,各点均装有垫片),故可同时调整主销后倾角和车轮外倾角。

③如果在双叉式悬架中,下悬架臂前侧和后侧装有偏心凸轮式装配螺栓,那么转动这些螺栓,便可改变下悬架臂的安装角,从而改变下球销节的位置。与上述②项所述一样,悬架臂安装角可由垫片改变,同时也就可调整主销后倾角和车轮外倾角。

2)前轮前束的调整

前轮前束不正常往往会引起轮胎异常磨损,前束过大,磨损轮胎内侧,前束太小,磨损轮胎外侧。前束不正常的原因通常是横拉杆调整或车轮外倾角不当。调整前轮前束,要改变与转向节臂相连的转向横拉杆长度。

(1)对于转向横拉杆位于前轴之后的车型,增加转向横拉杆的长度,便可增大前轮前束。对于转向横拉杆位于前轴之前的车型,增加转向横拉杆的长度,则减小前轮前束。

(2)对于双转向横拉杆型车辆,要在左、右转向横拉杆长度一致的前提下,调整前轮前束。如左、右转向横拉杆长度不相等,即使前轮前束调整正确,也不会使最大转向角的调整准确。

3)车轮转向角

车轮转向角的调整一般是通过调整转向节止动螺栓进行的。对于未装转向节止动螺栓的车型,车轮转向角是不可调的。

3. 故障综合分析

在对汽车进行四轮定位参数检测后,一定要做故障综合分析。从理论上讲,四轮定位要求每项参数都需要调整到原厂规定值,然而,由于很多汽车没有预留调整部位,往往只能调整车轮外倾角和前束,甚至有的只能调整前束,但当前束调整准确时,由于轴头间隙、轮胎磨损、左右轮胎气压差异等因素影响,还会导致转向系统工作不良。

四轮定位参数之间是相互配合、相互协调的工作,因此,当某一个角度无法调整时或调整正确后仍然产生不良现象,这时可灵活地考虑将与之相关的另一个参数跳到非标准状态,来弥补无法调整参数所带来的负面影响。如果盲目地调整某个参数,将会把原本不严重的故障表现出来。总之,对疑难问题一定要进行综合分析,从中找出一个行之有效的解决方案。

第三节　汽车悬架装置检测台

随着我国高速公路建设的迅速发展，汽车的行驶速度大大提高，不仅轿车，大型客车和货车以 100km/h 以上速度行驶已很常见。为保证汽车安全行驶，汽车的操纵稳定性日益受到重视。

影响汽车操纵稳定性的直接因素是轮胎特性，但轮胎与车身相连接的部件是悬架系统，悬架特性的好坏直接影响操纵稳定性、平顺性和行驶安全性，所以，检测悬架装置的特性，尤其是减振器的工作性能，对保证汽车的操纵稳定性、行驶安全性和舒适性是十分重要的。在用汽车悬架装置的检测主要是针对减振器性能，因为减振器和与之相连的弹性元件等构成了随机振动系统，在评价减振器性能的同时，也就对悬架装置的性能做出了综合评价。

一、汽车悬架性能评价指标

汽车悬架是汽车结构中的一个重要总成，汽车悬架装置通常由弹性元件、导向装置和减振器三部分组成。其主要作用是：缓解路面不平引起的振动和冲击，以保证汽车具有良好的平顺性；迅速衰减车身和车桥的振动；传递作用在车轮和车身之间的各种力和力矩；保证汽车行驶时必要的安全性和操纵稳定性。

汽车悬架装置最易发生故障的元件是减振器。有故障的减振器在行驶中会使车轮轮胎有 30% 的路程接地力减小，甚至不与地面接触。其表现如下：

汽车转向“发飘”，特别是增加曲线行驶控制难度；制动易跑偏或侧滑；车身长时间的余振影响乘坐舒适性；影响车轮轴承、轴接头、转向拉杆、稳定器等部件过载等。

由汽车理论可知，汽车悬架装置的减振器或弹性元件性能不良及发生故障，会使悬架装置的角刚度减小，增加高频非悬架质量的振动位移，使车轮和道路的接触状态变坏，车轮作用在地面的接地力减小，大幅度的车轮振动甚至会使车轮跳离地面。因此，采用车轮与路面“相对接地性”的检测原理，使用悬架检测台来快速评价悬架特性。

汽车车轮在稳态时的负荷，定义为车轮与路面的静态接地力；在外界激励振动下，汽车车轮在悬架检验台上的变化负荷，定义为动态负荷，相对接地性即在悬架检测台上被检车轮在受到外界激励振动下共振时的最小动态车轮垂直负荷与静态垂直负荷的百分比，评价指标为吸收率(%)。

欧洲减振器制造商协会(EUSAMA)推荐的吸收率评价标准分为 4 级：

A 级 80% ~100%，表示很好；B 级 60% ~79%，表示好；C 级 40% ~59%，表示足够；D 级 0% ~39%，表示弱、不够。

汽车悬架性能可用汽车悬架特性检测台进行检测，一般使用谐振式悬架特性检测台，评价指标如下：

(1)悬架吸收率。

被测汽车最小的车轮动态垂直接地力与车轮静态垂直接地力之比，以百分数表示(%)。吸收率值越大，车轮与地面接触性好，说明汽车行驶附着情况越好，从而行车安全性越好。

(2)悬架吸收率差。

同轴左、右轮吸收率之差(%)。防止因同轴左、右悬架吸收率的差异过大而引起操纵稳定性和制动稳定性恶化。

(3)振动衰减曲线。

理想的振动衰减曲线如图8-29所示。实际检测得到的曲线可以与其比较、评价。

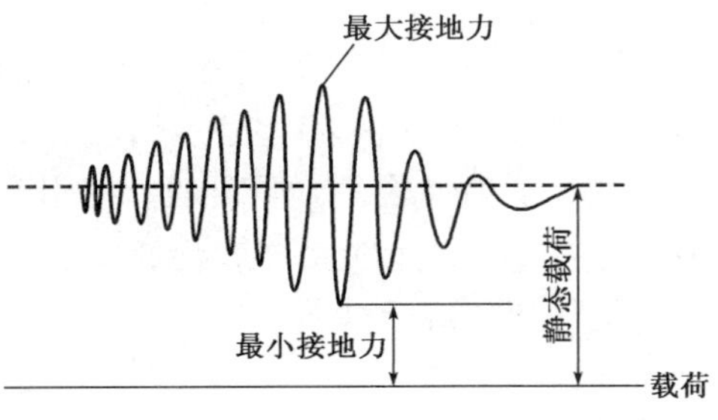

图8-29 理想的振动衰减曲线

对营运车辆的规定:对于最大设计车速大于或等于100km/h且轴质量小于或等于1500kg的载客汽车,应按规定进行悬架特性检测,其轮胎在激励振动条件下测得的悬架吸收率不小于40%,同轴左、右轮悬架吸收率之差不得大于15%。

对在悬架装置检测中不合格的车辆,其可能的故障原因有:

(1)减振器内部的轴磨损,内部阀片损坏、密封处漏油,导致减振功能失效。

(2)减振器外部的紧固螺栓磨损,松动,脱落。

(3)减振用螺旋弹簧弹性降低,疲劳或折断,造成早期损坏。

(4)悬架系统各连接部件磨损,松动。

二、基本结构与检测原理

1. 功能

汽车悬架装置检测台(以下简称检测台),是通过机械激振使汽车悬架系统产生谐振的方法来测定汽车悬架装置性能的检测诊断装置。适用于装备有减振器的M_1类汽车(包括驾驶员座位在内,座位数不超过九座的载客车辆)。检测诊断参数为:悬架吸收率、悬架吸收率差和振动衰减曲线。

2. 基本结构

悬架装置检测台根据其结构形式可分为跌落式和谐振式两类。

跌落式悬架装置检测台测试开始时,先通过举升装置将汽车升起一定高度,然后突然松开支撑机构,车辆自由振动,可用测量装置测量车辆振幅,或者用压力传感器测量车轮对台面的冲击力,对压力波形进行分析,以此评价汽车悬架装置的性能。

目前常用的是谐振式悬架装置检测台,基本结构如图8-30所示。主机由一个机架和两台相同振动台组成。振动台由储能飞轮、电动机、承重台板、偏心轴、传感器等组成。工作时,由电动机带动偏心轴,使承重台板上下振动,而置于台板的车轮随之上下振动,通过测定车轮对面板的垂直作用下的压力,而该力通过传感器传递到电气控制系统,从而计算并显示出每个车轮悬架的吸收率及振动衰减曲线。

主要零部件功能如下:

（1）电动机：激振台的动力源，电动机启动后，带动偏心轴旋转，偏心轮带动激振台上下振动。

（2）力传感器：测试激振台的动态与静态压力，除去激振台自身重量外，实际测试出车轮对激振台的动态与静态压力。

（3）储能飞轮：储能机构，电动机停止运行后，让激振台继续振动并逐渐频率衰减。

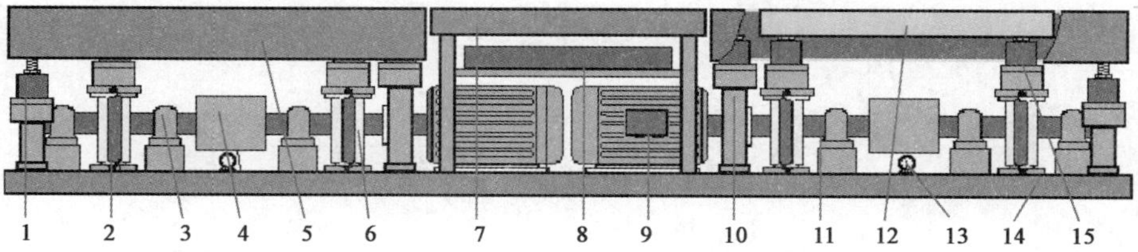

图 8-30　谐振式悬架检测台结构

1-外框外侧称重传感器；2-复位弹簧；3-轴承座；4-储能飞轮；5-外框称重台板；6-导向套；7-中间盖板；8-电气控制箱；9-电动机；10-台板支撑；11-偏心轴；12-承重台板；13-吊环；14-台架底座；15-力传感器

3. 检测诊断原理

汽车某一轴停放在悬架振动台板上，关闭发动机，驾驶员离开，启动检测程序，悬架装置检测台首先启动电动机，通过电动机及偏心轮等机构对左侧车轮进行激振。振动稳定后，关闭电动机，储能飞轮所储能量逐渐释放，此时的激振频率也逐渐衰减。当激振频率衰减到某一数值时，汽车悬架装置与检测台激振部分达到共振。通过检测台下面的压力传感器压力信号变化转换为电信号传输给计算机，计算机对左轮的振动波形进行数据处理，检测原理如图 8-31 所示。用同样的方式启动右电动机进行激振，通过共振点，记录振动衰减曲线（纵坐标为动态轮荷，kg；横坐标为测试时间，min），振动衰减曲线示意图如图 8-32 所示。测量共振时动态轮荷，计算并显示共振时的最小动态车轮垂直载荷与静态车轮垂直载荷的百分比值（悬架吸收率，%）及其同轴左、右轮百分比的差值（左、右悬架吸收率差，%），用以诊断评价左、右悬架的减振性能。

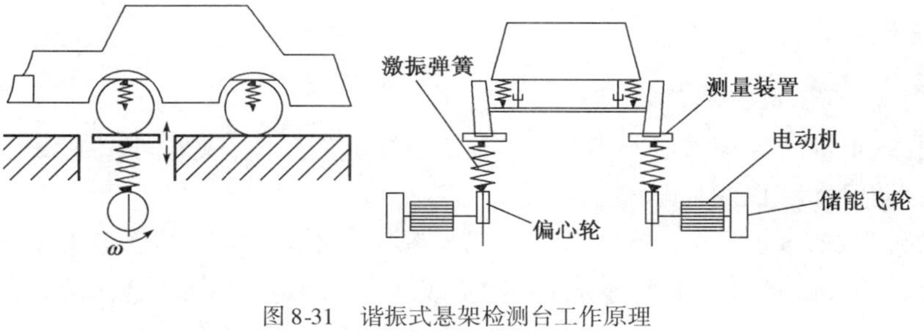

图 8-31　谐振式悬架检测台工作原理

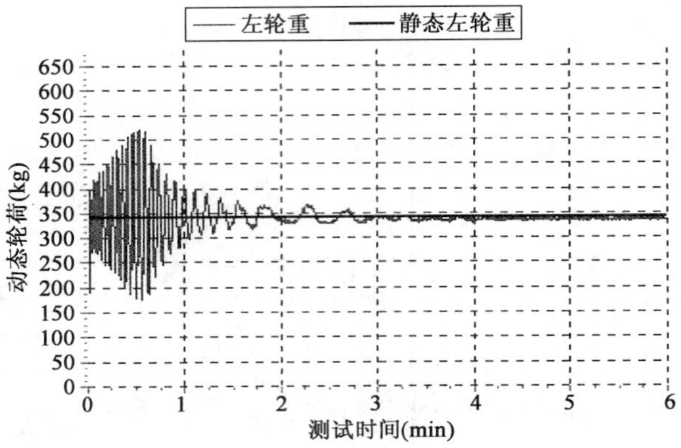

图 8-32 振动衰减曲线示意图

三、主要技术要求

产品执行标准《汽车悬架装置检测台》(JT/T 448—2021)。

1. 最大允许检测轴荷

最大允许检测轴荷为 3000kg。

2. 储能飞轮转动惯量

储能飞轮的转动惯量应在 0.08 ~0.12kg · m^2 范围内。

3. 偏心距

汽车悬架装置检测台上平行的主轴中心线和偏心轴(套)中心线之间的距离。检测台产生振动激励的偏心轴(套)的偏心距应为 2.9 ~3.1mm。

4. 台板质量

检测台振动台板的质量应在 4 ~8kg 之间。

5. 计量性能

1)显示装置分辨力。

检测台承载质量的分辨力应不大于 1.5d(d 为显示分度值,以下同)。

2)空载变动值和零位漂移

(1)检验台空载变动值不应超过 1d 或 0.1% 额定承载轮质量(两者取大值)。

(2)检验台 30min 的零位漂移不应超过 1d 或 0.1% 额定承载轮质量(两者取大值)。

3)测量误差

检测台测量误差应符合表 8-6 的要求。

测量误差　　表 8-6

承载质量(m)				吸收率(%)		
示值误差	左、右台示值间差	回程误差	重复性	重复性	绝对值偏差	左、右台示值间差
当 $m \leqslant 10\%$ F·S时：±0.2%F·S 其他：±2%	2%	2%	1%	2%	3%	5%

注：F·S 表示满量程。

6. 起始激振频率

起始激振频率是汽车悬架装置检测台驱动电机启动后，储能飞轮稳定运转对应的频率。

检验台接通电源，用转速仪测试汽车悬架装置检测台左(右)驱动电机的飞轮稳定转速 n(r/min)，按式(8-11)计算起始激振频率 f(Hz)，起始激振频率不小于 15Hz。

$$f = \frac{n}{60} \tag{8-11}$$

式中：f——检测台起始激振频率(Hz)；

n——驱动电机飞轮的稳定转速(r/min)。

7. 控制系统

控制系统仪表应能显示振动波形曲线或输出振动波形数据。

四、使用注意事项

(1)为保证测试精度，传感器应预热 30min。

(2)超出悬架检测台额定载荷的汽车，禁止驶上悬架台。

(3)汽车应以低速(不高于 5km/h)平稳驶入检悬架检验台，关闭发动机，松开驻车制动器手柄，挂空挡，检验时驾驶员应离开车辆，避免车辆偏载造成检测误差。

(4)受检轴的轮胎尽可能停放在悬架检测台面的中央位置，避免偏斜造成检测误差。

(5)增振时，振动频率必须超过共振频率点。关闭电机减振时，振动频率必须衰减并通过共振频率点。

(6)检测诊断时，可在非被检轴前后摆放制动楔块，或在检测前轴时实施驻车制动，以避免车辆在检测过程中移动。

第九章

汽车维修用化学品

汽车维修用化学品主要包括发动机润滑油、制动液、防冻液等,其产品质量与使用直接影响维修质量,关系到车辆运行安全,也关系到车辆的使用寿命和维修成本支出,汽车维修人员要正确了解、熟悉维修用化学品的作用和特性以及技术要求,按标准选择、鉴别、正确使用好维修用化学品,才能确保维修质量以及车辆技术状况良好。

第一节　机动车辆制动液

汽车制动液俗称“刹车油”,是用于汽车液压制动系统中传递压力,使车轮制动器实现制动作用的一种功能性液体,其制动工作压力一般为2MPa,高的可达4～5MPa。

汽车制动液属于汽车使用安全类化学品,其性能和质量直接影响驾乘人员和行人的安全。国际上将其列在了涉及人身安全类产品标准中,国际标准化组织及各国都制定了相应的产品标准,用于控制其产品质量,美国等发达国家还将其列入安全法规进行管理。汽车制动液工作时,应保持不可压缩性和良好的流动状态,应具有高沸点、蒸发性小、腐蚀性小、氧化安定性好、适宜的运动黏度(－40～100℃)、适宜的橡胶适应性等技术特点,才能保障汽车制动性能要求,产品执行《机动车辆制动液》(GB 12981—2012)标准。

一、制动液分类

制动液按原料的不同可分为醇型、矿物油型和合成型等三种。目前,我国一般推广使用合成型制动液,它适用于高速、重负荷和制动频繁的乘用车和货车。由于醇型制动液沸点低,矿油型制动液橡胶适应性差,这两种类型基本被淘汰。

我国汽车制动液产品按使用工况温度和黏度要求的不同,分为HZY3、HZY4、HZY5、HZY6四种级别,分别对应国际标准《道路车辆　非石油基制动液规范》(ISO 4925:2005)中Class3、Class4、Class5.1、Class6。另外,HZY3、HZY4、HZY5还分别对应美国运输部(DOT)制动液类型DOT3、DOT4、DOT5.1。

我国和国际上的合成制动液分类及对应关系见表9-1。

汽车合成制动液分类 表 9-1

分类依据	国家标准（GB 12981—2012）	国际标准（ISO 4925:2005）	美国联邦机动车安全标准(FMVSS)	主要组分
质量等级	HZY3	Class3	DOT3	醇醚
	HZY4	Class4	DOT4	醇醚、硼酸酯
	HZY5	Class5.1	DOT5.1	硼酸酯
	HZY6	Class6	—	硼酸酯
	—	—	DOT5	硅油型

二、制动液功能与作用

车辆正常行驶过程中，减速或停车是通过汽车上的制动装置实现的，要使制动系统稳定工作，除了要求制动系统结构设计合理、工作可靠外，还要使用优质的制动液。制动液的作用可以概括以下四个方面。

（1）传能：传递制动能量（动力），驱动制动装置正常可靠地工作。

（2）散热：制动装置执行制动时，因摩擦作用而使摩擦零部件温度迅速升高，制动液可在一定程度上起到冷却降温作用。

（3）防腐：当制动系统中的金属零部件暴露在大气中时，由于化学腐蚀和电化学腐蚀的双重作用，极易发生锈蚀（腐蚀），如果使用防腐蚀性能优良的制动液产品，则有利于提高制动系统金属零部件的防腐蚀性能。

（4）润滑：制动系统中制动元器件工作时，制动液可起到润滑作用。

三、制动液的技术指标要求

为保证车辆在严寒和酷暑的气温条件下，在高温、重负荷、大功率及频繁制动的工况条件下，都能有效、可靠地实现汽车灵敏制动，汽车制动液应满足以下性能要求。

（1）优异的高温性能，较高的平衡回流沸点、较低的蒸发损失。

（2）优良的低温流动性和低温运动黏度。

（3）优良的金属防腐蚀性能，对制动系统的各种金属具有较好的保护作用。

（4）优良的橡胶皮碗适应性能，对橡胶件具有恰当的溶胀作用，防止液体泄漏。

（5）良好的相容性能，能吸收少量水分并适当混溶其他制动液。

（6）良好的抗氧化性，不易变质。

目前，我国汽车制动液产品应符合《机动车辆制动液》（GB 12981—2012）的要求，其技术指标要求见表 9-2。

汽车制动液技术指标要求 表 9-2

序号	项目		质量指标			
			HZY3	HZY4	HZY5	HZY6
1	外观		清亮透明,无悬浮物、杂质及沉淀			
2	运动黏度(mm^2/s) -40℃ 100℃	 不大于 不小于	 1500 1.5	 1500 1.5	 900 1.5	 750 1.5
3	平衡回流沸点(ERBP)(℃)	不低于	205	230	260	250
4	湿平衡回流沸点(WERBP)(℃)	不低于	140	155	180	165
5	pH 值		7.0~11.5			
6	液体稳定性(ERBP 变化)(℃) 高温稳定性(185℃ ±2℃,120min ±5min) 化学稳定性		 ±5 ±5			
7	腐蚀性(100℃ ±2℃,120h ±2h) 试验后金属片质量变化(mg/cm^2) 镀锡铁皮 钢 铸铁 铝 黄铜 紫铜 锌 试验后金属片外观 试验后试液性能 外观 pH 值 沉淀物/体积分数(%) 试验后橡胶皮碗状态 外观 硬度降低值 根径增值(mm) 体积增加值(%)	 不大于 不大于 不大于 不大于	 -0.2 ~ +0.2 -0.2 ~ +0.2 -0.2 ~ +0.2 -0.1 ~ +0.1 -0.4 ~ +0.4 -0.4 ~ +0.4 -0.4 ~ +0.4 无肉眼可见坑蚀和表面粗糙不平,允许脱色或色斑 无凝胶,在金属表面无黏附物 7.0~11.5 0.10 表面不发黏,无炭黑析出 15 1.4 16			
8	低温流动性和外观 -40℃ ±2℃,144h ±2h 外观 气泡上浮至液面的时间(s) 沉淀物 -50℃ ±2℃,6h ±0.2h 外观 气泡上浮至液面的时间(s) 沉淀	 不大于 不大于 	 清亮透明均匀 10 无 清亮透明均匀 35 无			
9	蒸发性能(100℃ ±2℃,168h ±2h) 蒸发损失(%) 残余物性质 残余物倾点(℃)	 不大于 不高于	 80 用指尖摩擦时,沉淀中不含有颗粒性砂粒和磨蚀物 -5			

续上表

序号	项目		质量指标			
			HZY3	HZY4	HZY5	HZY6
10	溶水性(22h ±2h) -40℃ 外观 气泡上浮至液面时间(s) 沉淀 60℃ 外观 沉淀量/体积分数(%)	 不大于 不大于	清亮透明均匀 10 无 清亮透明均匀 0.05			
11	液体相容性(22h ±2h) -40℃ ±2℃ 外观 沉淀 60℃ ±2℃ 外观 沉淀量/体积分数(%)	 不大于	清亮透明均匀 无 清亮透明均匀 0.05			
12	抗氧化性(70℃ ±2℃,168h ±2h) 金属片外观 金属片质量变化(mg/cm^2) 铝 铸铁		无可见坑蚀和点蚀,允许痕量胶质沉积,允许试片脱色 -0.05 ~ +0.05 -0.3 ~ +0.3			
13	橡胶适应性(120℃ ±2℃,70h ±2h) 丁苯橡胶(SBR)皮碗 根径增值(mm) 硬度降低值(IRHD) 体积增加值(%) 外观 三元乙丙橡胶(EPDM)试件 硬度降低值(IRHD) 体积增加值(%) 外观	 不大于 不大于	0.15 ~ 1.40 15 1 ~ 16 不发黏,无鼓泡,不析出炭黑 15 0 ~ 10 不发黏,无鼓泡,不析出炭黑			
14	行程模拟性能(85000 次行程,120℃ ±5℃,7.0MPa ±0.3MPa)		通 过			
15	防锈性能		合 格			

四、制动液的选用

汽车制动液有四类质量等级,从高温性能来说,HZY6 型 > HZY5 型 > HZY4 型 > HZY3 型,低温性能表现则是 HZY6 型 > HZY5 型 > HZY4 型 = HZY3 型。不同质量等级的汽车制动液,适用场合有所区别。

通常来说,HZY3 型用于微型车辆、农用车辆等;HZY4 型用于家用轿车、越野车及小型货车等工况使用条件比较苛刻的车辆;HZY5 型用于特殊车辆,如赛车及军用车辆等;HZY6 型具有优良的低温性能,推荐在严寒地区的冬季使用。

汽车制动液的选用,首先应该遵循车辆使用说明书。车辆制造厂家在其车辆使用说明书中一般会明确规定或推荐该车制动系统应该使用的制动液产品质量等级,有的汽车生产厂家还指明了具体的制动液产品品牌和型号。

当车辆使用或维修中,由于各种原因不愿使用车辆制造厂家推荐的制动液产品或该产品不易获得,需要重新选用制动液产品时,可以遵循以下原则选择。

(1)选用的制动液产品质量等级不能低于车辆制造厂规定的制动液质量等级。

(2)可以选用比车辆制造厂规定的制动液质量更高等级的制动液产品。

(3)所选用的制动液产品类型应与车辆制造厂规定使用的制动液类型一致。

(4)可选用知名厂家生产的、性能稳定、质量有保证的制动液产品。

五、制动液的质量鉴别

(1)产品包装:制动液产品外包装必须标注有生产执行标准号和质量等级等,其他信息还有生产单位名称、地址、生产日期或批号等相关内容。此外,产品包装必须完好无泄漏,建议选购生产日期 2 年以内产品。

(2)外观:合成制动液为油状清亮透明液体,无沉淀、悬浮物等杂质,淡黄色至棕黄色,有高分子醚类特有的气味。若闻起来有异臭味,或酒精味较浓的,一般为劣质醇类制动液。

(3)快速鉴别:汽车制动液质量快速鉴别技术,是相比较实验室检验手段而言,采取非常规手段快速确定制动液某项关键性能或制动液类型的一种技术,可在数分钟或更短时间内得出结果,较多应用于汽车维修服务站点。制动液快速鉴别仪器小巧便携,有电导率仪、沸点测试仪、离子试纸等,这些仪器能为快速监控制动液质量提供便利手段。

六、制动液的更换周期

制动液在使用过程中会氧化变质或由于吸湿导致沸点下降而影响行车安全时,应及时更换制动液。

制动液在使用、更换时,不同规格的制动液不能混用,否则会因制动液变质导致制动失效。更换制动液时必须将制动系统清洗干净,以防止混入水分和其他杂质。

建议制动液在行驶 4 万 km 或两年时予以更换,在车辆检查更换主缸和皮碗时,最好也更换制动液。制动液长期储存或更换时应注意防火。

关于制动液的更换周期,国内外有关厂家的做法不完全相同,对更换周期的规定也不一致。总体来说,制动液的更换周期主要由汽车生产厂或制动液生产厂规定。

美国汽车生产厂一般都不会明确规定制动液的更换期,但欧洲和亚洲的汽车制造厂会明确制动液的换液期。对于制动液生产厂而言,也是有的规定,有的不规定制动液的换液期。如壳牌公司规定其制动液的更换期为 3 年或根据车辆制造厂家的规定更换;美孚公司制动液产品规定的更换期为 2 年或车辆每行驶 4 万 km 时应更换制动液。

七、制动液的储存

影响制动液产品储存期的主要因素有配方组成、包装容器和储存环境。制动液产品含有高分子醇醚,很容易吸收水分,造成产品性能下降,因此在制动液配方组成不变的情况下,提高包装容器密封性和改善储存环境是延长制动液储存期的首选方法。一般情况下,制动液储存中应注意以下几个方面的问题。

(1)制动液产品无论是大包装,如金属桶、塑料储罐等,还是小包装,均应保持储存场所的地面干燥、空气通风,远离各类水源,严禁露天存放。

(2)制动液大包装成品,要定期检查封口的密封性,避免空气进入制动液中产生吸湿现象,造成产品整体性能下降。

(3)制动液小包装成品,出入库要检查有无个别泄漏现象,发现泄漏要及时挑出。不可使用已经泄漏破损的产品以及已经开封、存放时间较长的产品。

(4)制动液产品的存放区域应与其他石油化工产品存放区分隔开,避免受到污染。

(5)制动液储存场地的温度一般不要超过 30℃,如果可能,最好采用地下或半地下储存库房存放。

(6)正常储存条件下,制动液产品保质期通常为 2 ~ 3 年。

第二节　发动机冷却液

发动机冷却液是发动机冷却系统用的循环传热介质,以防冻剂、缓蚀剂等原料复配而成,具有冷却、防腐、防冻等作用的功能性液体;是使发动机正常工作、运转必不可少的组成部分,直接影响发动机性能与使用寿命。

发动机在工作时,汽缸内部要产生高温高压气体。为保证发动机正常工作,应对其进行冷却;同时,为防止发动机在严寒季节发生缸体、散热器和冷却系管道的冻裂,还应对发动机冷却系防冻;另外,还要求冷却系用冷却介质防腐蚀、防水垢等。所以,现代水冷发动机都应使用冷却液,产品执行《机动车发动机冷却液》(GB 29743—2013)或《乙二醇型和丙二醇型发动机冷却液》(NB/SH/T 0521—2010)标准。

一、冷却液组分与分类

冷却液按发动机使用负荷大小分为轻负荷发动机冷却液和重负荷发动机冷却液,按主要原材料分为乙二醇型、丙二醇型和其他类型。

轻负荷发动机是指长期在比额定功率低得多的条件下运转的发动机,典型的轻负荷机械如轿车、轻型货车、厢式货车及运动型多功能车、小型农用拖拉机等。

重负荷发动机是指长期在额定功率或接近额定功率的条件下运转的发动机,典型的重负荷机械,如整车总质量 7t 以上的汽车、农矿用及建筑用机器、固定机组、货车列车和船舶机组等。重负荷发动机大多采用湿式缸套设计。

发动机冷却液由水、防冻剂和各类添加剂等混合调配组成，其中水为蒸馏水或去离子水，防冻剂主要为乙二醇或丙二醇，添加剂包括缓蚀剂、消泡剂、染色剂等。

冷却液的冷却效果主要与乙二醇及丙二醇的性质和配制比例有关。乙二醇－水型冷却液和丙二醇－水型冷却液（简称二元醇型冷却液）因具有冰点低、沸点高，在腐蚀抑制剂存在下能长期防腐、防垢，其性能远优于水、乙醇和甘油型冷却液而被广泛使用。

二元醇型冷却液按冰点分为－15号、－20号、－25号、－30号、－35号、－40号、－45号和－50号八种牌号。主要分类见表9-3。

发动机冷却液分类　表9-3

分类依据	国内	美国
防冻剂类型	乙二醇型、丙二醇型	乙二醇型、丙二醇型、甘油型
冰点	－15号、－20号、－25号、－30号、－35号、－40号、－45号、－50号	50%稀释液
防冻剂含量	浓缩液、稀释液	浓缩液、稀释液
缓蚀剂类型	无机盐型、有机酸型	无机盐型、有机酸型、无机有机混合型
发动机负荷	轻负荷型、重负荷型	轻负荷型、重负荷型

二、冷却液功能与作用

（1）冷却。发动机燃烧产生的热量中，理论上有32%是通过冷却系统带走。发动机过热，不但会减少充气量，降低充气系数，引起爆震，造成发动机转矩和功率损失，而且还会因零部件受热膨胀破坏正常的配合间隙，引起轴承和其他运动部件的损坏。同时，发动机过热也会影响润滑油脂的性能，甚至造成润滑油氧化结焦。

（2）防蚀。汽车发动机冷却系统部件一般由紫铜、黄铜、铸铁、钢、铝、焊锡等金属材质组成，各种金属因电极电位差，易发生电化学腐蚀；同时，发动机冷却液组分分解产生的酸性物质也可能腐蚀冷却系统，从而导致冷却系统故障。情况严重时，发动机冷却液甚至会渗入燃烧室或曲轴箱，造成严重破坏。

（3）防垢。在热负荷条件下，镁、钙等阳离子容易与阴离子形成水垢，损坏水泵密封件，并覆盖在冷却系统部件表面，使金属绝热而导致散热效率下降。水垢严重时，将导致发动机缸盖高温区温度剧增，引起缸盖开裂。

（4）防冻。水作为良好的导热介质，是发动机冷却液的理想组分。但水在低温下结冰膨胀，有可能使水箱冻结甚至开裂。为保持发动机在低温天气的安全运转，在发动机冷却液中会加入降低冰点的物质，常用的有乙二醇、丙二醇。

三、冷却液理化性能要求

为保证汽车发动机正常工作和延长发动机使用寿命，要求汽车发动机冷却液应具备散热效果好，对冷却系统防腐性好，冰点低，适当提高沸点；对汽车涂料无影响，无异味，低温黏度小，泡沫性小，膨胀系数小等性能。乙二醇型发动机冷却液的理化性能指标要求见表9-4，表中LEC表示轻负荷发动机乙二醇型冷却液，HEC表示重负荷发动机乙二醇型冷却液。丙二醇型发动机冷却液的理化性能指标要求表 9-5，表中 LPC 表示轻负荷发动机丙二醇型冷却液，HPC 表示重负荷发动机丙二醇型冷却液。

乙二醇型发动机冷却液的理化性能　　表 9-4

项　目		理化性能要求								
		LEC-Ⅰ HEC-Ⅰ	LEC-Ⅱ-15 HEC-Ⅱ-15	LEC-Ⅱ-20 HEC-Ⅱ-20	LEC-Ⅱ-25 HEC-Ⅱ-25	LEC-Ⅱ-30 HEC-Ⅱ-30	LEC-Ⅱ-35 HEC-Ⅱ-35	LEC-Ⅱ-40 HEC-Ⅱ-40	LEC-Ⅱ-45 HEC-Ⅱ-45	LEC-Ⅱ-50 HEC-Ⅱ-50
其他二元醇含量*(%)(质量分数)		≤15	—							
密度(20.0℃)(g/cm³)≥		1.108～1.144	1.036	1.044	1.050	1.055	1.060	1.065	1.070	1.076
冰点(℃)≤	原液	—	-15.0	-20.0	-25.0	-30.0	-35.0	-40.0	-45.0	-50.0
	50%体积稀释液	-36.4	—							
沸点(℃)≥	原液	163.0	105.5	106.0	106.5	107.0	107.5	108.0	108.5	109.0
	50%体积稀释液	108.0	—							
灰分(%)(质量分数)≤		5.0	2.5					3.0		
pH 值	原液	—	7.5～11.0							
	50%体积稀释液	7.5～11.0	—							
氯含量(mg/kg)≤		60								
水分(%)(质量分数)≤		5.0	—							
储备碱度(mL)		报告值								
对汽车有机涂料的影响		无影响								

注：在乙二醇型冷却液中，其他二元醇包含：二乙二醇、三乙二醇、四乙二醇、丙二醇、二丙二醇、三丙二醇和 1.3－丙二醇等。

丙二醇型发动机冷却液的理化性能　　表 9-5

项　目		理化性能要求								
		LPC-Ⅰ HPC-Ⅰ	LPC-Ⅱ-15 HPC-Ⅱ-15	LPC-Ⅱ-20 HPC-Ⅱ-20	LPC-Ⅱ-25 HPC-Ⅱ-25	LPC-Ⅱ-30 HPC-Ⅱ-30	LPC-Ⅱ-35 HPC-Ⅱ-35	LPC-Ⅱ-40 HPC-Ⅱ-40	LPC-Ⅱ-45 HPC-Ⅱ-45	LPC-Ⅱ-50 HPC-Ⅱ-50
其他二元醇含量*(%)(质量分数)		≤1	—							
密度(20.0℃)(g/cm³)≥		1.028～1.063	1.015	1.018	1.020	1.022	1.024	1.025	1.027	1.028
冰点(℃)≤	原液	—	-15.0	-20.0	-25.0	-30.0	-35.0	-40.0	-45.0	-50.0
	50%体积稀释液	-31.0	—							
沸点(℃)≥	原液	152.0	102.0	102.5	103.0	103.5	104.0	104.5	105.0	105.5
	50%体积稀释液	104.0	—							

续上表

项目		理化性能要求								
		LPC-Ⅰ HPC-Ⅰ	LPC-Ⅱ -15 HPC-Ⅱ -15	LPC-Ⅱ -20 HPC-Ⅱ -20	LPC-Ⅱ -25 HPC-Ⅱ -25	LPC-Ⅱ -30 HPC-Ⅱ -30	LPC-Ⅱ -35 HPC-Ⅱ -35	LPC-Ⅱ -40 HPC-Ⅱ -40	LPC-Ⅱ -45 HPC-Ⅱ -45	LPC-Ⅱ -50 HPC-Ⅱ -50
灰分(%)(质量分数) ≤		5.0	2.5				3.0			
pH 值	原液	—	7.5~11.0							
	50%体积稀释液	7.5~11.0	—							
氯含量(mg/kg)≤		60								
水分(%)(质量分数)≤		5.0	—							
储备碱度(mL)		报告值								
对汽车有机涂料的影响		无影响								

注:在丙二醇型冷却液中,其他二元醇包含:乙二醇、二乙二醇、三乙二醇、四乙二醇、二丙二醇、三丙二醇和1.3-丙二醇等。

四、冷却液的选用

在选用冷却液时,冷却液冰点型号应以比车辆运行地区的最低气温低10℃左右为宜,使用时应注意以下几点:

(1)加注冷却液前,应对发动机冷却系进行清洗,最简单的方法是打开散热器放水阀,用自来水从加水口冲洗。

(2)冲洗后,加注冷却液,并检查冷却液的密度(在散热器加液口测量)。

(3)乙二醇-水型冷却液在使用中蒸发的一般是水,应及时添加适量的水。但时间长了以后(如每年入冬前)应检查冷却液的密度,如密度变小,就说明乙二醇含量不足,冰点高,应及时加充冷却液(或浓缩型冷却液)。

(4)在更换乙二醇-水型冷却液时,应注意乙二醇有毒,做好防护工作。

(5)冷却液在使用一定时间后,应予以更换,不同标号冷却液不可混用。因为使用过程中要消耗冷却液中的添加剂,一般规定使用时间为1~2年,或按照冷却液使用说明执行。

研究统计,不同种类的冷却液主要适用对象见表9-6。

发动机冷却液的适用对象 表9-6

防冻液类型	适用对象
乙二醇型	主流产品,占国内市场90%以上,原料易获取,可用于所有类型发动机
丙二醇型	环保产品,国内少见,北欧等地区应用普及,对环境危害小,可用于所有类型发动机
稀释液(-15号、-30号等)	可直接加注到发动机,用户依据冰点高低选择。对于国外品种的50%稀释液(乙二醇型)冰点-36℃左右,50%稀释液(丙二醇型)冰点-31℃左右
浓缩液	防冻剂含量90%以上,水分含量小于5%,不能直接使用。厂家为方便运输储藏而生产的一类产品,需按一定比例添加水后,配成不同冰点溶液再使用
轻负荷冷却液	用于轿车、轻型货车、农用车等
重负荷冷却液	用于大型客车、货车、工程机械等

五、冷却液的质量鉴别

(1)颜色。冷却液的外观呈清亮透明液体,颜色比较醒目,如红色、蓝色、黄色等。质量较差的醇类冷却液,外观颜色偏淡,存放时间久后会出现褪色或颜色不正现象。

(2)气味。冷却液主要组分二元醇等原料均无特殊的刺激气味,因此其成品不会有任何特殊的气味。

(3)外观。冷却液应无沉淀物、悬浮物等杂质。摇晃后通常会出现少许泡沫,静置后泡沫会迅速消失。若泡沫长时间不消散,大都未添加消泡剂,影响散热效果。

(4)挥发性。不合格的醇类冷却液倒出少许,会立刻挥发,这是鉴别劣质甲醇类、乙醇类冷却液的便捷方法。

(5)借助于快速检测仪等仪器,如冰点仪(图 9-1)等,可快速测得冷却液的冰点。

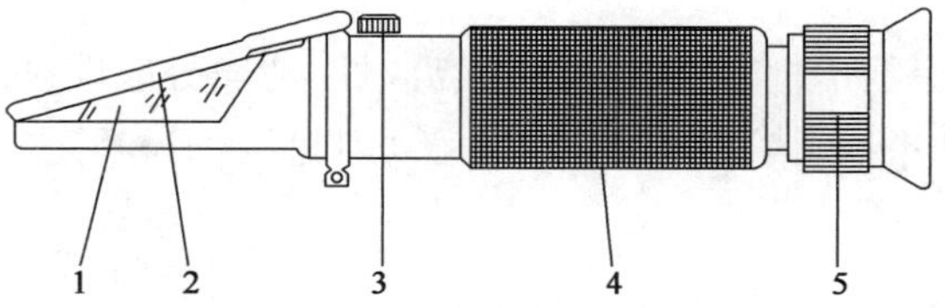

图 9-1　冷却液冰点检测仪

1-棱镜;2-盖板;3-校正钉;4-保护套;5-目视系统

六、冷却液的储存要求

发动机冷却液的保质期与储存环境条件有很大关系,同时也取决于组分中添加剂的稳定性。在一定的温度光照和其他因素的作用下,冷却液中的二元醇或添加剂可能会发生分解、析出等变质现象,从而降低冷却液性能。冷却液储存通常应注意以下几点:

(1)库房应阴暗、通风,避免阳光的直接照射。

(2)不同颜色、不同型号的产品要分别放置。

(3)浓缩液与稀释液分类存放,避免误用。

(4)冷却液成品不可与其他石油产品存放一处,防止出现油类污染。

七、冷却液的更换周期

1. 冷却液的补充

当发现加注口的液面低于下限时,应查明液面下降原因。若因渗漏引起液面降低时,应及时补充同一品牌冷却液,若液面降低系正常蒸发所致,损失量不多时,可添加蒸馏水或去离子水,切勿加入自来水等硬水。当发现冷却液中有悬浮物、沉淀物或严重变色时,则说明冷却液已经变质,应及时清洗冷却系统,并更换冷却液。

2. 冷却液的更换

更换冷却液的周期应根据发动机或车辆制造厂、冷却液生产商的建议。大多厂商要求两年或每行驶 4 万 km 更换一次,更换时应彻底放净旧冷却液,将冷却系统反复清洗干净后,再更换补充新冷却液。

对于重负荷冷却液,因发动机工作强度大,冷却液中添加剂消耗较快,所以应根据发动机厂家要求,定期补加添加剂或更换预装补充添加剂的冷却液过滤器。

第三节　发动机润滑油

发动机润滑油也称发动机机油,是用在各种类型汽车、机械设备上,以减少摩擦、保护机械及加工件的液体润滑剂,是保证发动机正常运行的重要材料。

发动机润滑油一般由基础油和添加剂两部分组成,基础油是润滑油的主要成分,决定着润滑油的基本性质,添加剂则可弥补和改善基础油性能方面的不足,赋予某些新的性能,也是润滑油的重要组成部分。

发动机润滑油应具有润滑性、低温操作性、黏温性、清净分散性、抗氧性、抗腐蚀性、抗泡沫性等要求,根据使用燃油不同,执行《汽油机油》(GB 11121—2006)、《柴油机油》(GB 11122—2006)产品标准。

一、发动机润滑油分类

国际通用的发动机润滑油分类方法有以下两种。

1. 质量等级分类

质量等级代表润滑油在防止氧化、抵抗磨损、控制排放、节约燃料等方面的综合表现,该分类方法源于美国石油学会(API)。

首字母“S”指汽油机油品种,如代号 SE、SF、SG 等。

首字母“C”指柴油机油品种,如代号 CD、CH-4 等。

第二个字母或字母数字组合代表该品种的序列,字母越靠后,表明质量等级越高、润滑油性能越好。同时标注这两类代号的表明为汽/柴通用润滑油,如 SF/CF-4。

2. 黏度等级分类

黏度等级将润滑油按不同运动黏度指标进行划分,集中体现润滑油的黏温特性,如 0W、15W、30、40 等,该分类方法源于美国机动工程协会(SAE)。

黏度等级分类标准 SAE J300 定义了 11 个级别的黏度等级,分别为 0W、5W、10W、15W、20W、25W、20、30、40、50 及 60,其中前 6 级是针对冬季使用的黏度等级(冬季级别),分级后的数字后会加上英文字母 W,后 5 级对应称为夏季级别。

上述 11 个级别的任何一级,称为单级油,单级油仅在一种环境(冬季或夏季)下使用。多级油是冬季级别与夏季级别的组合,适用在高低温差大的环境(四季通用),也是市场上的主流产品。

综上所述,发动机润滑油产品分类见表 9-7。

发动机润滑油产品分类　　表 9-7

<table>
<tr><th>分类方法</th><th>分类依据</th><th colspan="2">代　号</th><th>示　例</th></tr>
<tr><td rowspan="2">质量等级</td><td rowspan="2">综合性能</td><td colspan="2">汽油机润滑油以字母“S”打头</td><td>SE、SF、SG、SH</td></tr>
<tr><td colspan="2">柴油机润滑油以字母“C”打头</td><td>CD、CH-4、CI-4</td></tr>
<tr><td rowspan="3">黏度等级</td><td rowspan="3">黏温性能</td><td rowspan="2">单级油</td><td>冬季用,数字后加字母“W”</td><td>0W、10W、15W</td></tr>
<tr><td>夏季用,以数字表示</td><td>30、40、50</td></tr>
<tr><td>多级油</td><td>冬夏通用,上面两种代号组合</td><td>0W-30、15W-40</td></tr>
</table>

二、发动机润滑油作用与性能

发动机中有诸多摩擦工作表面,如活塞和缸套、曲轴轴颈和轴承、凸轮和随动件等,这些部件工作时高速运转,又承受高压、高热负荷等苛刻环境条件,因此均需要借助适当的润滑作用,才能正常运转。

1. 发动机润滑油的主要作用

(1)润滑减磨:在摩擦副表面建立油膜,减小摩擦阻力。

(2)冷却:通过循环将多余的热量带回油底壳散发。

(3)清洁:清洗零部件表面的油泥和漆膜沉积物,循环由机油滤清器过滤。

(4)密封:辅助活塞环密封,防止燃气窜入曲轴箱。

(5)防锈防蚀:中和燃烧酸性产物,并在金属表面形成氧化保护层,保护机械表面不受外界腐蚀。

(6)减振缓冲:分散发动机零部件的负荷,缓和活塞冲击,减少噪声。

2. 发动机润滑油具备的性能

发动机润滑油要达到上述作用,需具备如下性能。

(1)适宜的黏度和良好的黏温性能。

(2)充分的清净分散性。

(3)优良的抗磨性。

(4)有效的酸中和性。

(5)良好的抗氧化及热安定性能。

(6)良好的抗泡沫性和优良的剪切安定性。

不同类型的发动机对润滑要求各不相同。与汽油机相比,柴油机内燃烧产生的烟灰、所用燃料的硫含量以及缸内温度都更加苛刻,需要专门的柴油机润滑油进行润滑。

三、发动机润滑油的选用

发动机润滑油品种纷繁复杂,除以上的主要分类代号组合,国际其他组织和地区也颁布了各自的种类代号,市场上常用的发动机润滑油种类见表 9-8。

常用的发动机润滑油种类 表 9-8

地区及标准	汽油机润滑油		柴油机润滑油	
	质量等级	黏度等级	质量等级	黏度等级
中国国家标准《汽油机油》(GB 11121—2006) 《柴油机油》(GB 11122—2006)	SE、SF、SG、SH、SJ、SL、GF-1、GF-2、GF-3	0W-20、0W-30、5W-20、5W-30、5W-40、5W-50、10W-30、10W-40、10W-50、15W-30、15W-40、15W-50、20W-40、20W-50、30、40、50	CC、CD、CF、CF-4(4代表用于四冲程发动机)、CH-4、CI-4	0W-20、0W-30、0W-40、5W-20、5W-30、5W-40、5W-50、10W-30、10W-40、10W-50、15W-30、15W-40、15W-50、20W-40、20W-50、20W-60、30、40、50、60
API 1509 第18版,美国石油学会(2019年发布)	SH、SJ、SL、SM、SN、SP(2020年发布)	除25W-20外其他等级	CH-4、CI-4、CJ-4、FA-4(2017年发布)、CK-4(2017年发布)	除25W-20外其他等级
ILSAC,国际润滑剂标准化和认证委员会	GF-1(稍高于SH)、GF-2(稍高于SJ)、GF-3(稍高于SL)、GF-4(稍高于SM)、GF-5(稍高于SN)	0W-30、0W-40、5W-20、5W-30、5W-40、5W-50、10W-30、10W-40、10W-50	—	—

维修企业在选用润滑油时,要注意以下几个方面。

(1)质量等级选择。

要严格按发动机出厂说明书上规定的用油质量等级选油,质量级别应根据就高不就低的原则,可以选用高于要求的质量等级的油品,但不可选用低于要求的质量等级的油品。

若无法获知发动机说明书,可依据发动机使用年限、工作条件苛刻程度选择质量等级。通常,出厂年限较短、压缩比较高的汽油车,可选SG、SJ和SL系列油品,出厂年限较长、压缩比较低的汽油车,可选用SF、SE系列油品。高速高负荷增压等工作条件较苛刻的柴油机选择CF-4、CH-4,中负荷低增压等工作条件较缓和的柴油机选择CD、CC等产品。

(2)黏度等级选择。

冬季黏度级别选择就低不就高,夏季黏度选择就高不就低,比如厂商推荐10W/30,则可选用10W/40或5W/50。再者根据发动机或车辆使用环境的温度范围,并考虑发动机的工况、新旧、磨损程度,选用合适黏度的机油。冬季或我国北方地区,根据环境气温和车辆情况选用0W、5W、10W等多级油;夏季或中国南方地区,应选用15W/40、20W/50、50等多级或单级油。

(3)特殊燃料车辆机油选择。

以天然气、液化气、醇类为燃料的车辆,发动机燃烧热负荷更高,排放控制更严,对机油组分有特殊要求,一般选用专用润滑油,如天然气发动机润滑油、乙醇汽油机润滑油等。

(4)通用机油选择。

理论上通用润滑油能同时应用于两种燃料发动机,但其所涉及的机型范围很窄,应用比较多的是轻型柴油车和汽油乘用车的通用。润滑油选择上应优先考虑使用专用润滑油。

四、润滑油的质量鉴别

(1)包装。

清晰标注润滑油的质量等级和黏度等级,正品润滑油一般还会标明适用车型、认证标记、注意事项等详细信息。美国对润滑油产品实行 API 认证,并且在全世界推广,国内有一些润滑油公司也通过其认证,相关信息可以在 API 官网上查询,通过 API 认证的润滑油产品质量相对可靠。美国润滑油 API 等级标记如图 9-2 所示。

(2)外观。

颜色浅黄至深黄液体,透明均匀,无悬浮物、沉淀物等杂质,摇晃动时流动性较好,有一定油状黏稠性。

(3)气味。

一般润滑油气味较为温和,无特殊气味。如果有刺激性气味,尤其是燃油味重,有可能是回收油或劣质基础油配成。

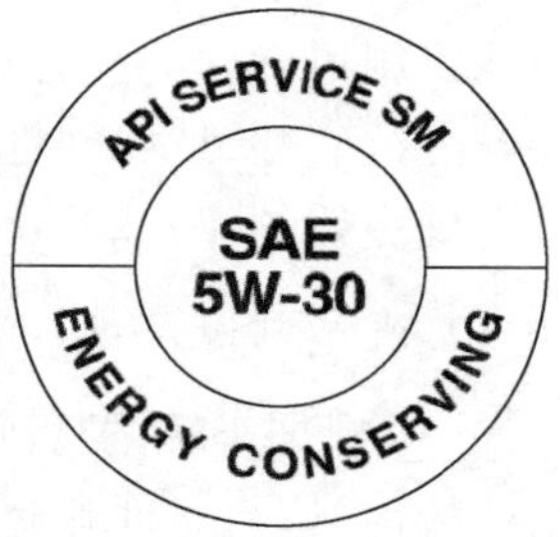

图 9-2 美国润滑油 API 等级标记

(4)简易实验法。

取一张干净的白色滤纸,滴油数滴,待润滑油在纸上扩散后,观察滤纸表面。若表面有黑色印迹,用手触摸有磨砂感,则说明润滑油里面含杂质较多,质量有问题;而好的润滑油扩散区域呈棕黄色,扩散区域无固体杂质痕迹。

五、润滑油的储存

合理储存润滑油,对保持润滑油品质非常重要。

(1)润滑油产品一般储存在室内干燥通风处,避免阳光直晒,避免因环境温度过高或过低而导致润滑油品变质。

(2)与其他化学品分开储存,避免外界污染。长期储存时,灰尘、泥沙等杂质可能聚集在油桶盖上,开盖时请注意清洁,避免污染。

(3)保持正确清楚的标识标签。长期储存可能导致油品标签模糊不清,应注意重新标注,避免出现取错油品的现象。

(4)润滑油具有可燃性,储存场所需具备完善的消防设施及工具。

六、润滑油的更换周期

发动机润滑油在使用过程中由于受机械杂质污染、燃油稀释、高温氧化等,会导致润滑油品质的劣化,影响发动机正常工作。一般发动机润滑油更换周期与汽车维护周期同步,以便于维护作业的安排。

合理选择换油期对保证发动机性能非常重要。换油周期过长会增加发动机的磨损,换油周期过短则会造成润滑油浪费,

1. 影响换油周期的因素

(1)润滑油品质(基础油、添加剂性能及与基础油的匹配、加工工艺等)。

（2）使用环境（如城市、山区、平原、矿区等）。

（3）载重情况（轻载、重载）。

（4）发动机工况（功率下降、油耗增加、烧机油等异常现象）。

（5）燃料（如硫、胶质含量等）。

（6）空滤器、机油滤清器质量及维护情况。

通常来讲，同一辆车在车况没有明显变化的情况下，同一品牌的润滑油，级别越高的，其更换周期可以延长，如 API SJ 级就可比 SG 级的润滑油换油里程适当延长。质量级别较高的润滑油采用更优化的配方和高品质的基础油和添加剂，加上先进的调和工艺，使润滑油具有更加优异的抗磨性、抗腐蚀性、氧化安定等使用性能，润滑油在使用时不易老化变质，同时发动机也可得到更好的保护。

2. 汽车制造厂推荐的换油周期

（1）根据车辆的行驶里程（或发动机的工作时间）确定换油周期。汽车制造厂根据发动机结构特性、运行条件和润滑油的品质，经过试验和参考同类产品给用户推荐了换油周期，并规定了发动机使用润滑油的规格。因此，汽车制造厂推荐的换油周期是车辆维修更换润滑油的重要依据，也是汽车制造厂产品质量的重要保证。国内外主要汽车厂推荐的换油周期见表 9-9。

国内外主要汽车厂推荐的换油周期 表 9-9

汽车厂（汽油机）	换油里程（km）	汽车厂（柴油机）	换油里程（km）
通用汽车	13000	马克	40000
福特	12000	沃尔沃	10000 ~ 100000
克莱斯勒	12000	康明斯	16000 ~ 40000
大众	7500	皮卡索	6000 ~ 18500
奔驰	15000	日产柴油机	6000 ~ 12000
丰田	15000	三菱柴油机	5000
本田	15000	五十铃	5000
中国	5000 ~ 10000	中国	10000 ~ 25000

（2）根据车辆的新旧程度适当调整。新车发动机内部清洁、积炭少，因而换油周期可以适当延长。旧发动机，特别是缺乏维护的发动机，内部积炭胶质较多，新润滑油加入后很容易被污染，引起色变和质变，因此换油周期应适当缩短。

（3）根据使用条件适当调整。在炎热的天气条件下、在粗糙路面或山路上行驶、在泥泞或多尘的条件下行驶、长时间怠速或频繁停车起步的车辆，换油周期也应适当缩短。

（4）不同标号的润滑油不可混用，同一标号、不同生产厂家的润滑油也尽量不要混用。

（5）更换润滑油时，及时更换润滑油滤芯，换油工作，一定要在热车时进行。油温高不仅容易从放油孔流出而且油中的杂质可一起排出，加入新油后应起动发动机运行数分钟，停机 30min 后，再检查油面。

更换润滑油时，推荐使用废油收集机回收，如图 9-3 所示，做好维修企业环境保护工作，倡导绿色汽车维修。

3. 实施按质换油

图 9-3 汽车维修用废油收集机

采用检测润滑油品质衰变来确定换油时间,依据《柴油机油换油指标》(GB/T 7607—2010)和《汽油机油换油指标》(GB/T 8028—2010),对在用润滑油进行理化性能检测,当所检中的润滑油有一项指标达到换油指标时,应更换新机油。

1)柴油发动机

柴油机润滑油检测项目有:运动黏度(100℃),闪点(闭口),碱值下降率,酸值增值,正戊烷不溶物,水分,铁、铜、铝磨损金属含量,硅含量。换油指标的技术要求见表 9-10。

柴油机润滑油换油指标的技术要求 表 9-10

项目		换油指标			
		CC	CD、SF/CD	CF-4	CH-4
运动黏度变化率(100℃)(%)	超过	±25		±20	
闪点(闭口)(℃)	<	130			
碱值下降率(%)	>	50			
酸值增值(以 KOH 计)(mg/g)	>	2.5			
正戊烷不溶物质量分数(%)	>	2.0			
水分(质量分数)(%)	>	0.20			
铁含量(μg/g)	>	200	150	150	
铜含量(μg/g)	>	—	—	50	
铝含量(μg/g)	>	—	—	30	
硅含量(增加值)(μg/g)	>	—	—	30	

2)汽油发动机

汽油机润滑油检测项目有:运动黏度(100℃),燃油稀释,闪点(闭口),水分,酸值增加和碱值的变化,正戊烷不溶物,铁、铜、铝磨损金属含量,硅含量。换油指标的技术要求见表 9-11。

汽油机润滑油换油指标的技术要求 表 9-11

项目		换油指标	
		SE、SF	SG、SH、SJ(SJ/GF-2)、SL(SL/GF-3)
运动黏度变化率(100℃)(%)	>	±25	±20
闪点(闭口)(℃)	<	100	
(碱值-酸值)(以 KOH 计)(mg/g)	<	—	0.5
燃油稀释(质量分数)(%)	>	—	5.0
酸值增加值(以 KOH 计)(mg/g)	>	2.0	
正戊烷不溶物(质量分数)(%)	>	1.5	

续上表

项　　目		换 油 指 标	
		SE、SF	SG、SH、SJ(SJ/GF-2)、SL(SL/GF-3)
水分(质量分数)(%)	>	0.2	
铁含量 (μg/g)	>	150	70
铜含量(μg/g)增加值	>	—	40
铝含量(μg/g)	>	—	30
硅含量(μg/g)增加值	>	—	30

第十章

汽车维修标准化需求与方向

道路交通和汽车维修质量不仅关乎人民群众生活品质、财产安全,更直接关系到人民群众的身体健康和合法权益。围绕国家标准化工作改革精神,加快建设推动高质量发展的标准体系是标准化工作的重中之重。

今后一段时间,将围绕我国汽车维修行业的主要任务和目标,形成先进适用的标准体系,以全面提升标准化水平,加大标准国际化工作力度,建设更加开放包容的汽车维修标准体系,为交通强国建设、服务道路运输生产、服务百姓汽车生活等提供有效支撑。

第一节　汽车维修业发展的主要任务

一、指导思想

坚持以转型升级、提升服务,发展维修现代服务业为目标,打造阳光维修、科技维修、放心维修的"三大维修",以深化改革、改善民生为动力,着力实现行业的高质量发展。

1. 发展定位

明确机动车维修业作为民生服务业的总定位。当前,汽车已经从少数人的奢侈品、家庭财富和社会地位的象征进入了普通百姓家庭,成为大众化的交通工具,汽车维修业已成为关系到广大人民群众生活品质的重要民生行业。

2. 转型升级

(1)在行业发展方式上,实现从规模扩张型向质量效益型转变。促进市场发育更加成熟,市场布局更加完善,市场结构更加优化,市场秩序更加公平有序,市场主体更加诚信规范,资源配置更加合理高效,对汽车后市场发展引领和带动作用显著增强,真正把以前的"道路运输的辅助业"做成"汽车后市场的大产业"。

(2)在服务质量上,实现从粗放服务型向精准服务型转变。为人民群众提供更加诚信透明、经济优质、便捷周到、放心满意的汽车维修服务,真正做到"高起点,强服务"。

(3)在管理方式上,充分发挥市场配置资源的作用,深入处理好政府和市场关系,尊重和把握市场规律,不断深化行业改革,加大简政放权力度,加强事中、事后监管,寓监管于服务之中,进一步优化行业发展政策和营商环境。

二、主要任务

1. 发展维修连锁、专业化经营

1)发展汽车维修连锁经营

汽车维修业分布广、网点多、规模小,维修企业的网络化、连锁化经营有利于企业突破服务半径限制,有效聚合市场资源,提升企业效率效益,树立企业品牌,是维修业转型升级的重要途径。同时,对消费者而言,连锁经营是往往是享受较低维修价格、较高维修质量、较好服务品质的优先选择。从国外经验看,连锁经营也是市场发展到较高阶段的重要经营模式。相比而言,我国的维修连锁起步晚,但发展潜力大。《汽车维修业开业条件》(GB/T 16739.1-2—2014)标准,为维修连锁开辟了专门门类,进一步科学设定了经营条件,因此,要积极营造连锁企业发展的良好政策环境,鼓励连锁企业扩展网络;鼓励连锁企业在大型社区、公共停车场、高速公路服务区及旅游景点服务区布设连锁网点。

2)鼓励发展专业化维修

鼓励发展事故汽车、变速器、钣金喷漆、汽车排放污染治理等各类技术有特长、服务有特色、高附加值的专业化维修,不断提高专业化程度和竞争水平。

配合国家新能源汽车战略和发展规划,加强新能源汽车维修服务能力建设,加大相关技术研发、推广力度。

加强营运车辆维修服务能力建设,督促客货运、大型公交企业建立健全机务部门和维修机构,强化技术升级改造,履行运输安全主体责任,严格把好道路运输安全车辆技术关。

2. 加快实施汽车排放检验与维护制度

随着汽车保有量持续快速增长,汽车排放已经成为大气环境污染的重要来源之一。当前,我国汽车超标排放、监管尚未形成闭环的问题依然突出,为贯彻落实《中华人民共和国大气污染防治法》《打赢蓝天保卫战三年行动计划》《柴油货车污染治理攻坚战行动计划》有关要求,防治在用汽车排放污染,助力打赢蓝天保卫战,2020 年 6 月交通运输部会同生态环境部、国家市场监督管理总局印发了《关于建立实施汽车排放检验与维护制度的通知》(环大气〔2020〕31 号),明确了加快建立实施汽车排放检验与维护(I/M)制度。不断提高全社会汽车尾气排放治理能力,为推进生态文明、建设美丽中国做出应有的贡献。

汽车排放检验与维护(I/M)制度是指依法对在用汽车排放进行定期检验、监督抽检和维护修理,使汽车排放符合相关标准要求的管理制度。I/M 制度是低成本、成效好、易施行的在用汽车排放污染治理管理制度,实现了对在用汽车排放污染治理的闭环管理,将带来良好的经济效益、生态效益和社会效益。全面建立实施 I/M 制度,是交通运输部门主动践行生态文明理念、主动回应社会关切、主动推动交通运输高质量发展,为全社会污染防治做出贡献的重要实践。

汽车排放性能维护(维修)站应按照《机动车维修管理规定》、有关技术标准规范、汽车生产(含进口)企业公开的维修技术信息、机动车排放检验报告单及车载排放诊断系统记载信息等，对超标排放车辆进行科学诊断和合理维护修理。完成排放超标维护修理后，要按照规定向托修方交付维修结算清单，并通过汽车维修电子健康档案系统将汽车排放维护修理信息及时上传到当地交通运输部门，并注明是超标排放维护车辆。

对于属于二级维护、总成修理、整车修理作业的车辆，维护修理完成并维修竣工质量检验合格的，应签发《机动车维修竣工出厂合格证》。超标排放汽车经诊断后确实无法修复的或维护修理后仍然无法达到规定排放标准的，应如实告知托修方，由托修方决定是否继续维护修理。

按照公开公平公正的原则，遴选一定比例制度完善、技术公认、维修质量信誉考核等级在AA及以上、群众满意度高的汽车排放性能维护(维修)站作为汽车排放性能维护(维修)技术示范站。技术示范站应挂牌运营，发挥汽车排放污染维护修理技术示范作用，并主动接受社会监督。汽车排放性能维护(维修)站及其技术示范站均应重视和持续加强排放超标汽车诊断和维护修理能力建设，加大技术投入和人员培训，稳定提升超标排放汽车维护修理技术。

3. 加强行业诚信和品牌建设

1)加强行业诚信体系建设

建立健全市场诚信机制是促进市场健康、规范发展的重要基础，也是加强事中事后监管的重要手段。2014 年 6 月，国务院印发了《社会信用体系建设规划纲要(2014—2020 年)》，为行业诚信建设指明了方向。

要充分运用互联网思维和手段，引入消费者监督评价机制，建立企业经营行为和服务质量动态监管和评价网络平台，用透明市场信息和消费者的口碑来推动市场诚信建设。要发挥专业机构对社会消费的引导作用，鼓励行业协会、第三方机构积极开展服务质量和客户满意度调查，督促企业不断整改提高。要加强制定落实政策，更好地发挥诚信企业在市场竞争中的优势。要逐步完善市场退出机制，把诚信考核结果和企业违规情况作为市场退出的重要依据。

2)加强行业品牌建设

品牌是企业核心价值、服务能力、质量信誉的集中体现。企业品牌化发展，是充实发展内涵，提升核心竞争力、树立行业形象的重要途径。鼓励企业增强品牌意识，提高品牌创建内生动力；鼓励优质企业依法进行商标注册、品牌保护，不断提升品牌价值和形象。按照“政府引导、企业创建、社会满意”的原则，积极推进企业品牌建设。努力实化抓手，建立健全行业品牌培育、激励和保护的政策机制，营造良好的品牌成长环境。要创造条件，着力扶持、培育一批维修服务质量高、质量信誉好的企业成长为地方品牌，并鼓励向区域、全国扩展。

4. 积极推进绿色汽车维修

“绿色汽车维修”是在汽车维修行业开展的节能减排活动，把节能减排的措施落实到汽车维修的各个环节，更多的承担社会责任。采用先进的工艺和设备，在汽车维修过程中以最少的资源和能源消耗，减轻对环境污染最小化。突出了节约资源、减少(消除)污染的特点，是基于可持续发展的优质、低能耗、低污染的汽车维修方式。

在汽车维修领域，维修技术经历了事后维修、预防维修和主动维修等几个主要发展阶段。由于传统的维修技术对环境的影响以及对资源的合理利用考虑不够充分，影响了社会的可持续发展。由此，科学合理的维修是保护生态环境，促进可持续发展的重要技术途径。因此，合理利用资源、减少环境污染的绿色维修技术越来越受到人们的关注，逐渐成为汽车维修技术的新途径。

汽车维修行业喷漆产生的废气排放主要为苯系物，是挥发性有机化合物（VOCs）的一部分，VOCs 属于逸散性排放，是形成臭氧（O_3）、细颗粒物（PM2.5）等二次污染物的重要前体物，进而引发灰霾、光化学烟雾等大气环境问题，对人体健康造成潜在的危害。所以维修行业减排 VOCs 是目前大气污染防治的一项重要内容。

5. 加强便民利民服务

1）强化汽车维修救援服务

高品质的汽车社会需要多重保障和支撑，汽车维修救援是其中一个重要方面。人民群众节假日长距离自驾出行已日渐普及，全国高速公路 ETC 联网工作正在加紧推进，人民群众出行将更加便捷。在这样的形势下，大家要放心开车出行，更需要“全国一张网”的救援保障。按照“统一平台、统一调度、统一服务、快速响应”的原则，积极依托现有骨干维修救援企业，建立健全汽车维修救援体系。加大研究协调力度，制定救援服务规范和收费标准等制度规范；整合现有社会救援力量，合理布设救援网点，确保救援服务快速、专业、高效。鼓励符合条件的救援企业积极加入救援网络，统一调配运行。

2）全面推进全国汽车电子健康档案系统建设与应用

《交通运输部办公厅关于开展汽车维修电子健康档案系统建设工作的通知》（交办运〔2017〕69 号）中指出“努力建成‘覆盖全国、服务社会、评价客观、查询方便’的汽车维修电子健康档案系统”。“一车一档”的汽车维修技术档案是记录汽车维修信息，开展汽车诊断维修的重要基础资料，若将全国汽车的维修技术档案汇集起来，其大量数据产生的价值不可估量。

汽车维修电子健康档案系统将持续深化系统的推广应用，发挥系统对汽车排放检验的数据支撑作用，配合有关部门支撑制度实施，促进推动汽车排放检验与维护闭环管理，推进超标排放汽车维护修理，减少汽车排气污染物排放。

建立覆盖全国的汽车电子健康档案系统，用信息化手段建立健全汽车维修大数据系统，为提升行业管理和服务水平提供有力支撑。

6. 破除汽车维修配件和技术垄断

2014 年 6 月，国务院印发了《关于促进市场公平竞争维护市场正常秩序的若干意见》，指出要打破地区封锁和行业垄断，废除妨碍全国统一市场和公平竞争的规定和做法。就汽车维修业而言，目前存在着较为严重的汽车维修配件和维修技术垄断，成为制约我国维修业健康、可持续发展的突出“瓶颈”。从国际经验看，欧盟和美国均高度重视汽车维修市场公平竞争，通过相关立法明确，汽车生产企业不得对维修配件和维修技术实施垄断，值得我国借鉴。

鼓励原厂配件生产企业向汽车售后市场提供原厂配件和具有自主品牌的独立售后配件。允许授权配件经销企业、授权维修企业向非授权维修企业或终端用户转售原厂配件，促进市场公平竞争，保障消费者的自主消费选择权。鼓励汽车配件电子商务与维修服务协同、融合发展，不断创新经营和服务模式，提高行业适应性和竞争力。

7. 加强人才队伍建设

（1）优化维修从业人员技术培训及岗位再教育，逐步完善维修操作技能考核，强化车辆安全状况、尾气排放检修能力考核。畅通维修技术人员技能提升、职业发展通道。

(2)切实加强与教育部门合作,推动实施维修紧缺人才培养工程、专业技术人员知识更新工程,从源头上拓宽从业人员来源、提升技能素质。提升维修专业毕业生的适应性和实际操作能力。要深化产教融合、校企合作,鼓励企业为职业院校师生实习实践提供便利条件。

(3)加强维修高级人才队伍建设,稳步扩大行业高级人才队伍,建立健全维修专业人员专家库。要构建维修从业人员诚信评价体系,有力提升从业人员职业道德水平。

(4)鼓励和支持行业协会、专业培训机构等社会力量举办维修技术培训和技能大赛,搭建专业网络平台,促进从业人员技能水平提升。

8. 推进维修行业信息化建设

信息化是推动维修业加快向现代服务业转型升级、改善提升服务质量、推动行业治理体系现代化的重要途径和手段,有利于促进市场更加公开透明,提升行业监管效率和水平。

要充分运用移动互联网、大数据、云监管等技术手段,不断创新机制和模式,构建多层次、多切入点、各具特色的行业监管和服务平台,同时,为行业管理部门依法高效监管提供有效手段和信息来源。

第二节　汽车维修业发展目标

一、汽车维修市场发展趋势

1. 汽车维修行业维修诊断技术将进一步普及应用

目前,汽车已经发展成为集电子技术、光纤传导技术、液压伺服传动技术、数字通信技术、新型材料等一体的高科技集成产品。以电子技术为先导的高科技化,使得传统的故障诊断手段已经不适应现代汽车的发展。在新形势下,迫使汽车维修服务业进一步提高新型维修检测诊断设备与技术的应用,从而进一步提高维修质量,促进我国维修行业的技术进步。

2. 维修市场不断细分

维修市场的不断细分主要表现在不同档次、不同使用性质的车型分享不同的汽车维修服务,新旧车、乘用车、营运车辆分享不同的汽车维修市场。随着汽车产品的品牌化经营程度加大,汽车维修的服务差异也逐渐扩大,消费者将根据自身的情况选择不同的汽车维修服务。维修价格和服务水平成为主导消费者选择的因素,汽车维修市场也会进行相应的调整和布局。

3. 信息化管理在汽车维修企业得到更广泛的应用

传统的汽车维修企业管理主要是人工管理,不仅费时费力,且效率较低。随着计算机及互联网应用的普及程度提高,信息化管理必然成为我国维修企业发展的趋势。信息化管理手段在汽车维修企业的应用,不仅可以提高企业的信息资源利用率,也能提高服务质量,降低管理成本。通过信息化管理手段的推广应用,维修企业可以实现从汽车零配件、人员、资源到服务的一体化管理,争强企业市场竞争力。

4. 汽车快修、连锁维修模式成为行业发展的主流

汽车快修、连锁模式将在未来我国汽车维修市场中占据重要地位。当前,车主对车辆维修的需求已集中体现在“快捷、方便、经济”三方面,发展快修模式是市场的召唤。维修实效性已经成为车主选择维修企业的重要因素之一,快修店的发展适应了这种趋势的变化,必然会在我国未来汽车维修行业中得到迅速发展。

汽车维修的连锁化体现在汽车品牌经营的连锁化和汽车维修连锁服务企业。汽车品牌经营的连锁化主要由汽车制造厂主导,在各地建立汽车品牌服务企业,近年来品牌专营店数目增长迅速,服务网络覆盖了主要的汽车市场,是维修行业主要力量之一。汽车连锁服务企业在我国也得到了一定发展,出现了一些从事汽车连锁服务的企业。汽车快修、连锁模式将在汽车维修市场中得到迅速发展。

二、汽车维修业发展目标

坚持高质量发展,以市场为导向,调整行业结构,使全行业向专业化、信息化、规范化方向发展。培育、完善汽车维修市场经营体系和维修服务质量保证体系,建立健全汽车维修市场监督机制,提高行业科技含量和工作效率,坚持以人为本,构建资源节约型、环境友好型的市场环境,为促进交通运输业的发展提供可靠的技术保障。

1. 服务发展目标

以“分布平衡,方便用户,适度集中,合理配置”的原则,进一步优化维修网点布局,逐步建立门类齐全、遍布城乡、向公路沿线辐射的汽车维修服务网络。完善汽车维修救援服务,在区域内构建协调统一的城市和公路救援体系,保证车辆能够得到及时、有效的车辆维修救援服务。

2. 维修质量目标

全面推进汽车维修质量保证期制度、汽车维修质量监督和检查制度,完善维修服务标准与质量检验标准体系、健全质量投诉与质量纠纷调解制度,充分发挥汽车检测、诊断在汽车维修中的作用,逐步完善维修信息公开制度,规范汽车维修配件供应、流通、使用体系。加强对汽车维修质量的监督、检查,建设汽车维修质量监督鉴定检验机构,为汽车维修质量鉴定提供技术依据。

3. 创新体系建设发展目标

以科技创新为动力,转变发展方式,提高技术、装备水平,改进维修工艺,鼓励推广应用汽车维修环保、节能、不解体检测和故障诊断技术;推动信息化建设,推广使用汽车维修业户管理信息系统;建立各地区的汽车维修管理信息系统和全国汽车电子健康档案信息系统,为政府和客户提供完善的信息服务,为行业实现科学、公开、透明的管理提供支持平台和决策依据。

4. 人才队伍建设目标

通过制度建设,培养、优化人才结构。贯彻落实人员再教育机制,提高企业管理者的素质,使人才总量有较大增加,人才结构与市场需求基本适应,人才队伍的整体素质明显提高;提高

从业人员素质，实现关键岗位细化考核，发展从事专业维修、专业检测和专业诊断的技师队伍；扩大故障分析、诊断技术人员在技术工人中的比例。

5. 企业发展目标

鼓励维修企业进行专业化生产经营，企业数量与汽车保有量布局合理，并适度超前发展；优化行业结构，大、中、小型客车，轻、中、重型货车等各种车辆维修企业同步发展。

以市场为导向，整车一类企业为骨干，整车二类企业为基础，专项维修业户为重点，多元化发展；发展汽车售后服务维修业户以及维护、小修类专项维修业户；发展、完善营运车辆维修业户；鼓励汽车维修业户进行连锁经营；建立各种品牌、车型汽车售后服务维修网络，鼓励发展汽车售后服务特约维修网点及汽车快修、连锁企业。

第三节 交通运输标准化工作方向

交通运输是国民经济的基础性、先导性、战略性产业和重要服务性行业，加强和改进标准化工作是实现交通运输高质量发展的战略选择，为持续提升行业治理体系和治理能力现代化水平提供技术支撑和基础保障作用。

“十四五”时期是我国由全面建成小康社会向基本实现社会主义现代化迈进的关键时期，也是加快建设交通强国的第一个五年期，交通运输标准化工作面临着更大的机遇和挑战。按照立足新发展阶段、贯彻新发展理念、构建新发展格局的要求，以更好地发挥标准化在加快建设交通强国和促进行业高质量发展中的基础性、战略性和引领性作用。

一、发展目标

到2025年，基本建立覆盖全面、结构合理、衔接配套、开放兼容的交通运输高质量标准体系，政府主导制定的标准与市场自主制定的标准协同发展，标准化与科技创新深度融合，标准与计量、检验检测、认证充分衔接，国际影响力和话语权大幅提升，成为国际标准的重要参与者和贡献者，标准化支撑交通强国建设，引领高质量发展的地位作用显著增强。

二、重点任务

1. 推进标准化治理体系和治理能力现代化

1）健全标准化政策制度

加快制定交通运输行业标准管理办法、标准外文版管理办法、标委会考核评估、公路水路行业产品质量监督抽查检验机构库管理办法等。

强化政策制度协调配套，加强政策制定、实施、监督考核、评估等全过程管理，将政策制度转化为治理效能。

2）加强标准化科学管理

完善标准制定程序，优化标准立项、制修订、实施评估、复审工作机制，建立健全标准制修订过程信息通报和技术协调机制，提高标准制修订工作的公开性和透明度，保证标准技术指标的科学性和公正性。

3）强化标准化与科技创新的互动

建立国家重点研发计划、交通运输科技成果库等行业科技创新计划与标准制修订计划的联动机制，鼓励将成熟先进适用的创新成果及时转化为技术标准。提升科技成果转化效率。

2. 构建适应交通运输高质量发展的标准体系

1）构建适应高质量发展的标准体系

强化新兴领域标准体系建设，开展新型基础设施、智慧高铁、自动驾驶、车路协同、智能航运、北斗导航系统应用、智慧物流等标准体系研究编制工作，促进新产业新技术发展应用。

2）健全强制性国家标准体系

加强安全生产、安全产品、职业健康与劳动保护、运输工具能源消耗限值和工程建设标准等方面强制性标准制修订，研究加快国际公约转化为强制性标准的工作机制，强化强制性标准"保基本、兜底线"的作用。

3）优化提升推荐性标准体系

对现行有效推荐性国家和行业标准开展集中复审，形成"立、改、废"结论，对不符合高质量发展要求的标准及时进行修订完善，强化推荐性国家和行业标准的协调配套和公益属性。

4）加强团体和企业标准化建设

规范交通运输团体标准发展，引导社会团体聚焦5G、人工智能、区块链，以及新基建、新业态、新模式等领域，制定先进适用团体标准。推动落实企业标准"领跑者"制度，推动完善企业标准体系。

5）研究各层级标准的转化机制

进一步厘清政府主导制定标准与市场自主制定标准的边界，研究完善地方标准、团体标准转化为国家标准、行业标准的工作机制。畅通社会团体和企业参与标准国际交流与合作的渠道，鼓励参与国际标准制修订等工作。

3. 加快服务国家重大战略

1）完善适应区域协调发展战略的标准化管理机制和标准体系

围绕京津冀和雄安新区、长江经济带、长三角一体化、粤港澳大湾区，以及黄河流域生态保护和高质量发展等国家重大战略实施需要，推动区域内地方交通运输主管部门加强标准化合作，建立健全区域标准化工作机制，加快构建区域地方标准体系，协同推动区域性地方标准制定和实施。

2）落实军民融合发展战略

深化交通运输军地标准化部门合作，完善军民通用标准化工作机制，加快研究构建军民通用标准体系，推进军民标准双向转化和推广应用，加强军民标准信息共享合作。

3）落实乡村振兴发展战略

加快农村客货运站点、四好农村路建设、城乡客运一体化、农村快递物流等标准制定，为打造便捷高效的城乡交通运输体系提供标准支撑。

4. 加强重点领域高质量标准有效供给

1）运输装备

以实现交通运输装备技术升级为着力点，着力推进以数字化、绿色化为主要特点的重大成套装备技术标准制修订，促进多式联运装备、新型载运工具、交通特种装备和其他新型装备技术在行业广泛推广应用，提升交通运输装备现代化和标准化水平。

2）运输服务

加快运输服务基础条件、作业程序、装备技术和服务质量等方面标准制修订，规范引导新业态、新模式健康发展，提升旅客出行服务品质，推动货运物流转型升级。

3）智慧交通

加快智慧交通技术、数据资源融合、北斗导航系统应用等方面关键技术和共性基础标准制定，构建智慧交通创新体系，选择重点应用场景推广应用，提升交通运输信息化水平。

4）安全应急保障

加快交通基础设施安全技术、安全生产预防控制、自然灾害交通防治和突发事件应急处置等标准制修订，促进交通设施设备本质安全、安全生产治理、应急救援和应急运输能力提升。

5）绿色发展

以推进绿色集约循环发展，建设绿色交通，落实“碳达峰”目标任务为着力点，严格执行国家节能环保强制性标准，着力推进绿色交通发展有关新技术、新设备、新材料、新工艺标准制修订，促进资源节约集约利用，强化节能减排、污染防治和生态环境保护修复。

5. 推进交通国际标准共建共享

1）深化标准化国际合作交流

加强与“一带一路”沿线国家沟通交流，推动标准互认互换。积极融入全球交通运输标准化治理体系，主动参与国际标准化活动，推动将我国技术纳入国际标准，努力成为国际标准的重要参与者。

2）加快提升标准国际化水平

研究标准国际化发展战略，明确国际化发展战略目标和举措。系统跟踪国际国外先进标准动态，加强国内外标准的差异性研究、国际标准转化试验验证和适应性分析，推动先进适用国际标准转化应用。

3）夯实标准国际化发展基础

建立政府引导、企业主体、各方参与的标准国际化工作机制，培育一批参与国际标准化活动能力和水平突出的企业。鼓励和支持企业、学会协会、科研单位等建立标准国际化研究机构，加强标准国际化技术研发与交流合作。

6. 创新标准实施应用和监督管理

1）建立健全标准实施监督机制

优化行业标准信息服务平台，完善行业标准文本公开的工作机制，鼓励团体标准和企业标准文本公开，提高标准文本公开的及时性。建立标准宣贯策划与标准审查同步实施机制，提高标准宣贯的广泛性和时效性。开展重点领域标准化试点示范，创建一批高水平标准化示范单位。

2)加强产品和服务质量监督

研究建立重点产品质量安全监测机制,促进行业重点产品质量提升。完善产品质量监督抽查工作机制,修订交通运输行业重点产品监督管理目录,完善产品质量监督抽查实施规范体系。

7. 加强计量、检验检测和认证体系建设

1)完善行业计量技术体系

加强交通运输量传溯源体系建设,加强国家和地方专业计量机构条件建设,加快计量检定校准基础设施建设。搭建计量数据服务平台,实现计量检测监测数据在线采集和应用,保障计量检定校准数据的溯源性、可比性和准确性。加强计量领域国际交流合作,提升国际互认的计量校准和测量能力。

2)提升检验检测和认证服务能力

健全标准化工作激励机制,推动在行业科技奖项和人才评选中设置标准化专项奖励,支持行业标准化人才参与国家标准创新贡献奖评选,将技术人员参与标准化工作情况作为高层次技术人才评选、职称评审的重要参考。

8. 提升标准化基础能力

1)强化标准化支撑机构建设

优化专业标准化技术委员会业务布局,增强技术委员会委员构成广泛性、代表性,健全技术委员会考核监督机制,推动组织管理创新,提升工作能力和水平。支持开展标准化理论、方法、规划、政策研究和国际标准跟踪评估,提升专业化服务能力。

2)建设高素质的标准化人才队伍

健全标准化工作激励机制,推动在行业科技奖项和人才评选中设置标准化专项奖励,支持行业标准化人才参与国家标准创新贡献奖评选,将技术人员参与标准化工作情况作为高层次技术人才评选、职称评审的重要参考。

第四节　汽车维修标准化需求

一、服务交通强国建设

2019 年 9 月中共中央、国务院发布了《交通强国建设纲要》,构建安全、便捷、高效、绿色、经济的现代化综合交通体系,打造一流设施、一流技术、一流管理、一流服务,建成人民满意、保障有力、世界前列的交通强国,为全面建成社会主义现代化强国、实现中华民族伟大复兴中国梦提供坚强支撑。

建设交通强国是以习近平同志为核心的党中央立足国情、着眼全局、面向未来做出的重大战略决策,是建设现代化经济体系的先行领域,是全面建成社会主义现代化强国的重要支撑,是新时代做好交通工作的总抓手。

标准决定质量,有什么样的标准就有什么样的质量,只有高标准才有高质量。标准是基础,也是生产力,高标准是高质量的保证,提高标准的有效供给、提升标准国际化水平,才能更好提升标准的整体质量,以高标准建设推进高质量发展。

从2021年到20世纪中叶,分两个阶段推进交通强国建设。

到2035年,基本建成交通强国。现代化综合交通体系基本形成,基本实现交通治理体系和治理能力现代化;交通国际竞争力和影响力显著提升。

到20世纪中叶,全面建成人民满意、保障有力、世界前列的交通强国。基础设施规模质量、技术装备、科技创新能力、智能化与绿色化水平位居世界前列,交通安全水平、治理能力、文明程度、国际竞争力及影响力达到国际先进水平,全面服务和保障社会主义现代化强国建设,人民享有美好交通服务。

《交通强国建设纲要》中提出:构建适应交通高质量发展的标准体系,加强重点领域标准有效供给,以及积极推动全球交通治理体系建设与变革,促进交通运输政策、规则、制度、技术、标准"引进来"和"走出去",积极参与交通国际组织事务框架下规则、标准制定修订,提升交通国际话语权和影响力。对标准化工作提出了新的更高要求。

二、汽车维修标准化重点工作

1. 发展思路

(1)坚持创新、协调、绿色、开放、共享的发展理念,以服务国家战略需求、服务交通运输行业发展、服务经济社会、服务民生为宗旨,提高汽车维修质量和服务水平。

(2)坚持问题导向、需求导向、目标导向,支撑国家战略、支撑供给侧结构性改革、支撑交通强国建设以及重点领域,为促进汽车维修行业高质量发展提供有力保障。

(3)坚持以人民为中心的思想,建设人民满意交通,以法律法规为依据,完善汽车维修市场体系,不断满足经济社会发展和广大人民群众的汽车维修消费需求。

(4)坚持科技创新、驱动发展,以科技创新、成果转化为出发点和落脚点,进一步补齐标准化应用中存在的短板和弱项,强化事中、事后监管,推进维修管理规范化、维修业务标准化。

2. 重点工作

1)构建适应交通高质量发展的标准体系

围绕国家标准化工作改革精神,加快建设推动高质量发展的标准体系是标准化工作的重中之重,形成先进适用的标准体系,以全面提升标准水平,加大标准国际化工作力度,实施标准"走出去"战略,建设更加开放包容的标准体系。

党的十九大报告中明确指出,"我国经济已由高速增长阶段转向高质量发展阶段",强调"支持传统产业优化升级,加快发展现代服务业,瞄准国际标准提高水平。"因此,为进一步推动交通强国建设,推进汽车维修标准的高质量发展,今后将继续加强维修服务质量和技术质量标准的制修订工作。

2)不断适应行业"放管服"改革,落实配套标准制修订工作

2018年7月,《国务院关于取消一批行政许可等事项的决定》中,包含了"机动车维修经营许可",要求建立健全机动车维修经营备案制度,维修企业严格按照标准开展维修业务。需要

加快相关配套标准的制修订工作,发挥标准化在提升交通运输行业治理体系和治理能力水平方面的作用,做好维修市场事中事后的监督管理工作,优化营商环境,保护消费者合法权益。

3)加强新能源汽车维修服务能力建设

2015年,交通运输部印发了《关于加快推进新能源汽车在交通运输行业推广应用的实施意见》(交运发〔2015〕34号),明确了交通行业加快推进新能源汽车的总体要求、总体目标及主要任务,2020年11月国务院办公厅又印发了《新能源汽车产业发展规划(2021—2035)》。今后聚焦新能源汽车用品和后市场,加强新能源车辆的管理标准、维修技术标准、维修质量检验标准、维修设备技术标准等的研究,对新能源车辆维护的作业安全和技术提出相应要求。

急需制定和完善电动汽车、天然气汽车等新能源汽车的维修竣工出厂技术条件、维修人员资格条件等标准规范。

4)树立绿色维修理念,促进行业可持续发展

为了推动汽车维修企业的绿色、低碳、可持续发展,积极推广应用绿色机电维修、绿色钣金修复、绿色涂漆、废弃物处理与回收、洗车水循环利用等先进技术,节约能源与资源,减少对环境污染,提高维修效率和服务质量。根据汽车维修企业的特点,构建绿色汽车维修企业的评价指标体系。

2021年中共中央、国务院印发了《国家综合立体交通网规划纲要》,将绿色交通作为主要发展目标和建设内容,提出加快推进绿色低碳发展,交通领域二氧化碳排放尽早达峰,降低污染物及温室气体排放强度。作为维修行业应持续履行好减排义务,应用好空调制冷剂合理的回收或专业处理新技术,完善减排维修工艺标准,减少温室气体对环境的污染。

5)有效实施汽车排放检验与维护制度

建立实施I/M制度,是贯彻落实大气污染防治法规定、助力打赢蓝天保卫战、推进改善大气环境质量和经济社会可持续发展、提升人民群众幸福感和获得感的一项重要举措和制度建设。聚焦超标排放车辆全面实施I/M制度,统筹法律、政策、经济、技术、市场等各种手段,形成汽车排放“检验—维修—复检”闭环管理,意味着建立形成了我国针对在用汽车污染防治的一项重要长效机制,必将促进我国汽车排放性能“健康”状况大大改善,将超标排放汽车数量和排放总量控制在较低水平,从源头上削减我国在用汽车污染物排放。

制定汽车排放系统性能检测与维护规范、维修节能评价规则等标准,形成维修有害排放少、资源利用率好、排放治理达标率高的成套工艺规范。

6)促进维修行业安全发展,规范行业管理

建立健全汽车维修安全标准化、安全操作规程,加强对汽车举升机、汽车喷烤漆房、发动机冷却液等维修装备和用品的维护管理。建立健全汽车维修救援体系,不断适应道路运输安全应急管理需求,制定汽车维修救援企业开业条件、服务规范等系列标准,为人民群众的出行提供应急服务保障。

7)推动汽车维修行业标准国际化

加强国际标准跟踪、评估以及中外标准差异性和等效性研究工作,结合国内外交通运输生产实践,加快国际标准国内化进程,加快转化适合我国国情的国际标准,提高我国标准与国际标准一致性程度。创造条件主动参与国际标准(ISO、IEC、ITU)制修订工作。

加强标准的技术内容、编写规定等与国际的接轨,拓展标准化发展的国际视野,着力跟踪

国际标准技术发展方向，维修类标准走出去的数量和质量进一步增强，标准翻译的数量和质量稳步提升。

8）构建汽车维修行业社会信用标准体系

落实国务院关于加快推进社会信用体系建设规划纲要以及构建市场诚信机制要求，推动汽车维修行业社会信用体系建设，提升我国汽车维修行业社会信用标准化水平。

建立健全市场诚信机制是促进维修行业高质量发展的重要基础，也是加强事中、事后监管的重要手段。大力弘扬诚实守信、忠诚担当的价值观，树立维修行业重质量、守信誉意识，确保标准更加符合行业发展和现实需求，提高标准的科学性和实用性。

参考文献

[1] 李春田. 标准化概论[M]. 北京:中国人民大学出版社,2016.
[2] 交通运输部公路科学研究院. 道路运输企业车辆技术管理规范[M]. 北京:人民交通出版社股份有限公司,2016.
[3] 许洪国. 汽车运用工程[M]. 北京:人民交通出版社,2014.
[4] 中国汽车维修行业协会. 技术质量管理[M]. 北京:人民交通出版社,2011.
[5] 王盛良. 汽车故障诊断与检测技术[M]. 北京:机械工业出版社,2013.
[6] 交通运输部道路运输司. 放心修车从这里做起[M]. 南京:东南大学出版社,2011.
[7] 国务院发展研究中心. 汽车维修服务业发展战略与对策研究[R]. 2010.
[8] 交通运输部公路科学研究所. 汽车维修行业制冷剂减排政策措施研究报告[R]. 2008.
[9] 交通运输部公路科学研究院. 西部地区汽车维修企业维修质量控制关键技术及评价体系研究[R]. 2012.
[10] 中国汽车维修行业协会. 汽车维修企业转型发展典型案例[M]. 北京:人民交通出版社,2014.
[11] 交通运输部公路科学研究所. 在用汽车维修、检测诊断系列标准研究[R]. 2008.
[12] 国家市场监督管理总局,国家标准化管理委员会. 标准化工作导则　第1部分:标准化文件的结构和起草规则:GB/T 1.1—2020[S]. 北京:中国标准出版社,2020.
[13] 国家质量监督检验检疫总局,国家标准化管理委员会. 机动车发动机冷却液:GB 29743—2013[S]. 北京:中国标准出版社,2013.
[14] 国家质量监督检验检疫总局,国家标准化管理委员会. 汽车修理质量检查评定方法:GB/T 15746—2011[S]. 北京:中国标准出版社,2011.
[15] 国家质量监督检验检疫总局,国家标准化管理委员会. 汽车维修业开业条件　第1部分:汽车整车维修企业:GB/T 16739.1—2014[S]. 北京:中国标准出版社,2014.
[16] 国家质量监督检验检疫总局,国家标准化管理委员会. 汽车维修业开业条件　第2部分:汽车综合小修及专项维修业户:GB/T 16739.2—2014[S]. 北京:中国标准出版社,2014.
[17] 国家质量监督检验检疫总局,国家标准化管理委员会. 机动车辆制动液:GB 12981—2012[S]. 北京:中国标准出版社,2012.
[18] 中华人民共和国交通运输部. 交通运输标准制定、修订程序和要求:JT/T 18—2020[S]. 北京:人民交通出版社股份有限公司,2020.
[19] 中华人民共和国交通运输部. 汽车维修电子健康档案系统　第1部分:总体技术要求:JT/T 1132.1—2017[S]. 北京:人民交通出版社股份有限公司,2017.
[20] 中华人民共和国交通运输部. 汽车维修电子健康档案系统　第2部分:数据采集技术要求:JT/T 1132.2—2017[S]. 北京:人民交通出版社股份有限公司,2017.

[21] 中华人民共和国交通运输部. 汽车维修电子健康档案系统　第3部分:数据元:JT/T 1132.3—2017[S]. 北京:人民交通出版社股份有限公司,2017.

[22] 中华人民共和国交通运输部. 汽车维修电子健康档案系统　第4部分:数据交换与共享:JT/T 1132.4—2017[S]. 北京:人民交通出版社股份有限公司,2017.

[23] 中华人民共和国交通运输部. 机动车维修费用结算清单:JT/T 1133—2017[S]. 北京:人民交通出版社股份有限公司,2017.

[24] 中华人民共和国交通运输部. 纯电动汽车维护、检测、诊断技术规范:JT/T 1344—2020[S]. 北京:人民交通出版社股份有限公司,2020.